DISCOVERY OF EVIDENCE IN
WORLD FAMOUS CASES

世界名案证据解密

何家弘 著

人民法院出版社

图书在版编目（CIP）数据

世界名案证据解密 / 何家弘著 . -- 北京 : 人民法院出版社 , 2023.3

ISBN 978-7-5109-3617-3

Ⅰ . ①世… Ⅱ . ①何… Ⅲ . ①证据—案例—世界
Ⅳ . ① D915.130.5

中国版本图书馆 CIP 数据核字（2022）第 207527 号

世界名案证据解密
何家弘　著

策划编辑　兰丽专
责任编辑　兰丽专　丁塞峨
书籍设计　马晓腾
插画设计　马晓腾
出版发行　人民法院出版社
地　　址　北京市东城区东交民巷 27 号 (100745)
电　　话　(010)67550656(责任编辑)　67550558(发行部查询)　65223677(读者服务部)
客服 QQ　2092078039
网　　址　http://www.courtpress.com.cn
E-mail　courtpress@sohu.com
印　　刷　三河市国英印务有限公司
经　　销　新华书店
开　　本　787 毫米 x1092 毫米 1/16
字　　数　427 千字
印　　张　34
版　　次　2023 年 3 月第 1 版　2023 年 3 月第 1 次印刷
书　　号　ISBN978-7-5109-3617-3
定　　价　98.00 元

序

这是我为自己退休而写的一本书，而且是随缘之作。

有固定工作的人，只要寿命够长，一般就都有退休的那一天。年轻人不知退休的滋味，时常妄谈退休之美好。然而，当一个人真正面临退休时，却又难免有些惆怅，其中既有对事业的不舍，也有对人生的留恋。一个人无论多么伟大，退休都意味着他或她已经进入了生命的后半程。

60 岁是一般人退休的年龄，因此我在年近花甲时就自然而然地想到了退休。那是我第一次走向退休，但不是必须。按照中国人民大学（以下简称人民大学）的规定，教授分为四级。四级教授一般是 60 岁退休，三级教授可以到 63 岁退休，二级教授可以到65岁退休，一级教授可以到70岁退休。笔者自诩为“二流法学家”，因此列二级教授。那时，我在内心纠结于法学与文学的选择。我应该继续在大学从事法学教研，还是应该归隐山林去进行文学创作？面对晚年生活的“鱼和熊掌”，我最终选择了前者，因为那既轻车熟路，也随遇而安。为了平衡内心的得失，我在学生们的帮助下，于2013年5月在人民大学图书馆举办了“法学与文学——何家弘教授著作展”。开幕式上高朋满座，致辞者包括最高人民检察院副检察长朱孝清先生和法国驻华大使白林女士。在那些赞美的声音中，我很有些功成名就的感觉，也算是彩排了一次退休。

60岁之后，光阴确实似箭，5年转瞬即逝，于是我第二次面临退休。这次已然没有选择。在人生的舞台上，有进场，就有退场。为了让自己的退场更加华丽 我又在学生们的帮助下，于2018年2月2日在人民大学明德堂举办了“草原情，高山恋——何家弘教授民歌演唱会”。就我这个练声仅两年多的纯业余歌手而言，那场面堪称盛大，那氛围堪称完美，我也就心满意足地谢幕了。

然而，人民大学的政策又发生了一点小变化，而我又非常幸运地赶上了这项新政的末班车。具体来说，我被学校聘为“大华讲席教授”，加上人民大学“杰出学者支持计划”，我的退休年龄推迟到68岁。坦言之，我已经没有文学创作的热情。在互联网等科学技术高速发展的时代，在人类文化水平大大提升的今天，写作已不是专业技能，犹如汽车驾驶技术，已然成为现代人的基本生活技能。在微博、微信、抖音等新媒体的滋养下，各路网络写手大显才华。另外，现实生活五彩缤纷，让那现实主义的虚构写作相形见绌。作为一名业余文学爱好者，我的文学创作也就没有太大意思了。

于是，2020 年又成为我在人民大学工作的最后一年。我决定站好最后一班岗，认真完成教学科研任务。由于当下的科研考评以论文为主，我就决定多写论文。庚子年初，突如其来的新冠肺炎疫情改变了人们的生活。不过，宅居在家并非坏事。对我来说，不用外出开会讲学，包括原定的出国计划也都取消了，我就有了充裕的写作时间。我认真清理库存，把多年积压的半成品都翻腾出来，修得修，补得补，编得编，一年下来，我竟然完成了 23 篇论文，包括与学生的合著，还包括 9 篇英语论文。

文章完成之后，为了能尽快出手，我就采取了两个营销策略：第一是“贱卖”，即只要是正规学刊即可；第二是“杀熟”，即投稿给熟悉的学刊。年终盘点，我已经发表 16 篇，另有 5 篇确定发表，只有 2 篇待定。于是，2020 年就成为我发表论文最多的一年，也为我的学术生涯画上一个相当圆满的句号！

2021 年春季学期开学后，我一边按计划给学生讲课，一边做好“最后一课”的准备，并把自己的想法透露给一些同事和学生。按照学校的现行规定，我应该在 4 月 1 日办理退休手续，但时间临近，我却没有收到通知，就请人询问，得到的答复是“暂缓”，要等学校领导统一研究决定，因为大华讲席教授中还有与我情况类似的人。据说，校方认为我们还有可以发挥的“余热”。于是，我的退休就第三次延迟了，而且时间待定。

从 1969 年到“北大荒”下乡务农算起，带干不干的，我已经工作了 52 年，养成了勤劳的习惯。既然不退休，我就继续给学生讲课，继续指导博士生，原定的“关门弟子”又有了新的师弟。对于我这个老教师来说，讲课和指导学生都是轻车熟路，而计划中的论文写作任务都已完成，于是我就突然清闲起来，甚至有时间到网上去找人打桥牌！对此，我还有些不太习惯，就不禁自问：我还应该干些什么呢？

2015年，我在学生的帮助下开办了微信公众号“法学家茶座何家弘”，主要发表我的杂文随笔，也发表其他法学家的文章。2022年初，今日头条法律部门的杜豪帮我建了头条号“何家弘”，也发表一些时评类的小文章。然后，他们又建议我录制一些讲课的视频在网上播放，但我一直无暇顾及。现在有了空闲时间，我就想到了这件事情。

正在这时，杜豪给我介绍了《瞰法》的负责人徐晶。她是人民大学的毕业生，也算是我的学生。她很愿意帮我录制讲课视频。经过面谈协商，我决定通过一些著名案例来讲述证据法学知识，取名为《何家弘说案》。

“说案”的内容都是我熟悉的，但是“说案”的方式对我来说是个新的挑战。虽然我已教学多年，而且曾多次到电视台做节目或讲课，但是面对日新月异的网络文化传媒，我深感知识和技能的老旧，必须努力学习。在这方面，《瞰法》的团队给我提供了很多帮助。首批视频在哔哩哔哩播出之后，网上的反应很好，就又扩展到今日头条等网站，我也就决定继续说。在网上讲述证据法学的知识，顺便传播一些法治思想，这也属于法学教授的本职工作。

作为一名新入门的UP主，我当然希望得到更多人的关注，或者说有更多的“流量”。其实，我并不知道什么是“流量”，望文生义的理解就是“在某视频前流动的人的数量”。有人说“流量为王”，我倒没把它看得那么重要。我是一名老教师，按照自己的想法和习惯讲课，有学生爱听，我就很高兴。我不会为了“流量”去逐热或媚俗。

于是，我为《何家弘说案》设定了几个目标。第一是真实性。我说的案例都是真实的，不是虚构的，不是编出来的。为了保证案情讲述的真实性，我就像撰写学术论文一样去查阅资料，去粗取精，去伪存真。有些案例，观众认为法院判决的证据不充分，怎么能这么判呢？就像美国的罗伯特案，但是美国法院当年就是这么判的，这是真实的。还有些案例，观众抱怨我没有给出一个明确的结论，比如英国的杰里米案，但这才是真实的，因为我确实不知道事实真相。如果是虚构的小说，我可以给出一个明确的结论。在现实中，当证据具有短缺性时，案件事实就具有了一定的模糊性。我们必须接受模糊的真实。

第二是故事性。每个案件都包含了一个或多个人生故事，其中既有犯罪人的故事，也有被害人的故事，还有办案人员的故事。有的故事很离奇，有的故事很悲惨，而这才是案件中最为精彩的内容。如果我们把案件都简化为张三杀死了李四，某甲强奸了某乙，那就不是“说案”，而是举例说法。因此，我必须讲好这些案例故事。

第三是专业性。我的专业是犯罪侦查和刑事证据，因此，我在说案的过程中，就要介绍一些侦查方法、物证技术、证据规则以及司法制度。我知道自己的学科领域有点窄，或者说，我讲的属于“小众知识”，听众不太多。不过，我已经很满意了，《何家弘说案》的观众少则几千，多则数万，与学校讲课相比，这绝对是“大课”了。

第四是趣味性。在网上说案，不像在学校讲课，说得好，才会有人听。那么，如何让观众感觉“好”呢？这个问题比较复杂，因为观众的品味和需求是不一样的，影响观众兴趣的因素也是多方面的。我知道，追逐并评说当下的热点案件可以满足大众的欲望和兴趣，但是那不符合我的原则。另外，我原本是个不善言谈的人。坦白地说，我的书面语言能力要高于我的口头语言能力。当然，几十年的教学工作提高了我的讲话水平，但是我的讲话风格依然缺少吸引力。有些教师讲话就很有激情，很有冲击力；有些教师说话抑扬顿挫，特别是一些带有地方口音的普通话，就很有感染力。我讲的是比较标准的普通话，而且习惯于使用理性的、平和的语言，娓娓道来，因此，讲话的声音就是普普通通，缺少激情和特色，而这对于网络主播来说就是个缺点。为了弥补我的短板，我就尽量提高说案的趣味性，一方面是精心设置悬念，吸引观众的脑力；另一方面是借用一些相声的语言技巧，例如，调侃、灌口、学唱歌、学方言等。

为了系统讲述专业知识，我在《何家弘说案》推出了刑事司法的“世界第一案”系列。通过这些世界大案，人们可以看到犯罪侦查方法和刑事科学技术的历史发展，也可以看到刑事证据规则和刑事司法制度的历史沿革。

2021 年岁末，人民法院出版社的编审兰丽专女士向我约稿。我认为这是一个很好的机会，可以把《何家弘说案》中的一些内容改写成书。这种文字形式便于人们阅读，也便于留给后人。于是，我就挑选了一些外国的著名案例，在讲稿的基础上写成了本书。

在此，我要特别感谢帮助我录制《何家弘说案》的“瞰法人”徐晶、韦语斯和李元格。

我希望，本书能成为一部可以留给后人的经典刑案集。

何家弘

癸卯兔年初春写于北京世纪城痴醒斋

导言

犯罪是一个十分古老的社会问题。大约在原始社会的后期，就出现了杀人、盗窃等违反社会行为规范的行为。刑事司法是犯罪现象的“孪生兄弟”，因为在出现了杀人、盗窃等行为时，在客观上也就产生了去查明事实和作出裁判的需要。虽然古代的刑事司法与今天的刑事司法之间有很大差异，但是二者的基本任务是一样的，那就是要通过证据去认定案件事实。

纵观人类司法的历史，我们可以看到证明方法和手段的两次重大转变。第一次是从以“神证”为主的证明向以“人证”为主的证明的转变。在这一进程中，人类在认识客观事物的能力上的提高成了决定性的因素。具体来说，由于人们在司法实践中越来越清楚地认识到“神明裁判”并不可靠，不愿意在决定人的命运时“听天由命”，所以就把司法证明的决定权从“神”的手中拿了回来。于是，“水审法”“火审法”等非理性的证明方法就退出了司法证明的历史舞台，以人为主体的理性证明方法开始进入角色，而当事人的陈述和证人证言便责无旁贷地成为司法证明的主要依据。

第二次是从以“人证”为主的证明向以“物证”或“科学证据”为主的证明的转变。在这一进程中，科学技术的进步发挥着决定性的作用。从某种意义上讲，物证在司法活动中的应用和推广总是伴随着科学技术的产生和发展。诚然，案件中的物证是客观存在的，但是物证并不能自己到法庭上去直接证明案件事实，必须借助于人的力量，必须由人来解释物证所保存或蕴涵的与案件有关的信息。换言之，物证需要人的解读，而解读物证往往需要一定的科学技术。正是在这个意义上，我们把物证及其相关的鉴定结论等证据称为“科学证据”。

1999 年，我在《检察日报》上发表了一篇文章，标题是《21 世纪中国证据法学前瞻》。我在文中提出了司法证明历史的这两次重大转变，并宣称人类社会的司法证明在 21 世纪将进入“科学证据时代”。我当时以为自己是在“远望”，但是后来才发现自己看得并不远，因为 21 世纪才走过 20 年，司法证明就已经跨入了以计算机、手机、互联网等新型科技产品为载体的“电子证据时代”。当然，电子证据也可以称为广义上的物证或科学证据。

在很长的历史时期内，物证在司法活动中的运用一直处于随机且分散的发展状态。在中国，司法实践中对物证进行勘验和检查的活动已有两千多年的历史。据《秦简·封诊式》中记载的“贼死”“经死”“穴盗”和“出子”等案例的情况来看，秦朝已经有了一套比较固定的勘验方法和规范。[1]例如，在“穴盗”篇中，勘验者不仅记录了现场上手印、膝印、鞋印和工具痕迹的数量、位置与形状，而且用语均比较准确，即使用今天的标准来衡量，也算得上一份基本合格的现场勘查笔录了。[2]

唐朝时，法律中已经有了关于勘验鉴定责任的规定。如《唐律疏议·诈伪》中规定：“诸诈病及死、伤受使检验不实者，各依所欺减一等；若实病、死及伤不以实检者，以故入人罪论。”[3]如果勘验鉴定结论不符合实际情况，那么进行勘验鉴定的人就要依罪受罚，这说明当时在办案断狱中已十分重视勘验鉴定结论的作用。此外，唐代时毒物学检验也有了一定的发展，人们不仅能识别中毒的一般症状，而且掌握了证明中毒的方法，如卵白验毒法和银钗验毒法等。

宋朝是我国历史上勘验鉴定制度长足发展的时期。宋朝的法律已明确规定对于杀伤和非正常死亡的案件要进行初检和复检，以确保检验无误；现场勘验由检验官吏负责，如有尸体，则有仵作参加；而检验妇女下身则由坐婆进行。世界上现存的最早的一部系统的法医学著作——《洗冤集录》即成书于宋代。该书作者宋慈在序言中开宗明义便道：“狱事莫重于大辟，大辟莫重于初情，初情莫重于检验。”他还说：“狱情之失，多起于发端之差，定验之误。”[4]由此可见，勘验鉴定已成为当时办理刑事案件，特别是杀人案件中不可缺少的一个步骤。

1 张晋藩：《中国法制史》，群众出版社 1985 年版，第 122 页。

2 贾静涛：《中国古代法医学史》，群众出版社 1984 年版，第 23 ~ 26 页。

3 乔伟：《唐律研究》，山东人民出版社 1985 年版，第 266 页。

4 宋慈：《洗冤集录校译》，杨奉琨校译，群众出版社 1982 年版，第 4 页。

元、明、清各朝的勘验鉴定制度基本上沿袭宋制，但内容已不限于法医检验的范围。例如，当时已经有了专门检验伪金银、伪印鉴、伪钞及凶器等各种物证的专门人员——“行人”。《元典章·儒吏考试程式》就规定：“诸滥伪之物及伪造所用作杖，皆须行人辨验。穿窬、发冢、杀人之物亦同。”[1] 不过，杀人案件中的尸体检验依然是司法审判中运用证据的重点和难点。

在很长的历史时期内，证据科学在中国的发展都处于世界领先地位，“大宋提刑官”宋慈编写的《洗冤集录》就是很好的例证。但是18世纪之后，欧洲和美洲逐渐成为世界科学技术发展的中心，自然也就成为证据科学发展的中心。19世纪和20世纪，各种服务于犯罪侦查和司法审判的科学技术不断问世并长足发展，迅速扩充司法证明的“工具库”，包括毒物鉴定、尸体检验、人体识别、笔迹鉴定、指纹鉴识、武器鉴定、齿痕鉴定、足迹鉴定、声纹鉴定、唇纹鉴定、遗传基因（DNA）鉴定等。

伴随这些科学技术方法的发展，世界各国也就出现了一些重大案例。这些案例在一定程度上推进了科学技术的传播，也从不同侧面记录了证据科学以及相关法律规则的发展历程。诚然，这些案例记载的内容中既有成功的经验，也有失败的教训，但是失败者往往会产生更大的社会影响。

于是，就有了各种第一案，包括使用新的科学技术方法的第一案，如毒物检验第一案、罪犯识别第一案、指纹鉴识第一案等；也有对某些新型犯罪进行侦查和审判的第一案，如跨国

1 贾静涛：《中国古代法医学史》，群众出版社1984年版，第95～102页。

行贿第一案、内幕交易第一案、助人自杀第一案等；还有在司法制度改良方面具有推进意义的第一案，如罪犯辨认第一案、错判复查第一案、错判赔偿第一案等。

无论在过去、现在还是将来，研究这些案例对于提高刑事司法的水平都是很有裨益的。

目录

一、毒物检验第一案

古堡新郎之死[1]

（法国）

1815 年，玛丽 · 卡比尔出生在法国的巴黎。在她年幼时，父母双双离世。她的父亲曾经在拿破仑的军队中担任军官，临死前就把女儿托付给当年的战友。战友夫妇作为养父母，对玛丽很好，送她去女子寄宿学校。玛丽在那里结识了一些贵族女生，也就有了虚荣心。成年后，她自恃貌美而眼光很高，非侯门不入，非贵族不嫁，一来二去就错过了花季。

1 本案内容详见［德］于尔根 · 托瓦尔德：《19—20 世纪西方要案侦破纪实（下）》，流水、高山译，中国人民公安大学出版社 1987 年版，第 1 ~ 30 页。

新婚燕尔，丈夫病故

1839 年，已然 24 岁的玛丽经媒人牵线，在巴黎认识了 30 岁的夏尔 · 拉法格。这个男人外貌平庸，看上去还有些憨态，而且他是二婚，妻子在两年前病故。媒人说，夏尔是个工厂主，在外省拥有一座城堡。玛丽的养父母很愿意，玛丽便同意与他结婚。

玛丽满怀期望地跟随丈夫来到列格朗迪埃的城堡，但那里的景象令她大失所望，房屋很破旧，院子很脏乱，还有很多大老鼠。其实，那座城堡原本是一个破败的修道院，后来被夏尔的父亲改建成一个小工厂。老拉法格去世后，夏尔经营不善，工厂倒闭，还欠债累累。新婚初夜，玛丽让女仆锁上房门，把丈夫关在屋外。那天晚上，玛丽彻夜未眠。

第二天早上，玛丽见到夏尔后不停地哭诉。夏尔百般劝慰，承诺一定会翻修房屋，并且给她买一匹马，再雇一个仆人。玛丽的脸上终于露出了笑容。夏尔欲行夫妻之事，玛丽半推半就，俩人那几日情意缠绵，如胶似漆。

夏尔的母亲原本不喜欢这个巴黎女郎，但是见儿子很快乐，自己也就安心了。玛丽待人有礼，颇有大家闺秀的风范，因此与拉法格家人都能和睦相处。她还写信给养父母和亲友，说自己在城堡的生活很幸福。

俗话说，家和万事兴。夏尔精神振奋，准备大干一场，重振家业，但他首先需要的就是钱。1839 年 12 月初，夏尔决定到巴黎去筹借钱款。临行前，玛丽写了一份遗嘱，声明她死后的全部财产都归丈夫所有。她要求丈夫也写一份同样的遗嘱。夏尔虽然觉得这个要求很奇怪，但还是照办了。

夏尔在巴黎期间，玛丽接连写了几封情书，还请当地画家给她画了一幅肖像，寄给丈夫，以示思恋之情。圣诞节前，玛丽请婆婆做了一些馅饼，寄给夏尔。

收到妻子寄来的馅饼，夏尔很高兴。但是吃了之后，他感觉肚子很不舒服，随后就上吐下泻。他在床上躺了两天，虽然不再泻肚，但是身体仍很虚弱。当时，法国正在流行霍乱。夏尔估计自己也得了病，就决定回家。他已经筹集到 28000 法郎，足以还清债务并重开工厂。

1840 年 1 月 3 日，夏尔回到城堡，玛丽对丈夫体贴入微，家人都很高兴。夏尔连日奔忙，身体日渐虚弱，终于又病倒了，还是上吐下泻。家庭医生看了之后，认为他得了霍乱。但是，医生的治疗没有效果，夏尔的病情日益严重。1 月 14 日，夏尔病故。

儿子的突然生病让老拉法格夫人对儿媳产生了怀疑。她听说玛丽曾经让花匠去城镇的药店买过砒霜，就找玛丽询问。玛丽说，那是用来毒杀老鼠的，因为城堡里的老鼠太多了。玛丽叫花匠来作证，后者说他确实把砒霜做成杀鼠膏，投放在城堡的各个角落。老夫人仍有怀疑，就让家人把夏尔喝过的牛奶和肉汤保存起来，想让医生查验。儿子死后，她就让家人去治安法院报案。

司法审判，节外生枝

1 月 15 日，治安法官带领书记员和三名宪兵来到城堡。

玛丽身穿黑色丧服，一脸悲伤的神态。法官听取了拉法格家人的控诉，查验了家人提供的物证，包括夏尔喝过的牛奶和肉汤，以及夏尔的呕吐物。法官派一名宪兵去药店调查后得知，玛丽本人曾经在 12 月 12 日和 1 月 2 日到药店买过砒霜。

法官认为夏尔很可能死于砷中毒，而玛丽有投毒的嫌疑。他传唤曾经给夏尔治病的医生，询问有关情况之后，委托医生进行尸体检验以确定死亡原因。他说，巴黎的奥尔菲拉教授的最新研究成果表明，用化学方法可以检验出食物中的毒物，甚至也可以检验出尸体中的毒物。

奥尔菲拉被后人称为“毒物学之父”。1813 年，他发表了人类第一部毒物学专著《毒物与普通毒物学》。1819 年，他成为巴黎大学的医学化学教授。在那以后的二十年时间内，他和同事们努力研究在尸体中检验毒物砷的化学方法，但是结果都不能令人满意，因为难免出现误差，特别是在开棺验尸的情况下，周围泥土中的砷就可能进入尸体。

在夏尔案中，受委托的医生对毒物检验所知甚少，就请来两位熟悉化学检验的医生帮忙。他们解剖了尸体，切下了死者的胃，然后就让死者家人把尸体埋葬了。他们采用硫化氢检验法，确认在牛奶、肉汤和糖水中有毒物砷，但是在用硫化氢检验胃内容物时因疏忽而造成试管爆裂，未能完成检验。不过，他们根据检验过程中看到的黄色沉淀物得出结论：夏尔因砷中毒而死亡。

1 月 25 日，玛丽被宪兵逮捕，押送到布里夫监狱。第二天，当地的报纸都报道了这起“巴黎女郎精心设计的毒杀案”。不过，这个案件的审判还没有开始，玛丽就遇到了另外一个麻烦。

在结婚之前，玛丽曾经应邀到其闺蜜的家中做客。那个闺蜜的丈夫是德洛托子爵。玛丽走后，德洛托子爵发现家中丢失了一颗钻石。有人怀疑那钻石被玛丽偷走了，但是德洛托夫妇认为玛丽不可能干那种事情，就没有追查。此时看到报纸上的报道，德洛托子爵也对玛丽产生怀疑，就请法院派人去拉法格家搜查。宪兵果然在玛丽的首饰盒中找到了那颗钻石。玛丽辩解说那是闺蜜让她拿去卖的。法官没有相信她编的故事，很快就判她两年监禁。

这起盗窃案本身并不重要，但是它发生在玛丽身上就引起了社会的关注，而这又为毒杀案的审判作了预热宣传。在审判之前，很多记者都来到布里夫市，要亲眼观看这起美女毒杀案的审判。事实上，毒物检验问题在该案的审判中一波三折，让许多记者都大呼“不虚此行”。

玛丽被起诉之后，养父母给她请了一个很有名气的律师帕耶。很巧，这位律师还是“毒物学之父”奥尔菲拉的家庭律师，他在准备审判时专门就公诉方的毒物检验报告去请教了奥尔菲拉教授。因此，在这起广受瞩目的审判开始前，帕耶律师已然是胸有成竹。

毒物检验，一波三折

1840 年 9 月 3 日，布里夫市警察局派了一队宪兵到法院大楼外进行警戒并维持秩序。很多民众在法院外观望，少数幸运者获准进入法庭，近距离看到了那个神奇的女人。虽然天气炎热，玛丽身穿黑色丧服，她的装束和神态让很多人都相信她是无辜的。

审判开始后，检察官慷慨激昂地进行指控。他说玛丽是个贪婪邪恶的女人。她结婚的动机不是爱情，而是想得到荣华富贵。虽然丈夫的城堡让她大失所望，但是她想得到丈夫的房产，就精心设计了行动方案。首先，她假装很爱丈夫，柔情似水，让丈夫神魂颠倒地立下了一份非同寻常的遗嘱。然后，她买了砒霜，放进婆婆做的馅饼中寄给丈夫，想让丈夫死在巴黎。因为夏尔吃的馅饼不多，所以幸免一死。不过，玛丽得知丈夫要回家的消息之后，又去买了砒霜，数次投放在夏尔的食物中，终于置丈夫于死地。她不仅很贪婪，而且很无知，以为用砒霜投毒就不会被人查明。现代医学已经找到了证明砒霜投毒的方法。今天出庭的医学专家就会用毒物检验结果把案情真相告诉大家。

辩护律师发言说，玛丽是个温柔善良的女子，还在很好的女子学校受过教育。大家可以看看，像她这样的女子怎么可能去杀人呢？另外，玛丽与夏尔正处于新婚热恋期，二人关系很好。拉法格家人都说这对新人的感情很好。女仆还说，这两人一见面就热情似火，你侬我侬，玛丽绝不可能杀害她心爱的丈夫。事实上，夏尔不是死于中毒，而是死于霍乱。他的症状都符合霍乱的病症。他的医生也曾经诊断他感染了霍乱。公诉方的毒物检验结果是不可靠的，那绝对不是案情真相。

公诉方的医学专家出庭作证，详细讲述了他们从夏尔的胃中检测出毒物砷的方法和经过。专家的话音刚落，帕耶律师就起身质证。首先，律师让公诉方专家承认在检验过程中试管发生了爆裂，因而不能肯定地说检出了砷的沉淀物。然后，律师请出一位证人，此人是实验室的守门人。他说，医生在检验夏尔的尸体时很随意，不像在做一项严肃的科学工作。他们把夏尔的胃切下来之后，没有放在清洁的容器里，而是放在一个抽屉里。最后，律师问公诉方专家是否知道奥尔菲拉。对方回答说，当然知道，还读过他的《毒物与普通毒物学》。律师说，那可是他二十多年前的著作。你们知道马什检验法吗？公诉方专家无言以对。律师说，公诉方专家采用的硫化氢检验法已经过时了，现在有更科学的毒物砷检验方法。奥尔菲拉教授在看了本案公诉方专家的检验报告之后说，这几个医生是既无知，又粗心。律师要求法庭请奥尔菲拉教授出庭作证。

法庭上响起了热烈的掌声。旁听席上的人们议论纷纷。法官只好宣布休庭。重新开庭后，检察官说他坚信被告人实施了投毒杀人的行为，但是不反对使用新的方法重新进行检验。不过，他认为没有必要麻烦奥尔菲拉教授从巴黎到布里夫来。他建议聘请当地的两名药剂师和一名化学家重新进行检验。

9 月 5 日，三位专家在法庭上宣布了他们的检验结果。他们使用了马什检验法，结果是夏尔的胃中没有检出毒物砷。这次是检察官立即站起来发表意见。他说他昨天拜读了奥尔菲拉教授的著作，得知在胃里没有发现毒物的情况下，还应该检验肝脏等脏器。如果吃进毒物的时间比较长，胃里就可能无法检出毒物，但是毒物还会残留在其他脏器。法官同意了检察官的建议，由两次检验的五位专家共同对死者的其他脏器进行检验。

9月8日，五位专家再次出庭作证。他们的检验结果表明，夏尔的内脏中没有检出毒物砷！帕耶律师兴高采烈，观众席响起热烈的掌声，被告人玛丽起身向观众报以迷人的微笑。检察官大概已经预见这一结果，就不慌不忙地站起身来对法官说，请不要忘记本案中还有重要的物证，就是被告人给她丈夫喝过的牛奶和肉汤。既然第一次检验的方法不够准确，那么我建议请两名药剂师采用新的方法再次进行鉴定。

这次鉴定需要的时间不长。法庭在五个小时之后再次开庭。药剂师报告了检验结果：牛奶中有大量的砷，足以毒死10个人！检察官高兴地说，这个检验结果证明我是对的。这个邪恶的女人毒死了她的丈夫！辩护律师表示反对，因为牛奶中有毒物，并不等于夏尔是中毒身亡。二人争论不休，法官只好休庭。经过协商，双方同意请奥尔菲拉教授来做最后的鉴定。

9月13日上午，奥尔菲拉教授从巴黎来到布里夫。检验的地点就设置在法院的一个大厅。法院的大门有宪兵把守。法院外聚集了许多关注此案的民众。民众分成两派，不停地发出相互对立的喊声。

奥尔菲拉邀请那五位当地的专家旁观他的检验。他连续工作了一天一夜。14日傍晚，奥尔菲拉站在法庭上，向法官报告了他的检验结果：第一，夏尔的体内有毒物砷；第二，这些砷不可能来自检验的试剂和周围的环境；第三，这些砷不是人体内自己生成的。听到奥尔菲拉教授的报告，检察官眉飞色舞，辩护律师垂头丧气，被告人瘫坐在地上。

9月19日，法庭宣判，被告人玛丽犯有投毒杀人罪，判处终身苦役。后来，菲利普国王得知此案，大概有些怜香惜玉，就改为“终身监禁”。

玛丽在蒙彼利埃监狱服刑十年，因患肺结核而提前出狱。几个月后，她在家中病逝，年仅35岁。据说，她至死都没有认罪。

在这个案件的审判过程中，欧洲许多国家的报纸都进行了连续的报道，使“毒物学”成为一个家喻户晓的新名词。不过，法国人对这个案件的看法并不一致。有人认为玛丽是罪有应得，有人则坚信玛丽是蒙冤入狱。一些作家还专门就此案著书，观点也是大相径庭。例如，一本书的名字是《狡猾的女贼和阴险的女投毒者》，另一本书的名字是《玛丽·拉法格无罪》。

玛丽是清白无辜的蒙冤者，还是投毒杀人的罪犯？这大概已经成为人类司法历史中一个无解之谜。不过，就在玛丽去世的时候，在万里之外的中国出生了一个女孩。她的人生际遇竟然与玛丽如出一辙。

故事相似，结局不同

那是中国的清朝后期。在浙江省余杭县城里住着一对母女，以裁缝为生。女儿毕秀姑生得洁白秀丽，人送别号“小白菜”。小小县城，出此美女，难免招蜂引蝶，并惹出不少“桃色流言”。她自恃貌美，看不上凡夫粗汉，而大家子弟又看不上她的出身和名声，结果是高不成低不就，二十多岁仍未出嫁。其实，她心中有一个情人，名叫杨乃武。

此人出身于书香门第，相貌英俊，文才出众，在当地是颇有名气的风流才子。他经常包揽诉讼，且恃才傲物，就得罪了一些地方士绅和纨绔子弟。他比秀姑年长 8 岁，已有妻室。两人虽有交往，并无不正当关系。

杨乃武曾想娶秀姑做妾，但秀姑之母不愿让独养女儿做人偏房，好事未成。后来，杨乃武的妻子病故，他便想娶秀姑续弦，但其父和胞姊坚决反对，只好作罢，另娶后妻。

秀姑年龄日长，又有流言蜚语，其母心急，就在媒婆冯许氏的撮合下，强把女儿许给了当地做豆腐的葛品连。

1872 年 3 月，毕秀姑与葛品连成婚，从此她又得了一个雅号——“豆腐西施”。葛品连年过三十，家境贫寒，相貌平庸，体弱多病。秀姑虽然看不起品连，但已成婚，倒也相安无事。没想到，婚后一年半，品连暴病身亡。

此时，杨乃武已考中举人，在当地名声大振，地方士绅公子都愿与他交往。余杭县令刘锡彤的儿子刘子翰亦然。这位刘衙内托人结交杨乃武，却被自视清高的杨乃武碰了一鼻子灰，遂记恨在心。另外，刘衙内也曾看中秀姑的姿色，想方设法勾搭，未能得逞，又听说秀姑与杨乃武有情，心中自有一番醋意。当他得知葛品连的死讯之后，不禁喜出望外，认为这是陷害杨乃武与小白菜的天赐良机。

刘衙内首先找到葛品连的母亲，怂恿她去县衙告状。然后，他借吃饭之机向父亲讲述“杨乃武和小白菜通奸杀夫”的传闻。刘县令口说不信，心存疑惑，待日后收到诉状，见所言相同，便立即同意开棺验尸。

刘衙内事先买通了负责验尸的仵作沈详，后者便在验尸中作弊。他见尸体口鼻间有少量血迹，就报称“七窍流血”；见指甲灰暗，就报称“甲色青黑”；用银针刺进死者咽喉检验时见针上颜色略黑，按规定应擦净再验，但他即刻报称“验得死者确系中毒毙命”。当时在场的衙役沈彩泉提出“死者眼耳无血”和“银针只暗不黑”等不像中毒死亡的疑问，但是沈详还是在验尸报告——“尸格”上填写了“中毒死亡”的结论。

见到验尸报告，刘县令即令衙役将葛毕氏（小白菜）带到县衙，升堂问案。在堂上看到葛毕氏，他心想：如此美貌女子，嫁了个粗陋男人，肯定会有奸情。也以此成见问案，但葛毕氏不承认通奸弑夫之事。于是，刘县令传证人过堂，包括原告葛品连之母、葛毕氏之母、媒婆、邻居王心培等人。这些人的话虽不能证明通奸弑夫，但可以证明葛毕氏和杨乃武有私情，而且葛毕氏与丈夫的感情不好。然后，刘县令下令用刑，葛毕氏受刑不过，只好供认。

拿到这份供词，刘县令便提审杨乃武，但后者不仅不供，而且自恃有功名在身，相当傲慢。按规矩，刘县令须呈请学台斥革杨乃武的举人身份，方可刑讯。与此同时，有人因嫉恨杨乃武的才华和清高而联名保甲住户上书，说杨乃武平素行止不端，且目无法纪，引起邻里公愤，要求严加惩办。

刘县令态度更加坚定，待功名革除之后，再次审讯杨乃武，并用大刑，但后者始终不认。刘县令认为基本证据齐备，只缺杨乃武口供，但案情重大，不宜过分刑讯，决定解送杭州知府审理。

知府陈鲁听过案情，也认定是葛毕氏和杨乃武通奸谋害亲夫，但需要证实一些细节。在堂上，已被刑讯吓破胆的葛毕氏胡乱攀供，称于 8 月 24 日与杨乃武见面密谋杀夫，后杨乃武于 10 月 5 日给她送来砒霜。

对于这些说法，杨乃武辩称：8 月 24 日自己正在省城参加考试，10 月 5 日自己则在南乡岳父家商讨立继一事，而且都有人证。陈知府不信，动用大刑。府衙的刑具比县衙多且酷，杨乃武坚持不住，屈打成招。陈知府问他在何处购得砒霜，他胡乱说了一个东乡“钱记爱仁堂”药铺。拿到供词，陈知府很得意，命令刘县令即刻去取杨乃武买砒霜的证词。

刘县令回去之后，带着亲信师爷章抡香一起来找那药铺的掌柜钱宝生，问他有没有卖过砒霜给杨乃武。钱宝生当即否认，说自己根本不认识杨乃武，而且自己卖药给谁都是有账可查的。章师爷便请钱宝生到县衙去说话。

在县衙里，刘县令以礼相待，章师爷则明言让他提供伪证。钱宝生开始不同意，后来刘县令给他出具了一张保证此案与他无关也不会让他与杨乃武对质的文书，他才在供状上具结画押。

见到这份证据，陈知府再次提审杨乃武，杨乃武却死不承认，一再喊冤，结果陈知府只好让书办写好供词，让衙役趁杨乃武受刑昏迷时按上手印。具此定案，呈报浙江巡抚杨昌睿：葛毕氏谋杀亲夫，拟凌迟处死；杨乃武夺妻杀夫，拟斩首示众。杨巡抚提审之后，维持原判，报送刑部审批。

由于杨乃武和家人不断申诉鸣冤，该案曾数次复审，但是都在地方，而且复审官吏多与原案有牵连，一直无法翻案。后来，受创办不久的上海《申报》和社会舆论的影响，众京官上书获得执掌朝政的皇太后慈禧亲准，将该案交由刑部重审，并在京城重新开棺验尸。虽然尸体的皮肉俱腐，仅剩骨殖，但根据法医古籍《洗冤集录》上的检验标准，确认葛品连并非中毒死亡，因此小白菜与杨乃武合谋毒杀亲夫一说纯属子虚乌有。

1876 年，全国瞩目的杨乃武与小白菜案终于平反，二人无罪开释。后来，杨乃武回家养蚕，复兴家业。1914 年，他因病去世。小白菜出狱后，孑然一身，万念俱灰，便出家为尼。1930 年，她无疾而终。

当年制造冤案的那些官员也都各有下场。衙内刘子翰畏罪自杀；仵作沈详被判两年徒刑；县令刘锡彤发配黑龙江充军；杭州知府陈鲁和浙江巡抚杨昌睿都革职查办；其他参与审理该案的官员也都降职罚俸。皇太后慈禧借此案整肃官吏，以示圣明。该案影响重大，流传久远，被称为“清末四大奇案”之一。[1]

解说和评论

古今中外，投毒都是一种常见的杀人方法。因为中毒死亡很容易被混同于患病死亡，所以毒物检验就成为此类案件调查的关键。司法官员在这方面积累了不少经验，科学家也在不断探索检验的方法。

受文化习俗的影响，古代中国不做尸体解剖，因此，只能从尸体表征去寻找中毒的证据。宋慈在《洗冤集录》中就总结了中毒的体征，包括面色青紫、口鼻出血、眼耳肿胀、指甲青黑等，并且讲述了银钗探喉的检验方法，特别强调了银钗上的青黑色用皂角水无法洗去的标准。[2] 杨乃武与小白菜案就记录了这种检验方法。

在古代欧洲，人们也主要依据尸体表征去判断中毒死亡。18 世纪以后，医学和化学的研究成果为认定中毒死亡提供了更为科学的方法，并形成了一门新的学科，即“法医毒物学”。不过，这些毒物检验方法并非完美，其结论往往也带有一定的模糊性，玛丽案就生动地展示了这个难题。

现如今，玛丽案和杨乃武与小白菜案已经过去一百多年，

1　参见周楞伽:《清末四大奇案》，群众出版社 1985 年版，第 165 ~ 257 页。

2　参见宋慈:《洗冤集录校译》，杨奉琨校译，群众出版社 1980 年版，第 71 ~ 74 页。

人类的科学技术又取得了长足的进步。毫无疑问，自然科学的研究成果提升了司法证明的科学性，造就了各种各样的科学证据。这些科学证据可以使司法人员更加准确地认定案件事实，从而降低错判发生的机率。但是，科学证据并不都是科学可靠的，也会出现误差。因此，准确解读科学证据，对于认定案件事实来说是非常重要的。

二、刑讯冤屈第一案

墓地中美梦成真[1]

（美国）

社会对待罪犯的态度可以反映刑事司法的文明程度。文明的要求是以礼待人，文明的底线就是要把人当人。衡量一个国家的文明发展水平，主要不是看这个国家如何对待好人，而是要看这个国家如何对待坏人，包括罪犯。更为重要的是，那些被法院判决有罪的人，未必都是真正的罪犯。

1　本案内容详见何家弘：《犯罪鉴识大师李昌钰》，法律出版社 1998 年版，第 203 ~ 226 页。

教堂墓地中的美梦

这个案件的主人公名叫汤姆，是个普通的黑人青年。他出生在巴尔的摩市一个单亲家庭。他根本不知道父亲是谁，而母亲也在他 10 岁时因酗酒过度而去世。于是他就跟着比他大 8 岁的姐姐琳达生活。其实，汤姆的肤色并不太黑，而且浓眉大眼，模样挺招人喜欢。琳达很疼爱弟弟。她在一家超市工作，养家糊口。汤姆不爱念书，姐姐也无暇管他，于是他就辍学了，整日在街头游荡。

其实，汤姆也有自己的理想。在他的心目中，有三种人是他的人生榜样：第一种是黑人体育明星；第二种是黑人演艺明星；第三种人黑人贩毒“明星”。然而，这三条“成功之路”并不是人人都可以走的。汤姆曾经苦练篮球，但是他的身体条件决定他只能当业余球员。于是，他又拼命练唱歌，想成为一名布鲁斯歌星。虽然伙伴们说他唱得“挺有味儿”，但是就连那些街头卖艺的三流演唱组合都不愿意要他。看来，他只能选择第三条道路了。不过，贩毒也不好干，他曾经帮人干过一次，不但没赚到钱，还让人打了一顿，吓得他以后再也不敢提贩毒的事了。就这样，汤姆一直混到 20 岁，仍然一事无成，而且还是个“半文盲”。

1982 年 7 月的一天傍晚，汤姆在外面鬼混了一天之后回到家中。琳达一看见他的样子就有气。说老实话，汤姆也确实是琳达的累赘。带着这么个中看不中用的弟弟，琳达都快 30 岁了，还不能结婚。汤姆被姐姐骂了一顿，就赌气说要离开这个家。

第二天早上，汤姆郑重地向姐姐告别，说自己决定到南方去找个种植园打工。琳达半信半疑地看着他出了门，然后又追出来，塞给他 10 块钱。汤姆来到车站，坐上“灰狗”长途汽车，离开了巴尔的摩。

汽车一路南行。汤姆坐在车厢后面，悠然地看着两旁的风景。这些年的街头生活让他形成了自己的理念：没钱也能生活，天无绝人之路！用我们的话说，车到山前必有路，船到桥头自然直。这个年轻人的心态很好。

汤姆上车时只买了一张最便宜的短程票。他的想法是能坐多远就坐多远。结果，他一直坐到下午 4 点多钟，才被司机发现，在弗吉尼亚州西部山区的高速公路加油站被赶了下来。下车后，汤姆冲司机耸耸肩，走进了加油站旁的快餐店。店里没有顾客，只有一位女招待。汤姆买了两个汉堡包和一大杯加冰可乐，坐到玻璃窗前，慢慢地吃了起来。

吃完之后，汤姆看了一眼那个挺漂亮的白人姑娘，主动把餐盘送回柜台，并且很有礼貌地问那个姑娘附近有没有城镇。姑娘告诉他南面不远就有一个小镇，并问他有什么事情。汤姆说自己是从巴尔的摩来的，想找个地方打短工。姑娘很热情地说那个小镇上有牧场，经常需要打短工的人。汤姆谢过姑娘之后走出快餐店，沿着山林之间那条弯弯曲曲的公路向南走去。当太阳快落山的时候，前方果然出现了一个小镇。

俗话说，望山跑死马。当汤姆终于踏上那整洁的小镇街道时，夜幕已然降临，路旁的楼窗里都亮起了灯光。汤姆走过几条街道，心中考虑着应该到什么地方去过夜。他当然没钱去住旅馆，只是想找一个没人干扰的地方过夜。在这个人地生疏的山区小镇，他可不想被人当成小偷。这时，前面传来教堂的钟声，他的嘴边浮上微笑，然后循着钟声走去。

汤姆来到教堂外面，站了一会儿，沿着小路走到教堂的后面。那里有一片墓地。月光下，白色的墓碑在黑色的树木和草丛中显得格外醒目。他不怕死人。他认为只有活着的人才能给他造成伤害。而且，他知道别人都不愿意在夜晚到这墓地里来，所以这是他最安全的过夜场所。

汤姆走到一棵大树下，用脚踢了踢茂密的草坪，躺了下去。他透过树叶的空隙看着天上的月亮。他觉得自己开始喜欢这个小镇了。他相信自己明天一定能找到一份工作。如果工作合适的话，他也可以在这里生活下去。于是，他开始设计自己的未来生活。然而，这一天的长途奔波使他非常疲卷，所以他很快就闭上了眼睛。

……汤姆来到小镇边上的一个牧场。牧场的主人是一对白人夫妇，他们需要短工。汤姆和他们谈妥价钱之后便决定在他家打工。他干活非常努力，不怕脏也不怕累。那对老夫妇很喜欢他。最使他高兴的是那个在快餐店工作的姑娘竟然就是这家的女儿。他干活儿更卖力气了。那姑娘也很喜欢他，而且特别爱听他唱歌。这天晚上吃完饭后，他坐在自己的屋子里轻声唱着他最喜爱的一首布鲁斯。突然，门被人慢慢推开了，那个姑娘走了进来，坐在他的床边，静静地听他唱歌。他看着姑娘那漂亮的眼睛，心中升起一种强烈的欲望。他站起身来，走到姑娘旁边，抓住姑娘的手。姑娘垂下头，但是并没有把手抽回去。他一阵心花怒放，便把姑娘抱在怀中。姑娘嗔怪他抱得太紧了，并且用脚轻轻地踢着他的腿……

就在这时，汤姆被惊醒了。他不十分情愿地睁开惺松的睡眼，感觉两道刺目的手电筒光正照在他的脸上，而且有人在用脚踢他的腿。他连忙坐起身来，揉了揉眼睛，只见两名警察站在他的身边，手中还拿着枪。他忙问：“干啥？”

一名警察说：“干啥？我还问你呢！你是干啥的？”

汤姆说:“我是从巴尔的摩来的，想在这镇上找个事干。”

“那你怎么在这睡觉？走，跟我们去警察局。”

“到那去干啥？我也没犯啥事？”

“犯没犯事，一查就都知道了。站起来！别让我俩动手！”

汤姆站起身来，跟着那两名白人警察走出了墓地。在教堂前面停着一辆红灯闪烁的警车。

汤姆坐着警车来到警察局。这个警察局很小，只有两间办公室、一间审讯室和一间临时拘留室。那两名相当年轻的警察很随便地问了汤姆一些个人问题之后，就把他关进了那间拘留室，让他等候发落。

汤姆躺在拘留室的小床上，听见外面的警察在打电话。他估计警察是在向巴尔的摩市警察局查询他的过去。他不害怕，因为他没有任何前科。虽然他经常在街头闲逛，但是从不干犯法的事情，就连打架斗殴的事都很少参与。这倒不是因为他这人多么遵纪守法，而是因为他胆量小，不敢犯法，也不敢打架。

当汤姆再次被人叫醒的时候，太阳已经升上天空。那位白人警察大概已查清汤姆没有前科，所以脸上也露出了笑容。他说:“汤姆，出来吧。你小子的运气还不错。”

汤姆跟着警察来到前面的办公室。警察从桌子上拿起一张纸，说:“你知道不？在墓地睡觉是违法的。你是初来乍到，我今天就不罚你了。在这表上签个字，你就可以走了。”

就在这时，电话铃响了。警察抓起电话，刚听对方讲了两句，他的脸色就变了，而且用奇怪的目光看了汤姆一眼。他又对着话筒说了一些“好”“可以”“我知道了”之类的话，然后放下话筒，转过身来对汤姆说:“我有个急事，得走一趟。”说着，他把汤姆推回了拘留室。

汤姆隔着锁上的铁门，莫名其妙地望着那位警察急匆匆地走了出去。不过，他并不太急。他摸了摸衣兜里那为数不多的硬币，心想，关的时间长了，警察局肯定得管顿饭吧！

软硬兼施的审讯

快到中午的时候，警察终于回来了。这次一共有三个人。除了那两名年轻的警察之外，还有一个 50 多岁的警察。三个警察都是白人。两个年轻的警察打开拘留室的门，一言不发地把汤姆带进那间不大的审讯室，让他坐到桌子前面的椅子上。这时，那位老警察也走了进来，坐到了汤姆对面的椅子上。

汤姆莫名其妙地看着这三位面色冷峻的警察，一种不祥之兆从他的心底油然升起。

老警察用犀利的目光盯了汤姆足足有三分钟，然后用带有地方口音的英语问道：“汤姆，你小子昨晚都干了啥事？”

“昨晚？我啥也没干呀！”汤姆困惑不解地说。

“别装傻！”

“我真的啥也没干，就在教堂后边的墓地里睡觉了。他们都知道的！”汤姆用目光指了指那两个年轻的警察。

“别跟我逗闷子！你知道吗？我是这镇上的警长！啥样的人我没见过？就你这样，我一眼就瞅出你不是个好鸟！我告诉你，汤姆，你可别想糊弄我！你要是跟我耍心眼子，那绝没有你的好果子！说吧，你昨天夜里干了啥坏事！”

“啥坏事？我走了大半天，这身子骨都累趴了。一进墓地，我倒头就睡了。要说干了啥，那就是做了梦，还让他俩给整醒了。”

“你别跟我胡扯！”老警察不慌不忙地从口袋里掏出一张照片，举到汤姆面前，问道：“见过这个姑娘吗？”

汤姆一看，那是一个白人姑娘的照片。他仔细看了看，觉得这照片上的姑娘好像是他梦中的姑娘。他摇了摇头。

“跟我装傻？我问你，你昨天是不是坐‘灰狗’来的？”

“是的。”

“下车后，你是不是在加油站旁的快餐店里吃的饭？”

“是的。”

“那你还说没见过？她就在快餐店里上班。”

“哦，我想起来了，她就是那个女招待。”

“想起来就好。你俩当时说了啥？”

“我俩？”

“就是你和女招待。”

“没说啥呀？”

“你好好想。我告诉你，只要把事说清楚，你就没事啦！”

“我就问她这里有没有城镇。她说有，就在南边。她问我有啥事。我就说想找个活，干个短工啥的。她就说，这镇子上有牧场，需要打短工的。然后呢，我就走了，就到这里来了。”

“就这些？”

“是的。”

“那姑娘是不是长得很漂亮？”

“是的。”

“那你小子就没有非分之想？”

“那不能！我初来乍到的，我是个老实人。”

“你小子挺能装啊！我再问你，后来你又在啥地方见过她？”

“后来？那没有啊。离开快餐店，我就到这镇上来了。”

“那你在这镇上见到她了吗？”

“那就更没有啦！”

“你小子，别害怕。这是小地方，啥事都好办。只要你老老实实地把事情都讲出来，我保你没事！”

“我真的没有再见到她。除非是在梦里……”

“梦里？啥梦？”

“做梦呗，那有啥可说的？”

“没关系，说吧。”

“那我就说说？我那可真是做梦娶媳妇。”然后，汤姆就把他在墓地做的梦，原原本本地讲了一遍。

“你小子挺能装啊！做梦，你这会儿是在做梦吗？”老警察听完汤姆的梦，冷笑着问道。

“这会儿？”汤姆糊涂了，“我这会儿怎么能是做梦呢？”

“这就对啦。你刚才说的这些根本就不是梦，就是你干的事情。对吗？你小子还算老实。不过，你说的还不全，我来给你补上。”老警察身体向后一靠，眯着眼睛看着汤姆，慢慢地说道：

“昨晚，你在街上碰到那个姑娘。你们说了会儿话。她听说你没地方住，就好心地带你到她家去过夜。我们山里人都心地善良，不像你们那些大城市的人，一肚子花花肠子。要说呢，那姑娘可能对你也有了好感。半夜里，你把她给捂死了。那是个不幸的意外，对吗？”

“你说啥？”汤姆瞪大眼睛，张大嘴巴，却一句话也说不出来。

“要说呢，你小子艳福不浅，只是你太过分了。对吗？”老警察说着，不无得意地看了一眼那两个在旁边观看的年轻警察，然后用命令的口吻对汤姆说到：“你再把整个事情经过讲一遍。”

“我没杀人！我真的没杀人！”汤姆现在只会说这一句话了。

“我没说你杀人。我不是告诉你了吗？那是个不幸的意外。没啥大不了的。谁没有意外呢？开车还会撞死人呢！对吗？”老警察又缓和了语气。

“我没杀人！我真的没杀人！”汤姆愣愣地看着老警察，机械地重复着。

“我告诉你，汤姆，你可别跟我们警察装傻！我们有办法整你。你信吗？”老警察站起身来，把一名年轻警察叫到门边，轻声说了几句话，开门走了出去。

门关上了。两名年轻警察一左一右地站在汤姆面前，面无表情地看着汤姆。汤姆的心颤抖了一下，不由自主地站起身来，慢慢地向后退去。突然，右边的警察飞起一脚，猛踢在汤姆的屁股上。汤姆刚一侧身，左边的警察又一脚踢了过来。就这样，汤姆喊叫着，躲闪着，被踢倒在地上。

一个警察恶狠狠地骂道：“你个黑鬼，竟敢到我们这来杀人！我告诉你，你今天要是不认，我们就弄死你！你认吗？”

汤姆说：“我没杀人！”

又是一阵踢打和咒骂。

就在这时，门开了，那位老警察走了进来。他看见趴在地上的汤姆，装模作样地斥责那两个轻警察道：“你们怎么这样？”然后，他转向汤姆说：“汤姆，既然你说你没干，我就给你一次机会。你站起来，擦擦脸，坐在椅子上。好，我告诉你，那个姑娘的内裤和床单上都有那家伙的精斑。我让医生来提取你的血样，验个血型，就能证明那是不是你干的。”

汤姆希望能尽快证明自己的清白，尽快结束这场恶梦，便痛快地点了点头。

没过多久，一位医生走进来，给汤姆抽了血，然后又走了出去。

汤姆被送回拘留室。他躺在床上，用手轻轻地揉着身上那些疼痛的部位。他想思考一下自己怎么会落入这种境地，但是大脑中一片空白。

下午2点多，汤姆又被带进那间审讯室，坐到了那把椅子上。老警察坐在他对面，看了他半天，才问道："你知道结果吗？"

汤姆摇了摇头。

"你能不知道？自己干的事，你能不知道？或许，你盼着医生的检验会出错吧？我告诉你，这是科学！"老警察把那张医生检验报告放到汤姆的面前，说："你看看吧。这检验报告说，现场精斑的血型是AB型，你的血型也是AB型。你还有啥可说的？"

汤姆睁大眼睛，吃力地看着那些他读不太懂的文字。他不明白，为什么这科学也会出错呢？他把目光移到老警察的脸上，用企求的口吻说道："你相信我吧，警官先生。我真的没杀人。我从来没干过这种伤天害理的事情。你们可以去问我姐。我没有父母，只有一个姐姐。她了解我，我不是坏人。我求求你们，相信我吧。我真的没杀人！真的！"

"我凭什么相信你？就凭你说得这么可怜？我告诉你，别跟我演戏，我啥样的坏人没见过！我还告诉你，你不承认也没用。我们有证据。不仅有物证，还有人证，加油站的工人就看见你了。这事就是你干的。你今天是承认也得承认，不承认也得承认。我们也不用打你，就这么审问你。这叫'文明审讯’。看你能坚持多久！”老警察说完之后，站起身来，又走了出去。

接下来，那两名年轻警察就开始轮流讯问。他们果真没有再打汤姆，就是不停地问他。天黑了，汤姆的肚子饿得咕咕直叫，他请求警察给他饭吃。警察把烤鸡放在他面前的桌子上，对他说，只要他承认，就给他吃。夜里，他困了，但是警察用大灯照着他的眼睛，用警棍捅他的肋骨，就是不让他睡觉。

这样的审讯一直持续到第二天晚上，汤姆实在是坚持不住了。而且他的大脑思维出现了混乱。警察的那些问题弄得他自己也搞不清楚了，他记忆中的东西究竟哪些是梦，哪些是真实的。后来，他的脑子里只剩下一个想法，只要承认，他就能吃饭，就能回家，这一切折磨也就结束了。

于是，他承认了，在警察写好的供词审讯笔录上签了字。

汤姆吃了他今生所吃过的味道最好的烤鸡，然后又美美地睡了一大觉。第三天中午，他一觉醒来，发现自己还被关在拘留室内。不过，他觉得挺轻松的。那是一种在紧张劳累之后得到彻底休息的感觉。此时，他不愿意多想，就满足于这种迷迷糊糊的感觉。然而，汤姆的这种感觉没有持续太久。下午，他就被戴上手拷，坐在一辆封闭式警车内，被送到一个戒备森严的监狱。他知道，自己失去了生活的自由，而且前面是一片黑暗。

意见不一的判决

汤姆认罪的第二天上午，法警把他带到地区法院，接受治安法官的初审。这时，他才知道自己被指控犯了强奸罪和杀人罪。他向法官解释这完全是一场误会，但是法官没有听他解释，只是记下他不认罪，并且在得知他没钱聘请律师之后，为他指定了一名免费的公共辩护律师。法官说，这是为了保证审判的公正性。

那天下午，汤姆见到了辩护律师。那是一位 40 多岁的白人男子。他显然没有认真为汤姆辩护的热情。他甚至都没有听完汤姆的全部陈述，就以必须先去了解公诉方证据为借口而告辞了。不过，他同意给汤姆的姐姐打个电话，把汤姆的情况告诉她。

律师走了之后，汤姆焦虑不安地等待着琳达的到来。他不知道面临的是什么样的命运。他也不知道周围有没有他可以信赖的人。他觉得，现在这世界上只有姐姐能够帮助他了。

三天之后，琳达终于来到看守所。姐弟见面之后，汤姆禁不住失声痛哭。他觉得自己有一肚子委屈要对姐姐说，但是却哽咽着说不出来。琳达也哭了。她说她对不起弟弟。她后悔自己不该把弟弟撵出家门。她说是她害了可怜的弟弟。

汤姆止住了哭泣。一种男子汉的自尊感从他心头升起。他擦干眼泪，对姐姐说："琳达，你相信我，我没杀人。我真的没杀任何人！"然后，他向姐姐讲述了那天的事情经过。琳达当然相信弟弟的话。她说要去找那位律师好好谈谈。虽然他们没有钱，但是他们有真理和正义。她让弟弟放心，他们会竭尽全力打赢这场官司。琳达走后，汤姆觉得心情好多了。他对自己的未来又充满了信心。

审判终于开始了。汤姆是个一文不名的黑人，被害人是山区小镇的姑娘，因此该案的审判没有引起社会的关注。开庭时，法庭上只有被告人和被害人双方的亲友旁听。在这种冷冷清清的审判中，无论是法官还是双方律师，都表现得无精打采，而那些陪审员更是昏昏欲睡。

公诉方的证人包括“灰狗”客车的司机、加油站的工人、小镇的警察、现场勘查技术员和法医专家。检察官通过这些人的证言证明汤姆那天的作案经过：汤姆坐车到达该加油站时被赶下车；他在快餐店吃饭时认识了被害人；后来在小镇上再次遇到被害人，并用花言巧语骗得被害人的信任，来到被害人家中；半夜，他起了歹心，先强奸了被害人，然后将被害人闷死；事后他逃到教堂的墓地躲了起来，幸亏被认真负责的巡逻警察发现并抓捕归案。公诉方还出示了汤姆在警察局“自愿”作出的有罪供述和法医提供的现场精斑和被告人血液的血型鉴定结论。

辩护律师对公诉方证人的质证只是走走形式而已，没有产生任何实质性效果。辩护方只有两位证人出庭，即琳达和汤姆。在检察官的交叉询问下，琳达不得不承认她只能证明被告人过去的行为，并不能证明被告人在案件发生那天的活动情况，而汤姆则显得很被动，难以自圆其说。

检察官在最后辩述中把汤姆描绘成一个社会败类，一个忘恩负义和灭绝人性的歹徒。他要求法庭严惩汤姆。与此相比，辩护律师的最后辩述显得苍白无力。他只说汤姆还年轻，而且是初犯，希望法庭能够从轻发落。

法庭调查结束之后，法官让陪审团在评议中回答三个问题：第一，被告人是否犯有强奸罪；第二，被告人是否犯有杀人罪；第三，应否对被告人适用死刑。

在前两个问题上，陪审团很快就达成一致的意见：被告人有罪。但是在第三个问题上，陪审员们却花了两天的时间也没有作出裁定。这并不奇怪，因为死刑问题本身就很有争议。

美国在 1965 年废除了死刑，但是在 1976 年，美国的一些州又恢复了死刑，包括弗吉尼亚州。不过，这并不等于说弗吉尼亚人都同意死刑。汤姆一案的陪审员们在入选陪审团时都表示同意死刑，但是有些人认为汤姆还年轻，又是初犯，不应该适用死刑。如果陪审团不能就此达成一致意见，此案就要“流审”，法官就要重新组成陪审团进行审判。这对陪审团中持少数派意见的人来说，确实是一种巨大的压力。

经过三天的评议，少数派终于放弃自己的观点，同意对被告人适用死刑。随后，法官宣布对汤姆判处死刑。

审判结束之后，汤姆被移送到弗吉尼亚州监狱，关进了死囚牢房。那是一间长 2.7 米、宽 1.8 米的单人牢房。室内有一张小床、一个抽水马桶和一个洗脸盆。他已经被审判折磨得筋疲力尽。在走进那间小房后，他就一头倒在床上，昏睡了一天两夜。

姗姗来迟的死刑

汤姆被判死刑之后，一名新的律师担任了他的代理人。因为黑人的死刑问题非常敏感，容易引起社会的关注，所以这位律师认真办案，还不断向新闻记者透露案件的进展情况。

美国有关死刑的法律是经常发生变化的，几乎每年都会有新的规则问世，而且这些规则往往具有决定当事人生死的意义。因此，死囚犯的律师们都会千方百计地拖延执行死刑的时间，以便等待有利于其委托人的新规则出现。他们的基本策略就是“零敲碎打”“屡败屡战”，用他们的话说，“拖延就是胜利”！

汤姆的律师首先按照死刑程序规定，上诉到弗吉尼亚州刑事上诉法院，理由是案件证据不足，汤姆不该被判死刑。该上诉被驳回之后，他又上诉到弗吉尼亚州最高法院。当上诉再次被驳回之后，他又继续上诉到联邦最高法院。虽然他的上诉在联邦最高法院也得到同样的对待，但是他已经为汤姆赢得了 3 年的“生命时间”。

在第一轮上诉失败之后，汤姆的律师又开始了第二轮上诉。这一次，他的上诉理由是被告人有智力缺陷，不该被判死刑。他又是一路败诉地把官司打到联邦最高法院，而且又为汤姆赢得了 3 年的时间。

第二轮上诉失败之后，汤姆的律师又找到另外一条延长委托人生命的途径。这一次，他以地方警察侵犯了其委托人的民权为理由，把案件送上了联邦地区法院。然后，他又是一路败诉地打到联邦最高法院，又为汤姆赢得了 3 年多的时间。需要说明一点，律师在这 10 年的诉讼中也为汤姆筹集了不少“善款”。

刚开始住进这间牢房的时候，汤姆很怕死。每次狱警来开门时，他都会心惊胆战，以为是要送他去执行死刑。随着时间的流逝，死刑似乎离他越来越远，而他怕死的念头也就越来越弱了。他对姐姐说，“判死刑大概就是法官跟我开的一个玩笑！”

10 年来，汤姆渐渐适应了死囚牢房的生活。他甚至觉得这里的生活很不错。他每天在监狱里不愁吃穿，还可以看书和打篮球。此外，他经常给姐姐写信，还经常躺在床上做“白日梦”。他梦中的主人公总是那个“被他杀害的白人姑娘”。他觉得自己和那个姑娘之间的“故事”，完全可以写成一部小说了。然而，他已经没有时间了！律师穷尽了所有可以上诉的程序之后，法院把汤姆的刑期定在 1992 年的 12 月 3 日。

汤姆被提前一天押到死刑执行牢房。这是一个令人不寒而栗的地方。三道铁门将他完全与外界隔离开来。没有其他囚犯。周围是死一般的沉静。只有那偶尔传来的狱警的脚步声才使他意识到生命的存在。最令汤姆感到心惊肉跳的是牢房对面那扇蓝色的铁门。他知道，在那铁门后面就是所谓的“死亡小屋”。那里有一把带固定皮带的扶手椅和一跟长长的管子。管子内流动着可以让人在几十秒内就走到另一个世界的毒液。

这天晚上，汤姆坐在床边给姐姐写最后一封信。此时，他的心情已经平静了许多。他在信中写道：

“……我现在已经感觉到了死亡。说真的，它并不太可怕。我已经等待了 10 年，习惯了。当然，我并不想死。但这是上帝的旨意，我不能违抗。我相信上帝一定会让我升入天堂的，因为他知道我没有干那件事情。我的死是在替整个人类赎罪呢！我觉得自己挺光荣的。现在，我唯一的遗憾就是没有机会报答你了。琳达，你为我做的事情太多了。我过去不懂事，带给你很多麻烦，还不领情。我真是太混了！琳达，你原谅我吧！我相信你以后也会升入天堂的。到那个时候，我一定加倍地报答你！再见了，我的好姐姐！”

第二天凌晨，汤姆被狱警叫醒——其实他根本就没有睡着。狱警给他送来最后的早餐。他觉得，10 年以来狱警是第一次对他这么友好。他慢慢地咀嚼着，体会着食物的味道。饭后，两名狱警把他带到那间“死亡小屋”，让他坐到那把一尘不染的椅子上。

就在这时，铁门外边的电话铃骤响起来。一名狱警快步走了出去。很快，他又走了回来，微笑着对汤姆说：“祝贺你，法官签发了暂缓执行死刑令。”

陈旧精斑的鉴定

汤姆又被押回了原来的死囚牢房。又可以看到其他囚犯了，又可以看书和打篮球了。他对别人说：“这次是上帝跟我开了一个玩笑！”

律师来了。汤姆急不可待地想知道究竟发生了什么事情。律师很高兴地告诉他：“这次我们大有希望，因为我请到了一个重要的人物。”

“谁？”

“李博士。亨利·李博士。”

“他是啥人？”汤姆睁大了眼睛。

1991 年，美国前总统肯尼迪的外甥威廉被指控在佛罗里达州棕榈滩的别墅中强奸了女青年帕特里西亚。李昌钰博士作为辩方邀请的法庭科学专家勘查了现场。当时陪同的辩护律师认为李博士太不认真，因为他就掏出一块白手绢，在现场车库外的水泥地上擦了擦，又在旁边的草坪上抹了抹，就说完事了。但是后来在法庭上，李昌钰就是通过这块白手绢讲述了洛卡德的“物质转换原理”，证明那个女青年讲述的强奸之说不能成立。

女青年说，她和威廉从酒吧回到别墅，在车库下了车。

然后，威廉就要跟她发生关系，她不同意。威廉就把她扑倒在水泥地上，然后又把她拖到草坪上，实施了强奸。李昌钰对陪审团说，如果这个女子所说为真，那么在她的内裤和裙子上就应该有水泥地和草坪的微量转移物质，就像这块白手绢上的痕迹。但是，这位小姐的内裤和裙子上都没有这种痕迹。这证明她说了假话！

检察官对此提出质疑，询问李昌钰为什么不用女士的内裤去做这个实验。李昌钰回答说，“因为我没有随身携带女士内裤的习惯”。这句话不仅在法庭内引来笑声，而且被记者写进报道文章。于是，李博士用一块白手绢为威廉洗刷罪名就成为报纸文章的标题，而李昌钰也借助肯尼迪家族的影响力而名声大噪。因此，汤姆的律师登门拜访，请李昌钰为这个面临死刑的黑人青年出庭作者。

李昌钰接受了邀请，在初步审查案件材料之后指出，“该案证据不足，现场精斑的血型鉴定结论不足以确认被告人为强奸犯”。汤姆的律师就用李昌钰的这个专家意见，说服法官签发了暂停执行死刑令，使汤姆得以刑场逃生。用律师的话说，汤姆终于找到了他的救星。

李昌钰在全面审查了汤姆强奸杀人案的证据材料之后，正式提出以下四点意见。第一，被害人的死亡时间是午夜 12 点钟左右；被告人在教堂墓地被发现的时间是 12 点半；该案的现场在城镇的郊外，与教堂墓地相距约 5 英里，被告人没有交通工具，不可能在那么短的时间内从现场跑到教堂，因此他没有作案时间。第二，如果被告人是该案的强奸杀人犯，那么他在杀人之后应该尽快逃离该镇，怎么会在教堂墓地中睡大觉呢？难道他不怕被人发现吗？第三，警方提供的被告人供述上虽然有被告人的签名，但是那些用语所表现出来的文化水平大大高于被告人的文化水平，因而显然不是出自被告人之口。第四，也是最为重要的一点，现场精斑的血型和被告人的血型都是AB型，这只是种属认定的结论，不能作为同一认定的结论。换言之，即使在那个小镇上，属于AB型血型的人也很多，但显然不能因此就说他们都是该案的强奸杀人犯。在上述分析的基础上，李昌钰提出要对该案的现场精斑和被告人的血液进行DNA鉴定。这是一种最为先进的通过血液、精斑等物质进行人身同一认定的方法，其鉴定结论比血型鉴定结论具有更高的证明价值。

汤姆的律师带着李昌钰的意见，到法院提出了重新鉴定的要求。原来负责该案起诉工作的检察官已经担任地区法院的法官。他认为律师的这一要求是多此一举，并竭力从中阻挠。不过，那位律师很有不屈不挠的精神，而且李博士的介入引起了新闻界的关注，所以法院最终同意将该案中的被害人内裤和床单等物证交给李昌钰进行重新鉴定。

由于这是10年前的陈旧精斑，鉴定难度很大。李昌钰凭借自己的经验和实验室的先进仪器，经过几个月的工作，终于得出了鉴定结论——汤姆血液的DNA图纹与现场精斑的DNA图纹不同。这一鉴定结论表明，汤姆不是实施该强奸行为的人。

有了这一鉴定结论，汤姆的律师就有了重新上诉的有利武器。当然，上诉的程序也是耗费时间的。又经过一年多的努力，克服种种阻力，汤姆强奸杀人案的有罪判决终于被推翻了。

1994年10月5日，汤姆在死囚牢房里生活了将近12年之后，终于可以跨出监狱的大门。不过，他非常留恋监狱中的生活。他对法官说：“我不想出狱。这里的生活很好，有吃有穿，不冷不热。我已经习惯了。出去以后怎么办呢？我该怎么生活呢？”

然而，监狱是个非常奇特的地方——让你进去的时候，你不想进去也得进去；让你出来的时候，你不想出来也得出来。

汤姆出狱那天，很多新闻记者都前来采访。一时间，汤姆竟然成了新闻人物。美国的很多新闻媒体都对该案进行了专门的报道，盛赞李博士为无辜者洗刷冤情的功劳。英国广播公司也为该案做了一个专题节目，一方面批评了美国刑事司法制度中的弊端，另一方面称颂了李博士的办案方法和敬业精神。在这些报道中，李昌钰是明星人物。美国的一些中文报纸还把李昌钰称为“美国的包青天”，或者直呼为“李青天”。

解说和评论

即使是在 20 世纪的文明社会之中，刑讯逼供这种野蛮的审讯方法也像幽灵一样时隐时现。虽然许多国家都在法律中禁止刑讯逼供，但是在司法实践中仍然存在着大量的秘密刑讯和变相刑讯。在很长的历史时期内，美国的执法人员也经常把刑讯作为从犯罪嫌疑人口中获取供述的主要手段。在公开的肉体折磨被禁止之后，一些执法人员便使用所谓的“第三级”身体折磨法，如两名以上的审讯人员对嫌疑人连续进行轮番讯问；不许被审讯人睡觉；不让被审讯人喝水；或者在长时间内不许被审讯人上厕所等。

虽然犯罪侦查属于侦查机关的组织行为，但是刑讯逼供属于个体行为，因为这种行为的决定、实施和责任承担都具有个体性。对于个体的行为方式来说，个人的道德观念和性格气质会产生一定的影响，但是个体的行为习惯总是在特定环境下养成的，因此必然会受到各种环境因素的影响。就刑讯逼供行为而言，这种影响既包括社会大环境的影响，也包括单位小环境的影响。

社会环境是影响人的行为方式的重要因素。这种影响既可以表现为对某种行为方式的塑造，也可以表现为对某种行为方式的约束。刑讯逼供属于“打人”行为，而打人是人类带有原始性和野蛮性的一种本能，是隐藏在每个人的内心深处并附着在神经末梢的“动物基因”的外化。其实，很多现代文明人的心底都蛰伏着打人的欲望，特别是在感到愤怒、痛苦、烦躁、亢奋的时候，打人就成为了发泄或排解不良情绪的有效方式。不过，在现代文明社会中，人们一般都不会去打人，因为社会的环境和规范在约束着人们的行为。然而，一旦这种行为约束力量缺失或弱化，人体内部的打人欲望就会外化为打人行为，特别是当打人获得了“正当理由”而且对方不能反抗的时候。

单位环境也是影响人的行为方式的重要因素。从某种意义上讲，单位是社会的具体化，单位的行为环境往往会对该单位的人的行为方式产生直接的影响，并形成带有单位或者行业特点的群体行为模式。

刑讯逼供的出现与警察的群体行为环境有着密切的联系。一些警察缺少正面约束从而养成了刑讯逼供的行为习惯。因此，要遏制刑讯逼供，就必须运用适当的行为矫正方法来改变警察的行为模式。针对刑讯逼供行为来说，法律制度的约束是有效的矫正方法。

20世纪中期以来，美国法院的一些判例加强了对审讯方法的约束，而且往往以联邦宪法第五修正案为出发点，该法规定:“任何人……不得被强迫在任何刑事诉讼中作为反对自己的证人。”这一规定被称为“反对强迫性自我归罪的特免权”。在刑事诉讼中，这种特免权有两层含义：首先，被告人不得被强迫在刑事诉讼中作证，他甚至也不能被强迫站到证人席上和进行宣誓；其次，非当事人的证人可以被强迫出庭作证，但是他们有权拒绝回答那些可能证明他们自己有罪的问题。这一规定的宗旨是为了保护被告人的合法权利，但是法院在审判实践中也会从其他角度来考虑这一问题。

在1951年的罗杰斯诉合众国一案中，丹佛市某组织的罗杰斯夫人被一个联邦大陪审团传讯。在她讲述了自己在该组织中的职责并声称自己现在不掌管档案材料之后，大陪审团要求她提供那个目前掌管该材料的人的姓名。她拒绝说出这个人的姓名，并说她不想让其他任何人遭受她正在遭受的“折磨”。联邦法官允许她去征求其律师的意见，并让其在第二天上午出庭。第二天上午，罗杰斯夫人再次拒绝讲出那个人的名字，并明确提出要行使联邦宪法第五修正案规定的反对强迫性自我归罪的权利。然而，联邦法院判她为藐视法庭罪。

罗杰斯夫人不服判决，一直上诉到联邦最高法院。联邦最高法院在审理之后决定维持原判，其理由是罗杰斯夫人在前一天并未要求行使反对强迫性自我归罪权利的事实表明她已经放弃了该权利。大法官们认为：罗杰斯夫人在第二天已不可能有效地行使该项特免权了，因为她在前一天已经给出了能证明她有罪的陈述，更多的证言并不能明显增大她被追究刑事责任的危险。严格地说，联邦宪法第五修正案规定的反对强迫性自我归罪的权利仅局限于审判过程之中。但是在实践中，大多数被告人在审判程序开始之前就已经被迫提供了不利于自己的口供，于是联邦宪法第五修正案的权利保障实际上成为一纸空文。因此，美国还需要更为有效的约束审讯行为的法律制度。

三、法医尸检第一案

无名尸体之谜[1]

（法国）

巴黎警察局侦缉队创建于 1810 年，是世界上最早成立的专业犯罪侦查机构。它的创始人尤金·维多克是一个颇具传奇色彩的人物。他青年时热爱冒险，曾在法国军队服役，后来因殴打一名军官而坐牢。出狱后，他当过演员，干过水手，也做过买卖。1810 年，由于昔日狱友经常去威胁敲诈他，他就主动跑到巴黎警察局，要帮助警察抓罪犯。当时的警察局长被巴黎的犯罪问题搞得一筹莫展，便接受了他的建议。维多克挑选了 20 名前科犯，成立了一支特别侦缉队。他们在第一年就抓获了 812 名罪犯，并清除了一些巡警不敢问津的匪窟。1832 年，新上任的巴黎警察局长不喜欢前科犯，维多克便被解职。在本案发生时，侦缉队队长是在法国警界颇有名气的大侦探戈隆。

1 本案内容详见［德］于尔根·托瓦尔德：《19—20 世纪西方要案侦破纪实（上）》，流水、高山译，中国人民公安大学出版社 1987 年版，第 156 ~ 184 页。

马车夫提供线索

1889 年 8 月 15 日，法国里昂市郊罗纳河边的村民在树林里发现一个麻袋，打开一看，里面是一具腐败的尸体。村民立即报告了当地的宪兵队（当时城市有警察局，乡村有宪兵队）。经查，死者不是本地人，身份不明。一个外地人的尸体，怎么跑到了这个偏僻的乡村？当地人议论纷纷。宪兵将此案报告了里昂市的检察官。

检察官带人赶到现场查看一番，然后把尸体运回里昂，请医生检验。当时，法国各地一般都没有专业的法医。医生检验尸体后报告：死者裸体，身上包了一层油布，用麻绳捆上，塞进了麻袋。死者为男性，年龄在 40 岁左右，身高 1.70 米，头发和胡子均为黑色，喉咙上有两道很深的勒痕，因此推断为被人勒杀。检察官让里昂市警察局展开调查。

当地报纸报道了这起奇怪的案件，然后就有一些人向警方提供线索。一个农民报告，他在距离现场不太远的河边发现了一些可疑的木板。宪兵前去查看，发现那好像是一个木箱子的碎片，而且有尸体的气味，便把这些木板送到了里昂市警察局。

警察仔细检察了这些木板，发现一块木板上有两个铁路部门贴的标签，上面的字迹依稀可辨。一个标签上写着“发站：巴黎 1231—巴黎 1889.7.27，3 次特快”；另一个标签上写着“到站：里昂—佩拉什 1”。后来，警察又到发现尸体的树林搜查，找到了一把钥匙，与木箱板上的锁孔相配。因此，警察确认这个木箱就是运送尸体的工具。

当地报纸又报道了案情的进展。于是，一个马车夫向警察提供了新的线索。7 月 6 日，他在法国里昂火车站等客。三个男人抬了一个木箱子，让他送到罗纳河边的米莱利村。到达那里之后，三人下车抬着箱子走了，让他在原地等候。过了一段时间，三个人空手回来，然后坐马车回到里昂市区。

警察认为这个线索很有价值，就让马车夫辨认那些碎木板，后者肯定就是那个箱子的木板。然后，警察又找了一些当地有前科的嫌犯的照片，让马车夫辨认。后者从中认出了三个人，分别叫夏泰恩、勒沃尔和布瓦纳。随后，警察得到检察官的批准，以抢劫杀人罪将三人抓捕归案。那具无名尸体也就埋葬在当地的一个公墓。

然而，该案的预审并不顺利。三名被告都声称对那个木箱和死者一无所知，而且根本没有坐马车去过那个地方。警察使用了刑讯，但是三人拒不认罪。警察又询问了马车夫，后者又说他亲眼看见那三个人把木箱子扔到了树林里。警察认为马车夫也有嫌疑，就把他也抓了起来，但是也没有得到认罪的口供。预审法官认为现有证据不足以启动审判，该案陷入僵局。不过，该案的一系列报道已经引起了巴黎警察局侦缉队的关注，后者正在调查另外一个棘手的案件。

“西门庆”神秘失踪

1889 年 7 月 27 日，一个名叫朗德里的人到警察分局报案，他的一个表兄失踪，很可能出事了。此人名叫古菲，是法院的“执行官”。他拥有一家事务所，专门帮助法院处理遗产分割、赃物拍卖、破产清算等事务，是个家境殷实且很有声望的绅士。他虽年近半百，但是衣着高雅，风流倜傥。妻子亡故，他就寻花问柳，情妇众多，颇有“西门庆”[1]之风。虽然他不像西门庆那样包揽诉讼，但是在司法界也是个不容小觑的人物。他对工作很认真，办事一丝不苟。当时，他正负责一个破产案的清算，但连续两天没去上班。

朗德里帮助古菲做事，感觉这很反常。他问了古菲的女儿，后者也不知古菲的去向，他就到警察局报了案。分局的警察开始并未重视，让家人再等等，但是过了三天，依然没有音讯，就报告了市局侦缉队。

大侦探戈隆很重视此案，亲自去古菲事务所调查。女秘书介绍了古菲的生活、工作习惯等情况。戈隆查看了古菲的办公室，在保险柜旁的地板上发现了 18 根点燃过的火柴。他又询问了事务所的女守门人。后者说，27 日晚上，她看见一个男人用钥匙开门进来，在古菲的办公室里待了一会儿。开始她还以为那是古菲先生，但是当那人离去时，她发现是个陌生人。

戈隆派侦探去询问古菲的情妇。他发现这个鳏夫真是精力充沛，他竟然有二十多个情妇，而且还在寻觅新欢。这些情妇都已多日未见古菲，也不知古菲的下落。只有一个人提供了看来很有价值的线索。7 月 25 日，她看见古菲去找一个商人，此人名叫埃罗，五十多岁，与古菲有业务往来。当时埃罗的身边还有一个年轻漂亮的女人，名叫艾拉。

戈隆让侦探去找这两个人，没有找到，但是查明了两人

1　西门庆是中国古典小说《水浒传》和《金瓶梅》中的人物。他贪淫好色，但也是个精明的商人。

的情况。埃罗出生在法国，在西班牙长大，曾经在南美洲生活多年。他 1882 年回到法国，买了一家酒庄，但是很快就倒闭了。他又与人合办了一个商行，但也面临破产，正在由古菲进行清算。艾拉原本是个妓女，后来成了埃罗的“女儿”，实际是情妇。

戈隆让手下的“耳目”到巴黎各地去查找这对男女。与此同时，戈隆还通过巴黎警察局向法国各地的警察机关发布了失踪人的协查通报，其中描述了古菲的特征：49 岁，身高 1.75 米，身材匀称，衣着雅致，栗色头发和连鬓胡须。十多天过去了，调查工作没有任何收获，戈隆相当郁闷。

8 月 17 日，戈隆在报纸上看到里昂郊区村民发现一具腐败尸体的报道。大侦探的直觉告诉他，这就是他要找的失踪人古菲。于是，他派了一名侦探陪同报案人朗德里去里昂辨认尸体。后者看到那具腐败的尸体之后连连摇头，因为那个死者的头发是黑色的。不过，他们此行也有收获，得知当地人还发现了一些木箱板，而且上面有铁路部门的行李托运标签。

虽然尸体辨认结果令人失望，但是戈隆仍然没有放弃那具尸体就是古菲的想法。他与里昂警察局联系，希望对方把那个带标签的木箱板寄到巴黎。对方开始说他们已经抓到凶手，不需要大侦探过问此案。后来经过交涉，对方终于同意了。

戈隆看到铁路标签之后，立即对那个日期产生了兴趣。7 月 27 日，那正是古菲失踪的日期。于是，他亲自跑到巴黎火车站，让行李托运处查看托运登记的行李票。由于那段时间正在举办巴黎国际博览会，托运的行李很多，车站职员花了很长时间才终于找到了一张行李票：“1889 年 7 月 27 日，第 3 次列车，11 时 45 分从巴黎发车，第 1231 号，到站：里昂—佩拉什，1 件，105 公斤”。戈隆坚信这就是古菲的尸体。

11 月 11 日，戈隆带着一个侦探来到里昂警察局。此时，无名尸体案的侦查也因三名被告拒不认罪而陷入了僵局。戈隆亲自讯问了那名被关押的马车夫。他首先从日期矛盾入手。马车夫说帮那三个人运送木箱的时间是 7 月 6 日，但是那个装尸体的木箱是 7 月 27 日才从巴黎运到里昂。然后，戈隆运用了审讯技巧，迫使马车夫承认自己编了假话。他因拉客过程中有违法行为而担心被吊销运营执照，所以根据报纸上的报道而编了谎言，希望得到警方的关照。随后，戈隆向当地司法机关提出了开棺验尸的请求。7 月 12 日，检察官发布验尸令，并且邀请当时法国最著名的法医学家亚历山大 · 拉卡圣进行尸体检验。

法医学家隆重登场

1880 年建立的里昂大学法医学研究所是世界上第一个法医学研究机构。拉卡圣教授是该研究所的所长。里昂警方挖掘出来的尸体不仅完全腐败，而且支离破碎。拉卡圣从那一大堆腐烂物体中清理出骨骼、牙齿和头发，然后在显微镜下进行分析。他的检验用了 10 天的时间，得出以下结论。

第一，拉卡圣根据自己通过四肢骨骼推断身高的研究数据，计算出死者的身高为 1.785 米。第二，拉卡圣根据自己通过牙齿推断年龄的研究数据，推断死者的年龄是 50 岁左右。第三，拉卡圣通过比较尸体左右腿骨的形态和重量，推断死者的右腿膝盖和脚踝曾有伤病，略有些跛脚。第四，拉卡圣仔细清洗了尸体的头发，发现那些头发不是黑色的，而是栗色的。然后，他在显微镜下比对了侦探提供的古菲梳子上的毛发和尸体的毛发，确认二者的粗细度一致。

大侦探戈隆对第一个结论有些失望，因为古菲的家人说其身高是 1.75 米。不过，他仍不死心。他得知古菲曾经服过兵役，就让人到有关部门查阅档案，得知古菲参军时记录的身高是 1.78 米。第二个结论与古菲吻合，古菲 49 岁。第三个结论最有价值，因为戈隆询问了古菲的女儿和医生，得知古菲的右腿确实有点儿瘸，因为年轻时登山摔伤了右腿，后来还专门找医生治疗过膝关节和踝关节。第四个结论则消除了人们对死者头发颜色的怀疑。

11 月 21 日，拉卡圣教授正式向大侦探戈隆提交了尸检报告：死者就是失踪人古菲。第二天，巴黎的报纸上出现了一个大标题“尸体认出来了！”当时，巴黎的犯罪问题非常严重，因此这个报道非常引人关注。

戈隆让人根据那些木板复制了一个木箱，放到巴黎陈尸所展出，并鼓励人们提供有关线索。据报道，展览的前三天就有 25000 人去观看，警方也收到了一些有价值的情报。

一个专门制作木箱的匠人说这种箱子是英国人制造的。戈隆还收到一位旅居伦敦的法国人写的一封信。此人名叫施旺。他在信中说，6 月 24 日，经一位旅居伦敦的法国女士介绍，他带着两个法国人在当地的商店买了一个这样的木箱子。那两个法国人自称是父女。

12 月 19 日，大侦探戈隆带着一个侦探来到伦敦。他们得到了著名的舰首街治安法院的协助，把那两位旅居伦敦的法国人和那家商店的销售员都请到法庭，对他带去的木箱板进行辨认，三人都确认无疑。戈隆向那位法国女士询问那两个买木箱人的情况。女士说，她与那个男子认识多年，但不认识那个女子，但她可以肯定那不是男子的女儿。她说那个男子名叫埃罗，女子名叫艾拉。大侦探喜出望外，因为这正是他要查找的那两个人。

法国的报纸对这个案件进行了大量报道，使该案家喻户晓。巴黎警察局在报纸上发布了通缉令，并且登出了埃罗和艾拉的照片。巴黎警察局还给法国驻欧美国家的使领馆和欧美国家的警察机关发去公函，请求协查逃犯。戈隆本以为这是大海捞针，但是得来全不费工夫。

“潘金莲”自投罗网

1890 年 1 月 22 日，艾拉在一个美国男人的陪同下走进了大侦探戈隆的办公室。这个年轻女子确实长得娇柔妩媚。她承认曾勾引古菲，但是对杀人一无所知。那个美国男人是埃罗的商业伙伴，以前就迷恋艾拉，后来见艾拉独身一人，就与她同居。看到报纸上的通缉令之后，他问艾拉，后者说自己被埃罗利用了，但是没有杀人。美国男人就劝艾拉到警察局去说明情况，并自愿同去作证。

戈隆不相信这个女人的说法，把她关进看守所。侦探们采用疲劳饥饿审讯法，连续三天，艾拉终于招供了。艾拉很像中国的“潘金莲”[1]。她出身贫寒，少女时被人迷奸，后来沦为妓女。埃罗认识艾拉之后，非常喜爱她，就提出包养她。

艾拉不喜欢埃罗，因为这个小老头相貌平庸，还是五短身材，虽然不是“武大郎”那样的“三寸丁谷树皮”，但绝对是个丑男。可是埃罗有钱，而且见多识广，能说会道，不仅能说法语，还能说西班牙语和英语。最重要的是，埃罗可以让艾拉过上舒适安稳的生活，还能参加一些上等人的社交活动。艾拉就同意了，不再接客。

埃罗每月给艾拉生活费，还经常带她参加社交活动，自称是父女。埃罗允许艾拉跟别的男人来往，包括生意伙伴，但是不允许有更进一步的关系。有一次，艾拉偷偷与一个老客户偷情，埃罗发现后大怒，把艾拉痛打一顿。艾拉发现，埃罗是个心狠手辣的男人。她想离开埃罗，但是后者已把她掌控在手中。

古菲与艾拉一见钟情，艾拉也愿意与这个风流倜傥的男人打情骂俏。埃罗看到了，似乎并不反对。艾拉知道埃罗有求于古菲，就大胆地越过了底线。埃罗知道后很生气，但是没有打艾拉，而是提出一个条件，让艾拉帮助他干掉古菲。艾拉不愿意，埃罗就软硬兼施，一方面威胁，一方面许诺，答应事成之后给她一笔钱，还给她自由。艾拉就同意了。

按照埃罗精心设计的方案，二人先到英国去购买了一个木箱，然后艾拉私下与古菲约会。7 月 26 日，古菲来到艾拉的住所。就在古菲因尽情欢乐而筋疲力尽时，藏在室内的埃罗出

1　潘金莲也是中国古典小说《水浒传》和《金瓶梅》中的人物。她与西门庆通奸，毒杀亲夫武大郎，后来成为西门庆的小妾。

来用绳索把古菲勒死。虽然艾拉知道这个计划，但是看到面目狰狞的死者时依然害怕得浑身颤抖。埃罗则欲火中烧，不顾艾拉的反对，粗暴地强奸了艾拉。

埃罗事后休息片刻，就起身用油布包裹古菲的尸体，塞进木箱，然后锁好。当晚，埃罗拿了古菲的钥匙，到古菲的办公室盗取财物。艾拉不知道埃罗拿到了多少钱财。

第二天，两人把木箱运到火车站托运，然后坐火车到里昂。埃罗租了一辆自驾马车，二人把尸体抛弃在一个偏僻的树林中，把木箱摔碎后扔到河里。他们都相信此事做得天衣无缝，不会被人发现。回到巴黎之后，埃罗给了艾拉一笔钱，两人分道扬镳。艾拉估计埃罗已经离开了法国。

大侦探戈隆推测埃罗会逃亡南美洲，就请求南美洲国家的警察机关协助抓捕。1890 年 5 月 20 日，古巴警察局在当地一个妓院逮捕了埃罗。6 月 30 日，巴黎警察局的两名侦探把埃罗押解回法国。

1890 年 12 月 16 日，巴黎重罪法庭公开审判埃罗、艾拉杀人案。审判持续了一整天。审判长在晚上 10 点宣判：判处埃罗死刑；判处艾拉 20 年苦役。1891 年 2 月 2 日，埃罗被处以绞刑。

那段时间，巴黎的一些旅游纪念品商贩都在兜售一种精致的小木箱，里面有一具锡制尸体，身上写着“古菲案内幕”。

解说和评论

虽然中国的法医检验曾经领先世界，但是法医学的快速发展还是在19世纪的欧洲，而法国则处于前沿。1835年，巴黎大学的德维热教授出版了《法医学·理论与实践》一书。1878年，里昂大学的拉卡圣教授出版了《法医学论文集》，他对死亡原因和尸体现象的研究成果都在刑事司法界产生了很大影响。1880年，里昂大学建立法医学研究所，拉卡圣教授担任所长。古菲案的法医尸检非常成功。拉卡圣名声大噪，法医学也得到了社会认可。于是，欧洲的许多大学都开设了法医学课程，甚至设置了法医学专业。

在死亡案件调查中，法医尸检的主要任务有二：其一是查明死亡原因；其二是确认死者身份。在无名尸体案件中，后者是至关重要的。历史经验表明，死者身份的确认错误就会导致冤错判决。

认定死者身份属于人身同一认定，可以通过熟人辨认，也可以通过科学鉴定，如指纹鉴定和遗传基因（DNA）鉴定。在古菲案中，拉卡圣的主要依据是死者的骨骼、牙齿和毛发等特征。诚然，这些特征都是人体的种属特征，其实无法满足同一认定的要求。但是，当时人类还没有掌握指纹鉴定和DNA鉴定的方法，因此，拉卡圣的研究成果已经处于前沿，而且这些种属特征组合在一起也基本上达到了同一认定的标准。总之，该案的影响很大，堪称"法医尸检第一案"。

四、错判复查第一案

人生的善有恶报[1]

（英国）

2011 年 2 月，英国企鹅出版集团负责我的小说《血之罪》英文版翻译出版的曾先生说，他知道我在研究刑事错案问题，而且《血之罪》就是一部刑事错案小说，所以他建议我到网上去看看最近在英国广受关注的“巴姆博杀人案”。我果然在网上看到了英国的《卫报》《每日电讯报》、BBC 广播公司等新闻媒体的大量报道，一些文章的标题颇为吸引眼球，譬如“杀人魔杰里米 · 巴姆博的洗冤持久战”。让我更感兴趣的是，这是我在二十多年前就曾经关注过的案件。

1　本案内容主要根据英国的《卫报》《每日电讯报》《每日快报》等报纸，以及《真实的侦探》杂志上的文章撰写，参见何家弘：《扭曲的灵魂——外国犯罪实证》，中国法制出版社 2008 年版，第 180 ~ 192 页。

惨不忍睹的现场

这个案件发生在英格兰东南部的埃塞克斯郡。在该郡首府切尔姆斯福德市的郊外有一个白宫庄园。这是一栋独立的二层楼房，周围有茂密的树林和开阔的田野。

白宫庄园的主人名叫罗尔夫·巴姆博，61 岁。在“二战”期间，他是英国皇家空军的飞行员，后来担任过当地的治安法官。他的妻子叫朱恩，与他同岁，是个虔诚的基督徒。巴姆博是当地的名门望族，但是这对夫妇没有生育，就收养了一子一女。养子名叫杰里米，25 岁，有个女友。他住在 5 英里外的一栋小别墅，管理着 500 英亩的家庭农场。养女名叫希拉，27 岁，已婚，住在伦敦，有一对 6 岁的双胞胎男孩。希拉曾经当过时装模特，后来为照顾孩子而放弃了她非常热爱的职业。从表面看，这个家庭是幸福安宁的，但是却孕育了震惊英国的人生悲剧！

1985 年 8 月 7 日凌晨 3 点 30 分，切尔姆斯福德警察局的值班员接到一个报警电话。打电话者自称叫杰里米·巴姆博。他说刚刚接到他父亲从白宫庄园打来的电话。父亲在电话中说，希拉疯了，手里拿着一支装满子弹的步枪，要把家里人都杀死。杰里米说他父亲被吓坏了，要他前去帮忙，但他随后听到电话里传来枪声，电话就断了。

值班员确认有关信息之后，让杰里米去白宫庄园等候警察。然后，他报告了上司。后者一听是巴姆博家的白宫庄园发生枪案，立即派几名武装警察乘车前去。警察在接近白宫庄园的路口遇到了开车前来的杰里米，然后他们一起来到楼房前面。

楼房里没有灯光，黑黢黢的窗户似乎隐伏着杀机。两名警察走到门前，按响门铃，并大声说明自己的身份。然而，房间里无人回应，只传来一阵狗的叫声。警察试图打开房门，但是房门锁上了，而且很牢固。

杰里米走过来，推了推门，对警察说，门里有插销。他父亲有个习惯，每天晚上睡觉之前都要亲自把门窗锁好。他带着警察绕楼一圈，果然发现所有门窗都是从里面锁住的。警察商量一番，决定撬门入室。进屋后，警察没有贸然行动。黑黢黢的房间里万籁俱寂，空气中带着很浓的火药味和血腥味。突然，一只狗冲了过来，发出紧张的叫声。

警察拿着手电筒，找到电灯开关，但是灯不亮。跟在后面的杰里米说，可能是有人拉了电闸。于是，他走到大门后面，推上电闸，大厅里的灯都亮了。杰里米先让那只牧羊犬安静下来，然后带着警察四处查看。他门被那布满血迹的场景惊呆了。二楼的卧室共有四具尸体，老先生的尸体在一楼的厨房。杰里米瘫坐在沙发上，身体不住颤抖，泪水流出眼眶。

天亮了，切尔姆斯福德警察局的助理局长辛普森带领探长黑伍德和法医等技术人员来到白宫庄园。他们全面勘查了现场，并且不时地拍照取证。

在一楼厨房的地板上躺着男主人罗尔夫。这位“二战”飞行员的身上共有 8 处枪伤，头部和肩部还有钝器伤。厨房里有搏斗的痕迹。

在二楼的主卧室里，女主人朱恩趴在门旁的地毯上，身上有 7 处枪伤。在她的身旁倒着希拉，颈部有 2 处枪伤。希拉穿着睡衣，光着脚，胸前有一支步枪，枪膛和弹匣里都没有子弹。警察在那张大床上发现了不少血迹，还找到了 5 个弹孔。

在二楼的一间小卧室里，两张小床上躺着那对孪生兄弟。

从脸上那安祥的神态来看，他们大概是在睡梦中被人开枪打死的。丹尼尔的身上中了五枪。尼古拉斯的身上中了三枪。那现场真是让人惨不忍睹！

魔鬼附体的养女

在法医和技术员勘验现场的时候，辛普森警长和黑伍德探长向杰里米询问有关情况。杰里米此时已恢复常态。他讲述道：昨天下午，父亲打电话告诉我，希拉从伦敦回来了，我就去了白宫庄园。虽然我有时会和希拉吵嘴，但我们的关系还是很好的。晚饭时，父母都说了一些希拉不爱听的话。父亲指责两个小孩不懂规矩，还说希拉不应该放弃自己的工作。母亲说希拉应该每周带孩子去教堂，多参加教会的活动。希拉反驳说，父母不了解她，也不了解孩子。她说话的时候有些激动。晚饭后，我跟希拉聊天，谈了她的家庭和孩子。我感觉她很郁闷，好像精神压力很大。我知道，希拉和丈夫的关系也挺紧张。希拉以前吸过毒，精神也出过问题。关于这方面的情况，你们可以去问我们家的弗古森医生。我劝慰希拉，不要太在意父母的话。她笑了，唱起了《雪绒花》。据父母说，他们当年就是看了电影《音乐之声》，被那个家庭的爱感动了，才决定到孤儿院去收养两个孩子。后来，他们还带我们俩到奥地利和瑞士的阿尔卑斯山旅游，寻找山上的雪绒花。我们俩曾经在学校演唱过《雪绒花》。但是，昨天晚上希拉唱歌的样子怪怪的，笑容也是怪怪的，我感觉后背发凉，就让她早点休息。大概

10 点钟，我就回家了，因为父亲的生活很规律，每天晚上 10 点半睡觉，而且他要在上床之前亲手把所有门窗都锁上。回家后我也就睡了。半夜，我被父亲的电话惊醒了，他说希拉要杀人，让我赶快过去帮忙。后来，我听到电话里传来枪声，就立刻给警察局打了电话。

辛普森问杰里米是否认识那支步枪。杰里米说，那是他父亲的枪，德国造的新枪。黑伍德问，希拉会打枪吗？杰里米说，他父亲喜爱枪，曾经教他和希拉打枪。说完之后，他停了一会，又补充一句，希拉的枪法比他好。

与杰里米谈话之后，辛普森警长打电话联系家庭医生弗古森，黑伍德探长则去询问早上来白宫庄园上班的女佣。女佣讲了希拉带孩子回到白宫庄园的情况，也谈了巴姆博家人的生活习惯，与杰里米的话基本相似。然后，黑伍德探长询问白宫庄园的电话，因为他发现厨房里有两部电话机，一部放在小桌上，一部藏在一摞杂志的下面。女佣看了，也觉得很奇怪。她说，白宫庄园的电话是“一号多机”，四部电话共用一条电话线，厨房一部，办公室一部，主卧室一部，还有一部无线电话。那部无线电话在两天前出了故障，送去修理了。小桌上那部象牙拨盘的电话机是卧室的，不知为何拿下来，插到了厨房的电话线插口上。藏在杂志下面的电话机才是厨房的。黑伍德检测了一下，发现厨房的电话机没有任何故障。一个问题浮上他的脑海：为什么有人把它拔下来，插上了从卧室拿来的电话呢？

弗古森医生来到白宫庄园，向辛普森警长介绍了希拉的情况。希拉是个私生女。她的母亲是神父的女儿，她的父亲是神父的助理。她母亲怀孕时是个中学生，因此生育之后就把她送进了孤儿院。她在两岁时被巴姆博夫妇收养。希拉的性格比较孤僻，也比较固执。她经常说自己有魔鬼附体，这个想法大概来自她的养母。她 17 岁的时候，有一次与人发生关系，被养母撞见了。养母就说她是“魔鬼的女儿”。1983 年，她曾固执地要请人给她“驱魔”，否则就要自杀，家人只好把她送到精神病医院去接受治疗。她还染上了毒品。弗古森医生告诫她不要吸毒，因为那会强化她的幻觉。不过，看来她并没有听。

第二天，希拉的丈夫柯林从伦敦赶到白宫庄园。他已经知晓噩耗，因此神态还比较平静。辛普森警长向他询问了希拉的情况。柯林说，这段时间希拉的情绪很不稳定，经常对孩子发脾气。其实，希拉一直很苦恼，因为她不能从事她喜爱的模特工作。这两个 6 岁的孩子也确实很淘气，很不听话。希拉经常说她坚持不住了，就要累死了。希拉这次带着孩子回白宫庄园就是希望能得到父母的帮助，也希望那田园环境有助于放松一下她那已经快要绷断的神经。看来，她的愿望没能实现。在辛普森警长的询问之下，柯林承认他和希拉的关系不是太好，他也因此而感到很内疚。他一再说，他本应该多关心希拉和孩子。

不无争议的结论

辛普森警长认为本案的情况已然明了：希拉先开枪杀死了父母和孩子，然后又开枪打死了自己。这时，一些新闻记者闻讯赶到白宫庄园。辛普森在现场接受记者采访时说：“我们正在调查其他人介入此案的可能性。不过，就目前掌握的证据来看，希拉杀害自己家庭成员的可能性很大。”

白宫庄园惨案很快就成为新闻热点，而希拉的名字也传遍英国。很多报纸都在头版位置进行了报道，一些记者还从不同渠道搜集巴姆博家族和希拉的信息，行动似乎比警察还快。8 月 9 日，《每日快报》就在头版报道了这起“白宫庄园惨案”，标题是“自杀女子杀死双胞胎和父母”。该报刊登了希拉和两个孩子的生前照片，还配发了希拉颈部枪伤的照片。

与此同时，其他报纸也不甘落后，八仙过海，各显其能，纷纷披露希拉的私生活并分析其杀人原因。《星报》报道说，希拉曾经是一个非常“走红”的模特。她除了是一名时装模特，还经常给汽车商作广告，一天的收入可以高达 200 英镑。后来因家庭问题，她只好放弃模特职业。这让她心理失去平衡，最终变成了“杀人狂”。《太阳报》报道说，希拉行为古怪，她有时自称是圣母玛丽亚，有时又自称是魔鬼，还经常在半夜从伦敦给白宫庄园打电话，说一些稀奇古怪的话。该报还详细报导了希拉两次被救护车强制送往医院的情景，并断言希拉在大脑神经错乱后出现狂暴心态，以“女英雄”的气概拿起了杀人的步枪。《每日镜报》披露了希拉吸毒的情况，声称她欠了毒贩 4 万英镑。她在走投无路的情况下来到白宫庄园，以如此悲壮的方式结束了自己的生命。

大概是出于对痛不欲生的杰里米的同情，而且还受到社会舆论的影响，警方在 8 月 9 日就解除了对现场的封锁，让巴姆博的家人清理现场，包括一些与案件有关的物品，如带有血迹的被褥、床垫和地毯等。巴姆博家族的人也纷纷从外地赶到白宫庄园，等待警方的最后决定。

警察们对这个案件的看法并不完全一致。以辛普森警长为代表的多数警察都认为本案是希拉所为，她在枪杀了父母和孩子之后自杀。他们的主要理由如下：第一，现场的所有门窗都是从里面锁好的，杀人者不可能逃离现场；第二，现场上的所有子弹都是从那支德国造的自动步枪射出的，而那支步枪就在希拉的尸体上；第三，希拉颈部的伤口有射击残留物，这些痕迹表明射击距离大约为 3 英寸，符合希拉自己扣动扳机自杀的动作；第四，希拉曾经患有精神分裂症，因此她有可能采取杀死亲人的方式寻求解脱，并结束自己的生命；第五，杰里米的报警电话以及他向警察的陈述可以佐证希拉自杀的判断。

辛普森警长根据现场的情况推断：生活的压力让希拉产生了自杀的念头，而父母的责怪促使她决定杀死家人。那天夜里，希拉准备好武器弹药，开始行动。她先去主卧室，连续向床上打了 10 枪。那支自动步枪的弹匣可以装 10 发子弹，她大概是一次就把弹匣里的子弹打光了。不过，巴姆博夫妇并没有被打死。朱恩大概受了重伤，罗尔夫大概没有受伤或者受了轻伤。这位空军飞行员趁希拉给弹匣换装子弹的时候跑到楼下的厨房去打电话。希拉装上子弹之后，见母亲爬到了卧室门口，就又补了几枪。然后，她下楼去，找到正在打电话的罗尔夫，就开枪射击。老军人大概在受伤之后还竭力反抗，但是最终倒在血泊之中。弹匣的子弹又打空了，希拉再次给自动步枪装满子弹。上楼之后，她先打死了两个还在睡梦中的儿子，然后来到母亲的身旁，用最后两颗子弹结束了自己的生命。

黑伍德探长不完全同意辛普森的推断。他认为希拉不像是能干出如此凶残的杀人行为的女人。他提出了一些疑问。他说：根据法医的检验结论，希拉颈部的两处枪伤都是致命伤，一个子弹打进大脑，一颗子弹击中颈椎。一般来说，一个人在受到致命伤之后就不能行动，因此尸体上有两处致命伤就证明不是自杀。

辛普森警长当过军人，熟悉枪支的性能，就胸有成竹地回答说：这是自动步枪，扣动一次扳机就可以打出两发子弹，甚至多发子弹。一般人用这种枪，一扣扳机至少打出三发子弹，只有非常优秀的老兵才能打出单发。实际上，希拉在开枪打死父母和孩子时，都是一枪多发。因此，她在自杀的时候也就一次射出了两颗致命的子弹。这两处致命伤并不能否定希拉的自杀。

黑伍德探长又提出了两个疑问。第一，警察到达现场的时候，白宫庄园的电闸被人拉掉了。这是谁干的？为什么？难道希拉要在黑暗中杀人吗？第二，厨房里的两部电话机也很奇怪。谁把卧室的电话机拔下来插到了厨房？厨房的电话机并没有故障，完全可以使用。

对于这两个问题，辛普森警长回答说：这确实有些奇怪。但是，一个精神病人的想法本来就是非常奇怪的，是正常人很难理解的。

最后，警方决定以希拉自杀结案。8 月 15 日，警方在面对新闻媒体的案情报告会上宣布希拉是自杀，并向死者亲属发放了尸体埋葬证。

8 且 16 日，当地的乡民为巴姆博夫妇和女儿举行了葬礼。在葬礼上，杰里米悲痛万分，因此他的女友朱莉和姐夫柯林不得不搀扶着他。随后，乡民又在教堂为死者举行了安魂弥撒。弥撒的气氛是庄严和忧郁的。牧师用低沉的声音对民众说：“爱是宽宏博大的，它很快就会忘却一个人所犯下的过错——特别是在家庭中犯下的过错！”人们都很清楚牧师的含义，他是在让人们原谅希拉所犯下的罪行。葬礼之后，柯林把两个孩子的尸体带回伦敦，安葬在海格特公墓。

业余侦探的发现

对于地方警察来说，这种五人死亡的枪杀案绝对是难得一见，因此切尔姆斯福德警察局和周边的警察局有许多警员来现场“参观”，黑伍德探长就责无旁贷地担任了“导游”。不过，他在介绍案情时并没有肯定“希拉自杀”，因为他的心中还有合理怀疑。

黑伍德有三个疑点：第一，罗尔夫身材高大、体格健壮，尸体上的伤痕表明他曾与凶手搏斗，而身材纤细的希拉很难打败这位老军人；第二，白宫庄园的电闸被人拉掉了，卧室的电话机被人插到了厨房，这都不像是一个精神病人疯狂杀人的行为，更像是一个精心谋划的杀人行为；第三，希拉的赤脚很干净。如果她在死前疯狂奔跑去杀死父母和孩子，那么她的脚上总该有些尘土和血迹吧！因此，他认为希拉可能不是凶手。

对“希拉自杀”之说持怀疑态度的不仅是这位探长。前来参加葬礼的巴姆博家的亲属中有两个年轻人，一个叫戴维，一个叫克里斯廷，是杰里米的表兄妹。他们认为希拉不可能杀人，特别是那两个孩子，因为希拉可以为那两个孩子牺牲一切。葬礼之后，他们留在白宫庄园，决心要查明真相。他们仔细查看了白宫庄园的所有门窗和各个角落，终于有了重大的发现。

在书房里有一个武器柜，摆放着巴姆博老先生收藏的枪支。在武器柜后面的墙角有几个放杂物的纸盒。两个年轻人在一个纸盒里找到一个 0.22 英寸口径步枪的消声器。他们发现消声器上有一些红色的漆痕，颜色与厨房墙面的油漆相似；消声器上有一小缕灰色的头发，像是老先生的头发；在消声器管口内还有一些微量的血迹。他们立即打电话报告了警察局。

警察局很快就派人来提取了这一物证，送到法庭科学实验室去检验。警方的物证保管工作不太专业。实验室人员在检验那个消声器时没有见到那缕头发，因此只对漆痕和血迹进行了检验。结果表明：漆痕的成分与厨房墙面的油漆相同；血迹与希拉的血型相同，都是 OMN 型。

专业侦探的推理

得知这一鉴定结论，黑伍德探长非常兴奋。他立即找到辛普森警长，汇报了自己的看法，或者说“推理”：血迹检验结果表明，那支枪在打死希拉的时候是带着消声器的。如果是希拉自杀，那么她怎能在开枪打死自己之后再把消声器拧下来，藏到武器柜的后面呢？毫无疑问，在希拉被打死之后，白宫里还有一个活着的人。这个人拧下消声器，藏到武器柜后面，伪造了希拉自杀的现场。这个人才是真正的凶手！而且，这个人很可能是犯罪的老手。

辛普森警长同意黑伍德探长的观点。实际上，他在得知消声器的检验报告之后，又去查看了那支德国造自动步枪。于是，他为黑伍德的推理补充了两点：第一，这是一支很新的步枪，枪机零件都很紧，弹匣里的弹簧也很硬，那弹匣是 10 发装的，杀人者发射 30 颗子弹至少应换装两次弹匣，希拉那尖细而且精心染过的指甲上没有擦刮的痕迹，这很难让人相信她是换装子弹的人；第二，这支步枪的全长为 43 英寸，其中，枪管长 24 英寸，从枪管到扳机的距离为 6 英寸，消声器的长度为 6 英寸，因此从消声器口至扳机的长度约为 36 英寸。现场情况表明希拉不可能用脚趾扣动扳机，所以她要自杀就只能用手指去扣动扳机。而她要完成这一动作，其胳膊的长度就得将近一米！由此可见，希拉不是自杀！

警方决定重启本案的侦查，并且意识到原来让巴姆博家人处理现场物品的决定太草率了。假如他们能够对现场的痕迹物证进行精细的勘查，就像美国的科学神探麦克唐奈在平安夜凶杀案中所作的那样，他们大概早就查明本案的真相了。但现在为时已晚，他们只能另外寻找破案的途径。他们要回答的问题是：希拉不是自杀，那么谁是凶手？

关心白宫庄园惨案的业余侦探不仅是那两个年轻人，还有新闻记者。从 9 月 10 日到 13 日，《旗街报》《每日镜报》《星报》相继报道了白宫庄园惨案的最新情况，而且都讲了希拉与毒品贩子的关系。有的记者声称那些毒品贩子是国际毒品走私集团的成员，曾强迫希拉去推销毒品，因此惨案的制造者很可能是贩毒集团派来的职业杀手。还有的记者调查了白宫庄园周边的乡村，听说有一块田地曾被用作荷兰毒品走私飞机的空投地点，而且有的乡民曾收到装有大量现金的包裹。

警方对这些记者的报道进行了调查，但是发现多为道听途说和捕风捉影，对破案没有实质意义。经过分析，警方认为杀人者应该是巴姆博的家人或关系密切的人，因为此人必须熟悉白宫庄园的门窗，才能制造出封闭现场的假象。于是，警方的怀疑集中到柯林和杰里米的身上。

柯林与希拉的夫妻关系出现了裂痕，而且希拉还有精神疾患。柯林会不会因此而杀死希拉呢？但是，柯林会杀死自己的两个孩子吗？另外，柯林有必要杀死两位老人吗？警方进行了调查，发现柯林有确凿的不在犯罪现场的证明，因为他在 8 月 6 日和 7 日都没有离开伦敦。

杰里米是巴姆博家唯一存活的人，而且他在案发后的言行有些奇怪。杰里米在向警察局报案后便开车去庄园。他的住处距离庄园 5 英里，警察局距离庄园 20 英里，但是警察在半路上遇到了他，因此他开车的速度极慢！看来，他当时并不急于去救援他的父母。9 月 17 日，《太阳报》的记者还报导说，杰里米正在推销他姐姐的正面无头裸体照片，看来他已经没有了家人丧生的悲哀。

黑伍德探长又去询问了杰里米。杰里米承认自己那天晚上开车去庄园时故意放慢车速，因为他不愿意在警察之前到达现场，以免受到怀疑或遇到危险。黑伍德左查右问，但是没有发现任何破绽。此时，他后悔在案发后未能检验杰里米的衣服和手上是否有射击残留物。就在侦查工作陷入僵局的时候，又来了一位“业余侦探”，而且提供了极有价值的破案信息。

这个“业余侦探”就是杰里米的女友朱莉。9 月 30 日，她来到警察局，向辛普森警长和黑伍德探长讲述了她内心的秘密。她说自己这些天一直被罪恶感困扰，晚上很难入睡，因为她相信杰里米是真正的杀人凶手。她说：“早在 1984 年，杰里米就曾明确地告诉我他想把家里人都杀掉。后来，他还向我解释过杀死他们的理由。他说，父亲已经老了；母亲完全被宗教迷住了；姐姐有精神病，生活不幸福，而且没有生活的目标；那两个孩子也极令人讨厌；而他想一个人得到那 50 万英镑的遗产！杰里米一直想干一件漂亮的凶杀案。开始他打算把毒药放在酒里，让他们喝，然后放火烧掉房子，并装成是他父亲睡觉时吸烟而引起的火灾。但是，后来他否定了这一计划，理由是那所房子的保险金太低，而且那件珍贵的古钟会在大火中被毁掉。于是，他决定嫁祸于希拉。他曾经对我说过，他可以轻而易举地进出那所房子，不管那所房子的门窗是否锁着。1985 年 8 月 6 日晚上 10 点钟，杰里米打电话对我说机会已经来了。我劝他别干傻事，但他说‘机不可失，失不再来’！第二天凌晨 3 点钟，他又给我打了个电话。他在电话中说，‘一切正常，你不用担心。只是家里出了一点麻烦。再见，亲爱的。我非常爱你！’后来我知道发生了凶杀，并见到了他。他一点也不难过，甚至笑着对我说他应该去当一名演员。我问他是不是他干的，他说不是他干的，是他花钱雇别人干的。但是我不相信，我觉得这件事肯定是他自己干的。他干得出来！以前他曾经用勒死大老鼠的方式来向我证明他的杀人能力。他的内心并不像他的外貌那么美好！”

辛普森警长向朱莉表示感谢。这是真诚的，因为没有朱莉的帮助，警方很难查明本案的真相。尽管他们怀疑杰里米，但是没有任何证据。朱莉还告诉警察，杰里米独自一人去法国旅游了，将于第二天回到英国。

10 月 1 日，警察在多佛港逮捕了杰里米。面对杀死五人的指控，杰里米面无表情，显得从容不迫。

高潮迭起的审判

由于案情重大而且复杂，检察官用了整整一年的时间准备起诉。1986 年 10 月 2 日，切尔姆斯福德地方法院开庭审理杰里米·巴姆博杀人案。德拉克法官宣布开庭之后，阿里奇检察官首先向陪审团解释了检控方的事实主张。他说：“从表面上看，希拉很像是自杀，但是那个消声器的发现使这种说法成为无稽之谈。至于杰里米在本案中的作用，他过去的女友会告诉法庭。”

朱莉作为公诉方的第一个证人走进法庭。她站在证人席上，有些激动地向法官和陪审团重复了她曾经向警察讲述的话。

朱莉的话音刚落，辩护律师雷弗林就起身问道：“我听说你曾打算去会见死者的灵魂，可有此事？”

朱莉回答说：“是的，我曾经说过这样的话。因为我的良心一直在受着折磨。我爱杰里米，但我相信他是魔鬼的化身，他的内心世界绝不像他的外表那么美好！我的内心也很矛盾，我真希望死者的灵魂能告诉我事实的真相！”

雷弗林律师转身对陪审团说：“这位证人很爱幻想，因此她的证言中肯定有不少猜想的成分！”

在朱莉之后，检察官又请多位证人出庭作证。杰里米的舅舅罗伯特说：“杰里米曾对我说他可以杀死任何人，甚至包括他的父母。”农场秘书芭芭拉说：“巴姆博先生在被害前曾经对我说过，他担心杰里米想杀死他。老先生说，他绝不能让自己的后背对着那个年轻人！”然后，枪弹检验专家格雷尼斯在法庭上表演了用那支加了消声器的步枪自杀的动作，从而说明希拉自杀之说不能成立。

然而，检控方的精神病专家布赖德雷博士的证言却使问题有些复杂化。虽然他说希拉的精神分裂症并不严重，没有暴力行为倾向，但是在回答辩护律师的质证时也承认，受精神分裂症折磨的人有可能采用自杀并杀死所爱之人的方式来寻求解脱。

然后，辩护律师请家庭医生弗古森走上证人席。他向法庭介绍了希拉因精神病入院治疗的情况和吸毒的情况，以及希拉认为自己是魔鬼并要请人给驱魔的情况。最后，杰里米走上证人席，语言平缓地讲述了那天晚上的事情经过，他坚称自己没有杀人。

在最后辩论阶段，检察官和辩护律师都重点讲述了当事人的人生经历，似乎要从中揭示其杀人动机。检察官说，“杰里米是一个女中学生和一个商人的私生子，出生之后就被母亲送到了孤儿院，后来被巴姆博夫妇收养了。为了使他受到良好的教育，巴姆博夫妇把他送到了寄宿学校。虽然巴姆博夫妇给了他爱和幸福，但他的心里却总觉得非常痛苦，因为他觉得希拉比他得到了更多的关爱。他知道希拉的母亲是牧师的女儿，父亲也是神职人员，所以内心有一种出身的卑贱感。他嫉妒希拉，并因此积累了对父母的仇恨。这就是他走上杀人道路的主要原因。另外，这个年轻人仪表堂堂，但是内心充满了邪恶。实际上，他是有犯罪前科的人。1980 年，巴姆博家房车内的财物被窃，包括 900 多英镑的现金。警方调查后发现，盗窃者就是杰里米。后来经巴姆博夫妇力保，杰里米才没有受到刑事处分。总之，嫉妒、仇恨和贪婪使这个年轻人走上了杀人的道路。”

辩护律师在发言中说，“希拉是个私生女。这样的出身在她幼小的心灵上留下了创伤，进而导致她精神错乱并产生魔鬼附体的念头。于是，她陷入对孩子和父母的复杂情感之中。正是这种复杂的情感促使她不由自主地对亲人实施暴力。我不想指控一个死者，但是我必须指出，希拉才是开枪杀人的凶手，而杰里米并没有实施杀人行为。我想提请陪审团注意，如果我们要判定某人犯有杀人罪，那我们必须握有不容置疑的有罪证据。在本案中，检控方的证据存在严重缺陷。一方面，检控方没有证据证明杰里米实施了那些杀人行为；另一方面，检控方也没有证据证明杰里米如何在杀人后逃离白宫庄园。检控方就像柯南道尔和阿加莎·克里斯蒂一样，讲述了一个非常精彩的侦探故事。作为听众，我很想知道杰里米是如何制造了封闭现场的假象。这可是这个侦探故事中最关键的一个环节！”

经法官同意后，检察官又站起身来，胸有成竹地说：“从表面上看，这个案件很像是希拉杀人后自杀。正是这个表象使警察在调查中犯了一些错误，造成了证据的短缺。不过，在专家的证言证明希拉不是自杀之后，本案的凶手就只能是这个家庭唯一活着的人了。而且，几位诚实的证人也向法庭证明了这一点。至于凶手逃离现场的具体方法，辩护律师可以去问你的当事人，因为他才是回答这个问题的最佳人选。”

法庭辩论之后，德拉克法官宣布休庭，陪审团将进入密室去评议。法官指示陪审团讨论并回答三个问题：第一，证人朱莉的陈述是否可信；第二，希拉杀死家人后自杀的说法能否成立；第三，被告人所说在 8 月 7 日凌晨接到其父电话一事是否可信。

陪审团用了 9 个多小时的时间才结束评议。在 7 男 5 女的陪审团中，10 人对问题一作出肯定回答并对问题二、问题三作出否定回答。这等于说，陪审团以 10 比 2 的多数认定杰里米实施了该杀人行为。根据这一评议结果，德拉克法官宣布对杰里米判处终身监禁，而且在服刑 25 年之前不得假释。德拉克法官最后对杰里米说：“贪婪是人类历史上一个十分古老的犯罪动机，我相信它也是你实施这残忍的杀人行为的动机之一。不过，在你那堂堂仪表的后面可能还有一些很难令人发现的属于你的本性的东西，因此我们很难预言把你放回社会中去是否安全。”

旷日持久的申诉

1986 年被判终身监禁之后，杰里米就提出了上诉，坚称自己无罪。在英国的陪审团审判中，案件事实由陪审团认定，法官负责适用法律。如果发生了错判，主要错误是陪审团的，不是法官的。当然，陪审员们也不会被追究错判的责任，因为陪审团在审判结束之后就解散了。

1989 年，上诉法院驳回了杰里米的上诉，维持原判。杰里米不屈不挠，继续提出申诉。在英国，错判复查采取官方途径。当事人的申诉首先由内政部负责审查。如果他们认为可能是错判，就会提交上诉法院再审。法院认为是错判，才能予以纠正。由于内政部是英国各地警察机关的上级主管，所以在错判复查申诉时往往采取消极的态度，甚至暗中阻挠。1994 年，内务大臣霍华德公开就杰里米案表态：“对巴姆博来说，终身监禁就是终身。这就意味着从时间上说，他将是英国历史上服刑期最长的人。”这意味着杰里米终生不能翻案。

这种内务部自查错判的制度受到了广泛的批评。1995 年，英国国会通过了《刑事上诉法》，决定设立刑事案件复查委员会。该委员会的成员来自民间，但经费来自政府。该委员会有 80 多名工作人员，包括律师、记者、会计师等，其中有 9 名专员。每个案件的复查由 3 名专员组成复查组，一人担任主席，听取各方意见并进行证据调查，然后决定是否把案件提交上诉法院再审。

刑事案件复查委员会于 1997 年正式开始工作。随后，杰里米就在律师的帮助下，向该委员会提出申诉。2001 年，该委员会经过很长时间的审查之后，决定把杰里米的案件提交上诉法院再审。2002 年，上诉法院在审理之后，作出了维持原判的裁定。

上诉法院驳回申诉之后，杰里米仍然没有放弃。2007 年，他自愿接受了测谎审查，结果表明他是无辜者。然后，他请求法院把终身监禁减为 25 年监禁。2009 年，法院驳回了他的请求。不过，在律师和记者的帮助下，杰里米的案件引起了社会的关注。2011 年初，杰里米再次向刑事案件复查委员会提出申诉。

这一次，杰里米的律师团队做了充分的准备，他们为杰里米翻案提出“十大理由”。一方面，他们指责警方破坏现场，指出检方证据的缺陷，例如，警方在审判时承认有 26 名警察进入现场，但事实上共有 43 名警察进入现场；在现场全貌照片和现场细目照片上，希拉尸体上枪支的位置不一致，厨房的墙上没有枪管打刮的痕迹，现场勘查记录的尸体位置和法庭审判记录的不一致。总之，现查勘查的记录和照片不能反映现场的原始状态，很可能是警察后来摆拍的。另一方面，律师团提供了一些新的证据。第一，他们请专家对枪管上的漆痕重新进行鉴定，结果表明那是希拉的指甲油，不是厨房墙面的油漆。第二，他们在当地电话局的档案中找到一份通话记录，表明案发那天凌晨 3 点 20 分有人从白宫庄园给杰里米的住所打过电话，这为杰里米的陈述提供了有力的佐证。第三，他们在当地警察局的档案中找到一份当年的报案记录，上面记录了报案人所说的“女儿疯了”的话。这表明老先生在给儿子打电话之前还给警察局打了报警电话。第四，他们查阅了老先生的医疗档案，确认他的血型也是 OMN 型。当然，血型鉴定只是种属认定结论，不能确定那个消声器内的血迹究竟是哪个人的，但是这表明那血迹可能是希拉的，也可能是老先生的。如果那是老先生的血迹，希拉自杀之说就不能被推翻了，因为她可能是在开枪打死父亲之后才拧下消声器的。

2011年2月11日，刑事案件复查委员会作出临时性决定，认为这些新证据还不足以启动法院再审，但是同意给杰里米三个月的时间申请复议，而这比一般情况多了一个月。杰里米表示要抗争到底。他说："我将在这历史性的申诉中获胜，而这将永远地改变英国司法的面貌！"

4月15日，杰里米律师团提出申请，要求查阅警方保管的198张当年现场勘查照片的底片，但是未能得到警方的许可。在这里，我们看到了两种力量的对抗。一方面，杰里米一方努力证明原判是错误的；另一方面，当地警方暗中阻碍复查，因为无论警察是否有过错，认定错判都是对其工作的否定，甚至会导致其利益的丧失。趋利避害是人的基本行为模式，否认甚至掩盖过错是人的一种本能。于是，错判复查就成为两方的明争暗斗。

5月13日，刑事案件复查委员会决定允许杰里米的律师查阅该委员会保存的406张现场照片，并宣布再给申诉人延长两个月的申辩时间。5月26日，杰里米的律师团向刑事案件复查委员会提交了最终申辩的法律意见书，请求将该案提交上诉法院再。

与此同时，英国的一些作家也参与该案的调查，并给出自己的结论。鲍勃·伍芬登是犯罪文学作家，出版了多部非虚构的作品，如《司法错判》和《比利亚－琼凶杀案》。他坚信杰里米就是杀人凶手。5月16日，鲍勃在《每日电讯报》上发表一篇文章，讲述了他对杰里米案的看法。鲍勃首先问道：厨房的电话机没有故障，为什么有人把它拔下来，插上了从卧室拿来的电话机呢？他认为，假如是希拉疯狂杀人后自杀，那她显然不会去伪装电话机的位置，因此这一定是杰里米干的。

鲍勃推断案件事实如下：案发当晚，杰里米去过白宫庄园，大约 10 点钟时他开车回家。半夜，他骑自行车回到白宫庄园，以独特的方式进入楼房。他首先摘下厨房电话的话筒，以便使整个白宫庄园的电话都因占线而不能通话。他拿上父亲的步枪，带着消声器，弹匣里装满子弹。他悄悄上楼，在黑暗中来到主卧室门口。警觉的老军人大概被惊醒了，抓起床边的电话，但是发现占线，便就势滚到床下，躲过了杰里米发射的子弹，然后趁弹匣打空的机会跑下楼去。杰里米追了下去，先用枪把打倒父亲，然后装上子弹，把父亲打死。杰里米再次来到楼上，先开枪打死母亲，然后又装满子弹。希拉大概被声音惊醒，睡眼惺忪地来到主卧室，在黑暗中被杰里米近距离开枪打死。杰里米把剩余的子弹射入两个孩子的身体，然后拧下消声器，把步枪放到希拉的身上。这时，杰里米担心侦探会产生一个疑问：老先生为什么不在卧室打电话，而要跑到厨房去？他想出一个办法：把卧室的电话插到厨房去，再把厨房的电话藏起来。杰里米确实是个天才。他设计并实施了完美的凶杀，而且让警察误入歧途，在混乱中破坏了现场证据。然而，这两部电话机证明：杰里米就是凶手！

斯考特 · 罗马克斯也是颇有名气的犯罪文学作家。他写了一本书，书名就是《杰里米 · 巴姆博》。斯考特根据该案的档案材料，以及他对杰里米的多次访谈和长达 6 年的通信，坚信杰里米是无罪之人。5 月 27 日，斯考特在接受《伯克林顿邮报》记者的访谈时说：“根据这些新的证据，我坚信杰里米是无辜者。这令人震惊地表明了严重的司法错判。特别令我感到惊讶的是，杰里米的律师们至今还未获准接触那成千上万的警察文件和 200 多张犯罪现场照片。在过去 25 年，我们获悉刑事司法系统犯下了大量的错误。我们不得不猜想，在那些警察的报告、陈述、笔记本和现场照片中，还存在着多少有利于巴姆博的证据，而其律师团却一直无法接触。”斯考特最后说：“我预计刑事案件复查委员会将在今年夏天作出提交再审的决定。”

然而，刑事案件复查委员会却再一次作出驳回申诉的决定：不将杰里米案提交法院再审。这个决定具有终局性，但是并未终结人们对杰里米案的关注。一些枪弹检验专家重新对那支步枪和消声器进行了检验。2012 年 2 月 4 日，英国《卫报》报道，英国和美国的枪弹检验专家得出一个新的结论：那支步枪在射击时根本没有使用消声器。这是一个颠覆性的专家意见，但是并未引起轰动，因为杰里米的律师团已经放弃了在英国通过再审改判无罪的诉求，正在寻求欧洲人权法院的救济。

2012 年 1 月，杰里米与另外两名英国囚犯共同起诉到欧洲人权法院，声称他们在案件事实模糊的情况下被判“终身监禁”是极不人道的刑罚。2013 年 1 月，欧洲人权法院作出了支持申诉的裁定：这种刑罚是不人道的，要求英国政府采取必要行动“释放”当事人。数月之后，杰里米获释出狱。杰里米获释后对记者说：“真相的发现不能单独依靠事实证据，还需要通过理解才能实现。”

本案的真相是什么？凶手是杰里米还是希拉？当然，无论凶手是儿子还是女儿，这都是巴姆博夫妇的人生悲剧。他们是非常善良的人，在电影《音乐之声》的影响下收养了两个孤儿，但是最终死在自己用爱心养育的人的枪下。

杰里米已然两鬓花白。他究竟是一个杀人魔，还是一个蒙冤者？很多了解他的人都相信他是后者。据说，他又回到了白宫庄园，坐在客厅那已然老旧的沙发上，望着窗外的原野，轻声唱起了《雪绒花》……

解说和评论

白宫庄园惨案确实是犯罪侦查学的经典案例。三十多年前，我在一本英国杂志上看到这个案例。那个杂志的名字是《真实的侦探》（*True Detectives*），专门刊登一些真实的案例。我把这个案例翻译成中文，首先发表在北京市公安局主办的《金盾》杂志，后来又先后收入我编写的三本案例集，1989 年出版的《深夜爬窗人——西方八十年代罪案选》、1998 年出版的《当代西方犯罪与罪案实录》、2009 年出版的《扭曲的灵魂——外国犯罪实证》（何家弘作品集共 15 卷）。不过，我没有想到，这个案件在二十多年之后又引起了世人的关注。

2011 年 4 月 7 日至 11 日，我应邀到美国的辛辛那提参加了“2011 年洗冤协作网研讨会——错判的国际探索”（2011 Innocence Network Conference: an International Exploration of Wrongful Conviction），并在会上做了关于我国刑事错判问题的主题发言。在我发言之后，一些外国代表与我交谈，其中一位英国专家的身份引起我的兴趣，他是来自英国刑事案件复查委员会的约翰·威登专员。经过交谈，我惊喜地得知，威登先生就是杰里米案复查小组的主席。他也很惊讶，因为他没想到我会了解杰里米案的许多具体情况。在研讨会的茶歇时间，我向威登先生询问了该案复查的情况，以及英国认定错判的证明标准。

英国的错判复查和再审有三个证明标准：第一，刑事案件复查委员会决定提交再审的证明标准是“具有推翻原判的真实可能性”；第二，上诉法院决定撤销原判、改判无罪的证明标准是“新证据足以构成对有罪判决的合理怀疑”；第三，法院在后续的审判中决定国家赔偿的证明标准是“证据不可能再导致有罪判决”。借用错判概率的说法，第一个标准的概率大概是40%；第二个标准的概率大概是60%；第三个标准的概率大概是80%。

英国这种分层设定错判证明标准的做法值得借鉴：第一，认定错判的证明标准不应太高，更不能要求“铁证”；第二，决定国家赔偿应该适用更高的证明标准。这就是说，改判无罪的申诉人不一定都能得到国家赔偿。

170
165

五、罪犯识别第一案

震惊欧洲的爆炸案[1]

（法国）

中国古代有一种罪犯识别方法，就是刺字法。刺字原本是一种古老的刑罚，叫作墨刑，即在罪犯身体的某些部位刺字并染墨，作为惩罚的标记。墨刑在面，就称为黥刑。当时，墨刑的主要功能是通过侮辱受刑者的人格来惩罚罪犯。汉朝初年，随着司法文明的进步，墨刑被废除了。但是唐宋以后，

1　本案内容详见［德］于尔根·托瓦尔德：《19—20世纪西方要案侦破纪实（上）》，流水、高山译，中国人民公安大学出版社1987年版，第30～36页；何家弘：《同一认定——犯罪侦查方法的奥秘》，中国人民大学出版社1989年版，第68～69页。

墨刑又复苏了，称为刺配法。这时候，刺字的主要功能不是惩罚罪犯，而是罪犯识别。给罪犯脸上刺字，俗称“打金印”，无论他走到哪里，人们都知道他是“贼配军”。在《水游传》中，武松醉打蒋门神，就要先讨一帖膏药贴住脸上的金印，以防他人看出他的罪犯身份。

给罪犯身上添加某种标记以便识别其身份，这是刑事司法实践的需要。外国没有刺字法，但是有更为残忍的烙印法。两千多年前，古印度的《摩奴法典》规定，在醉汉头部打上酒杯形烙印，在小偷头部打上狗形烙印，以使人们知晓，并不得同他们结婚、共餐或一起进行祭祀活动。另外，沙俄和法国都有在罪犯身上烙印字母的作法，以便识别罪犯。法国文学家雨果在《悲惨世界》中就记述了这种罪犯识别的刑罚。

无论是中国的刺字还是外国的烙印，都不是人体固有的特征，而是一种附加特征。其实，人类一直在探索人身固有特征中可供人身识别的依据。在这方面，法国人贝蒂隆做出了重要的贡献。

他是马丁还是杜邦

贝蒂隆原本是巴黎警察局的一个小职员，负责制作罪犯登记卡片。当时，每个被警察抓到的罪犯都要进行登记，内容包括姓名、身高、体貌，还有一张照片。当时照相的曝光时间较长，而且罪犯在拍照时经常挤眉弄眼，让五官挪位，因此，那些粗制滥造的照片并不比卡片上的外貌描述语言准确多少，很难作为人身识别的根据。另外，卡片按姓名的字母顺序排列，以便查找，但是那些罪犯经常改名换姓，今天叫马丁，明天叫杜邦，因此，卡片的实用价值很低，而且是越多越没用。罪犯使用假名，很难检索。

贝蒂隆的父亲是法国科学家协会的副主席，他从小就受到科学思想的熏陶。每天重复那枯燥的罪犯登记工作使他产生了一个大胆的想法。根据当时医学、人类学和统计学的成果，他认为可以根据人体骨骼的长度来对罪犯进行人身识别。1879 年 7 月，他写了一份建议采用“人体测量法”的报告，交给警察局长。他在报告中写道，成年人的骨骼长度是不会发生变化的；如果在一个犯人身上测量 11 个骨骼长度的数据，那么要找到这些尺寸完全相同的两个人的概率就是 400 万比 1，而这一概率完全能保证对罪犯进行人身识别的可靠性。为了提高这种方法的实用价值，他还设计了一种编码制度，能在几分钟内确定档案中有没有新抓到的罪犯。

然而，他的人体测量法被警察局长视为“别出心裁的胡闹”！在一次社交酒会上，警察局长见到老贝蒂隆，抱怨说：“我把你的儿子安排在警察局工作，但是他不好好干，还胡思乱想，你回家说说他吧。”回家后，老贝蒂隆本想教育儿子，但是听了儿子的想法之后，他大为赞赏，认为儿子的建议可以带来犯罪学的革命。他对儿子说，警察局长是政治官员，任期不会太长，等新官上任时再去申请。

1882 年 11 月，新上任的巴黎警察局长同意给贝蒂隆试验其人体测量法的机会，但条件十分苛刻——他要求贝蒂隆在三个月的时间内至少查出一个曾经被捕的罪犯。这意味着一个犯人在三个月之内要被捕、受审、关进监狱、释放、再犯罪、再被捕。当时的巴黎有很多小偷，抓到后一般就在监狱关押十天半个月，因此，这是有可能做到的。

1883 年 2 月 20 日，贝蒂隆在下班之前测量了一个自称为杜邦的罪犯。他测量了杜邦的头部长、头部宽、中指长、小指长……他觉得好像认识这个人。但是，在这三个月的时间内，他的眼睛已不止一次地欺骗了他。他不抱希望地查阅着卡片档案。然而，在他的面前出现了一张数字完全一样的卡片，只是上面的名字叫马丁，于 1882 年 12 月 15 日因盗窃一瓶红酒而被捕。贝蒂隆兴奋地叫道："我以前见过你，你曾因盗窃红酒被捕。你当时说你的名字叫马丁。"对方愣了一下说："是的，那又怎样？"

第二天，巴黎的报纸把"杜邦 - 马丁案件"和贝蒂隆的人体测量法作为头版头条新闻加以报导，称之为"欧洲犯罪学的革命"。随后，法国各地的警察机关都派人到巴黎，学习贝蒂隆的人体测量法。于是，贝蒂隆就成了法国著名的犯罪学家。[1]

他要做什么

1892 年 3 月 11 日，巴黎圣日耳曼大道第 136 号楼发生爆炸，造成 3 人受伤。警方调查后发现是有人放置了炸弹，目

1 参见［德］于尔根 · 托瓦尔德：《19 一 20 世纪西方要案侦破纪实（上）》，流水、高山译，中国人民公安大学出版社 1987 年版，第 23 ~ 26 页。

标是住在那栋大楼上的巴黎法院院长，但是院长幸免。这位院长在 1891 年 5 月的审判中曾经判定几名无政府主义者有罪，因此，这起爆炸案很可能是无政府主义者所为。

19 世纪后期，欧洲的无政府主义运动风起云涌，而且那些革命者经常采取暴恐袭击的手段，包括试图刺杀德国的皇帝和西班牙的国王。具有大革命传统的法国成为了无政府运动的中心。很多无政府主义活动家都跑到巴黎，大力宣传他们的主张，有人还建立了行动基地。1892 年初，苏亚里采石场的大量甘油炸药失窃案让巴黎警方提心吊胆，而这起爆炸案更让巴黎居民人心惶惶。

巴黎警察局侦缉队负责侦办此案，在古菲案侦破中赢得赞誉的大侦探戈隆亲自主持。他让侦缉队的“耳目”四处打探无政府主义者的消息。3 月 16 日，一个“耳目”来报告，她认识著名的无政府主义者索马丁教授的夫人。在一次私密聊天中，那位夫人说索马丁教授参与策划了圣日耳曼大道的爆炸行动，但是他没有参与实施，因为他根本不懂炸药，具体实施爆炸行动的人叫莱昂。

当天晚上，警察逮捕了索马丁教授，后者对参与策划爆炸的行为供认不讳，因为他们要为被法院判罪的革命战友报仇。但是他不知道爆炸的具体实施情况，因为那是别人负责的，而且他只知道那个人名叫莱昂。

戈隆派“耳目”四处打探这个莱昂，终于获得一些线索。莱昂是个化名，真名是拉瓦索尔。他带人到采石场盗窃了炸药，然后在他租住的房间里制作炸弹。戈隆立即带人赶到那间位于凯德拉马琳的房间，但是拉瓦索尔已经逃走了。警察在房间内找到了一些制作炸弹的材料。

巴黎警察局发布了通缉令。其中对拉瓦索尔的外貌描述很简单：身高约 1.6 米，体型偏瘦，肤黄，深色大胡子。警察局出动了数百名警察进行搜捕，大街小巷都有警察巡逻。在一周的时间内，警察抓捕了多名肤黄大胡子的男子，但是经过审查之后都确认不是拉瓦索尔。就在这时，巴黎又发生了一起爆炸案。

3 月 27 日，吕德克利什大街第 39 号楼发生爆炸，造成 5 人受伤。巴黎的检察总长就住在这栋楼上，但是幸免于难。这位检察总长曾经在针对无政府主义者的审判中担任公诉人，因此，警方推测这次爆炸也是拉瓦索尔干的，而当地报纸第二天发表的一篇文章就证明了警方的猜测。

那篇文章说，该报的一位编辑在 3 月 27 日晚上应邀到巴士底广场会见了一个爆炸案的知情人。此人身穿燕尾服，头戴大礼帽。在编辑保证不会在文章中描述他的相貌之后，他说自己就是拉瓦索尔，这两起爆炸案都是他制造的。他还说：“人们不喜欢我们，但我们就是要造福人类。革命的道路是一条血腥的道路。炸药有的是，足够把所有法官的住房都炸掉！”

这篇文章在法国引起震动。法国总理紧急召集国防部长和警察总监开会，决定把所有知名的外国无政府主义者驱逐出境。在罗马、伦敦、柏林、彼得堡等欧洲大城市，人们也都在谈论拉瓦索尔。无政府主义的报纸则把他称为“不可战胜的革命英雄”。

巴黎警察局加强搜捕，侦缉队也广布耳目。3 月 30 日，警方接到线报，一个貌似拉瓦索尔的人在莫仁特大街的一家餐馆吃饭，而且还跟服务员大谈无政府主义。5 名警察很快赶到餐馆。那个人掏出手枪反抗，但是很快就被警察制服了。他承认自己就是拉瓦索尔。在押往警察局的路上，他还不断高喊：

“无政府主义万岁！炸药万岁！”拉瓦索尔被捕的消息立即传遍巴黎，很多巴黎人都感觉轻松了许多。

他是英雄还是大盗

大侦探戈隆亲自审讯拉瓦索尔，后者对两起爆炸案供认不讳。不过，戈隆心中还有一个疑问，因为有线人报告，拉瓦索尔还有一个名字，叫弗朗索瓦，是在外省发生的多起罪案的嫌犯。

1889 年，弗朗索瓦在圣艾蒂安市因盗窃罪被捕，但是在法院审判前逃脱。1891 年 5 月 19 日，圣艾蒂安城男爵夫人的坟墓被盗，警方锁定的盗墓嫌犯市弗朗索瓦。6 月 19 日，弗列盖比格市的一个独居老人被害，丢失 35000 法郎。警方抓到嫌犯弗朗索瓦，但是后者在押解途中逃脱。7 月 27 日，圣艾蒂安市的一个五金店老板被人用锤子打死，凶手偷走 48 法郎，警方锁定的嫌犯也是弗朗索瓦。

在那之后，弗朗索瓦就销声匿迹了，有人说他已经死了。戈隆找来当年抓捕过弗朗索瓦的两名警察，对拉瓦索尔进行辨认。两人都认为这个拉瓦索尔很像弗朗索瓦，但是不能肯定二者是同一人。

这期间，巴黎的一些无政府主义者上街游行，声援拉瓦索尔，要求警方释放这位革命英雄。警察局长压力很大，要求戈隆认定拉瓦索尔就是逃犯弗朗索瓦。戈隆让手下人严刑拷打，但是拉瓦索尔宁死不屈。这时，戈隆想到了一个重要人物，就是大名鼎鼎的阿方斯·贝蒂隆。

戈隆让圣艾蒂安市警察局查找1889年的罪犯登记档案，找到了弗朗索瓦因盗窃罪被捕后制作的人体测量卡片。然后，他请贝蒂隆亲自出马，对拉瓦索尔进行人体测量。

一开始，拉瓦索尔拼命反抗，但是在得知测量者的身份之后就同意了。贝蒂隆仔细测量了拉瓦索尔的身高、头长、头宽、胸围、左耳长、左臂长、左前臂长、左手长、左手中指长、左腿长、左脚长，然后发现这组数字与圣艾蒂安市警察局1889年弗朗索瓦的罪犯登记卡片中的那组数字完全一样。贝蒂隆的人体测量法证明，这个无政府主义的革命英雄实际上是逃亡多年的江洋大盗！

1892年7月20日，被告人拉瓦索尔在法庭上承认自己就是弗朗索瓦，他既是那两起爆炸案的制造者，也是多起盗窃杀人案的真凶。随后，法官判处被告人死刑。

解说和评论

罪犯识别是依据人体的各种特征来对人进行的同一认定，也叫人身识别。日常生活中也有人身识别。现在，人身识别可以利用各种科学技术，最常见的有人脸识别技术，俗称“刷脸”，还有遗传基因技术，就是DNA。在犯罪侦查和刑事司法中，常用的罪犯识别方法还有指纹鉴定、掌纹鉴定、足迹鉴定、笔迹鉴定、唇纹鉴定、声纹鉴定、咬痕鉴定等。在古代，人类没有掌握这些科学技术，但是也要对罪犯进行人身识别，特别是要对累犯进行识别，所以就发明了刺字和烙印等人身识别方法。

拉瓦索尔-弗朗索瓦案使贝蒂隆的名字传遍欧洲。许多国家的语汇里都增加了一个新词——贝蒂隆法（Bertillonage）。这是人类历史上第一次系统地采用科学方法来对罪犯进行人身识别。

六、等待死刑第一案

漫长的死亡之路[1]

（美国）

1993年4月，震惊世界的“大卫教派”惨案使美国得克萨斯州的韦科市名扬四海。不过，那一年让韦科市成为关注热点的还有另外一个案件。在韦科市北郊有一个卡梅伦公园，园内有一个数百英尺高的“情人跳”悬崖。据说，这里在白天是最美的地方，人们站在崖上可以尽情欣赏得克萨斯州中部的田园风光和布拉佐斯河流的美景；但晚上这却是个令人生畏的地方，大概只有那些视死如归的情人们才会来到这黑黢黢的悬崖上。

1 本案内容详见何家弘:《从观察到思考——外国要案评析》，中国法制出版社2008年版，第124～131页。

“情人跳”凶杀案

1980 年 9 月 1 日夜里，在距离卡梅伦公园约一英里处的“711”连锁店里，18 岁的小个子斯蒂芬·普赖尔正在值班。他新买的卡马罗牌汽车停在店前停车场上。出于好心，他让从伊利诺伊州来此找工作的流浪汉——24 岁身材高大的戴维·赖利在他的车内过夜。

2 日凌晨 4 时左右，两个黑人青年走进店门。他们持枪抢走了自动收款机里的 20 多美元现金，然后押着斯蒂芬来到其汽车旁。戴维被惊醒后看到了面前的转轮手枪。抢劫者见车内没有什么财物，便让斯蒂芬把车开到卡梅伦公园。几分钟后，他们来到“情人跳”悬崖上。斯蒂芬和戴维刚走出汽车，枪声就响了，两人的头部中弹倒在地上。然后，他们的尸体滚下悬崖。

第二天，警方接到报案，并在“情人跳”悬崖下找到了两具血肉模糊的尸体。此案的侦破格外顺利。巡逻警察在韦科市北的高速公路上截住了一个超速开车的黑人青年，在检查过程中，警察发现这辆车正是被害人斯蒂芬的汽车。警察在汽车的后备箱中还找到了两支转轮手枪和一个钱包。开车人叫托马斯·格雷夫斯，18 岁。他很快就供认了自己与卡尔·凯利共同绑架并杀死斯蒂芬和戴维的罪行。

几个小时后，警方在韦科市的一栋公寓楼内逮捕了卡尔。警方有充足的证据证明卡尔是本案的主犯。受害人汽车中发现的钱包是卡尔的；卡尔的鞋上有斯蒂芬的血迹；此外还有手枪和托马斯的证言。托马斯不仅承认了自己的罪行，而且接受了检察官提出的辩诉交易，所以他很快就被判了终生监禁。

本案的主人公卡尔当时 21 岁。在证据面前，他承认自己那天晚上吸毒之后参与了那起绑架杀人案。但是他只承认自己当时在场，不承认是他开了致命枪。他拒绝检察官提出的辩诉交易，坚持要求陪审团审判。

1981 年 6 月，韦科的地方法院开庭审理卡尔一案。法庭调查之后，陪审团经过 4 个小时的评议，认定卡尔犯有绑架杀人罪。一小时后，法官宣布判处卡尔死刑。

山穷水尽上诉路

卡尔被押送到亨茨韦尔监狱，关在一间长 2.7 米、宽 1.8 米的牢房中。室内有一张床、一个抽水马桶和一个洗脸盆。他知道，对于一名等死的囚犯来说，这已足够了。他发现在这一排监房中有一间小屋，里面有一个红色扶手椅。他猜想那就是执行死刑的地方（后来他才知道那是囚犯的理发室）。他认为自己活不了几天，没想到自己走向死亡的旅程竟然那么漫长。

在美国的死囚犯中，卡尔是很有代表性的。他出生于贫困的黑人家庭，幼时常挨继父的毒打。后来他长大了，敢于与继父对打，并成了当地有名的“街头打架大王”。他上学数次“蹲班”，最终在十一年级时辍学。他开始盗窃，从偷猪蹄到偷自行车。他还学会了吸毒。

美国有关死刑的法律经常发生变化，几乎每年都会有新规则的判例问世，而且往往具有决定生死的意义。曾有一位死囚在被处以死刑的三个星期之后，法律规则发生变化，与其法律问题相同的另一位死囚便被免去了死刑。因此，死囚犯的辩护律师们都会千方百计拖延执行时间，等待有利于其委托人的法律规则出现。他们最常用的手段就是以各种理由一级一级地上诉。卡尔的律师也不例外。

卡尔被判处死刑之后，其律师首先按死刑案程序上诉到得克萨斯州刑事上诉法院，理由是卡尔并非开枪杀人者。卡尔说："那枪没响，枪里没有子弹……反正我没有开枪打死任何人，为什么我要被处死？我应该得到和托马斯一样的刑罚。"1984 年 4 月 15 日，刑事上诉法院驳回了卡尔的上诉。但卡尔的律师又上诉到得克萨斯州最高法院。五个月后，得克萨斯州最高法院亦驳回其上诉。

此路不通就再寻其他途径，甭管能否成功，只要拖延时间就行。卡尔的律师又按照原审违宪的上诉程序上诉到联邦地区法院，理由是卡尔一案的陪审团在评议时不应听取关于卡尔个人背景情况的介绍。1987 年 6 月，联邦地区法院驳回其上诉。卡尔又上诉到联邦第五巡回区上诉法院，于 1988 年 12 月被驳回。卡尔第二次上诉到联邦最高法院，又于 1989 年 7 月被驳回。至此，卡尔的一切上诉程序都已穷尽，他的死期定为 1990 年 2 月 21 日。

等候在死亡线上

这天阴云密布。卡尔被警卫押上囚车，来到市区内一个鲜为人知的场所，关在一间寒冷的小牢房内。五步之外就是那通向"死亡室"的蓝色铁门，铁门里面有一把带固定皮带的座椅和一根长管，管内有致死毒液。

卡尔觉得，监狱的警卫们九年以来第一次对他这么友好。他们提议陪他下棋并给他咖啡。卡尔在给朋友和家人的最后的信中写道："你感觉自己就要死了。人，真是神经过敏。你总想知道第二天早上你是否还能起来，睁开眼睛，嗅到这雨，听到这风，就像你每天期望的一样……我现在只能猜想我这一生中最后见到的人是谁……"

就在预定行刑时间的 12 个小时之前，狱警来到卡尔的牢门前说，刑事上诉法院决定暂缓执行他的死刑，因为联邦最高法院日前对得克萨斯州另一个名叫约翰尼 · 潘里的死囚犯的上诉审判中的裁定可能会对卡尔有利。

卡尔非常高兴。虽然他知道自己迟早还会回到这"死亡室"来，但他毕竟又可以在那监狱里生活一段时间了。他又可以像这 9 年来所做的那样——看书；做白日梦；用牙膏盒做工艺品；写成百上千封信。最重要的是，他又可以打篮球了。他身高近两米，在每天三个小时的篮球活动中，他总是球场上最出风头的囚犯。他在给朋友的信中曾经写道："迈克尔 · 乔丹的球技令人难以置信，而真正能与他对抗的人却在死囚牢房内。"

然而，卡尔的高兴没能持续太久。1992 年 2 月，刑事上诉法院再次驳回卡尔的申诉。5 月 20 日，州法院的乔治 · 艾伦法官在法庭上宣布："本法官命令，被告人卡尔 · 凯利应于公元 1992 年 7 月 31 日星期五太阳升起前在一个专作此用的房间里被注射一种足以致死的物质……"卡尔生命的"倒计时"又开始了。

7 月 20 日，《韦科论坛报》在第一版上刊登了卡尔的大照片，文章的标题是卡尔的话："我的时间没有了"。

7 月 29 日，卡尔在死囚监狱会见了他的祖母、母亲、妹妹、弟弟及其侄子、侄女。会见之后 他被带回牢房。这天晚上，他的心又像两年前一样加快了跳动，他又开始给亲友写信。他在信的结尾处写道：“上帝，请可怜我这有罪者吧。我要把我的心献给你那美丽的世界，那里没有任何痛苦和恐惧。”

煎熬在生死之间

为了使读者能公正地评断本案的结果，我有必要介绍一下两名受害人亲属的情况。斯蒂芬的妹妹朗达在一家保险公司工作。当她在报纸上看到卡尔的大照片时，12 年前发生的那个惨案又清晰地浮现在她的眼前。她当时仅 16 岁，曾被她哥哥的死讯吓得睡不着觉。她父亲每次谈到惨死的儿子时仍禁不住老泪纵横。

1990 年，当卡尔的死刑被推迟时，朗达曾给当地报纸写了一封信。信中说：“我认为得克萨斯州的刑事上诉法院应该更多地考虑被害人及其家庭的权利，而不应该这么多地考虑杀人犯。”如今，卡尔又面临死刑了。朗达说她不懂死刑法律，但她觉得这个国家的司法系统运转得太慢了。她说：“星期四晚上将很难熬。我不知一觉醒来他是否还活着。我希望死刑得到执行，因为他已被允许活得太久了！”

戴维的母亲赖利太太此时正在千里之外的伊利诺伊州家中度日如年。赖利太太已经 62 岁，灰白头发加上深深的皱纹使她显得格外苍老。她认为这“世道”很不公平。杀人犯一再得到所谓的“正当程序”的保护，而她的儿子被杀害时却没有一点“正当程序”。这 12 年来，她经常回想起那个恐怖的夜晚——半夜的长途电话，连夜乘车去韦科，以及儿子那令人心碎的照片。她承认自己的儿子并非“圣人”，但她认为戴维年仅 24 岁就被剥夺了改变其生活的机会，这实在太不公平了。她常想象着如果戴维没有死，生活会是什么样子。7 月 29 日，她无法一个人待在家里，便打电话约一个朋友出去晚餐。她认为那个杀人犯没有权利活着。她坚信一旦那家伙逃脱刑罚回到社会，他一定会再次犯罪。

7 月 30 日早 7 时，按照监狱的传统，卡尔获准做最后的娱乐活动。然后他将被再次押送到“死亡室”旁边的那间小牢房去。卡尔一个人来到监狱的体育馆里。他抚摸着手中的篮球，过了一会，他开始近乎疯狂地把篮球连续投向篮筐。听着那一次次篮球空心入网的声音，他的脸上露出了满意的微笑。就在这时，一名狱警来到体育馆门口，对他说道：“嗨，回去吧，你又得到了‘停止执行令’！”

联邦最高法院未加评论地暂停了卡尔的死刑执行。不过，卡尔的律师相信那是由于加里·格雷哈姆上诉案救了卡尔的命，因为卡尔案中的法律问题与加里案相似。如果最高法院肯定了加里的上诉理由，卡尔也可以再次上诉。否则，卡尔将再次得到一个新的死期。

柳暗花明不是村

加里·格雷哈姆在 1981 年因抢劫杀人罪而被判处死刑。

当他在得克萨斯州休斯敦市一家食品店前的停车场抢劫并枪杀了53岁的巴比·拉姆波特时，他才17岁。在审判过程中，加里承认自己曾10次抢劫并枪伤其中的两名受害人，还强奸过一名57岁的妇女，但他在巴比案中坚持自己无罪。12年来，他的多次上诉均告失败。此后，他求助于“德克萨斯智慧中心”——一个由联邦资金支持的专门进行死刑诉讼的律师事务所。据说该事务所特别善于在棘手的案件中发现新证据。

几周后，加里的新律师声称已经找到了新的能证明加里不是杀人凶手的证人。然而，得克萨斯州的法律禁止诉讼双方在判刑30天后提出新证据。加里的律师认为这项法律规定使其委托人无法在州法院中得到公正的听证机会，于是便上诉到联邦地区法院。联邦法官在审查该证人证言之后，认为这个新证据不足以作为举行联邦听证会的根据。得克萨斯州的莫拉莱斯检察长也拒绝接受这一新证据，他认为该证人的证言是“半真半假与不当陈述的混合物”。

加里的律师又申诉到该州一个负责向州长提出颁布“死刑仁慈令”建议的专门委员会。该委员会的18名成员在审查了这个新证据之后，一致投票反对向加里颁布“死刑仁慈令”。

在这一系列申诉失败之后，加里的律师又别出心裁地转向了民事法官。他们抓住联邦最高法院在近期一个裁定中的一句话——“仁慈应该成为囚犯反对错误执行刑罚的保障”，起诉到得克萨斯州民事法庭。其理由是在加里案的审判过程中被告律师辩护不当和司法系统有种族歧视。需要说明的是，加里是个黑人，加里的辩护律师以及辨认加里为杀人者的证人也都是黑人。加里的律师要求该民事法官裁定加里应该享有就其无罪申诉举行一个类似审判的仁慈听证会的宪法权利。

与此同时，加里的律师还雇用了纽约的一家公共关系公司，开展了一场全国性的“公关战”。该公司拉来了丹尼·格洛弗等好莱坞电影名星和杰西·杰克逊等知名人士，让他们在电视新闻和接受记者采访时为加里说话。于是，加里一案很快就有了政治色彩。加里的头像出现在广告牌、大汽球、T 恤衫、汽车保险杠标牌上。有些街区还出现了“请救助一位无辜者”的大标语。集会、游行、募捐等社会活动搞得轰轰烈烈。

在强大的社会舆论的作用下，该民事法官于 1992 年 8 月史无前例地裁定加里有权得到一个“仁慈听证会”。8 月 17 日，就在原定对加里执行死刑的数小时之前，得克萨斯州刑事上诉法院发布停止行刑令，以便解决这一争议。毫无疑问，这一争议的解决需要很多时间。然而，对于卡尔来说，这一争议的结论并不十分重要，最重要的是他又赢得了站在“死亡线”上的时间。

这位民事法官的裁定立即引起美国司法界的关注。辩护律师们都感到欢欣鼓舞，因为他们手中又多了一件为其委托人争得自由或推延死刑时间的“武器”。检察官们对此则极为不满。莫拉莱斯检察长认为民事法官无权干涉死刑犯人的执行问题，并立即对该法官的裁定提出上诉，而且一直上诉到联邦最高法院。

曾经担任过美国死刑公诉律师协会主席的密西西比州助理检察长马文·怀特说:“如果被告人有了举行对抗式仁慈听证会的宪法权利，那么这已然超载的刑事司法系统就要垮了，因为不仅每个已穷尽上诉程序的死囚犯人都会要求这种听证会，而且被判其他刑罚的犯人也都会说他们有这种权利”。

1993 年 5 月，美国联邦最高法院在加里·格雷哈姆案的裁定中推翻了得克萨斯州那位民事法官的裁定，同时也否定了死刑犯获得“仁慈听证会”的权利。这个裁定不仅会影响加里的生命，也将影响卡尔的生命。

1993 年 8 月 20 日，卡尔·凯利在等待了 12 年之后，终于被送进了那间“死亡室”。那流入体内的致命液体使他成为 1976 年恢复死刑以来得克萨斯州的第 66 个、美国的第 213 个被处以死刑的人，大概也是等待死刑时间最长的人。

解说和评论

在美国，死囚犯是一个非常敏感的社会问题，而且常常会演化成极具新闻效应的政治问题。因此，考察美国的死刑执行情况，不仅有助于我们了解美国的刑事司法制度，而且有助于我们更好地认识美国社会。

1965 年以前，在美国犯谋杀罪的人一般都会被判处死刑，但实际执行死刑的人数很少，而且呈逐年下降的趋势。例如，美国在 1939 年执行死刑的人数为 144 人，1949 年为 107 人，1959 年为 41 人。这一趋势反映了美国社会中反对当时那种武断的死刑判决和野蛮的死刑执行方式的呼声的高涨。

1965 年，美国联邦最高法院在弗曼诉佐治亚州一案的上诉裁决中，以 5 比 4 的决议宣布在美国废除死刑。该法院裁定指出，死刑本身并不残忍，但是那武断和有争议的执行方式是不能容忍的。在此裁定公布之后，当时那六百多名死囚犯都欢呼雀跃，庆贺新生。

然而，美国还有很多死刑的支持者。在他们的推动下，一些州的立法机关又纷纷起草新的法律，以恢复死刑。这些新的法律一般都把死刑严格限制在故意杀人罪的范围内，而且规定了更为严格的陪审团裁决和上诉审核的程序。1976 年，美国联邦最高法院在社会中要求恢复死刑力量的推动下，终于批准了一些州的死刑法。次年，杀人犯加里·吉尔摩被判处死刑后拒绝上诉，他成为美国废除死刑 10 年之后第一个被处死刑的人。

到 1992 年底，美国有 36 个州恢复了死刑。而 14 个没有死刑的州主要集中在美国的东部和北部，它们是缅因州、马萨诸塞州、佛蒙特州、纽约州、西弗吉尼亚州、密歇根州、威斯康星州、明尼苏达州、北达科他州、艾奥瓦州、堪萨斯州、罗得岛州、夏威夷州和阿拉斯加州。在 36 个有死刑的州中，除犹他州保留了枪决和特拉华州保留了绞刑外，其他州均规定执行死刑的方法为毒液注射、电刑椅或毒气室。

根据美国法律防护与教育基金会提供的数字，截至 1992 年 11 月 5 日，美国共有 184 人在 20 个州被处以死刑（自 1976 年恢复死刑以来）。其中，名列前茅的州为得克萨斯州（52 人）、佛罗里达州（29 人）、路易斯安那州（20 人）、弗吉尼亚州（16 人）和佐治亚州（15 人）。此外，亚拉巴马州为 9 人，密苏里州为 7 人，内华达州和北卡罗来纳州各 5 人，密西西比州、南卡罗来纳州、阿肯色州和犹他州各 4 人，俄克拉荷马州 3 人，印第安纳州 2 人，伊利诺伊州、怀俄明州、特拉华州、亚利桑那州和加利福尼亚州各 1 人。

从执行死刑的年度分布情况来看，20 世纪 80 年代中期以来有较大的增长。在这 184 名被执行死刑的人中，1977 年 1 人，1978 年无，1979 年 2 人，1980 年无，1981 年 1 人，1982 年 2 人，1983 年 5 人，1984 年 22 人，1985 年 18 人，1986 年 18 人，1987 年 25 人，1988 年 10 人，1989 年 16 人，

1990 年 23 人，1991 年 14 人，1992 年截至 11 月 5 日已达 27 人。而在全国各种监狱中等待执行死刑的人数为 2636 人。

美国恢复死刑以后，社会各界人士不断提出批评。这些批评主要集中在两个问题上：其一是死刑判决与执行中的种族歧视问题；其二是国家在死囚犯身上的巨额花费问题。目前，在美国等待执行死刑的犯罪者中约有 40% 是黑人。由于黑人的社会地位较低，而且黑人罪犯往往没钱聘请那些一流的辩护律师，所以在实施了同样的犯罪行为之后，黑人往往比白人更容易被判处死刑，也更容易被执行死刑。

在美国，关押一名囚犯的费用大约为一年 4 万美元。据统计，美国的死囚平均关押期限为 15 年。在此期间，他们要不断地上诉，以求推迟死期。而且，美国的死刑上诉程序十分复杂，其运转耗资巨大。由于审判时间长，上诉次数多，刑事司法系统在一名死囚犯身上花的钱是一名终身监禁囚犯的几倍。据说，美国的这套程序是用来保护无辜和防止错杀的。但是，正如一些美国人所指出的，这套程序实际上已经成了杀人犯的“保护伞”。难怪美国的一些司法界人士叹道：“死刑执行难！”

七、笔迹鉴定第一案

撕裂社会的间谍案[1]

（法国）

在刑事司法领域内，笔迹鉴定也有悠久的历史。据《三国志》记载，魏郡太守国渊收到多封匿名诽谤信。他没有宣扬，而是仔细研究。他发现信中的话多引自《二京赋》，而当时能读懂《二京赋》的人实属凤毛麟角。于是他便派人以求学为名在京城寻访能讲授《二京赋》的人。数日后找到了一位能读者，他便派人去学习，并取回那个人的笔迹样本。他对那个人的笔迹和诽谤信中的字迹进行了认真的比较后认定二者出自同一人之手。于是，他派人把那个人抓来进行讯问，很快就查破了此案。这个案例说明我国早在一千六百多年前就已经把笔迹鉴定应用于司法实践。不过，欧洲人后来对笔迹鉴定进行了更加系统的研究。

1　本案内容详见何家弘：《同一认定——犯罪侦查方法的奥秘》，中国人民大学出版社 1989 年版，第 75 ~ 79 页；参见百度百科“德雷福斯冤案”条目，网址：https://baike.baidu.com/item/%E5%BE%B7%E9%9B%B7%E7%A6%8F%E6%96%AF%E5%86%A4%E6%A1%88/9855153?fr=aladdin，最后访问时间：2022 年 3 月 12 日。

总参谋部的内鬼

19 世纪以前，欧洲各国都没有专门的笔迹鉴定专家，因此，法律规定笔迹鉴定要由熟悉书法“秘密”的教师、文书、书记员进行。这些人一般都不掌握笔迹鉴定的专门知识，只能根据职业养成的观察力和经验来进行鉴定。19 世纪后期，随着笔迹鉴定需求的增长，一些人以此为业，出现了一些笔迹鉴定专家，也出现了一些影响很大的案件。

1894 年 9 月 26 日，在德国驻巴黎大使馆充当女仆的法国情报员在德国武官的废纸篓里发现一张便条，上面列出了法军布防和炮兵训练等五份法国国防部的机密文件清单。她把这张便条交给了法国总参谋部的情报处。该处的副处长亨利少校负责查找“内鬼”。经过一番调查，亨利认为总参谋部的一个见习军官有重大嫌疑。

此人名叫德雷福斯，是犹太人，少年时随父母从德国迁入法国，加入法国国籍，1892 年从军校毕业后进入法国总参谋部，是见习上尉。亨利少校对犹太人本来就有偏见，德雷福斯又来自德国，因此他坚信德雷福斯就是“内鬼”。他让人找来了德雷福斯写的见习报告等文书样本，与那张便条进行比对。他认为笔迹相同，证据确凿，就把调查结果上报总参谋部。

1894 年 10 月 15 日，总参谋部下令以间谍罪和叛国罪将德雷福斯逮捕。逮捕后，情报处长德克朗中校负责案件审查。由于这个案件的主要证据就是那张便条，因此他决定请一位笔迹专家进行鉴定，就找到了大名鼎鼎的阿方斯 · 贝蒂隆。

笔迹鉴定的特征描述法

贝蒂隆因发明人体测量法而在法国享有盛誉。后来，他又对笔迹鉴定产生了兴趣，进行深入研究。人体测量法的基本原理是选取人体的一些稳定的特征，就是骨骼的长度，作为人身同一认定的根据。按照这个思路，贝蒂隆主张笔迹鉴定应该以特征描述为基础。具体来说，笔迹鉴定人在比对罪证文书和样本文书时应该把笔迹中多次重复的特征选取出来，按照统一的术语进行描述，包括字母和笔画的间隔、倾斜度、位置、大小、形状等。这样比较的就不是书写人笔迹中的偶然特征，而是稳定特征，这样得出的结论才是可靠的。他还建议采用照相底片重叠法来进行笔迹特征的比较，以加强鉴定结论的客观性。后来，他写了一篇论文，标题是《笔迹的比较和书法的认定同一》。这篇文章对法国笔迹鉴定的发展产生了一定的影响。[1]

贝蒂隆采用这种特征描述法，对那张泄密便条上的字迹和德雷福斯的笔迹样本进行比较，最后得出结论：那个便条上的字迹就是德雷弗斯写的。

得到这个权威的笔迹鉴定结论之后，德克朗中校非常高兴。他亲自审讯德雷福斯，还让下属刑讯逼供，最终得到了德雷福斯的认罪供述。

1894 年 12 月 22 日，军事法庭判处德雷福斯无期徒刑。1895 年 1 月 13 日，德雷弗斯被革除军职。3 个月后，他被押

1　参见［苏联］拉·别尔金:《刑事侦察学随笔》，李瑞勤译，群众出版社 1983 年版，第 156 页。

送到法属圭亚那的魔鬼岛服刑。

在判刑之后，德雷福斯不断申诉，声称自己是无辜的。他的家人也竭尽全力为其申冤，但是毫无结果。不过，一年之后，该案出现了意外的转机。

引发民愤的审判

1896 年 3 月，法国情报人员截获了德国武官写给法国军官埃斯特拉齐少校的一封信，内容涉及法国的军事机密。法国总参谋部情报处的新任处长皮卡尔中校认为此人可能是真正的“内鬼”，就让人调取了艾斯特拉齐的档案材料，与当年那张泄密便条上的字迹进行比对。他认为，艾斯特拉齐才是向德国武官出卖秘密军事文件的真正罪犯，而德雷福斯是无罪的。

皮卡尔把这一情况报告了副参谋长贡斯将军。然而，总参谋部借口维护军队的威信，拒绝重审德雷福斯案件，并撤销了皮卡尔情报处长的职务，把他调到突尼斯。皮卡尔在去突尼斯前把这一情况告诉了他的朋友勒布卢瓦。后者是律师，认为此事极不公正，决定向报纸披露。随后，《巴黎晨报》的记者对此事进行了调查。

1897 年 11 月，《巴黎晨报》发表了记者的调查文章，而且刊登了那份泄密便条的照片和艾斯特拉齐的字迹样本，以证明真正的罪犯是后者，并呼吁政府重新审理德雷福斯案。但是军方首长声称德雷福斯已经得到了“公正合法的惩处”，不同意再审。

德雷福斯的家人要求军事法庭审判真正的间谍艾斯特拉

齐，并释放德雷福斯。这一要求得到了许多社会知名人士的支持。为了平息社会舆论，巴黎军事法庭对艾斯特拉齐进行了审判。审判的过程没有公开，但是据知情人透露，埃斯特拉齐承认了自己是向德国提供军事情报的人。

1898 年 1 月 11 日，巴黎军事法庭宣判艾斯特拉齐无罪。与此同时，皮卡尔中校以泄露机密罪被军方逮捕。这一结果激起了很多法国人的愤怒。

阻力重重的平反

1898 年 1 月 13 日，法国著名作家左拉在报纸上发表了致共和国总统的公开信，标题是《我控诉》。他指责那些阻止德雷福斯案重审的人是故意制造冤案，践踏法律，违反人道和正义。左拉的公开信在法国及国际上都引起了反响，包括俄国作家契诃夫在内的许多名人都发声表示支持。

然而，由军人主导的法国政府进行反击，指控左拉污蔑军队，犯有诽谤罪。1898 年 2 月，巴黎法院竟然判处左拉 1 年监禁和 3000 法郎罚款。左拉在朋友的帮助下逃往英国。

法国社会原本就有左派和右派。德雷福斯案就像一个导火索，激化了社会的矛盾。支持德雷福斯派和反对德雷福斯派展开激烈的辩论甚至武斗。一些家庭因此出现了夫妻反目、父子成仇的情况，一些地方甚至爆发了两派的武装冲突。

1899 年 8 月，巴黎军事法庭在社会压力下决定再审德雷福斯案。经过一个多月的辩论，7 名法官最终以 5：2 的票数判定德雷福斯有罪，但是把刑罚从无期改为 10 年有期。

这个判决公布之后，法国很多城市都爆发了大规模的示威游行。欧美近 20 个国家也出现了民众的抗议示威。于是，上任不到一年的卢贝总统只得宣布特赦德雷福斯。这个决定并不是给德雷福斯平反昭雪，因此法国各界人士仍然在不断抗争。作家左拉还专门就德雷福斯案创作了一部小说，书名是《真理》。不过，他于 1902 年去世，而该书在 1903 年才出版。

1906 年，法国新政府决定重申德雷福斯案。7 月 12 日，法国最高法院作出裁定，撤销原判，宣布德雷弗斯无罪。与此同时，皮卡尔中校也回到军队，晋升为准将。经过十二年的斗争，这起冤案终于平反昭雪。

1914 年，贝蒂隆病重在床，法国内务部长去看望他。部长知道贝蒂隆一直希望能得到一枚骑士勋章，就说政府可以给他授予勋章，但条件是他承认自己在德雷福斯案中的笔迹鉴定错了。贝蒂隆吃力地喊道："不！不！"没过多久，贝蒂隆病逝。

解说和评论

人身同一认定的依据可以是相貌等形象特征，也可以是人的某些动作习惯特征，例如书写习惯特征。在中世纪的欧洲，随着法律文件在政府和商业活动中变得日益重要，一些学者开始研究笔迹鉴定的问题。1609 年，法国人弗兰科尼 · 迪麦尔写了一篇关于笔迹鉴定的论文，文中介绍了笔迹鉴定的方法和原理。这大概是系统论述笔迹鉴定问题的最早著作。

后来，一些人开始研究笔迹与人的性格和品质的关系，称为“笔相学”。1872 年，法国人米尚在《书法的秘密》一书中对笔相学进行了详细的阐述，形成了系统的理论。1895 年，意大利的犯罪学家龙布罗梭在《笔相学指南》一书中明确了笔相学的概念，并力图用生物学的原理来解释人的笔相。他认为，一个人的笔相是先天决定的，是不变而且特定的人体机能。他在该书中指出：“天生犯罪人的特点在笔迹中也能反映出来。”[1]

自 20 世纪以来，笔迹鉴定技术有了长足的发展。一方面，科学研究的成果为笔迹鉴定提供了理论依据，例如，条件反射的原理、神经活动顺序性的原理、第一信号系统与第二信号系统之间交互作用的原理以及高级神经活动类型的原理等，使人们可以从理论上阐明笔迹同一认定的科学基础；另一方面，各种科学仪器的问世也为笔迹鉴定提供了更为准确、有效的手段，例如，各种显微镜、滤色镜和摄影仪、红外线和紫外线检验仪、以及各种特殊用途的照相设备等，都可以为笔迹鉴定提供更为科学、更为客观的依据。

在刑事诉讼和民事诉讼中，笔迹鉴定都有广泛的用途。在涉及合同、遗嘱等诉讼中，笔迹鉴定更是关键证据。不过，笔迹鉴定仍然在一定程度上依赖于鉴定专家的个人经验，因此，其结论就不可避免地具有一定的主观性。即使是笔迹鉴定专家，也可能出现误差，譬如贝蒂隆在德雷弗斯案中犯下的错误。

综上，笔迹鉴定结论是一种科学证据，但是只能作为法官认定案件事实的依据之一。另外，德雷弗斯案还向世人展示：在刑事司法中，犯错很容易，纠错不容易。

1　参见［苏联］拉·别尔金：《刑事侦察学随笔》，李瑞勤译，群众出版社 1983 年版，第 154 ~ 156 页。

八、基因纠错第一案

微量精斑的证明[1]

（美国）

如前所述，我在2011年4月到美国俄亥俄州的辛辛那提市参加了关于刑事错案的国际研讨会，并且在会上做了关于我国刑事错判问题的主题发言。那次研讨会共有来自20多个国家的约500人参加。与会者以不同的方式表明，刑事错判是人类社会面临的一个共同性问题。不仅法律制度不太健全的国家有错判，即便法律制度比较健全的国家也有错判。例如，美国这些年发现的冤案就不少。其中，一个并不复杂的案件给我留下了深刻的印象。

1 本案内容主要根据美国《哥伦布电讯报》的系列报道撰写，参见［美］特蕾莎·马丁内斯-莫尔韦恩主编：《你好，真相！——蒙冤者的告白和他们的故事》，陈效等译，北京大学出版社2013年版，第128～130页。

绝不认罪的嫌犯

1990年4月25日下午，在俄亥俄州哥伦布市的一个普通住宅区，一个10岁的黑人女孩独自在自家后院玩耍时，来了一个黑人男子，非常友善地询问她的生活和她的母亲。后来，这个男人说他是女孩的生父。女孩没见过生父，但是感觉此人有些面熟，就相信了。男人说要带她去看电影，她很高兴地跟他走了。但是，这个男人把女孩带到一个空置房屋内强奸了。

女孩回家后，因为有继父在家，她就没敢说此事。第二天上午，继父外出工作，她才哭着把此事告诉母亲。母亲不相信这是她前夫所为。女孩说她曾经在她家的相册里看过这个人的照片。母亲就拿出相册，让女儿指认。女孩找出一张合影照片，指出其中的一个男子。此人不是女孩的生父，是个远房亲戚，名叫罗伯特·麦克兰登。随后，母亲带着女儿去医院做了体检。继父得知此事之后，立即到警察局去报案。

警察接到报案之后，到女孩家进行了询问。女孩向警察讲述了事情的经过，也说出了那个人的姓名。通过调查，警方得知罗伯特32岁，已婚，有5个孩子，而且有抢劫和收赃等犯罪前科。得到法官签发的逮捕令之后，警察逮捕了罗伯特·麦克兰登。

罗伯特很有诉讼经验，在接受警察讯问时保持沉默，而且要求会见律师。按照法律规定，罗伯特自己没钱请律师，警方就通过当地政府给他指派了公共辩护律师。与律师会面之后，罗伯特否认了警方的指控，声称自己根本没有作案时间。他说自己那天下午在外面找工作，还讲出了他去过的地点。

按照侦查程序的要求，警方让被害人对嫌疑人的照片进行了辨认。被害人很准确地在混杂的照片中辨认出罗伯特。与此同时，哥伦布警察局的犯罪实验室检验了被害人的内裤和医院提取女孩下体体液的拭子，但是都没有检出精斑。不过，警方认为罗伯特就是强奸犯，便把案件报告了富兰克林县检察署。

5 月 21 日，检察官对罗伯特提出正式指控，罪名是绑架和强奸。在富兰克林县法院的初审中，罗伯特作了无罪答辩。根据辩护律师的要求，法官准许保释。于是，控辩双方都开始为审判做准备。检察官认为本案的证据不够充分，就向辩方提出了辩诉交易的建议。

所谓辩诉交易，是指检察官与被告人或其辩护律师经过谈判和讨价还价来达成由被告人认罪以换取较轻的犯罪指控或刑罚的协议。辩诉双方一旦达成协议，法院便不再对该案进行实质性审判，而仅需确认双方协议的自愿性和协议内容的合法性。辩诉交易对双方都有好处。对公诉方来说，辩诉交易可以减轻其在法庭上败诉的风险，而且能节省政府的诉讼开支和减轻刑事司法的负担。对被告方来说，辩诉交易可以使被告人逃避较重的刑罚和审判的折磨。在某些情况下，无罪的被告人也会接受辩诉交易，因为审判本身就是一种磨难，而且会带来经济损失。对于崇尚实用主义的美国人来说，辩诉交易往往是“次佳”选择。

虽然辩诉交易是被告人和检察官达成的双方协议，但它实际上并不是被告人的权利，而是检察官的权力。诚然，被告人可以拒绝接受检察官提出的辩诉交易建议，但是他无权要求辩诉交易。是否进行辩诉交易，与哪个被告人进行辩诉交易，这只能由检察官来决定。而且，检察官的这一决定不受司法审查的制约。换言之，法官不得干涉辩诉交易。只要被告人的认罪是自愿的，而且他已明言放弃陪审团审判的权利，那么法官就不再进行正式的庭审，而直接根据检察官的起诉判刑。如果检察官的决定是不起诉，那么法官也就无所作为了。

在本案中，辩护律师告诉罗伯特，检察官愿意进行辩诉交易，而且建议他认真考虑。辩护律师认为，强奸案被害人的证言和辨认结论往往能对法庭产生很大影响，特别是在陪审团审判中。如果认定有罪，法庭很可能会判终身监禁，而辩诉交易很可能把刑期定在10年以下。然而，罗伯特拒绝接受辩诉交易。他坚持说自己是无罪的，绝不能违心去认罪。辩护律师必须尊重当事人的意见，因此，他把罗伯特的意见转告了检察官。不过，他特意嘱咐罗伯特，在本案中不要选择陪审团审判。

并不复杂的审判

检察官得知罗伯特不愿意进行辩诉交易之后，又与警察讨论了案件中的证据问题。他相信被害人证言的力量，但是仍有些担心。警察就提出了让测谎专家对罗伯特进行审查的建议。检察官欣然同意了。

测谎是一种心理测试技术。它以心理学和生理学的原理为基础，借助一定的电子测试仪器，完成对人的语言和行为的心理分析。1921年，美国人研制出第一台多参数心理测试仪（polygraph，俗称为“测谎仪”），并且首先在加利福尼亚州的伯克利市警察局使用。经过几十年的发展，测谎技术不仅在美国广泛使用，而且在很多国家的犯罪侦查和司法审判中都有利用。

这种测谎仪由传感器、主机和微机组成。传感器与人的体表连接，采集被测人的生理参数变化，包括皮肤电阻的变化、脉搏和血压的变化、呼吸频率和深度的变化等；主机是电子部件，将传感器所采集的模拟信号经过处理转换成数字信号；微机则对输入的数字信号进行存储、分析，并得出测试的结果。

按照心理学的原理，犯罪人在作案之后会在心理上留下特殊的印记。每当别人提及该案时，犯罪人的这些印记就会通过脉搏、血压、呼吸、瞳孔、脑电波、皮肤电阻等生物反应显露出来。测谎仪就是要通过这些细微的生理变化来分析被测试人的心理活动情况，从而判断其对特定问题的回答是否真实。因此，测谎人员的专业水平和测谎问题的编制都是非常重要的。据美国测谎专家的统计，受过严格训练的测谎专业人员所进行的测试准确率可以高达 90%。不过，司法人员在采用测谎结论时采取非常谨慎的态度，而且以被测试人的自愿接受为前提。

在本案中，检察官建议罗伯特接受测谎审查。罗伯特接受了检察官的建议，而且同意把测谎结论作为法庭审判的证据。1991 年 2 月 4 日，俄亥俄州公路巡警队（即该州的警察机关）的测谎专家对罗伯特进行了测谎，其结论是罗伯特对与案件相关问题的回答“可能是要故意说谎”。对于这个结论，检察官不太满意，但是也无可奈何。专家表示，他只能客观地描述测谎仪获得的数据。

1991年8月26日，富兰克林县法院开庭审理罗伯特一案。因为罗伯特放弃了要求陪审团审判的权利，所以戴维·约翰森法官独自审判。公诉方的证据包括现场照片、被害人的证言、被害人母亲的证言、医生的检验报告、测谎专家的证言等。其中最有感染力的证据就是被害女孩的哭诉和指认，当然还有警方测谎专家的证言。辩护律师声称罗伯特是清白的，并且提供了一个证明罗伯特案发时不在犯罪现场的证人。辩护律师还对公诉方的证据提出了一些质疑。在法官的主导下，审判进行得非常顺畅。

8 月 28 日，约翰森法官宣判，被告人罗伯特·麦克兰登犯有绑架罪和强奸罪，随后宣布判处其终身监禁，而且在 15 年内不得假释。辩护方提出了上诉，主要理由是罗伯特没有得到公正的审判，但是俄亥俄州上诉法院很快就作出了维持原判得裁定。

不屈不挠的申诉

美国从 20 世纪 90 年代中期开始，很多州都建立了“洗冤中心”（Innocence Center，又译为“无辜者中心”），通过“洗冤行动”（Innocence Project，又译为“无辜者行动”）对可能错判的案件进行复查。这些中心是民间机构，一般都建立在大学的法学院，其复查的主要手段是 DNA 检验。虽然 DNA 技术从 20 世纪 80 年代就开始应用于司法实践，但是有一个不断推广的过程，而且 DNA 检验技术的灵敏度和精确度也在不断提高。那些存在精斑、血痕等生物物证但当年没有进行 DNA 检验或者 DNA 检验结论不确定的强奸案或杀人案就成为了“洗冤行动”的主要复查目标。同时，洗冤行动也在推动相关法律的制定，其中最为重要的就是《囚犯的DNA检验权法》。在纽约州和伊利诺伊州的带动下，俄亥俄州议会于2003年也通过了《囚犯的DNA检验权法》。

罗伯特被关进监狱之后就不断地申诉，但是一直没有得到回应。该法颁布之后，罗伯特就于2004年10月13日向富兰克林县法院提出了进行DNA检验的请求，但是负责申诉再审工作的查尔斯·施奈德法官没有作出答复。随后，罗伯特又向当地检察署提出DNA检验的请求，后者于11月24日作出答复，不同意DNA检验，理由是该案中没有检出精斑。

2008年初，俄亥俄州"洗冤中心"受理了罗伯特的申诉案。经过审查之后，该中心代表罗伯特向法院和检察署提出了DNA检验的请求。此事也引起了当地新闻媒体的关注。《哥伦布电讯报》连续发表了多篇关于该案的报道和记者访谈。这显然对司法人员产生了一定的影响。

4月11日，欧布莱恩检察长公开表态：虽然他认为进行DNA检验是徒劳无用的，但是并不反对，而且同意提供该案的物证。该案被害人的内裤在证据室保存完好，但是当年医生从女孩下体提取体液的拭子已经丢失。4月28日，施奈德法官发布了允许对被害人内裤再次进行DNA检验的命令。

7月16日，位于辛辛那提市郊的一家民间DNA检测中心免费受理此案的检验。中心的专家在被害人内裤上检测出微量精斑，随后从罗伯特的口腔提取了DNA比对样本。7月22日，该中心提交了DNA检验报告，表明那个女孩内裤上的精斑不可能来自罗伯特。

收到检验报告之后，检察官认为此事重大，不能仅由一家民间检测中心决定，于是就让当地警察局的法庭科学实验室再次检验。两天之后，该实验室也得出了相同的检验结论。于是，检察官决定将该案提交法院再审。

2008 年 8 月 11 日，富兰克林县法院开庭再审罗伯特一案，施奈德法官当庭宣布撤销原判。次日，已然 52 岁的罗伯特 · 麦克兰登在被错误羁押 17 年之后终于获得了无罪释放。

按照俄亥俄州的法律规定，政府要为每个冤狱者支付每年 44204 美元的赔偿金。据此计算，罗伯特可以得到大约 79.6 万美元的赔偿。此外，他还有权获得工资损失、律师费和其他费用的赔偿。总之，罗伯特得到了大约 110 万美元的赔偿金。

这大概是美国法院根据否定的 DNA 检验结论而改判无罪的第一个案件。不过，罗伯特被无罪释放之后，哥伦布警察局仍不甘心，就通过 DNA 比对在警方的 DNA 数据库查找，并且最终找到了真正的罪犯。此人因强奸罪而在监狱中服刑。检察官有意旧案重提，但是该案的被害人已然结婚生子，不愿意再次卷入这样的诉讼之中。检察官只好作罢，反正该罪犯已经受到了法律的惩罚。

颇值一提的是，罗伯特 · 麦克兰登在被证明无罪之后，创作了一首很有名气的诗歌，标题是《你好，真相》（*Hello Truth*）：

> 你好，真相，你的存在穿越时光，但有人不想见到你，有人缺失相信你的愿望。你好，真相，我们为你而奋战，我们因你而坚强，但有人与谎言同生死，有人与谎言同眠帐。你好，真相，你在司法证明中捉迷藏，当你被谎言和欺骗包围时，找你的路便总是那么漫长。你好，真相，上帝给你武装，关注我命乖张，我知道，你会及时到来，保佑我的安康。

解说和评论

科学技术是不断发展的，人们对一些新兴的科学技术的认知往往存在差异，即使是同一领域内的专家也会众说纷纭。于是，本来貌似简单的科学证据问题就变得相当复杂。华尔兹教授在《刑事证据大全》中把科学证据分为三类：第一类是已经得到普遍接受的科学证据，例如，指纹鉴定意见和DNA鉴定意见；第二类是被普遍观点明确否认的科学证据，例如，利用催眠术获得的言词证据和催眠专家的意见；第三类是处于中间状态的科学证据，即有可能得到普遍承认的科学证据，例如，通过测谎技术获得的言词证据和测谎专家的意见。[1] 这第三类证据的科学原理还没有被同行专家普遍接受，其技术方法的科学可靠性也还没有得到充分的验证，因此可称为尚处于“试用期”的科学证据。由于这类证据也戴着“科学”的桂冠，所以容易被执法人员和司法人员采信，造成对案件事实的认定错误。

在罗伯特冤案中，测谎结论绝不是致错的首位原因，但是对错案的生成起到了一定的作用。检察官和法官或许并不具备客观评价测谎结论的知识和能力，但是他们显然愿意接受能够支持其看法的科学证据。有了这些证据，他们认为定案就有了“科学保障”。殊不知，这些科学证据也可能是不科学的！

另外，专家的鉴定结论包括确定性和非确定性两种，这是

1　参见［美］乔恩·华尔兹：《刑事证据大全（第二版）》，何家弘等译，中国人民公安大学出版社 2004 年版，第 456 ~ 457 页。

由鉴定所依据的客体特征的性质所决定的。一般来说，某鉴定所依据的特征特定性强、稳定性大、反映性高，或者说该客体与其他客体的界限清晰、差异明显，那么它就属于确定性鉴定结论；反之，则属于非确定性鉴定结论。例如，同是指纹同一认定，一个鉴定条件好，指印完整且纹线清晰；一个条件不好，指印残缺且纹线模糊，那么其结论的确定性程度显然有所不同。由于非确定性鉴定结论一般都表述为“可能是”或“倾向于认定”，所以也可以称为“倾向性鉴定结论”。

在罗伯特冤案中，警方测谎专家的意见就属于倾向性鉴定结论，因为他根据测谎仪的检验数据只能得出罗伯特对与案件相关问题的回答“可能是要故意说谎”。然而，司法人员往往希望专家给出确定性的鉴定结论，甚至会自觉或不自觉地把倾向性鉴定结论当作确定性鉴定结论。

根据鉴定结论的性质不同而进行的这种分类，可以帮助我们更科学地认识鉴定结论的价值，因为它从理论上说明在不同的鉴定结论之间存在价值差异。毫无疑问，确定性鉴定结论具有较高的证明价值，可以单独作为认定某一案件事实的证据；而非确定性鉴定结论则证明价值较低，不能单独作为认定某一案件事实的证据，只能作为参考性证据或补强性证据。在司法实践中，如果侦查人员或司法人员一厢情愿地把倾向性鉴定结论用作确定性鉴定结论，那就可能导致错案。

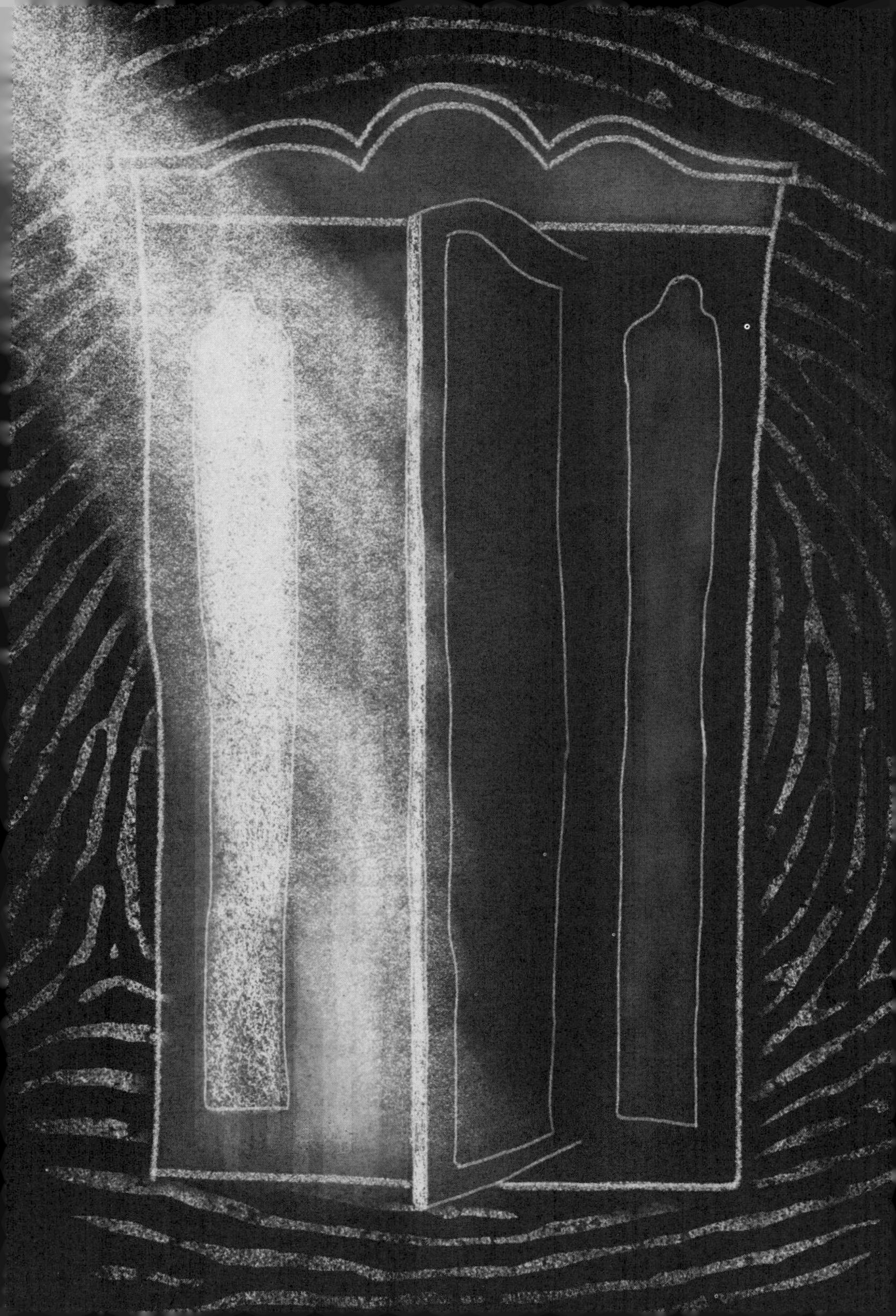

九、指纹鉴识第一案

野姑娘的家庭悲剧[1]

（阿根廷）

刑事司法要认定的基本案件事实就是谁实施了指控的犯罪行为，而这就是人身同一认定的问题。人体测量法是最早运用科学知识进行人身同一认定的方法，但是使用效率不高，应用范围不大。刑事司法的前辈们一直在探索更为科学、更为有效的人身同一认定方法。19 世纪后期，人类终于有了一个重大的发现，那就是指纹鉴识法。

1 本案内容详见［德］于尔根·托瓦尔德：《19—20 世纪西方要案侦破纪实（上）》，流水、高山译，中国人民公安大学出版社 1987 年版，第 64 ~ 70 页。

留下手印的窃贼

中国是世界上最早应用指纹的国家。早在两千七百多年前的西周时代，人们就已经在签署契约和供状画押时捺手印了。当时，人们大概已经模糊地认识到指纹可以作为识别人身的依据。后来，指纹又被应用于犯罪侦查中。《秦简·封诊式》的“穴盗”篇中就有了关于手印的描述。这说明我们的祖先早在二千多年前就开始在破案中利用手印了。不过，系统地研究指纹及其人身识别价值的还是欧美国家的学者。

1880 年，英国的《自然》学刊发表了一篇关于指纹研究的文章，作者是在日本讲学的苏格兰医生福尔茨。在那篇文章中，福尔茨介绍了自己对指纹的研究成果。他发现日本人重视指纹，在签订合同时要捺手印。据说，这是从中国传去的习俗。他讲授生理学，对此很感兴趣，就开始收集指纹样本。他收集了几百份，都是当地的仆人或零工的手印。他发现指纹的图形很有规律，而且人各不同，可以作为人身识别的根据。他在文中说道：“当血污的指纹印在泥土、杯子等东西上留下痕迹时，通过它们就能用科学方法来证明罪犯的身份。”

福尔茨在文章中还讲述了他亲历的两个案件。有一次，一个窃贼在作案时爬过了福尔茨家附近的一面白墙，并在墙上留下了几个很清晰的黑指印。福尔茨听说警方已经抓到了窃贼，就请求警方允许他把被捕者的指纹印制下来，与墙上的指印进行比对。警方大概是出于对这位英国医生的尊敬而同意了他的要求。他的比对结果证明那个被捕者并非此案的罪犯。警方开始还不以为然，后来又抓到一个嫌犯。福尔茨再次提取被捕者的指纹印，比对之后认定此人是真正的窃贼。警方随后拿下了认罪口供。

日本警察认为这个英国医生很神奇。后来，当地又发生一起盗窃案，现场也有手印，警方就主动请福尔茨帮忙。福尔茨在一个玻璃杯上发现了整个手的指纹印。当时警方还没有找到嫌犯，福尔茨就把自己过去采集的指纹样本拿出来进行比对，发现与一份指纹样本完全一样。那是当地一个佣人的指纹样本。他把姓名告诉警方，警方逮捕了那个佣人，后者承认了自己的罪行。[1] 这大概是人类历史上通过指纹查获罪犯的第一个案例。不过，这只是福尔茨在论文中讲述的故事，而下面这个案件才堪称“指纹鉴识第一案”。

“野姑娘”的孩子惨死

1892 年 6 月 29 日，阿根廷的布宜诺斯艾利斯郊区发生了一起耸人听闻的案件。一个单身母亲的两个孩子被人残忍地杀害了。当地的警察所接到报案之后，所长带着一名警员骑马赶到现场。那场景让人惨不忍睹，一个 6 岁的男孩和一个 4 岁的女孩躺在床上，脑袋被重物砸裂，浑身是血。

那个母亲名叫弗朗西斯卡，26 岁。她向警察哭诉：她的孩子是被维拉斯打死的。维拉斯是当地牧场的工人，是她曾经

1 参见［苏联］拉·别尔金:《刑事侦察学随笔》，李瑞勤译，群众出版社 1983 年版，第 136 ~ 137 页。

的伴侣，多次向她求婚。她没有答应，因为她心中已另有所爱。那个人叫罗亚斯，是个驯马师，收入较高，是她的新伴侣。那天中午，维拉斯又来了，反复说要跟她结婚。她很烦，就坚决地说那绝不可能。维拉斯恼羞成怒，扬言要干掉她最心爱的人，然后就走了。弗朗西斯卡当时以为维拉斯要去找罗亚斯打架，心中暗喜，因为罗亚斯年轻力壮，身材高大，维拉斯不是对手。那天下午她回家时，看见维拉斯从她家跑了出来。进屋一看，两个孩子已经惨死在床上。

警察立即逮捕了维拉斯，后者并未反抗。所长讯问维拉斯，后者承认自己很爱弗朗西斯卡，想娶她为妻，也确实吓唬过她，但是从来没真想那么干。他发誓自己没有动过那两个孩子的一根毫毛！他还说自己那天下午一直在牧场干活，根本没有时间去杀人。警察严刑拷打，但维拉斯咬紧牙关，拒不认罪。警察只好给他戴上镣铐，关在停放那两个孩子尸体的房间里。

所长到牧场去进行调查，那里的人都证明维拉斯在案发那天下午没有离开过牧场。警方在调查中还得知，弗朗西斯卡是当地有名的“野姑娘”。她长得挺漂亮，性格很开朗，言行有些粗野。她未婚，但是有多个情人，还生了两个孩子。她想嫁给罗亚斯，但是后者讨厌那两个孩子。罗亚斯曾经对别人说，如果没有那两个烦人的孩子，他早就跟“野姑娘”结婚了。

警察找到罗亚斯，进行询问。罗亚斯承认自己是弗朗西斯卡的情人，但是对两个孩子之死一无所知，因为他那天外出放马，很晚才回来。两个男人都有不在犯罪现场的证明，警方调查也没有发现其他嫌疑人，侦查工作陷入僵局。

面对这起凶杀大案，当地警察一筹莫展，只好请上级派人来帮助破案。警察局派来一位警官，名叫阿尔瓦，是个经验丰富的侦探，很喜欢钻研新的侦查方法和技术。他还有一个大名鼎鼎的老师，名叫胡安·沃塞提斯。于是，这个案件的侦破工作就出现了转机。

新兴的指纹鉴识法

沃塞提斯原本在布宜诺斯艾利斯警察局负责犯罪统计工作。1891 年 7 月 18 日，警察局局长召见他，让他按照法国人贝蒂隆的方法，组建一个人体测量室，加强对流窜犯罪和累犯的审查认定。局长给了他一些介绍人体测量法的杂志。最后，局长还给了他一张 5 月 2 日的《科学评论报》，上面有一篇介绍英国人高尔顿研究指纹法的文章。局长说，这个对你可能也有用。

沃塞提斯很快就建立了人体测量室，开始对警察局抓捕的罪犯进行测量和登记。不过，他对指纹更感兴趣。他研制了提取指纹的工具，在对罪犯进行测量的同时也提取指纹印。他仔细研究这些指纹印，而且还到医院的太平间去研究死者的指纹，到博物馆去研究木乃伊的指纹。他认为，人类的指纹是终身不变的，甚至死后数百年也不会改变，因此指纹是非常可靠的人身识别依据。他还设计了指纹分类法，主要根据指纹上的“三角”，第一类是没有三角的指纹，就是我们现在说的弓型纹；第二类是右边有一个三角的指纹，第三类是左边有一个三角的指纹，这都是箕型纹，属于正箕或反箕；第四类是有两个三角的指纹，就是斗型纹。他用字母和数字代替不同的纹型，以便在档案中检索。他的分类方法与英国人高尔顿设计的分类法相似。

高尔顿是进化论者达尔文的表弟，是优生学的倡导者。1891 年，他在《自然》学刊上发表了一篇关于指纹分类方法的文章。1892 年，他撰写的《指纹学》一书出版，该书对于指纹鉴识法的发展产生了很大的影响。

虽然警察局长坚持采用人体测量法，但是沃塞提斯认为指纹鉴识法比人体测量法更有价值。他把自己的研究成果写成一本小册子，书名就是《人体测量法与指纹鉴识法》。他还四处宣讲他的指纹鉴识法。阿尔瓦警官就听过他的宣讲，而且亲自到他的办公室学习了指纹鉴识的方法。

意外发现的指纹印

在阿尔瓦到达之前，警察所长不甘心，就采取了特别调查手段。他认为，那个“野姑娘”有可能为了嫁给罗亚斯而杀死自己的孩子。他知道当地人信奉山神，就在半夜来到弗朗西斯卡家的门外，用低沉的嗓音喊道：“山神来啦！山神来啦！杀死孩子的凶手，赶快出来认罪吧！”但是，他折腾了半天也没有取得任何效果。天亮了，弗朗西斯卡打开房门，嘲笑了警察的作法。所长恼羞成怒，打了弗朗西斯卡一顿，让她认罪，但后者一口咬定是维拉斯杀死了她的孩子。

阿尔瓦警官来到之后，首先听了警察所长的案情介绍，然后就分别审讯了弗朗西斯卡、维拉斯和罗亚斯。他认为，既然两个男人都不可能是杀人凶手，那么唯一的可能就是那个母亲杀死了孩子。他让所长带他去查看现场。因为现场已经清理打扫过，所以他查看一周，没有找到有价值的痕迹。

就在他失望的时候，一缕阳光透过窗户，照在卧室的门上，照亮了一处暗红色的斑痕。他仔细一看，那是一个血指纹印。他很高兴，立即找来一把锯，把那一小块木门板锯了下来。站在一旁观望的警察所长一脸困惑。

回到警察所，阿尔瓦让所长找来印台和白纸，然后让人把弗朗西斯卡带进来。他让弗朗西斯卡先把两只手的大拇指按在印台上，然后让她把拇指按在白纸上，留下了指纹印。他拿出放大镜，仔细比对弗朗西斯卡的指纹印和木门板上的血手印，确认那血手印是弗朗西斯卡的右手大拇指所留。他把放大镜交给弗朗西斯卡，让她自己看那两个指纹印。弗朗西斯卡面如土色，声音颤抖地承认了自己用石块砸死两个孩子的罪行。

事实真相令人脊背发凉

弗朗西斯卡原本与维拉斯保持情侣关系，后来，她认识了年轻英俊的罗亚斯。在与罗亚斯相遇之后，她就想与维拉斯断绝关系，但是后者不同意，仍然不断地纠缠她，而且威胁要破坏她与罗亚斯的关系。罗亚斯也爱上了弗朗西斯卡，但是不能接受那两个孩子。他多次说，如果没有那两个孩子，他就同意与弗朗西斯卡结婚。

弗朗西斯卡非常苦恼。经过反复思考，她决定杀死两个孩子，嫁祸维拉斯。她认为，如果她采用非常残忍的方法把孩子打死，别人就不会相信这是母亲干的，会认为是维拉斯干的。这样一来，她既甩掉了两孩子，也甩掉了维拉斯，而且罗亚斯一定非常同情她，会立即跟她结婚。她认为自己的计划很聪明，但结果是搬起石头砸了自己的脚。两个月之后，法院判处弗朗西斯卡死刑。

弗朗西斯卡杀子案引起了新闻媒体的关注，进而引起了社会民众的关注。人们在痛斥那个“野姑娘”的同时，也对新兴的指纹鉴识法予以赞赏。虽然在阿根廷的警察系统还有人体测量法的拥护者，但是指纹鉴识法的优越性得到了彰显。

1894 年 6 月，布宜诺斯艾利斯省众议院通过一项决议，拨款 5000 金比索支持沃塞提斯的指纹法研究。1896 年 6 月，阿根廷全国的警察机关都明确规定把指纹法作为对罪犯进行人身识别的唯一方法。当时的欧美国家一般都同时采用人体测量法和指纹法，因此，阿根廷就成为世界上第一个明确采用单一指纹鉴识法的国家。

全民指纹登记

沃塞提斯在南美洲名声大噪。1901 年，他代表布宜诺斯艾利斯警察局出席第二届南美洲学术代表大会，在会上做了关于指纹鉴识法的发言。他的发言促进了指纹鉴识法在南美洲的推广。1903 年，巴西和智利采用指纹鉴识法。1906 年，玻利维亚采用指纹鉴识法。1908 年，秘鲁、巴拉圭和乌拉圭采用指纹鉴识法。

沃塞提斯获得的声誉使他信心膨胀，他要实现一个更加宏伟的计划，就是要进行全民指纹登记，以便在犯罪侦查和灾害事故调查中进行人身识别。在他的推动下，布宜诺斯艾利斯省政府在 1911 年颁布法令，要求所有成年公民进行十指指纹登记，并授权沃塞提斯组建指纹登记处，负责这项计划的实施。1913 年，沃塞提斯完成了这项伟大的工作，使布宜诺斯艾利斯成为人类历史上第一个进行全民指纹登记的地区。他已功成名就，决定去周游列国。

沃塞提斯不仅访问了欧洲，还访问了中国、日本和印度。他很高兴地发现自己在遥远的中国也有一定知名度，因为中国也在使用指纹鉴识法，而且青岛和上海等地的警察局也建立了指纹档案。1914 年，孙中山先生在《批释加盖指纹之意义》中讲道："欲防假伪，当以指模为证据。盖指模人人不同，终身不改，无论为何巧诈，终不能作伪也，此本党用指模之意义也。他日革命成功，全国人民，亦当以指模为识别，以防假伪，此至良之法也。"[1]

然而，全民指纹登记涉及公民权利，在阿根廷受到了强烈的反对和抨击，很多人表示不愿意像罪犯那样被强迫进行指纹登记。在民意的压力下，阿根廷政府于 1917 年撤销了布宜诺斯艾利斯省的指纹登记法令。沃塞提斯也因此名声扫地。他被解除了工作，遣送到多洛雷斯的乡村以微薄的津贴度日。他在贫困和苦闷中度过了生命的最后几年，于 1925 年病逝。

1　赵向欣主编:《指纹学》，群众出版社 1987 年版，第 27 页。

解说和评论

弗朗西斯卡的行为让人震惊。母爱本是人类最善良的情感，甚至可以说是动物的一种本性。为了种群的繁衍生息，大自然赋予雌性动物超越自我的母爱，甚至剥夺了某些雌性动物在哺乳期间发情的权利。人类是高智商、高情商的动物，人类的母爱应该高于其他动物。但是在现实生活中，有些母亲丧失了这种基本的人性，为了一己私利而伤害自己的子女。弗朗西斯卡就是一个典型的例证，而且，这个案件的真相让人感觉脊背发凉！

毫无疑问，指纹鉴识法标志着人身同一认定方法进入了一个新的历史时期。因为指纹具有人各不同、指指相异、触物留痕、终身不变等特性，所以在犯罪侦查和刑事审判中具有极高的应用价值，成为20世纪当之无愧的“证据之王”。

人们对指纹的认识也在不断深入。指纹鉴定所依据的特征早已不限于弓形纹、箕形纹、斗形纹和三角形纹等基本特征，而是要比对纹线的起点、终点、分歧、结合，以及点、眼、钩、桥、棒等细节特征。

在现代科学技术的助推下，世界各国都建立了各种各样的指纹库，还有各种用途的指纹自动识别系统。毫无疑问，这些科技成果为打击犯罪和社会治理提供了便利，但是也对公民的隐私权和信息权构成了威胁。

许多科技成果都是双刃剑，既能造福于人类，也能给人类造成伤害，核能技术就是一个很好的例证。那么，指纹鉴识技术能够给人类造成什么伤害呢？例如，我们应该进行全民指纹登记吗？在电子信息技术高速发展的今天，这是一个特别值得我们认真思考的问题。

十、疑罪从无第一案

三个警察的故事[1]

（德国）

2010 年的夏天，我应德国的马普外国与国际刑法研究所（以下简称马普所）的邀请，到弗莱堡去做为期两个月的访问讲学。弗莱堡位于德国南端的巴登 - 符腾堡州（以下简称巴符州），毗邻法国和瑞士。那里是德国有名的“黑森林”地区，风景秀丽，气候宜人。访学期间，我在马普所做了关于我国刑事错案问题的演讲。当时在马普所攻读法学博士学位的周遵友陪我去弗莱堡的巴符州普通法院旁听审判，并与法官和检察官进行了交流。我对德国的刑事错案问题很感兴趣，也了解到一个颇有代表性的案例。

1 本案内容详见周遵友：《德国是如何纠正错判的》，载何家弘主编：《证据学论坛》第 16 卷，法律出版社 2011 年版，第 240 ~ 269 页。

警察家中的罪案

1997 年 4 月 29 日凌晨，巴符州的普福尔茨海姆市警察局接到凶杀案报警后，立即派附近的巡逻警察赶到现场。报案人是当地的一名警官，名叫沃尔夫冈·查赫尔。这原本是他的房子，后来给了与丈夫分居的女儿居住，但是他也时常回来，住在地下室。女儿名叫安德里娅·查赫尔，也是当地的警察。

沃尔夫冈抱着一个仍在哭泣的男孩，对巡警说，他昨晚睡在地下室，半夜被楼上的声音吵醒。女儿正在装修房间，他以为女儿在搬家具，就没有在意。因为要上早班，他就起床洗漱，然后到一楼女儿的房间看看。屋门没关严，他看到躺在地上的女儿的两条腿，大吃一惊，便要推门进去，但是里面有人用力把门关上了。他意识到有人伤害了女儿，就转身往地下室跑，还喊了一句，“我去拿枪打死你”。当他再次回到女儿房间时，凶手已经跑了。女儿仰面躺在地上，上身穿一件 T 恤衫，下身赤裸，脖子上勒着一条毛线围巾。他解开围巾，但是女儿没有呼吸。他马上进行人工呼吸，但女儿仍无生命迹象，他就给警察局打了报警电话。在等待警察和急救人员的时候，他发现女儿开始有了呼吸，但仍然昏迷不醒。

巡警向总部报告了现场情况，要求派刑警来勘查现场。法医首先赶到现场，检查了被害人的身体，并采取了急救措施。根据被害人脖子上的勒痕，法医推断勒颈物就是那条毛线围巾，窒息时间约为 3 至 5 分钟。被害人已经恢复了知觉，但是仍处于昏迷状态。急救车把她送往附近的医院。

刑警到达之后，立即勘查现场。这套住宅共有两个外门，一个进入一层的主房，一个进入地下室。刑警查看了所有门窗，没有发现撬压的痕迹。一层卧室的双人床离开了原先的位置。左边的床头距墙面约 18 厘米，右边的木制床头挤压了墙上的电源插头和插座，使插座的部分塑料面破碎。床边的台灯亮着，床上还有余温，在被子下面发现一个橡胶手套的指头。从床边到客厅过道的地面上有尿液的痕迹。在卧室门口有一条米灰色毛线围巾，长 120 厘米，宽 8 厘米。在客厅过道里有一条干净的女士牛仔裤，墙边的地面上还有一个橡胶手套的指头。在通往地下室的楼梯上有一个白色塑料袋，里面有一个橄榄色三角围巾，一个橄榄色正方形棉布毛巾，一支橡胶手套和两支塑胶手套，一个红色的万宝路香烟盒和一个白色的万宝路香烟盒。红烟盒的前后两面都画了叉号，里面有三个空的小塑料袋。白烟盒里有 7 个装有粉末的小塑料袋，那些粉末疑似毒品。

一位刑警又询问了报案人沃尔夫冈。后者重复了刚才向巡警讲述的话，还介绍了女儿的一些情况。安德里娅出生于 1971 年，在 20 岁那年像她父亲一样当上了警察，在该市警察局的城南分局当巡警。她在 1993 年认识了哈里 · 沃尔茨。两人于 1994 年结婚，1995 年生育了儿子凯伊。当时，安德里娅只能上半天班，哈里则失业在家，家庭经济相当拮据，夫妻关系出现裂痕。1996 年 3 月，在儿子过完一岁生日之后，安德里娅决定与丈夫离婚，就搬回父母家居住。1996 年 11 月，安德里娅向法院正式提出离婚诉讼。哈里同意离婚，但是两人在孩子的抚养和探视问题上发生争议，因为安德里娅只同意让哈里每两周领孩子回家一天，而且不能过夜。少儿保护局的调解员多次调解，双方未能达成协议。1997 年 4 月 24 日，调解员通知哈里，调解失败了，建议他把探视权纠纷提交法院裁决。沃尔夫冈认为，从现场逃跑的那个人一定就是哈里。

一位刑警走访了邻居。住在隔壁的库纳说，28 日晚上 10 点多钟，他上床睡觉。半夜，他被惊醒，听见安德里娅家中的争吵。一个男人大声说，“我杀了你，我弄死你，这样我就跟你扯平了”。一个女子哭泣说，“你要干什么？我又没害你。不要这样对我！”后来，两人争吵的声音变小了。他不放心，站起来从窗户往外张望，只看见安德里娅家的卧室亮着灯，没看见人。他上了厕所，又到其他房间的窗户往外看，没发现任何异常的情况。他就上床睡觉了。大概过了半个多小时，他又被吵醒了，只见安德里娅家来了警察。

刑警们根据现场勘查和访问的情况判断，这应该是一起杀人未遂案件。凶手应该是与被害人关系密切的人。两人的搏斗从卧室的床边开始，凶手用围巾勒住被害人的颈部，一直拖到客厅的过道，因为人在被勒窒息时往往会小便失禁，所以留有尿液。凶手的杀人行为因沃尔夫冈的出现而中止，然后凶手逃离现场。案发时间应该是 4 月 29 日凌晨 2 时 30 分左右。根据报案人讲述的情况，被害人的丈夫哈里有重大犯罪嫌疑。

美女警察的情人

警方很快查明，哈里·沃尔茨出生于 1966 年。初中毕业后，他当过水暖工和搬运公司的司机。1988 年，他在交通事故中受伤，左手的无名指和小指被截肢。由于身有残疾，他不能从事原先的工作，就改学建筑制图，并获得资格证书，但是没有找到工作。与安德里娅分手之后，他在当地一家公司找到了一份收入不错工作，而且还认识了24岁的克劳迪娅，并很快就确立了恋爱关系。

天还没亮，刑警就来到哈里的住所，对他进行了询问。哈里说，他昨天只上了半天班，因为他约了牙医。下午，他看了牙医之后，又开车去律师事务所，会见律师韦策尔女士，讨论如何扩大他的孩子探视权问题。然后，他帮助一个朋友把一辆旧汽车从郊区拉到市内的车库。晚上7点多钟，二人到附近一家饭馆吃饭，然后他开车回家。他连续打了几个电话，最后一个电话是在10点左右结束的。然后，他就上床睡觉了，直到被警察的电话叫醒。

刑警向哈里出示了在现场提取的塑料袋，问他是否见过。哈里表示没有见过。刑警感觉哈里的神态有些可疑，就追问他是否知道那些白色粉末是什么。哈里说他不知道，但是犹豫一下又补充说，几个月前有一个陌生人在卡尔斯鲁厄的一家咖啡馆里曾经向他推销过这种东西。

刑警又问哈里最后一次见到安德里娅的时间。哈里说就是上个礼拜天，4月27日。那天早上，他按照约定把儿子接走，带着儿子玩了一天，傍晚又把儿子送了回去。送儿子的时候，他看见了安德里娅的新男友。实际上，安德里娅与他离婚的原因就是爱上了这个人。这个人是安德里娅的巡警搭档，名叫托马斯·海姆。刑警也知道这个人。托马斯出生于1959年，已经在普福尔茨海姆市当了二十多年的警察。他有妻子，还有两个孩子。对于安德里娅被害一事，哈里认为那一定是托马斯干的。

根据哈里讲述的情况，刑警找到了托马斯，对他进行询问。托马斯承认自己与安德里娅的情人关系，也承认他曾到安德里娅家里过夜，包括案发前的那个周日，也就是4月27日。但是28日他身体不适，没有上班，晚上也没有出去。他承认自己与妻子的关系非常紧张，但是他不愿意离开妻子和孩子。他坚称自己 28 日晚上一直待在家中。至于安德里娅被害一事，他认为凶手一定哈里。

刑警又单独询问了托马斯的妻子达尼拉。达尼拉知道托马斯与安德里娅的情人关系，因此她对托马斯又恨又爱。她决定迫使托马斯在家庭和安德里娅之间作出选择，就委托律师给丈夫发函，告知她已决定打离婚官司。托马斯应该在 4 月 25 日收到了这封律师函。她说托马斯 27 日没在家过夜，但是 28 日一直在家，因为身体不舒服。那天晚上，托马斯没有出去，而且在半夜还跟她发生了关系。对此，她可以用生命担保。

刑警们再一次分析了案情。被害人的丈夫和情人都有犯罪嫌疑，而后者作案的可能性更大。哈里已经有了不错的工作和女友，虽然在孩子的探视权问题上有争议，但是他似乎没有杀死安德里娅的必要。托马斯有明显的作案动机，但是他有不在犯罪现场的证明。这真是一道难题。

刑警把希望寄托在被害人身上，便去医院探视。安德里娅的医生、神经科专家海尔普博士说，由于脑部受伤，安德里娅已经不能与人交流。她既不能说话，也不能理解向她提出的问题。她最大的理解能力就是有时能够按照要求睁开眼睛。对于其他问题，她只能以面部表情来回应，至于这种回应是什么意思也无法确定。由此看来，警方无法从她的口中得知凶手的姓名。

刑警又想到了另一位现场目击证人，即那个两岁的男孩凯伊。此时，这个孩子主要由外祖母玛杰特卡照看。警察请玛杰特卡协助询问凯伊，但是凯伊说不清楚那天晚上发生的事情。5 月 1 日，警察请心理学专家豪赫海以特对凯伊进行了测试。专家说，年仅两岁零一个月的凯伊正处于学习说话的阶段，这个发育阶段决定了他不能提供可被采信的证言。

就在此时，巴符州刑事警察局的刑事技术研究所提供了一些很有价值的鉴定结论。首先，化学检验结论表明，现场提取的那两个橡胶手套指头均由聚氯乙烯材料做成，且成分相似；它们要么是从同一只手套上扯下来的，要么是从两只材料相同的手套上扯下来的。其次，生物鉴定结论表明，那两个橡胶手套指头上检出了被害人安德里娅的的 DNA 物质，还检出了嫌疑人哈里的 DNA 物质。

警方对哈里的住宅和汽车进行了搜查，也有所收获。首先，警方提取到两个橡胶手套，与现场发现的手套种类相同。其次，警方提取到一个橄榄色正方形棉布毛巾，与现场发现的塑料袋内的毛巾相同。再次，警方提取到红色和白色的万宝路香烟盒，而且里面都放了东西，一个放了糖精，一个放了硬币，与现场发现的塑料袋内的烟盒相同。在警方询问时，哈里承认他平时抽那种红盒子的万宝路香烟，他的女友克劳迪娅抽那种白盒子的万宝路香烟。

根据以上证据，警方逮捕了哈里。一开始，哈里坚决否认试图杀害安德里娅，也坚决否认在 4 月 28 日去过犯罪现场，但是在被捕两周之后，哈里承认了警方指控的罪行。5 月 13 日，他对警察说，经同室关押的朋友建议，他愿意招供。然后他向警察讲述了事情经过。他描述了自己是如何到达被害人家的，他在哪里停了车，他又是如何进入房间的。因为他在叙述中出现了自相矛盾之处，在回答警察追问时又说记不清了，所以警察说他这样的供述没有意义。他又说，他只是想有个好态度，不希望自己这些虚假陈述被记录下来。

被押回看守所之后，哈里写了一个“招供便条”，后来被监管人员发现并扣押。该便条上写道：“招供，1997 年 5 月

13 日。在此我声明，我无条件地承认犯了这个罪，具体情况我已无法辨认无法回忆。我希望尽快得到判决，希望被从轻处罚。究其原因便是我两岁的儿子凯伊。其他事务由我的律师代理。哈里·沃尔茨。”在这个便条的边缘，他又加上一句：“我只是不想被打扰。”

警方认为已经获得了证明哈里有罪的充分证据，可以结案了。按照法律规定，侦查终结并不需要被告人的认罪口供，但是哈里的上述“招供”可以加强警方的证据。于是，警方把该案报送检察官，后者负责审查起诉。

6 月 10 日，安德里娅被转到一家神经治疗与康复医院。她已经有了稳定的呼吸、体温和血液循环，但是还不能自主行动，不能进行语言表达，进食也还得依靠导管。医生说，她的大脑仍然处于缺乏认知的状态，大概她终生都不能生活自理了。

刑事法庭的审判

按照德国法院组织法的规定，杀人罪案件由中级法院的陪审团法庭[1]负责审判。1998 年 1 月，卡尔斯鲁厄中级法院的第一刑事法庭开始审判哈里·沃尔茨杀人未遂案，由霍弗尔法官

1　陪审团法庭是德国历史上的（1878 年至 1924 年间）一种审判组织形式，由 3 名职业法官和 12 名陪审员组成。这种审判组织形式已不存在，但是名称保留下来。现在的“陪审团法庭”是“大审判庭”，由 3 名职业法官和 2 名业余参审员组成。

担任审判长。

在法庭上，检察官指控哈里实施了企图杀死安德里娅的犯罪行为。为了证明这一指控，检方请了多位证人出庭作证，包括被害人的父亲沃尔夫冈和母亲玛杰特卡、邻居库纳、巴符州刑警局刑事技术研究所的化学鉴定专家卡普夫和生物鉴定专家佛斯特、负责本案侦查的刑警等。

辩护律师为哈里作了无罪辩护。他首先对哈里向警察所作的“招供”提出质疑。他说被告人在被羁押的状态下，不断受到警察的讯问，身心非常疲惫，因此以表示合作的态度来免除警察的骚扰。法官裁定被告人在 5 月 13 日向警察所作的“供述”和手写的“招供”都不能作为定案的根据。

然后，辩护律师说哈里没有作案时间，并且请被告人的父亲出庭，证明哈里那天晚上就住在他家的顶楼房间，没有出去。不过，在接受检察官的询问时，他承认自己那天晚上一直熟睡，并没有看见哈里是否一直在顶楼房间中睡觉。

检察官随后请办案刑警出庭作证。警察说，他们做了实验，从犯罪现场到被告人住所的最短距离为 3.4 公里，被告人驾驶大众帕萨特轿车的正常行驶时间是 3 分 20 秒；最长距离为 5.9 公里，正常行驶需要 5 分 50 秒。本案的凶手在 2 时 35 分逃离现场，警方从 2 时 55 分才开始监视被告人的住所，因此被告人完全有时间在作案后逃回家中。

辩护律师又指出，现场的门窗都是完好的，被害人和父亲在睡觉之前都会把门锁上。被害人不会让正在离婚的被告人在她家过夜，被告人自己也没有办法进入那栋房子。被告人承认在与安德里娅共同生活期间，他曾经有一把地下室房门的钥匙，但是在搬出之后就把钥匙归还岳父母了。因此，被告人不具备半夜进入现场的能力。

检察官又请沃尔夫冈和妻子玛杰特卡出庭作证，二人都表示他们没有收到被告交还的钥匙，他们现在也没有那把“多余”的钥匙。检察官指出，被告人手中持有现场的门钥匙，因此可以在半夜开门进入现场。

庭审调查之后，霍弗尔法官对双方的证据作了简单的评价。他认为检控方的证据是可信的，包括专家的鉴定意见和证人的证言。虽然沃尔夫冈和妻子的某些陈述与被告人的说法不一致，但是法庭没有理由怀疑其证言的真实性。被告人的陈述也有可信之处。应该说，哈里在侦查过程中表现得很配合。例如，他在 4 月 29 日接受警方询问时，立即说出汽车停放的位置，并同意警方搜查他的汽车和住所；对于警方提出的验血、验尿、检验唾液等要求，他也都无条件地同意了。但是，这些情节并不能作为证明被告人无罪的证据，而被告人关于没有作案时间和没有现场钥匙的陈述很难令人相信。

1 月 16 日，卡尔斯鲁厄中级法院的第一刑事法庭在评议之后宣判：被告人哈里·沃尔茨犯有杀人未遂罪，判处 11 年监禁刑。哈里当即表示不服判决，提出了“法律审上诉”。

德国刑事诉讼法规定了三种上诉：第一种是抗告，指不服从法院裁定时提出的上诉；第二种是第二审上诉，指不服从法院判决而提出要对事实问题和法律问题进行全面审查的上诉；第三种是第三审上诉，指不服从法院判决而提出的只对法律问题进行审查的上诉，也被称为“法律审上诉”。这三种上诉都要把案件提交上一级法院审理，但是第一种上诉不能中断被上诉判决的执行，而后两种上诉可以中断执行。

根据德国刑事诉讼法第 333 条和法院组织法第 135 条的规定，不服从中级法院的“陪审团法庭”的判决，当事人只能提出“法律审上诉”，而负责法律审上诉的法院只能是联邦上诉法院（Bundesgerichtshof，简称 BGH[1]）。

1998 年 8 月 11 日，联邦上诉法院就哈里 · 沃尔茨提出的上诉作出裁定：驳回上诉，维持原判。这个裁定具有终局性，因此，卡尔斯鲁厄中级法院第一刑事法庭的判决生效，哈里被押送到普福尔茨海姆市的监狱服刑。因为哈里始终不认罪，更不悔罪，所以他不会被提前释放，除非这个生效判决被推翻。

民事法庭的审判

刑事审判结束之后，沃尔夫冈夫妇以女儿安德里娅的名义向卡尔斯鲁厄中级法院提起民事诉讼，要求被告哈里 · 沃尔茨支付损害赔偿金。由于哈里对此诉讼未作回应，卡尔斯鲁厄中级法院于 1999 年 7 月 14 日作出缺席判决，命令被告人支付 30 万马克（外加 4% 利息）的损害赔偿金。

哈里对这个缺席判决提出异议，于是卡尔斯鲁厄中级法院于 10 月 14 日决定正式审理此案。按照德国法律的规定，民事法庭的审判不受此前刑事判决的影响，因此败诉的刑事被告人仍然有可能在同一案件的民事诉讼中获胜。

卡尔斯鲁厄中级法院的第八民事法庭的三名法官负责审理

1 BGH 也被称为“联邦最高法院”，因为这是德国普通民事、刑事案件的最高审级法院。此外，德国还有其他 4 个分别负责审理劳工、财税、社保和行政案件的最高法院。如果案件涉及宪法问题，而且已经穷尽了所有诉讼程序，这种案件最后还可被上诉到联邦宪法法院。

此案，审判长是韦特克。诉讼双方都为这次审判做了充分的准备，法庭调查也因当事人要补充证据而多次中断。在法庭上，原告方的证据以刑事诉讼中公诉方的证据为主，包括警方在犯罪现场提取的那两个橡胶手套指头和塑料袋中的物品及其鉴定报告。被告律师则对这些证据的可信度和证明力提出了质疑。此外，诉讼双方都提出了一些新的证据。

原告方提供了现场目击者凯伊的证言。这位已经 5 岁的男孩没有出庭作证，但是多位证人作证说，凯伊多次说过，“爸爸把妈妈打坏了”。被告律师指出，孩子的这种说法可能是大人教给他的，不能作为认定案件事实的根据。为了审查凯伊的作证能力，法庭委托心理学专家梅恩对凯伊进行了鉴定。梅恩女士的鉴定报告称：凯伊在接受询问时说爸爸把妈妈打疼了；家庭关系测试表明他对父亲没有好感；他叙述不出案件细节；他在过去的三年中生活在外祖父母家里，对事情的认知受到了外祖父的影响，混淆了可能存在的记忆与事后获取的信息。因此，凯伊的证言很有可能不是基于对案件事实的原发性记忆。根据这个鉴定意见，法官认为凯伊的证言不可采信。

被告方也提出了一个新的证据。为了证明自己的清白，被告人哈里表示愿意接受测谎审查。2000 年 3 月 28 日，卡尔斯鲁厄中级法院委托德国著名的法庭心理学家乌督·乌恩道茨教授[1]对被告人进行了测谎审查。乌恩道茨教授在测谎报告中写道：“几乎可以完全确定的是，哈里·沃尔茨不是那个惨案

1 乌恩道茨教授出生于 1917 年，长期在德国科隆大学担任心理学教授，研究测谎技术，被称为德国的“测谎之父”。20 世纪 90 年代，他曾努力说服立法者把测谎结论规定为法定证据，但是未能成功。

的凶手，尽管他因为此案被判有罪。”

联邦上诉法院在很长时期内都对测谎技术的证据资格持否定态度。该法院在 1954 年的一个判决中指出，测谎鉴定不能被用在刑事诉讼中，因为通过仪器检测被告人心理状态的身体反应，是对被告人的受到宪法第 1 条第 1 款保护的“人格尊严”和刑事诉讼法第 136 a 条保护的“意志决定与确定的自由”的侵犯。这一判决得到了联邦宪法法院的认可，也得到了法学界的支持。然而，联邦上诉法院的态度后来发生了变化。在 1998 年的一个判例中，该法院指出，在对测谎仪的工作原理、方法与过程进行深入了解并听取专家意见之后，特别是考虑到被告人同意接受测谎的情形，法院在审判中委托测谎鉴定并采用测谎结论并不违反宪法保护的人格尊严和刑事诉讼法典保护的意志决定自由。如果测谎鉴定能够提供足够的数据用以说明特定的身体反应与某一行为（说真话或说假话）的高度相关性，那么就不能否认这种鉴定结论具有一定的证据价值。

根据联邦上诉法院的判例，卡尔斯鲁厄中级法院的民事法官认为，在本案这样的民事诉讼中，被告人因涉嫌侵犯他人生命而被要求进行损害赔偿，测谎鉴定应当是一种可以被采纳的证据。如果这种鉴定几乎确定无疑地排除了被告人的作案嫌疑，那么它就可以用于减轻被告人的赔偿责任。

2001 年 4 月 6 日，卡尔斯鲁厄中级法院的第八民事法庭作出判决：因为法庭在审查证据后仍不能确信被告人哈里就是伤害安德里娅的凶手，所以撤销了卡尔斯鲁厄中院 1999 年 7 月 14 日的缺席判决。换言之，法院判决被告方胜诉。民事法庭在判决时显然对那份测谎报告采取了肯定态度，即把它作为证明被告人无罪的证据，但是为了避免争议，法官在判决中还补充声明：“由于原告方提出的本证没能充分说服法庭接受其诉讼主张，法庭认为被告人作为反证提出的证明其无罪的测谎鉴定对于本判决已经意义不大。”另外，至于本案的凶手究竟是谁，民事法庭认为这不是他们需要查明的问题。

哈里一案的 4 个当事人中有 3 名警察，而唯一不是警察的哈里被判有罪。此事引起了新闻媒体和社会民众的关注。在民事诉讼期间，哈里的朋友们组成了一个团体，专门为他建立了一个网站（www.harrywoerz.de）。该网站对这个案件的来龙去脉进行了全面的介绍，不仅公布了许多对哈里有利的证据，还对警方的指控进行全面批驳。哈里的支持者们还多次举行声援集会，制造有利于哈里的公共舆论，向审理此案的法院施加压力。他们还通过这种声援活动募集到了数目不小的经费，用于支付该案的律师费。哈里的支持者来自各行各业，既有普通百姓，也有知名人士。哈里家乡的基督教福音派牧师彼得·克瑙普就是一位重要的支持者。他多次到监狱里为哈里主持祷告，给他精神鼓励，还为他架起通往外界的桥梁。著名电影导演贡特·休尔茨也曾经在柏林举行哈里支持者的集会，声援“监狱中的兄弟”，并且拍摄了纪录片。在社会舆论的压力下，卡尔斯鲁厄中级法院要求主审该案的法官不要公开发表意见，巴符州内政部也要求普福尔茨海姆警察局的侦查人员不要接受记者的采访。

两级法院的再审

卡尔斯鲁厄中级法院的民事判决颁布之后，被告人哈里·沃尔茨非常高兴，决定对此前已经生效的刑事判决提出再审请求。按照德国法院组织法第140条的规定，再审法院不应是原审法院，而应是同一司法区内的另一家平级法院。2001年5月3日，哈里向曼海姆中级法院提出重新审判的请求。

德国刑事诉讼法第359条明确规定了启动再审的六个条件：(1) 在庭审中被采信的不利于被判决人的书证是不真实的或伪造的；(2) 对被判决人不利的证人或鉴定人故意提供了虚假的证言或鉴定结论；(3) 参与审判的法官或参审员在本案中违反了职业规范而应受到处罚；(4) 作为刑事判决之基础的民事判决被另一个生效判决所推翻；(5) 当事人提交了能够证明被判决人无罪的新证据；(6) 欧洲人权法院确认原审判决违反了《欧洲人权公约》。曼海姆中级法院在审查之后认为哈里的再审请求不符合刑事诉讼法规定的条件，于9月28日作出裁定，驳回了哈里的再审请求。

哈里针对曼海姆中级法院的裁定向上一级法院提出抗告，卡尔斯鲁厄高等法院于11月30日撤销了卡尔斯鲁厄中级法院的有罪原判，同时指令曼海姆中级法院重新审判此案。曼海姆中级法院再次审理之后，依然认为该案不符合重新审判的条件，于2004年3月10日作出决定，拒绝启动再审。但是，卡尔斯鲁厄高等法院再次通过裁定，命令曼海姆中级法院重新审判。

2005年5月30日，曼海姆中级法院组成"陪审团法庭"，开始审判哈里·沃尔茨故意杀人未遂案。虽然法庭基本上认可了卡尔斯鲁厄中级法院认定的案件事实，但是认为公诉方的证据存在疑点和缺陷，不足以证明被告人哈里实施了指控的犯罪行为。10月6日，曼海姆中级法院判决哈里无罪。值得一提的是，法院在判决中没有提及哈里的测谎结论。

针对曼海姆中级法院的无罪判决，检察院及被害人亲属向联邦上诉法院提出了法律审上诉。经过审理之后，联邦上诉法院认为曼海姆中级法院的无罪判决中存在法律错误。联邦上诉法院指出，认定证据是审判法官的职责。如果法官认定的证据中存在矛盾、模糊、漏洞，或违反逻辑推理、经验法则的地方，这就是法律上的错误。另外，如果审判法官对定罪所需证据的确定性提出了过高的要求，而且没有给出具体的理由，那也是一种法律错误。2006 年 10 月 16 日，联邦上诉法院作出裁定，撤销了曼海姆中级法院的无罪判决，发回重审。

2009 年 4 月 22 日，曼海姆中级法院再次审判哈里 · 沃尔茨故意杀人未遂案。10 月 22 日，主审法官戈兰茨口头宣判哈里 · 沃尔茨无罪。法官说，哈里确有犯罪嫌疑，但嫌疑程度不大，因为他没有杀人动机，他与前妻关于儿子探视权的争议不足以让他做出杀人的决定。法官认为，真正的凶手很可能是被害人的情人托马斯，因为托马斯当时正处在妻子的最后通牒和情人的催促之间，可能产生杀人的念头，而且他有作案时间，他妻子提供的不在犯罪现场的证明并不可靠。

两个月之后，哈里 · 沃尔茨一案的当事人终于收到了曼海姆中级法院的书面判决。在那长达 112 页的判决书中，法官用 12 页的内容讲述了托马斯的犯罪嫌疑。这表明法官认为哈里和托马斯都有可能是杀人凶手，但是现有证据既不能证明哈里有罪，也不能证明托马斯有罪。对于这个判决，被告人哈里及其辩护律师都感到满意，但是被害人的家人及其代理律师都感到不满意。然而，这就是司法裁判的局限性。

在曼海姆中级法院宣布判决之后，普福尔茨海姆警察局把托马斯的工作从外勤转为内勤，并表示这是为了回应法院的判决和公众的舆论。警察局长也承认他们在该案的侦查过程中存在一些失误，未能及时采取有效措施去收集证据。现在时过境迁，那些案件事实已经无法查清了。

该案判决之后，年过九旬的乌恩道茨教授与他人在德国著名的《整体刑法学杂志》上联合发表了一篇文章，标题是《刑事诉讼中的测谎检验：被告人提出的专家证据在事实上的有效性与规范上的可采性的新发展》，强烈呼吁把由被告人自愿接受并由法院委托的测谎鉴定结论作为一种法定证据。他们指出，测谎的科学技术自 1998 年以来已经发生了很大的变化，联邦上诉法院当时对测谎有效性的担心已无必要。更为重要的是，测谎鉴定可以保护被告人的权利，防止法院作出错判。

解说和评论

刑事案件中的事实认定并非总是黑白分明的，有时会出现“灰色地带”，即无法准确判定被告人究竟是有罪还是无罪的状况。换言之，好人与坏人之间的界线并非泾渭分明，而是处于模糊的状态。于是，法院判定被告人有罪的证明标准就成为一个至关重要的问题。

德国在刑事诉讼中采用“自由心证”原则，因此法律没有就诉讼中的证明标准作出具体的规定，也没有明确区分刑事诉讼和民事诉讼的证明标准。法律只要求法官在认定被告人有罪时必须达到“内心确信”的程度，这也可以称为“内心确信”的证明标准。这种“确信”是个性化的，是由审判法官自己把握的标准。当然，法官的“确信”必须以客观存在的证据为基础，应该符合理性、逻辑和经验，而且要能经受他人的质疑。

法院认定被告人有罪需要明确的证明标准，法院推翻原来的有罪判决也需要明确的证明标准。按照“自由心证”的原则，只要法官在再审中根据全部证据对被告人有罪的认知无法达到“内心确信”的程度，就应该认定原来的有罪判决为错判。换言之，德国错判的证明标准可以表述为“推翻内心确信”的标准。这说明，虽然“自由心证”原则赋予法官很大的自由裁量权，但是认定错判的证明标准显然低于认定有罪的证明标准。

在德国，卡尔·彼得斯（1904—1998）教授堪称研究刑事错案问题的先驱。他在20世纪70年代出版的《刑事诉讼中的错误来源：德国再审程序研究》是德国最有影响的研究刑事错案的著作。该书分为三卷：第一卷名为《引论和各类案件汇总》；第二卷名为《刑事诉讼中的错误来源：系统研究与结论》；第三卷名为《刑事诉讼中的错误来源：再审程序法》。这三本书的研究对象是德国法院在1951年到1964年之间经再审推翻原判的1150起刑事案件。彼得斯教授把再审法官对原审判决的认识分为五个层次：第一，原审判决肯定是错误的；第二，原审判决很可能是错误的；第三，原审判决不能被充分的证明；第四，原审判决有可能是正确的；第五，原审判决有较大可能是正确的。彼得斯教授认为，在前三种情况下，再审法官都应该认定原判是错误的；在后两种情况下，再审法官虽然不能肯定原判为错误，但是也应当作出有利于被告人的裁定。

彼得斯教授的观点对于我们研究刑事错判的证明标准问题是很有启迪的。为了论述的方便，我们可以用假设的概率来标示再审中根据全部证据所达到的错判认知水平。在第一个层次，原审判决错误的概率是 100%；在第二个层次，原审判决错误的概率是 80%；在第三个层次，原审判决错误的概率是 60%；在第四个层次，原审判决错误的概率是 40%；在第五个层次，原审判决错误的概率是 20%。按照彼得斯教授的主张，前三种情况下都应该认定错判。这就是说，认定错判的最低概率是 60%。所谓错判的证明标准，指的是证明错判所应达到的最低水平，不是最高水平，因此无须 100% 证明，只须 60% 证明。这就是说，再审的新证据使原审判决不能被充分证明就是认定错判的证明标准。彼得斯教授主张在后两种情况下不能认定为错判，但是也应作出有利于被告人的裁定。这种观点体现了德国刑事诉讼法中“存疑有利于被告人”（in dubio pro reo）的原则。按照这个原则，法官根据全部证据无法对案件事实给出确切的认定结论，或者说心中存有疑虑，那么法官就应作出对被告人有利的事实认定。

在沃尔茨一案中，曼海姆中级法院的无罪判决就体现了这一标准。严格地说，该案中现有的证据并不能完全排除沃尔茨是作案人的可能性。虽然法官认为被害人的警察情人托马斯也有作案嫌疑，而且其妻子提供的“不在犯罪现场的证明”很可能是伪证，但是能够证明托马斯有罪的证据毕竟很不充分。在这种情况下，既然法官无法达至对沃尔茨有罪的“内心确信”，那就应该撤销原判，宣告沃尔茨无罪。同时，法院也不能判处托马斯有罪。正是在这个意义上，我们可以称本案为“疑罪从无第一案”。

十一、罪犯辨认第一案

中年淑女的情感杀手[1]

（英国）

英国的治安和司法具有分散制和业余性的传统。在很长的历史时期内，英国各地的治安工作和刑事审判都由地方政府负责，而承担治安和审判职能的人一般都是兼职。例如，负责各个乡镇治安工作的警务官（constable）一般都从当地身强力壮的男性居民中选任，没有报酬；负责刑事案件审判的治安法官（justice of the peace）和负责非正常死亡案件调查的验尸官（coroner，又译为“死因裁判官”）则从当地有声望的绅士中选任，也没有薪金。后来，英国的刑事司法逐渐从分散走向集中，从业余走向专业。

1 本案内容详见［苏联］拉·别尔金：《刑事侦察学随笔》，李瑞勤译，群众出版社 1983 年版，第 9 ~ 15 页。

警务官请人代理，司法官聘用警探

大约从 16 世纪开始，英国的一些警务官就开始花钱雇穷人代替其执行勤务。后来，地方政府认可了这种雇人代理警务官的作法，于是在伦敦等大城市就出现了专门代替警务官执行勤务的人。莎士比亚在 17 世纪初写成的《一报还一报》中就塑造了爱尔博这样一个“代理警务官”的形象。此人同时代理 8 位警务官执行勤务，成为“警务专业户”。19 世纪初，代理警务官已成为英国一种很普遍的现象。据创建泰晤士警探队的帕特里克·科奎豪恩所说，仅伦敦在 1803 年就有大约 330 名这种专门替警务官执行勤务的人。

17 世纪末，迅速的人口城市化导致了伦敦等大城市的犯罪增长，因为快速扩张的都市为犯罪提供了良好的条件。然而，收入微薄的代理警务官无法满足打击犯罪的社会需要。在一些重大刑事案件发生后，政府或有钱的受害人就向社会悬赏求助。于是，具有私人侦探性质的“捕盗人”（crime runner）便应运而生。这种人专门为获得赏金去调查案情和查缉罪犯。在他们中间，既有正直守法之辈，也有品行不端之流。

18 世纪初期主要活动在伦敦地区的乔纳森·怀尔德堪称这一新兴行业的代表。怀尔德自封为“大不列颠及北爱尔兰捕盗人总头目”。他与当时的大多数捕盗人一样，有着犯罪的“光荣历史”。虽然他确曾把大批罪犯送上法庭并因此获得大笔酬金，但他同时又是英格兰最大的收赃者。有时，他还把收来的赃物再按一定折扣卖给失主。他手下有很多捕盗人，而且他还控制着许多黑社会集团和帮会。1725 年 5 月 25 日，这位统治伦敦犯罪界十多年的“双面人”终因抢劫罪而在伦敦市泰伯恩广场被当众绞死。[1]

虽然怀尔德这类捕盗人玷污了私人侦探的声誉，但是这种职业却是社会所需要的。即使在 19 世纪英国的正规警察机构建立之后，私人侦探也依然存在。柯南 · 道尔笔下的夏洛克 · 福尔摩斯是个虚构的人物，但那也是当时社会的写照，而且该书不止一次提到“伦敦的许多私人侦探”。

与此同时，英国一些地方的治安法官也开始招募侦探。治安法官的主要职责是刑事案件的调查和审判。实际上，治安法官是郡一级的最高司法官员，郡内的警务官和验尸官都要接受其领导。治安法官是没有薪金的业余法官，一般都由当地的贵族或富人担任，而且多为不懂法律的人。

在英国历史上，伦敦的舰首街治安法院首屈一指。该治安法院建于 1740 年，首任法官名叫托尼斯 · 戴维。在同犯罪的斗争中，他以勇敢机智闻名，在 1746 年执行公务中以身殉职。1748 年，被誉为“英国小说之父”的亨利 · 菲尔丁担任了舰首街治安法官。由于当时的审判经常因证据不足而使罪犯逍遥法外，菲尔丁上任后便开始雇用“耳目”来收集犯罪情报和查缉罪犯。1750 年，他创建了英国历史上第一个专业侦查机构——舰首街侦缉队。这支队伍最初由 6 名曾担任过代理警务官的侦探组成。他们经常化装后到盗贼聚集的地方去侦查和收集情报。当他们抓到罪犯之后，便送交菲尔丁进行审判。由于菲尔丁打击犯罪的成绩卓著，所以英国政府决定给其津贴。于是，治安法官便从无薪的业余法官变成了有薪的专业法官。

1 ［英］菲利蒲 · 斯特德：《英国警察》，何家弘、刘刚译，群众出版社 1990 年版，第 9 ~ 16 页。

1754年，亨利·菲尔丁同父异母的兄弟约翰·菲尔丁接任舰首街的治安法官。虽然他在19岁时因意外事故导致双目失明，但是他那坚强的性格和卓越的才能使他成功地继承并发展了亨利的事业。约翰不仅扩大了舰首街侦缉队，而且在1763年创建了一支10人的骑兵巡逻队。此外，他还在1772年创办了《通缉季刊》和《特别通缉周刊》，上面描述通缉犯的罪行和人身特征。他把这两种报纸免费送给各地区的治安法官。毫无疑问，这对于促进英国各地刑事司法机关之间的协作发挥了重要作用。[1]

由于舰首街治安法院在打击犯罪上取得明显成效，内阁政府于1785年向国会提交一项议案，要求在伦敦及其周边地区按照舰首街治安法院的模式建立治安体制。根据该议案，伦敦地区又建立了7个治安法院，每个法院设立3名带薪的治安法官并配备6名警探。1799年，经过科奎豪恩等人的不懈努力，伦敦那繁忙且混乱的泰晤士河码头地区建立了一个新的治安法院，其属下也建立了一支泰晤士警探队。

19世纪初期，伦敦警察已具有相当的规模。除治安法官手下的数百名警探外，伦敦地区还有3000多名警务官和巡夜人。然而，伦敦的治安状况仍很糟糕，于是警察制度改革便成为当时的热门话题。1822年，罗伯特·皮尔出任英国内政大臣。他就职后不久便成立了一个在国会之下的、研究警察制度改革的专门委员会并亲任主席。1823年，该委员会提出一项建立正规警察部队的议案。1829年，国会终于通过了这项

1 ［英］菲利蒲·斯特德:《英国警察》，何家弘、刘刚译，群众出版社1990年版，第18～24页。

《大伦敦警察法》。该法授权内政大臣组建大伦敦警察厅。这标志着英国正规警察机构的诞生。

大伦敦警察厅的总部设在伦敦市白厅街 4 号。由于这所房子过去曾作为苏格兰国王来伦敦时下榻的场所，所以人们习惯地称之为“苏格兰场”，并以此作为大伦敦警察厅总部的代称。随着正规警察机构的建立，治安法院的犯罪侦查职能就失去了存在的必要。1839 年，舰首街侦缉队被解散；而泰晤士警探队则被改编为大伦敦警察厅下的泰晤士警察署。[1] 于是，治安法院演变成单纯的刑事审判机关。

大伦敦警察厅在成立之初没有便衣侦探部门，犯罪侦查由着装巡警负责。1842 年，大伦敦警察厅成立了由 8 名便衣侦探组成的侦缉处。1862 年，该处的侦探增至 16 名，各区警察署也选派了一些巡警去担任便衣侦探。19 世纪后期，警察厅总部的侦探增至 40 多人，负责重大案件和疑难案件的侦查；各区警署也都设立了 10 人左右的侦缉队，负责本区内一般案件的侦查。虽然英国警察也在学习法国的人体测量法，而且有人开始研究指纹鉴识法，但是其查缉罪犯的方法和手段还是比较简单的，主要依靠人证。[2] 在这种情况下，警察办案的质量不高，甚至出现冤错案件，也就不足为奇了。

1 ［英］菲利蒲·斯特德：《英国警察》，何家弘、刘刚译，群众出版社 1990 年版，第 35 ~ 44 页。

2 ［英］菲利蒲·斯特德：《英国警察》，何家弘、刘刚译，群众出版社 1990 年版，第 49 ~ 55 页。

假勋爵出没情场，众淑女接连“中枪”

1896 年 12 月 16 日下午，在英国伦敦的维多利亚大街第 139 号住宅外的马路上，一位 50 岁左右的男子被一名中年女子抓住。女子高喊此人是个大骗子，引得路人围观。一名巡警闻声来到现场，简单询问之后，就把两人带回警署。在那里，两人都很激动，各执一词。

女子诉说，自己是法语教师，单身。数周前，她在一个社交场合见到这个男子，此人衣着高雅，风度翩翩，自称是萨尔斯勋爵。后来，两人在街头偶遇，勋爵便主动交谈。女教师说要去看花展，勋爵说他也对花卉很感兴趣，便一同前往。观看花展的过程中，两人有说有笑，互有好感。勋爵听说女教师在家中养了一些菊花，就说想去看看，女教师答应了。

离开花展，勋爵叫来马车，与女教师乘车来到其家中。勋爵能说会道，见多识广，而且相当幽默，让女教师心情愉悦。勋爵婉转地表达了对女教师的爱慕之心，但是行为得体，并无越界之举。勋爵说他有家产，还有私人游艇，并邀请女教师下周日去坐他的游艇，一同游览泰晤士河。为此，他建议女教师去买一件新装，并立即开了一张 40 英镑的支票，交给女教师。后来，勋爵说想给女教师选购初次约会的礼物，就看了女教师的手表和戒指。他说要按照这个尺寸去买首饰，得带走作为样品。女教师沉迷情爱，就毫无猜疑地同意了。

第二天，女教师准备去买服装，先到银行去兑现支票，但是被告知那张支票是假的，银行根本没有萨尔斯勋爵的账户。女教师大吃一惊，感觉自己可能被骗了。不过，她依然心存幻想，就在家中等候，希望勋爵能给她一个解释。然而，直到周日，勋爵也没有出现，她才确信自己被骗。于是，她通过参加那次社交活动的朋友打听萨尔斯勋爵，但是没有任何线索。她的心底充满仇恨，就每天到伦敦街头寻找那个勋爵，直到案发这天在维多利亚大街将其抓获。

这位男子对警察说，他根本不认识这个女人。他名叫阿道夫·别克，虽然不是勋爵，但是家境殷实。他于 1868 年跟朋友一起在南美洲从事采矿业的工作，于 1884 年回到欧洲。然后，他又到挪威参与铜矿的开采，于 1892 年回到英国，但是他现在还拥有那家铜矿公司的股份。回英国后，他曾经住在伦敦的一家旅馆，后来又租住了维多利亚大街的带家具套房。他宣称自己是有钱人，绝不会干那种骗人的勾当。

巡警认为这是重大诈骗案，而且当事人都是上等人，就把案件移送苏格兰场侦缉处。警探了解基本案情之后，首先对别克进行调查。他们发现，别克讲述的情况基本属实，但是也有一些疑点。一方面，别克虽有家产，但是拖欠了那家旅馆 600 英镑的房租，因此他很需要钱；另一方面，别克作为单身男子，很喜欢与陌生女子交往，而且有时还留女人在家过夜。总之，警探相信了女教师的控诉，认为别克就是大骗子。

这种假勋爵在情场诈骗的事情很受报社的青睐，于是就有记者采访了苏格兰场。令警察大吃一惊的是，此案披露报端之后，又有一些女子到苏格兰场报案。她们讲述的遭遇都与那位女教师相似，而且她们都是从事教师、会计、秘书等工作的单身中年女子。在短短几天内，共有 22 名女子到伦敦警察厅报案。警方安排这些报案人对别克进行了辨认，她们都肯定别克就是那个诈骗犯。于是，假勋爵出没情场，众淑女接连“中枪”，就成为在伦敦轰动一时的新闻。

苏格兰场的警探还在侦缉处的档案中查到，伦敦在 1877

年曾发生过类似的诈骗案件。一个名叫斯密特的男子自称威洛比勋爵，以交女友为名骗取中年女子的财物，后来被法院判处五年监禁。1881 年，斯密特被释放出狱，然后去向不明，可能离开了英国。警探找到了当年抓捕斯密特的两名警察，让他们对别克进行辨认。二人都发誓说这个别克就是当年的斯密特。

1897 年 5 月，伦敦的刑事法庭审理了别克诈骗案。在法庭上，10 名被害人出庭作证，指认别克是骗子。虽然别克极力为自己辩解，特别强调 1877 年自己不在英国，在南美洲做生意，而且能找到很有信誉的人为他作证。但是，那 10 名中年妇女排队连续指着别克说："就是他！"这些证言显然对法庭产生了决定性的影响。庭审之后，陪审团很快就作出了别克有罪的裁定。随后，法官判处别克七年监禁。

当时，英国没有专门的刑事上诉法院。虽然从理论上讲，当事人可以把刑事法庭的判决上诉到英国最高法院，但实际上这种上诉极为罕见，因为当时英国的最高法院就是英国的上议院，而上议院不太可能对一起刑事案件的判决进行评议和裁判。这就是说，刑事法庭的判决一般就是案件的终审判决。

老别克旧戏重演，托马斯以假乱真

别克被判入狱之后一直声称自己是被冤枉的，而且不断地进行申诉。监狱的管理人员也认为这个老先生不像罪犯，就给他较好的待遇，而且帮助他转送申诉信。在 4 年的时间内，别克一共提出 10 次无罪申诉，但是没有得到正式答复。1901 年 7 月 8 日，复查该案的法官决定让别克假释出狱。

别克回到伦敦之后，深居简出，闭门思过，要在寂寞中安度晚年。然而，他似乎有魔咒罩体，无法摆脱厄运。

1904 年 4 月 15 日，别克上街购物时又被一位中年女子拦住，高喊此人是个骗子。于是，别克又被巡警带到警署。那个女子声称别克以交友为名，骗走了她的项链。警察认为别克重操旧业，随即把案件移送苏格兰场侦缉处。

别克再次诈骗被捕的消息又成为伦敦报纸的头版新闻。随后，又有 3 名中年妇女到警察局投诉，声称她们也被别克用类似的手法骗走了财物。于是，别克再次被起诉。在法庭上，4 名被害人都发誓说别克就是那个诈骗其财物的人。不过，法官心存疑虑，决定中止审判，要求警方提供更多的证据，包括别克销赃的证据。就在此时，该案发生大反转！

1904 年 7 月 7 日，位于伦敦南面的布莱顿市的警察在海滨市场查获一个正在私下兜售金戒指的人。由于此人无法说明那两枚戒指的来源，也说不清那戒指上的字母和图饰的含义，警察对他产生怀疑，便带回警署进行查问。此人名叫威廉·托马斯。

就在此时，一个女子到警署报案，声称自己被人骗走了两个戒指。这个女子是待业的女演员，到布莱顿寻找工作机会。她遇到了一个自称勋爵的男子，两人一见钟情，但是那个勋爵后来骗走了她的戒指。警察让该女子去见托马斯，她立刻指认此人就是那个骗子。

布莱顿的一名警官曾经看过伦敦报纸关于别克案的报道。他认为这个托马斯的欺骗手法与别克相似，而且外貌也相似。于是，他立刻把此案报告了苏格兰场。

苏格兰场侦缉处接到报告之后，立即派人去把托马斯带到伦敦。办案警探发现这个人和别克年龄相仿，相貌相似，而且都有花白的鬓发。警探进行讯问，但是托马斯声称自己对伦敦发生的那些诈骗案一无所知。

警方找来最近发生的 4 起诈骗案的受害人。经过辨认，这 4 个女子都不好意思地承认以前认错了，这个托马斯才是那个骗子。然后，警方又去寻找 8 年前那些诈骗案的受害人，结果只找到 16 人。这些女子在辨认之后，也都承认当年认错了，这个托马斯才是真正的罪犯。警方又找到曾经办理斯密特案的两名警察，后者也认定托马斯就是斯密特。

面对这些辨认结论，托马斯只好承认了自己的罪行。他就是那个曾经被判刑的斯密特。1881 年出狱之后，他到澳大利亚生活了 13 年。1894 年，他回到伦敦，因为没有其他谋生技能，他就重操旧业，连续诈骗中年妇女。在报纸上看到别克被抓的消息之后，他又逃到美国。1903 年，他再次回到伦敦，继续犯罪，结果终于落入法网。

警方确认了真正的诈骗犯之后，蒙冤 8 年的别克平反昭雪。1904 年 8 月，英国内务部确认该案是错判，向别克道歉，并且赔偿了 2000 英镑。

这起冤案在英国社会产生很大反响。许多人追问，为什么一个善良的守法公民会遭受如此不公正的待遇？虽然别克和托马斯相貌相似，但是现行的辨认方式显然存在缺陷，刑事审判制度也缺少预防错判的保障。该案让民众丧失了对法院的信任，也让苏格兰场名声扫地。

在社会舆论的压力下，内务部成立了一个专门的调查委员会，研究相关制度的改良与完善。首先，该委员会要求警方完善罪犯辨认规则，明确规定受害人对罪犯进行辨认必须分别进行，而且要把辨认对象混杂在几个无关者中间，就此确立了个别辨认规则和混杂辨认规则。然后，该委员会建议国会修改相关法律，完善刑事上诉制度。1907 年，英国国会决定设立刑事上诉法院，允许被刑事法庭判有罪的被告人提出上诉，获得二审的机会。

解说和评论

辨认是由熟悉或了解辨认对象特征的人，对与案件有关的人、物、场所进行的辨识和再认。辨认属于具有同一认定性质的认识活动。根据主体在诉讼活动中的身份不同，辨认可以分为证人辨认、被害人辨认、犯罪嫌疑人和被告人辨认。在诉讼活动中，其结果相应地表现为证人证言、被害人陈述、犯罪嫌疑人或被告人的供述和辩解。诉讼中身份不同，辨认主体与案件的关系就不同，与审判结果的利害关系也就不同，因此，审查和运用上述各种辨认结果的方法也应该有所不同。

根据客体或对象的不同，辨认可以分为人身辨认、物体辨认和场所辨认。人身辨认包括对活人的辨认和对尸体的辨认，其目的主要是解决人身是否同一的问题，如确认犯罪嫌疑人是否为实施犯罪行为的人、某无名尸体是否为某失踪人。物体辨认的对象包括与案件有关的各种物品，如作案工具、现场遗留物、作案标的物等，其目的一般是解决物体是否同一的问题，如确认某物品是否属于某人所有、某物体是否曾由某人加工或使用。场所辨认的对象包括案件现场和相关场所，其目的是解决场所的特定性问题。

对罪犯进行辨认是刑事司法中证明案件事实的一种常见方法。这种方法简便易行而且结果明确，因此，侦查人员和审判人员在具备条件的情况下都会优先采用并采信。就认识过程而言，辨认包括感知、记忆和再现三个阶段，而辨认人在这三个阶段都可能产生认知的误差，因此，辨认是很容易出现错误的证明方法。即使在现代司法审判中，因为被害人或证人的辨认错误而导致的冤错案件仍然时有所见，例如，在美国的罗伯特冤案中，被害人对强奸犯的辨认错误是导致错判的直接原因。为了预防错判，组织辨认的侦查人员必须严格遵守单独辨认、自由辨认、混杂辨认等规则，使用辨认结论的司法人员必须认真审查辨认的过程和结果，而且要结合案件中的其他证据进行综合评断。

十二、雇凶杀人第一案

饮料大王之死[1]

（德国）

帕德博恩市（Paderborn）是德国西北部的一座古老城市。公元 799 年，卡尔大帝邀请罗马教皇在这里共同建造了一座主教城市。这座城市里有一条德国最短的河流，即帕德（Pader）河，还有二百多处不会结冰的泉水（born），因此而得名。这座城市不大，人口只有十几万，但是很有活力，是该地区的旅游文化中心。那里居住着许多富人。

1 本案内容详见何家弘编译：《扭曲的灵魂——外国犯罪实证》，中国人民公安大学出版社 2009 年版，第 297 ~ 305 页。

发生在豪宅的抢劫案

1985 年 11 月 7 日凌晨，一辆警车正在帕德博恩市的温夫雷德斯拉特斯地区巡逻。突然，车内的报话器红灯闪亮，警察局总部命令该车警察立即赶到约 1 公里处的一所住房，因为那里有人报警求救。

警车以最快的速度赶到现场。这是一座相当豪华的住宅。巡警进入房内，只见一个女人倒在客厅的沙发上，身边扔着一部电话。她看上去伤势不重，但显然被吓坏了。在卧室的床上趴着一个男子，他的头上和床上有大量的新鲜血迹，已经停止了呼吸。

一位巡警守护着那个处于半昏迷状态的女子，另一位巡警则用电话向总部报告了现场情况。几分钟后，急救车来到现场。一名医生经检查确认那个男子已经死亡，便把受伤妇女送往医院。

大约在 3 点 30 分，负责本案侦查工作的刑事警察来到现场，为首的是一名警督。警督听巡警简要介绍了案情之后，先派一名侦探去医院了解那位受伤女子的情况，然后便和法医一起去查看卧室床上的尸体。

死者是一个 40 多岁的男子，身穿一套名牌西装，脸朝下趴在床上。法医很快地检验了尸体的伤口然后对警督说：“死者的头部被硬物猛击四下，头骨已被打碎。这种打击可以立即导致死亡。从尸温等情况来看，死亡时间不超过 3 个小时。死者身上没有抵抗的痕迹。”

床边的地板上有一根看上去很重的铁棍和一个空的金属钱箱。钱箱上的锁已被撬坏。警督指着地上的铁棍，问道：“可以肯定它是凶器吗？”

法医蹲在地上察看了一番，然后答道："它的形状和死者头部骨伤的形状是一样的。"

他的话音刚落，门外又传来汽车的声音。这次是警察实验室的技术人员坐着装满仪器设备的大型现场勘查车来到了现场。

现场勘查技术人员向警督报到之后便开始了紧张的工作。他们先对现场和尸体进行拍照，然后分头对整个房间进行详细的勘查。

现场勘查的收获并不太多，除了上文提到的铁棍和钱箱外，他们仅在卧室通向大厅的门边找到一副手套和一个面罩。他们把这些物品分别装在塑料袋内，以便带回实验室进一步检验。他们希望能在铁棍或钱箱上显现出作案人留下的手印，但是现场发现的那副手套已使这一希望变得十分渺茫。

在房子外面的小路上有汽车轮胎的痕迹，但是没有汽车。车库里也没有汽车。在小路旁的草坪上，警察发现了新近被人踩踏的痕迹，但是没有找到具有鉴定价值的足迹。

现场勘查的同时，警督让侦探去查明死者的身份。这项工作并不困难，因为死者是当地有名的'饮料大王"。他的名字是约瑟夫·芬克尔迪，45 岁，是个大富翁，拥有多家餐馆和酒厂。由于他主要经营葡萄酒、啤酒和软饮料，所以获得了"饮料大王"的称号。那个受伤的女子是约瑟夫的妻子，名叫布里金蒂·芬克尔迪，39 岁。

警督初步判断，这是一起入室抢劫杀人案。他认为，本案的侦查路径应该是"以物找人"。一方面，他让侦探根据作案人在现场遗留的面罩、手套和铁棍去查找破案线索；另一方面，他让侦探去查找芬克尔迪家的汽车，因为他相信作案人开走了被害人的汽车。当然，他首先要听听那位受伤女子的陈述，于是他立即赶往医院。

并不复杂的侦查推理

这起百万富翁被杀案在当地引起了广泛关注。警督赶到医院时首先遇到了一些报社记者的追问，他表示现在“无可奉告”。警督在急诊室里见到了布里金蒂。她的脸上和手上都有伤，但是并不严重。她的神态已经恢复了正常。于是，她向警督讲述了案件发生的经过。

6 日晚上，她和约瑟夫到利普斯塔德的一家饭馆与朋友一起吃饭。大家喝酒聊天，直到午夜。然后，她开车回家，因为丈夫喝了不少酒。到家时大约是凌晨 1 点半了。她把车停在路边，两人下车。当他们走到家门口时，突然有一个人从路旁的树丛后面跳了出来。此人头戴面罩，身穿蓝色运动衣，手里拿着一根铁棍，向约瑟夫要钱，并威胁说如不给钱就把他们都打死。约瑟夫说身上没钱，那歹徒便让他到家里去拿。进屋后，约瑟夫说钱箱在卧室里，便把歹徒带进卧室。布里金蒂则胆颤心惊地站在大厅里。忽然，她听到卧室里传来打击的声音，便急忙向卧室走去。她还没走几步，就见那歹徒从卧室里跑了出来，并向她要汽车钥匙。她迟疑了一下，那歹徒便一拳猛击在她的头部，她晕倒在地。当她醒来之后，发现手中的汽车钥匙不见了。她挣扎着走进卧室，只见丈夫趴在床上，身边全是血，她急忙奔向客厅的电话。她给警察局打了电话，然后又昏了过去。她说，那个钱箱里放着大约 2 万马克的现金。

当天晚上，外出调查的侦探都回到了警察局。警督把他们叫到自己的办公室，听取汇报。侦探们的调查工作确有一定收获。

首先，侦探在城市边缘的一个停车场找到那辆被歹徒开走的奔驰牌汽车，钥匙也在车内。但是，方向盘、门把手和变速杆等部位显然都被人擦过了，大概是要清除上面可能留下的手印。

其次，侦探还了解到，这次抢劫并不是约瑟夫遭受的唯一侵犯。在 9 月上旬，约瑟夫拥有的一家餐馆在夜间被人撬门入室，香烟和糖果销售机中的现金被洗劫一空，自动销售机也遭到严重破坏。10 月下旬，有人在夜晚潜入约瑟夫的办公室，偷走保险柜中的 3000 马克，但是没有拿走约瑟夫偶然放在写字台上一个纸盒中的 3 万马克。

听了汇报之后，警督向侦探们提出了一个问题："今天这起案子是以前那两起案件的继续吗？"

一个侦探说："我认为很有这种可能。这个家伙知道芬克尔迪有钱，便去行窃。第一次是餐馆，第二次是办公室，但是他得到的钱都不多，于是便直接到芬克尔迪家里去了。"

"可是他为什么要把芬克尔迪先生杀死呢？"警督问道。

那个侦探想了想，说："也许那家伙本来没想打死芬克尔迪先生，但是在抢钱过程中失手了。是的，这也许只是个不幸的意外！"

警督看来对这个问题早已胸有成竹。他见大家都望着他，便谈了自己的看法："开始，我也认为这就是一起普通的入室抢劫案，而且作案者的手段并不高明。但是后来，我越来越觉得这个案子不那么简单。如果作案者的目的只是要钱，那么他有什么必要把芬克尔迪先生打死呢？从死者受伤的部位来看，他当时显然没有反抗，而且是背对着凶手！失手打死的说法也讲不通。如果凶手只打了一下，那么还有失手的可能，也就是说他本来只想把芬克尔迪先生打昏，结果打死了。但是，凶手一共打了四下！用一根粗铁棍向一个人头上猛击四下，头骨都打碎了。这显然是要置人于死地！"

说到此，警督点燃一支香烟，吸了两口，又继续说道：“还有一个问题。凶手为什么把手套和面罩都扔在了卧室门口？毫无疑问，这是凶手疏忽之处。但是，这也说明凶手当时觉得没有必要再戴着这两样东西了。摘下手套可以解释为拿钱的需要；而摘下面罩则说明他认为没有必要再向屋里那个活着的人隐瞒自己的面貌了！”

“你是说布里金蒂？”一个侦探问道。

警督为自己这段精彩的推理得意地点了点头。

“可是她说她根本没有看到那凶手的相貌啊！”

“那是她说的！但是卧室门口的面罩告诉我们，当凶手走出卧室时，他已经摘掉了那个面罩！”

“那么她的伤呢？医生说歹徒打在她头上的那一拳是很重的，她完全有可能暂时失去知觉。”

“在这种情况下，她要想骗过警察的眼睛，不认真地受点苦怎么行呢？我看，咱们不得不在这个女人的身上多下点功夫了。”随后，警督便布置了下一步的侦查工作。

不在犯罪现场的证明

经过几天的调查，侦探们发现布里金蒂与丈夫的关系并不像她所说的那样和睦幸福。布里金蒂是个多情的女子。事实上，嫁给约瑟夫已是她的第二次婚姻，而且她现在还有一个情夫。有迹象表明，她与约瑟夫的婚姻已经到了崩溃的边缘，只是在亲友面前维持关系而已。

在 1982 年的狂欢节期间，布里金蒂结识了为狂欢节服务的临时工柯特·巴克。柯特比布里金蒂小两岁。由于他在一年里有大半时间没有工作，所以经常身无分文。不过，他看上去很有些贵族风度，而且花起别人的钱来从不吝啬。没过多久，他就成为了布里金蒂的情夫。他从格雷纹的乡村搬到帕德博恩，住在一所漂亮的公寓里，房钱当然是由布里金蒂支付的。他们的交往十分小心。但是，世界上没有不透风的墙，约瑟夫终于发现了妻子的不忠行为。

一天下午，布里金蒂正与柯特在那套公寓中寻欢作乐，约瑟夫突然闯了进来。柯特慌忙从床上逃到门外，约瑟夫则追了出去。公寓里的很多房客都看到了那场闹剧——愤怒的约瑟夫在走廊里追打一丝不挂的柯特。

布里金蒂的情况也不比情夫好多少。约瑟夫把她带回家之后，关在屋子里痛打了一顿。她没有反抗，而是把泪水都咽到了肚子里。由于她的伤势很重，所以她不得不在医院里住了 14 天。她的朋友把此事报告了警察局，但是布里金蒂拒绝控告约瑟夫。由于德国的法律规定这种伤害罪属于自诉案，所以检察官也不能起诉约瑟夫。

出院后，布里金蒂找了一位律师，提出她打算和约瑟夫离婚。律师将她的话转告了约瑟夫，但约瑟夫坚决不同意。他认为离婚会给他带来巨大的财产损失。约瑟夫的否决是有效的。因为按照有关法律的规定，虽然约瑟夫曾经殴打过布里金蒂，但是她并没有正式控告约瑟夫，所以她没有充足的离婚理由。

侦探认为，这种婚姻状况显然存在危险。约瑟夫有可能杀死妻子，而布里金蒂也可能杀死丈夫。现在，约瑟夫被人杀死了，布里金蒂当然有重大嫌疑。不过，从现场情况来看，布里金蒂不可能自己实施杀死约瑟夫的行为。她一定还有一个同谋者，而柯特显然是最佳人选。

侦探去询问了柯特。柯特并不否认他与布里金蒂的关系，但是他坚决否认与约瑟夫的死有关。他说，案件发生的那两天，他根本不在帕德博恩，而是在他的家乡格雷纹，两地相距很远。

侦探迅速进行了调查，但结果证实了柯特的话。柯特的多位亲友都证明柯特从 11 月 6 日早晨到 7 日下午一直在格雷纹，参加了多场亲友的聚会。侦探没有理由怀疑这些人的陈述。这就是说，柯特根本不可能在 7 日凌晨出现在帕德博恩的杀人现场。这样一来，已经看到曙光的侦探们又回到黑暗之中。

布里金蒂有杀人动机，但是她不可能自己杀死约瑟夫。最可能成为其帮凶的柯特却没有作案时间，而侦探们在布里金蒂的周围又找不到其他嫌疑人。总之，侦查工作陷入僵局。

利用耳目破案是德国警察机关广泛使用的一种侦查方法。负责本案侦查工作的警督便让侦探们分别动员各自手下的耳目去搜集可能与本案有关的情报。然而，好几天过去了，一直无人提供与本案有关的情报。这不足为奇，因为实际上侦探们也不知道具体应该寻找什么情报。耳目们为了证明自己的忠诚和能力，不断地送来各种各样的与本案无关的情报。终于，一个耳目提供的关于一起未报警的入室盗窃案的情报，引起了侦探们的兴趣。

一个小偷从当地一个很有钱的药品商家里偷走了一笔数目相当可观的现金，但是事主没有报案。这个小偷名叫利昂 · 多尔穆勒，30 岁，在一家室内射击场当临时工。据说，他在缺钱时就会去干一些小偷小摸的勾当。

侦探首先去询问了那位药品商人，那个人承认他家曾经被撬，但是否认他家丢失了大量现金。他向警察讲述了事情的经过。那是一个周末的晚上，他和妻子开车回家，看见一个人从他家门口跑走了。他们发现门锁被撬坏了，连忙进屋查看，但是贵重财物都没有损失，因此就没有报案。

侦探感觉这个药品商人在谈到被窃财物时的神态有些不自然，怀疑他不愿意向警察说明那笔现金的来源，但这只是无法证明的猜疑。侦探让药品商人描述那个小偷的外貌。商人说，因为天黑，他没有看清，只能说那是个男人，戴着面罩，手里还拿了一根铁棍。不过，这个描述已经让侦探非常满意了。

在耳目的帮助下，侦探找到了利昂·多尔穆勒，并且在他的家里搜查到黑色的面罩和几根铁棍。这些大约 3 英尺长的铁棍与在约瑟夫家发现的铁棍一模一样。侦探似乎很随便地询问这些铁棍的来源。利昂说是从附近一个建筑工地拿来的。

经过审讯，侦探迫使利昂承认了到药品商人家行窃的事实，但是他说只偷到了几百马克，那个大量现金的说法是他在向同伴吹牛。侦探还查问了约瑟夫的餐馆和办公室被窃的事情，但是利昂坚决否认，并且声称自己既不认识芬克尔迪夫妇，也不认识柯特·巴克。侦探又问他 11 月 6 日和 7 日的活动情况，他说自己那一周都在慕尼黑，因为他在那里找到了一份临时的工作。

侦探很快就对利昂的陈述进行了调查核实。首先，他们在利昂所说的那个建筑工地看到了很多那样的铁棍，而且工地的管理很宽松，外人很容易进去拿走那种铁棍。其次，侦探没有发现利昂与芬克尔迪夫妇和柯特之间有任何关系。最后，也是最让侦探们失望的是，确有证据表明利昂在约瑟夫案发生时身在慕尼黑。这又是一个不在犯罪现场的证明。

犯罪侦查工作有时就像走迷宫，当前行了很久之后，突然发现自己又回到了原来的起点。

侦查的谋略和运气

警督把侦探们召集起来讨论案情。他们认为，利昂应该不是杀死约瑟夫的凶手。这不仅因为他没有作案时间，而且因为他没有杀人动机，仅仅为了盗窃财物而打死约瑟夫的假设与现场情况不符。因此，本案的关键人物还是布里金蒂。警督认为可以向这个女人释放一些诱导性信号，再看其有何行动。

两名侦探找到布里金蒂，向她核实约瑟夫的餐馆和办公室被窃的具体情况，并且向她出示了利昂·多尔穆勒的照片，问她此人是不是那天晚上抢劫并杀害约瑟夫的人。布里金蒂仔细看了照片，相当肯定地回答“就是这个人”。她说她看见了那个人的相貌，因为他跑出去时摘掉了面罩。侦探又问她以前是否见过此人，布里金蒂做了否定的回答。侦探最后说，他们认为这个人就是入室盗窃和抢劫杀人的罪犯。他们的侦查工作已经终结，但是检察官在以后的审判中还会需要布里金蒂的帮助。布里金蒂轻松地点头答应了。

侦探把有关情况报告警督之后，警督更坚信布里金蒂是本案的主谋，而柯特很可能是同谋。他让侦探密切监视这两个人的行动。

布里金蒂的生活恢复了正常。她开始处理约瑟夫的后事并接手芬克尔迪家族的产业，她的身边似乎又有了年轻的男人，但是没有柯特的身影。

侦探去查找柯特，但是他去向不明。侦探询问了那座公寓的管理者和房客，但无人知晓柯特的去向。侦探又去询问了布里金蒂。她说，她和柯特已经分手了，她也不知道柯特的去处，可能是回格雷纹了。

侦探们查询了柯特的亲友，也调查了格雷纹以及其他一些柯特可能落脚的地方，但是都没有找到他的踪迹。

一位侦探向警督建议：“我们可以在电视和报纸上登个启事，要求柯特·巴克立即与我们取得联系。如果他自己来了，那我们就不必费力去找他了；如果他逃跑了，那就说明他是杀人凶手，我们就可以在全国通缉他。”

警督采纳了这个建议，而且事实证明这一作法确实有效。正如一位侦探所言，破案有时需要运气。

1985 年 12 月 9 日，柯特·巴克走进了帕德博恩警察局的大门。在警督的办公室里，他说要讲出约瑟夫被害的全部真相，因为他要报复布里金蒂的忘恩负义。

当约瑟夫在公寓捉奸的事件发生之后，布里金蒂便让柯特去物色一名杀手，因为她要花钱雇人去杀死她的丈夫。柯特认识一个住在附近的布克博格镇的士兵，名叫米恩哈德·韦斯特包姆克。此人负债累累，急需用钱。柯特把米恩哈德介绍给布里金蒂。经过讨价还价，二人达成协议——米恩哈德杀死约瑟夫，布里金蒂付给他 2 万马克。

他们详细讨论了行动计划，最后决定由米恩哈德装扮成抢劫犯，在卧室里打死约瑟夫并撬开钱箱——布里金蒂事先把 2 万马克现金放在该钱箱内，然后米恩哈德在大厅里打伤布里金蒂，并驾车逃离现场。他们考虑到柯特可能会受到警方的怀疑，因此安排他在头一天便离开帕德博恩去格雷纹，制造一个不在犯罪现场的证明。

在柯特的协助下，警察很快就抓捕了米恩哈德。面对柯特的证言，米恩哈德供认了自己的罪行。随后，警察又逮捕了布里金蒂。一开始，她大喊冤枉，说这是柯特与米恩哈德在合伙陷害她。后来，警方出示了人证和物证，布里金蒂只好承认了自己的罪行。

布里金蒂一直认为自己设计的雇凶杀人计划很完美，堪称天衣无缝，但是后来落入了警方的圈套。她以为本案已经了结，就放松了警惕。她后悔自己不该那样赶走柯特，她没想到柯特会因为对她的怨恨而去警察局自首。

平淡的预审和审判

在德国，检察官是犯罪侦查的主导。刑事警察在侦查过程中遇到重大问题时要听取检察官的指导意见，在破案之后要把案件材料报送检察官。如果检察官认为侦查所获材料不足以作出是否起诉的决定，刑事警察就要继续侦查；如果检察官认为侦查所获材料足以作出是否起诉的决定，则可以结束侦查工作。换言之，检察官所作出的起诉或不起诉决定就是侦查终结的标志。检察官决定起诉后，该案便移交法院，进入刑事诉讼的预审程序。

除适用简易程序的轻微刑事案件外，法院在接到检察官的起诉书之后都可以安排一名法官对案件进行预审。预审的目的不是确定被告人是否有罪，而是审查案件事实和案件证据，确定案件有无交付审判的充分依据。法官的预审以审查案卷及有关的证据为主，但必要时也可以传讯案件中的被告人和证人。预审法官还可以自行或委托检察官进行补充侦查和收集证据，以保证预审裁定的正确性。

法官在预审结束之后，应向其所属法庭的法官评议会提出报告，说明自己的裁定意见和理由。法官评议会在其报告的基础上作出是否开庭审判此案的决定。如果法官评议会决定开庭审判，那么此案便进入审判程序。如果法官评议会认为不应开庭审判，则应将此案退回检察官并终止诉讼（如果被告人已被逮捕，则应作出撤销逮捕的决定）。检察官如对此决定不服，可以向上级法院提出异议。上级法院在审查之后应作出支持异议或驳回异议的裁定。法官评议会在被告人缺席或其他无法开庭审判的情况下，也可以作出暂时中止诉讼的决定。

德国的法院体系由三部分组成，即普通法院系统、专门法院系统和宪法法院系统。普通法院的司法管辖范围在德国各法院系统中是最为广泛的，几乎包括除各专门法院管辖以外的一切刑事、民事案件。普通法院系统由四级法院组成：最低一级是数百个地方法院，每个地方法院有一名或多名职业法官供职，并有若干非职业法官辅助他们进行审判；在地方法院之上是一百多个地区法院，分别有不同的法庭审理不同种类的案件；在此之上是高等地区上诉法院，一般也按照审理案件的种类和工作性质对法官进行专业分工；居于普通法院系统最高一级的是位于卡尔斯鲁厄的联邦法院。[1]

在约瑟夫被杀案的侦查过程中，警察在抓获小偷利昂之后和逮捕布里金蒂之前，都曾经向当地的检察官报告有关情况，因此本案的审查起诉主要是程序性工作。1986 年 1 月，帕德博恩市的检察官决定对布里金蒂三人提起公诉。

帕德博恩市地区法院在收到起诉书之后，指定一名法官对该案进行预审。因为检察官提供了相当充分的证据，包括现场

1　参见何家弘：《从它山到本土——刑事司法考究》，中国法制出版社 2008 年版，第 368 ~ 372 页。

勘查记录、法医尸检报告、铁棍和面罩等物证，还有三名被告人的供述，所以该案的诉讼非常顺利。1986 年 3 月，预审法官决定将该案交付审判，并且很快就得到了法官评议会的批准。

1986 年 6 月 27 日，帕德博恩市地区法院的刑事法庭判定三名被告人有罪。其中，米恩哈德犯有杀人罪，判处 20 年监禁；布里金蒂犯有教唆杀人罪，判处 12 年监禁；柯特犯有包庇罪，但后来协助警方破案有功，判处了 4 年监禁，缓期执行。这件轰动一时的雇凶杀人案被画上了一个令人满意的句号，尽管该案给人们留下了一些值得思考的问题。

解说和评论

与英美法系国家相比，大陆法系国家的刑事诉讼制度具有重视审前程序的传统。就查明和证明案件事实而言，犯罪侦查是比法庭审判更为重要的环节。作为大陆法系国家的代表之一，德国的犯罪侦查制度一直是比较发达的。

在世界各国的警察历史中，德国近现代警察系统的发展很有代表性。18 世纪初期，德国开始建立具有执法功能的警察组织。1718 年，柏林市政府奉国王意旨雇用了一名警长和数名警察，负责市区的一般执法工作和缉捕罪犯工作。1742 年，柏林依照巴黎的模式建立警察局，下设 18 个城区分局，分别负责本地区的警务。

19 世纪初，德国的城市一般都建立了警察机构，其中一些较大的警察机构还建立了专门的犯罪侦查部门。1809 年，柏林市警察局设立了两个刑事警察处，一个听命于警察局；一个听命于刑事法院。当时这两个处的人员中只有处长是专职侦查人员，其他侦探则由其他部门的警察轮流或临时担任。在执行任务时，他们可以着警服，也可以穿便装。他们的主要职责是侦查重大犯罪案件和打击惯犯。

19世纪后期，德国的犯罪侦查机构开始走向专业化。1878年，汉堡和柏林率先成立了相对独立的刑事警察局，推进犯罪侦查人员的专业化。1900年，柏林刑事警察局已有侦探453人，而且于1902年成立了德国第一个专门化侦查组织——凶杀案侦缉队。与此同时，德国的警察机构也开始采用新兴的指纹技术。1902年，柏林和汉堡等城市的警察局建立了指纹档案室。1904年，德累斯顿警察局成立了德国第一个指纹鉴定中心。

1922年7月21日，德意志帝国议会通过了《帝国刑事警察法》。该法的基本宗旨是建立全国的犯罪侦查机构和完善各州的犯罪侦查组织。1925年5月20日，德国的普鲁士邦建立了集中的刑事警察系统。因为该刑事警察局是在原柏林刑事警察局的基础上建立的，所以它仍被人们称为“柏林刑事警察局”。柏林刑事警察局不仅是普鲁士邦的犯罪侦查中心、罪犯鉴识中心和犯罪情报中心，而且还经常派人去其他邦协助当地刑事警察局进行犯罪侦查工作，因为柏林的侦探们已在很多种类犯罪案件的侦查中成为全国闻名的专家。

1928年柏林刑事警察局已有侦探2412人。在这些侦探中，除一小部分人工作在罪犯鉴识处、青少年犯罪处、道德犯罪处、凶杀案调查委员会和13个区的轻微犯罪调查科外，大多数人都在总部，分属于31个专门化侦缉队：（1）教堂盗窃、伪造货币、无故侵入他人住宅；（2）在街头、广场、楼道、公园、墓地等场所实施的盗窃，以及盗窃金属物品；(3) 在火车站盗窃行李邮包，以及针对外国游客的盗窃；(4) 在商店、库房、办公室、机关、医院等场所实施的盗窃；(5) 在珠宝店、手表店和博物馆实施的盗窃；(6) 在公寓住宅实施的盗窃，以及窝赃和销赃；(7) 在浴场盗窃，以及盗窃儿童的财物；(8) 盗窃运送车辆中的物品；(9) 在沙龙中行窃；(10) 侵入住宅行窃；(11) 在饭馆、阅览室和学校盗窃外衣、雨伞、手杖等物，以及盗窃商店展箱或手推车中的商品；(12) 在小船、无人公寓、船屋、马棚、牛棚、码头等处所盗窃；(13) 在市场盗窃肉类食品；(14) 其他盗窃，包括盗窃女士手包；(15) 骗取或伪造支票、存单、文凭、职务证牌，虚假乞讨，“西班牙宝藏式诈骗”，以及假医行骗；(16) 伪造空白订单或租赁合同，以及电话诈欺；(17) 婚姻诈欺，说媒诈欺，以及银行汇票诈欺；(18) 堕胎以及道德犯罪；(19) 鸡奸、诱人堕落以及贩卖白奴；(20) 赛马赌博、职业赌博等；(21) 按摩院，以及不道德的报纸广告；(22) 军校学生违法行为；(23) 有关无力偿付债务和破产法规的犯罪行为；(24) 放高利贷，以及违反邮政和铁路管理规定的犯罪；(25) 商业犯罪，包括违反有限责任法和彩票发行法等的犯罪；(26) 侵犯版权、专利权和商标权的犯罪；(27) 侵犯抵押权的犯罪；(28) 银行诈欺、股票交易诈欺以及不动产经济人的虚假广告；(29) 诈欺借贷；(30) 其他犯罪行为；(31) 伪证罪。毫无疑问，这是当时世界上规模最大、专业分工最细的犯罪侦查机构。

20 世纪 30 年代初，以希特勒为代表的法西斯分子登上了德国的政治舞台。为了加强中央集权统治，纳粹政府于 1935 年对刑事警察系统进行了改组。在中央内务部下设立帝国刑事警察总局，撤销了原来的州一级刑事警察局，而以大城市为中心建立刑事警察局，下设若干刑事警察分局。在统一的刑事警察体制下，侦探们的活动范围扩大了。不仅帝国刑事警察总局的侦探可以在全国各地执行任务，某地方刑事警察局的侦探也可以到其他刑事警察局的管辖区内去查缉罪犯。这就为纳粹分子的法西斯统治打开了方便之门。

第二次世界大战结束之后，德国被分为两部分。英、美、法三国的占领区成立了德意志联邦共和国；苏联的占领区成立了德意志民主共和国。前者又称为西德；后者又称为东德。二者的警察制度有了不同的发展。

英、美、法三个占领国认为德国不应建立集中型的警察体系，便建立了地方分权的警察机构，而且刑事警察不再是一个独立的警察机构。然而，这种分散型非专业化的犯罪侦查体制难以应付德国战后严重的犯罪问题，特别是流窜犯罪和跨地区犯罪，而且不符合德国的传统。1951 年，西德政府决定建立联邦刑事警察局，并在一定程度上恢复了战前的犯罪侦查体制。东德在战后按照苏联的模式建立了人民警察机构。1945 年 6 月 1 日，柏林警察局成立，其管辖地区为东柏林。后来这个警察机构逐渐扩大，其职权范围也从东柏林扩大到整个民主德国。[1]

1990 年，两个德国实现统一，其警察制度以联邦德国为基本模式。本文所讲的这起轰动一时的雇凶杀人案，可以说是德国统一之前发生在西德的最为重要的刑事案件之一。

1　参见何家弘:《从它山到本土——刑事司法考究》，中国法制出版社 2008 年版，第 115 ~ 141 页。

十三、枪弹检验第一案

世人关注的死刑犯[1]

（美国）

19 世纪末和 20 世纪初，由于涉枪案件不断增加，欧美国家出现了一批从事枪弹检验的专家。这些专家多来自于经常接触枪弹的职业，如军人、从事枪弹生产或销售的人。有些法医也偶尔从事过枪弹检验工作，例如，在古菲失踪案的尸体检验中名声大噪的拉卡圣教授就在 1889 年进行了一次枪弹检验，

1 本案内容详见何家弘：《从相似到同一——犯罪侦查研究》，中国法制出版社 2008 年版，第 24 ~ 27 页；[德] 于尔根·托瓦尔德：《19—20 世纪西方要案侦破纪实（下）》，流水、高山译，中国人民公安大学出版社 1987 年版，第 203 ~ 224 页。

根据现场弹头上的膛线痕迹和嫌疑枪支都是七条膛线的特点，确认该嫌疑枪就是杀人凶器，并使该枪的主人被判为杀人犯。[1]总之，那一时期的枪弹检验具有私人性和临时性的特点，多以个人经验为基础，缺乏科学的方法和客观的标准。

美国的枪击案多是举世闻名的。这对于公众安全来说是极大的威胁，但对于枪弹检验来说却是得天独厚的条件。19 世纪末，美国一些州的法院已允许把枪弹检验结论用作证据。不过，这时的枪弹检验只能判定枪支的种类和性能。20 世纪初，一些州的法院在审判中采纳了枪支同一认定的专家意见，从而使枪弹检验成为涉枪杀人案件中最为重要的证据。

银行门口的抢劫案

1920 年 4 月 15 日下午，在马萨诸塞州的南布雷恩市发生了一起抢劫杀人案。当地一个制鞋厂的会计到银行去取钱，准备给鞋厂工人发工资。一名武装保安专程护送。取钱后，两人走出银行，来到马路对面的汽车旁，刚要上车，只听几声枪响，两人应声倒地。会计的提包被人拿走了，里面有 3 万多美元。

警察接到报案后迅速赶到现场，发现会计和保安都已经死

1 参见［德］于尔根·托瓦尔德:《19—20 世纪西方要案侦破纪实（下）》，流水、高山译，中国人民公安大学出版社 1987 年版，第 198 ~ 199 页。

亡。他们询问现场周围的人。无人看到枪击时的情况。银行的保安在听到枪声后，看到一个身材不高的人拿走了提包，很快地钻进一辆黑色的轿车逃走了。那个人戴着礼帽和墨镜，开车人也带着礼帽和墨镜。

警察又走访了银行周围的商户，得到一个有价值的线索。一家临街商店的售货员在案发前看到两个身材不高的白人在街边走来走去。两个人都戴着墨镜和礼帽。听他们的对话，好像是在找银行。那两个人说话都有很重的意大利口音。后来，那两个人分手了，一人钻进路旁一辆黑色的轿车，一人向银行的方向走去。当时，售货员就觉得这两个人很奇怪。

当地报纸报道了这起抢劫杀人案，而且把它描绘成黑帮精心策划的惊天大案。警方一边查找嫌疑人，一边查找赃款，但是都没有成效。警方就采取“群众路线”，通过报纸和广播电台要求市民提供破案线索。于是，警察局就收到了数百个电话，大多数都毫无价值，但也有人提供了重要的线索。

有人告诉警方，当地的一个无政府主义组织急需活动经费，而且最近得到了一大笔钱。此人还提供了两个嫌疑人的姓名，一个名叫巴多洛 · 万兹迪，一个名叫尼古拉 · 萨科。这俩人都是意大利移民，而且都是活跃的无政府主义者。

5 月 5 日，警方采取突击行动，抓捕了万兹迪和萨科。警方在万兹迪身上搜出一支口径为 0.38 英寸的转轮手枪，在萨科身上找到一支口径为 0.32 英寸的考特牌自动手枪。法医尸检时从两名被害人的尸体中取出的子弹头也是 0.32 英寸自动手枪的弹头。但是，两个嫌疑人都声称对那起抢劫杀人案一无所知。

警察让银行保安和售货员对两个嫌疑人进行辨认。保安说长得挺像。售货员说不仅长得很像，而且说话的口音也一样。警方调查了无政府主义组织的经费来源，发现那笔收入是他人的捐款。总之，本案中没有证明万兹迪和萨科实施了抢劫杀人行为的直接证据，因此，枪弹检验就成为认定案件事实的关键。

担任本案枪弹检验工作的是马萨诸塞州警察局的安勃夫上尉和普罗克托中尉。当时在美国从事枪弹检验的专家一般都有军队服役的经历，因为军人比较熟悉枪支弹药。他们在显微镜下仔细查看了物证弹头和样本弹头，前者是从尸体中提取的弹头，后者是用萨科的手枪试射的弹头。他们主要查看了弹头上的膛线痕迹，发现二者都是 6 条膛线，都是右旋膛线，而且膛线的宽度和角度都一样。因此，他们认定从尸体提取的弹头是由萨科的手枪发射的。

由于这个案件涉及无政府主义运动，在当地产生了很大影响。许多无政府主义者上街游行，声援两名被告人。许多反对无政府主义的市民也上街游行，要求司法机关严惩杀人凶手。面对撕裂的民意，检察官非常谨慎，在认真准备一年之后才将案件起诉到法院。

广受关注的法庭审判

1921 年 6 月 2 日，萨科和万兹迪案在当地法院开庭审判。美国各地的记者以及一些外国记者都来到马萨诸塞州的南布雷恩市，对该案进行报道。

6 月 7 日，安勃夫上尉和普罗克托中尉在法庭上出庭作证。

这是审判中最重要的一幕。虽然他们使用了并非完全肯定的语言，但是那尸体中取出的弹头是从萨科的手枪中射出的鉴定结论对陪审团产生了足够的影响。7 月 14 日，陪审团宣布萨科和万兹迪犯有杀人罪，法庭判处两名被告人死刑。

萨科和万兹迪被法院判处死刑的消息传出之后，在美国甚至世界上都引起了很大的反响，因为该案涉及无政府主义运动。除了美国，法国、瑞士、荷兰、瑞典、丹麦、西班牙、葡萄牙和南美洲的一些国家都出现了大规模的民众抗议活动，指责美国的司法机关借该案件打击无政府主义运动。

在抗议的声浪中，该案的辩护律师提出上诉，通过证据表明该案的一些陪审员对无政府主义怀有政治偏见，因此，判决是极不公正的，要求重新审判。马萨诸塞州的最高法院支持了辩护方的意见，裁定原审判决无效。

控辩双方都为重新审判做了大量的准备工作。检察官找到了一个曾经参与当地无政府主义活动的证人，他证明萨科曾经说过要通过抢劫去筹集活动经费。辩护律师也找到了一个证人，他证明万兹迪在案发那天身体有病，在家修养。不过，该案的关键证据还是枪弹检验结论。

1923 年 10 月，法院重新审判该案。这一次，法庭在挑选陪审员时非常谨慎，明确询问了每一个候选陪审员对无政府主义运动的态度。在法庭上，控辩双方都对对方的证据进行了吹毛求疵的质证，有时甚至是言辞激烈的辩论。特别引人关注的是，公诉方的武器鉴定专家安勃夫和普罗克托在辩护律师的追问下，都承认那些膛线的数量、旋向、宽度和角度等痕迹特征的吻合并不能得出确定的同一认定结论，换言之，从尸体中提取的弹头不一定是从萨科的手枪中射出的。审判持续了一年，法庭在 1924 年 10 月作出判决：萨科和万兹迪犯有杀人罪，判处死刑。被告方再次提出上诉，但是马萨诸塞州的上诉法院和最高法院相继驳回上诉。

因为该案不涉及美国联邦宪法问题，所以当事人不能上诉到联邦最高法院。该案的上诉途经已然穷尽，挽救萨科二人的唯一希望就是州长的特赦。于是，马萨诸塞州州长阿尔本·夫勒一夜之间成为世界瞩目的人物。他的办公桌上堆满了来自世界各地、各种政治信仰、各个阶层的电报和信件。罗马教皇庇斯六世也亲笔写信给夫勒州长，请他特赦两名被告。

夫勒州长收到罗马教皇的亲笔信之后，立即写了回信，内容不得而知。不过，夫勒州长并没有发布特赦令，而是任命了一个专门委员会对该案进行复查。由于枪弹检验结论是本案的关键证据，而公诉方专家的证言具有一定的不确定性，于是复查委员会就邀请卡尔文·戈达德进行复核鉴定。

戈达德是当时美国最有权威的枪弹检验专家。1923 年，美国枪弹检验的开拓者查尔斯·韦特在芝加哥创建了第一家私人性质的枪弹检验实验室，戈达德就是该实验室的专家之一。后来，实验室资金困难，许多专家都相继离去。韦特于 1926 年去世后，实验室就关闭了，但是戈达德仍然在坚持枪弹检验工作。

戈达德检验了这起抢劫杀人案的物证弹头和样本弹头，再次作出了同一认定的结论，即致命子弹是从萨科的手枪中射出的。根据戈达德的鉴定结论，复查委员会认定该案的判决没有错误。于是，夫勒州长宣布维持原判。

1927 年 8 月 22 日，万兹迪和萨科坐上电刑椅，被执行死刑。

这一消息再次引起世界各地的抗议活动，示威民众高举标语牌，高呼口号，谴责美国政府草菅人命。抗议示威活动持续数月后得到平息。不过，萨科案中的枪弹检验问题并没有被人忘记，而后来发生的一个案件更加强了人们对枪弹检验的关注。

迟到 50 年的正义

情人节本是让人享受爱情的节日。然而，1929 年的这一天，芝加哥的市民却笼罩在恐怖的仇恨气氛之中。当时正是美国实行禁酒令的时期。各黑帮组织为了牟取暴利而纷纷贩卖私酒，他们在争霸地下市场的过程中不时发生暴力冲突。其中最有影响的人物就是大名鼎鼎的黑帮头子艾尔·卡彭。

2 月 14 日，卡彭让手下人化装成警察，抓住了对手莫兰帮的七名干将，带到一间汽车库房，让那七个人靠墙站成一排，然后残忍地开枪杀死了他们。这就是美国刑事司法历史上赫赫有名的“情人节惨案”。这一暴行导致了黑帮之间的相互残杀，并不可避免地殃及市民。一时间，芝加哥枪案频发，死伤无数。

为了审理这一系列枪杀案件，芝加哥专门成立了一个大陪审团。但是面对大量的枪弹物证，警方缺乏有经验的检验专家，也缺乏有效的检验设备，于是许多案件因为鉴定结论模棱两可或缺乏说服力而让罪犯逃避了惩罚。一些有识之士就呼吁建立专门的枪弹检验实验室。大陪审团中一些颇有影响力的成员便开始筹集资金。1933 年，这家实验室终于建成，设在了西北大学法学院，名称是“犯罪侦查科学实验室”。戈达德被任命为该实验室的主任。

1938 年，西北大学法学院因财政困难而将该实验室转让给芝加哥警察局，实验室主任是弗雷德·英博。那些年，枪弹检验的技术手段在不断提升，特别是高精密度的比对显微镜的使用，使得根据弹头和弹壳上的痕迹对枪支的同一认定结论更加准确，在法庭上也更有说服力。

鉴于萨科和万兹迪案的社会影响力，一些枪弹检验专家又对该案的弹头进行鉴定。芝加哥警察局实验室的专家进行了再次检验。在比对显微镜下，物证弹头和样本弹头上的膛线痕迹不能完全吻合，一些细节特征也存在明显差异。因此，专家得出结论：萨科的手枪不是该案的杀人凶器！

一些法律专家再次呼吁为萨科和万兹迪平反昭雪。然而，无政府主义运动已经成为历史，世界上又出现许多新的问题。当时，美国正流行“麦卡锡主义”，于是，这个案件被人抛在一旁。

20 世纪 70 年代，美国的一些社会团体再次呼吁为萨科和万兹迪平反。1977 年 8 月 22 日，在萨科和万兹迪被执行死刑的 50 年之后，马萨诸塞州的州长米格尔·德加基正式宣布为萨科和万兹迪平反，并规定每年的 8 月 22 日为他们的纪念日。这一正义的实现迟到了整整 50 年！

解说和评论

20 世纪 40 年代，英博教授离开了芝加哥警察局犯罪侦查科学实验室后，来到西北大学法学院任教，成为美国著名的刑事司法学者。他于 1977 年退休，但是作为荣誉教授，他仍然经常到法学院工作，参加各种学术活动。

我于 20 世纪 90 年代初到西北大学法学院留学时，多次到他的办公室拜访求教。他已经八十多岁，但是仍很活跃，待人很热情，也很有耐心。他请我吃饭，还带我去参观芝加哥的雷德联合学校。那所专门培训测谎人员和审讯人员的民办学校很有名气，很多美国和加拿大的执法机关都派人去学习。后来，我组织翻译了他和雷德的著作《审讯与供述》（*Criminal Interrogation and Confessions*），由群众出版社于 1992 年出版了中文版，他非常高兴。他曾给我讲过情人节惨案和萨科冤案。他说，他非常欣慰能在退休那年看到了萨科案的平反。

萨科和万兹迪案记录了枪弹检验的历史，也用血染的事实表明：科学证据也可能是不科学的。在该案中，膛线的数量、旋向、宽度和角度等痕迹特征的吻合只能证明萨科的枪与那支凶枪是同一种枪，顶多是同一批生产出来的枪，并不能肯定是同一支枪。萨科和万兹迪案过去已经百年，枪弹检验的技术已有了长足的发展，但是该案的教训应该存留在刑事司法人员的记忆之中。

十四、侦查陷阱第一案

日立公司的间谍[1]

（美国）

在美国加利福尼亚州旧金山南边的两山之间有一条狭长的山谷，这就是享誉世界的硅谷。20 世纪七八十年代，随着电子计算机技术的高速发展，各种计算机公司和高科技开发咨询公司如雨后春笋般出现在这里，使之成为世界闻名的电子计算机技术的研发中心。不过，在那些形形色色的科技公司里面也隐藏着许多鲜为人知的秘密活动。

1　本案内容详见何家弘：《从观察到思考——外国要案评析》，中国法制出版社 2008 年版，第 79 ~ 84 页。

硅谷的格兰玛公司

1982 年 6 月 22 日，一辆橘黄色货车行驶在硅谷的鲍沃斯大街上，然后停在一栋二层商务楼前。在该楼二层的 229 号门上有几个字——格兰玛公司。这是一家成立仅一年多的规模很小的科技咨询公司。在硅谷里，这样的小公司多如牛毛。

格兰玛公司的办公场所就是一个套房。此时通向里屋的门紧闭着，外屋站着该公司的经理阿兰、律师理查德和秘书玛丽。阿兰站在窗前，看见那辆橘黄色货车后，略有些紧张地拉了拉领带，转身对理查德说“他们来了”。该公司成立以来的最大一笔“生意”就要开始了。

几分钟后，门铃响了。女秘书打开房门，请两名日本商人走进来。他们是日立公司的高管，一位叫小林健二，一位叫大西依桥。小林第一次与阿兰见面是在拉斯维加斯的一个商业展览会上。当他得知格兰玛公司可以得到国际商业机器公司（IBM）的研发资料和仪器设备时，就表达了合作的兴趣。几个月来，他一直与阿兰保持联系，也从不同角度调查了格兰玛公司的背景。众所周知，日立公司是 IBM 在世界上最有力的竞争对手之一。

简单寒暄之后，阿兰就让两个日本人观看一台新型的电子计算机和设计资料。这是 IBM 新开发的而且还没有上市的机型。日本人为此已经向格兰玛公司预付了 50 万美元的酬金，而且在事成之后还会支付 50 万美元。

两个日本人喜形于色地验收那台计算机和资料。小林对大西说：“把那个 IBM 的商标弄下来吧。”大西望了一下窗外说：

“哦，汤姆还在等着呢。”

阿兰知道那是汤姆·吉田，一个日裔美国人，是当地一家数据资料公司的经理。在格兰玛公司与日立公司的交易中，汤姆是中间人，以便掩盖日立公司向格兰玛公司的付款。此时，阿兰很希望汤姆在场，就说：“噢，那是汤姆的货车。你们为什么不把他叫上来呢？”但是两个日本人正忙着翻阅资料并用日语快速交谈，没有回应阿兰的建议。

大西拿出一把钳子，对着那台计算机上的商标说：“好，我把它弄下来。”

阿兰说：“我可不愿它被弄坏！”过了一会，他又问：“你弄下来了吗？”

小林拿起那个被撬下来的商标牌，高兴地说：“我很愿意留着它……”理查德律师在一旁插言道：“你想留着它做个纪念？现在 IBM 已经被弄掉了，它是日立公司的财产了！”

小林说：“我想把它作为送给中泽博士的礼物！”中泽喜三郎博士是小林的上司，日立公司旗下最大的计算机生产厂的总经理。

理查德又问：“这是送给中泽博士的礼物吗？”

大西说：“是啊，可以吧？”然后，他又开始撬另一个 IBM 的标牌。

阿兰说：“让我们干吧，因为汤姆就在外面。”

日本人没有注意阿兰的话，继续工作。

阿兰提高了嗓音，大声说道：“让我们继续干吧！”他心想，这帮家伙怎么还不出来！

圣何塞的联邦调查局

1980 年春天，沃德检察官从联邦司法部回到家乡圣何塞市担任了联邦地区检察署分部的主任。虽然他在重大政策问题上要向旧金山总部请示，但是在查办案件时享有很大的独立决定权。圣何塞市位于硅谷中心。这里发生的大量盗窃案都很有特色，因为盗窃的目标不是金钱，而是文件资料和计算机软件。这些盗窃活动的幕后操纵者很可能来自他国。

从 20 世纪 70 年代开始，日本政府和企业投入巨资研发半导体和电子产业，而且成效显著，很快就对美国的产业霸权形成了挑战，甚至在某些领域超越了美国。1980 年，日本拿下了全世界 30% 的半导体内存市场。日本企业的高速发展对美国企业造成很大冲击。1981 年，美国超威半导体公司（AMD）的净利润下降了三分之二。1982 年，美国英特尔公司被迫裁员 2000 人。虽然美国企业在电子计算机领域仍处于领先地位，但是也要严防日本赶超。在这方面，美国政府不仅要为美国企业保驾护航，而且要去披荆斩棘！

沃德检察官在联邦司法部工作时就了解美国政府针对日本高科技企业的政策，因此上任之后就决定采取一些特别行动。为此，他需要当地联邦调查局人员的协助。于是，他把联邦调查局圣何塞办事处主任汤普森请来，共商打击外国工业间谍的策略。

联邦调查局虽然隶属于司法部，在司法部长即联邦检察长的领导之下，但是联邦调查局长是由总统任命的，因此享有很大的自主权。联邦调查局在各地的办事处与当地联邦检察署之间没有隶属关系，只有合作关系。一般来说，联邦调查局的调查人员在调查终结之后才会把案件移交检察官起诉，但是在采取特别调查措施之前往往会征求检察官的意见。

联邦调查局圣何塞办事处也很关注外国工业间谍的问题，其调查人员也进行了一些案件的调查，但是都未能拿到足以起诉的证据。汤普森主任有一个想法，就是开办一家高科技中介公司作为调查“据点”。用侦查术语来说，就是要设置一个“侦查馅阱”，或者说采取“诱惑侦查”。

“侦查陷阶”或“诱惑侦查”是很有争议的侦查措施。联邦调查局的创办人胡佛局长坚决反对采用这些秘密侦查手段，因为他担心调查人员在这种侦查活动中染上黑社会的恶习或者腐化堕落，从而失去公众的信任与支持。但是，联邦调查局的很多官员都认为这种秘密侦查手段很有效率，特别是在查办毒品犯罪和走私犯罪等类型案件之中。在胡佛于 1972 年去世之后，联邦调查局就开始越来越多地采用这类秘密侦查措施，而且很有成效。不过，有些诱惑侦查行动也在社会中引起了轩然大波。

1980 年，联邦调查局精心设计了“阿伯斯卡姆行动”。一位调查人员化装成阿拉伯石油大亨，在一些同事和朋友的帮助下，秘密接触了多名美国国会议员，以投其所好的方式进行贿赂，结果有一名参议员和六名众议员未能经受住“诱惑”，落入“陷阱”。虽然联邦调查局的这一行动相当成功，让那些国会议员声名狼藉，但是这种诱人犯罪的作法也受到了广泛的抨击。为此，联邦司法部长史密斯明确要求联邦调查局的调查人员在决定采用这类秘密侦查措施之前必须征得当地联邦检察官的同意。

打入灰色电子市场

汤普森在接到沃德检察官的电话之后非常高兴，立即前往并告知了自己的想法。沃德很欣赏汤普森的想法，但是强调要谨慎行事，必须获得能在法庭上使用的证据，而且要事先上报联邦司法部。汤普森立即拟定了行动计划，上报司法部，并获得批准。1981 年 4 月，代号为“打入灰色电子市场”的秘密行动开始了。

根据工作经验和知识背景，汤普森从外地选择了调查人员阿兰承担这项任务。阿兰依照法律程序在圣何塞成立了格兰玛公司，并开展正常的科技咨询业务。他经常参加商业展览和推介活动，暗中物色对象。为了能够更好地与日本商人交往，阿兰还特意学了几句日语，例如，初次见面，我叫阿兰，请多多关照，非常感谢！经过一年多的经营，阿兰的“陷阱”终于捕获了令人满意的“猎物”。

当阿兰让两名日本人验收计算机和设计资料时，沃德检察官和汤普森带着五名特工就守候在公司的里屋，通过监控视频观看外屋的情况。他们要记录整个过程，作为日后提交法庭的证据。大概由于他们都全神贯注地观看那两个日本人的行动，竟然忘记了阿兰的行动暗号。当阿兰第四次喊出“让我们继续干吧”时，沃德恍然大悟道：“噢，我的上帝，这是信号！咱们出去吧！”

两个日本人被突然出现在面前的调查人员吓呆了。汤普森说：“你是小林健二先生？你是大西依桥先生？我们是联邦调查局的。你们被捕了！”两个日本人满脸困惑地问：“什么？”

汤普森让两个日本人站到墙边，举起双手放在墙上，然后对他们进行拍身搜查并戴上手铐。这对日本人来说是极大的侮辱。一位调查人员说："你们因为企图将盗窃财物走私出境而被捕。"随后他用日语和英语向两个日本人宣读了"米兰达告知"：

"你有权保持沉默，你所说的话会在审判中用作不利于你的证据。你有权会见律师，如果你没钱聘请律师，政府可以为你提供免费律师。"

这次"侦查陷阱"行动大获成功。随后，沃德检察官开始准备他一生中最为重要的起诉。不过，这项任务的难度不大，因为他掌握了充分的证据。

这个案件轰动了美国和日本，成为日本公司的一大丑闻。日本的外交大臣说，这次事件"打了日本一记耳光"。不过，美日双方都不想让事态扩大，因此在沃德检察官决定起诉之后，双方很快就达成辩诉交易：日立公司被罚款 1 万美元；小林健二被罚款 1 万美元并处 5 年缓刑；大西依桥被罚款 4000 美元并处 2 年缓刑。然后，两名日本人都获准离境回国。

IBM 公司是本案最大的受益者。刑事审判结束之后，该公司与日立公司的民事诉讼也很快结案——日立公司赔偿 IBM 3 亿美元！

解说和评论

通过侦查陷阱打击日立公司只是美国政府打击日本企业的行动之一。与此同时，美国政府还指控日本东芝公司秘密向苏联出口精密机器，否决了日本富士通公司收购美国仙童公司的计划，对日本的半导体产品征收100%的高额关税。

20世纪80年代，在世界半导体产业的前十大公司中，日本占有六个席位，排在前三名的是日本电气、东芝和日立。但是到了90年代，日本企业就都在与美国企业的竞争中处于下风了。

日本的经济发展也从巅峰期进入了停滞期。1995年，日本的GDP是5.4万亿美元。2019年，日本的GDP是5.1万亿美元。经过二十多年，日本的国民生产总值未升反降，因此一些日本人称之为“失去的20年”！

现如今，美国政府采用相似的手段打压中国企业。诚然，今天的中国绝非当年的日本可比，但是日本的遭遇可为前车之鉴。

十五、齿痕鉴定第一案

美貌招来杀身祸[1]

（美国）

暴力侵害妇女是一个世界性问题，每个国家都有，只是程度不同而已。暴力侵害妇女行为主要有两种情况：其一是来自外人的侵害；其二是来自家人的侵害。其中有些案例真是触目惊心。

1 本案内容详见何家弘编译：《扭曲的灵魂——外国犯罪实证》，中国人民公安大学出版社2009年版，第230～238页。

歹徒深夜飙车，美女悬挂车外

1981 年 8 月 19 日的晚上，美国新泽西州梅德福湖市警察局接到报案后，立即派警察赶到名为“黑马关”的高速公路。急救车把一名受伤的女子送到医院抢救，但是那名女子的生命只维持了 2 个小时。

侦探吉姆赶到现场之后，询问了报案人布鲁斯。布鲁斯说，他和女友刚把车开上这条公路，就看见一辆高速行驶的汽车右侧发生的惊险一幕：一扇车门被打开，一个女人的身体悬挂在车外，她的双手紧紧抓住车厢。然后，她的身体被人猛地拉回车内，车门也关上了。他们刚刚松了一口气，只见那车门又被打开了，女人的身体又被推出车外，还有人在车内蹬踹。突然，女人的身体如同出膛的炮弹一样飞出去，在路面做了一连串的跳动和翻滚之后趴在了路基上。他立即刹车，而那辆汽车很快就消失了。他们没有看清车里的人，也没有看清车牌号码。实际上，他们当时的注意力集中在右侧车门，甚至都没有看清车型和颜色。布鲁斯说那是一辆黑色的吉普车，但是女友说那是一辆深蓝色的厢式小货车。

警方很快就查明了死者的身份，因为另外一个名叫莱达的女子已经到警察所报案。死者名叫卡伦，22 岁，金发碧眼，非常漂亮。她在上高中时曾参加当地的“选美比赛”，毕业后在一家百货商店当售货员。有人说她长得很像著名影星玛丽莲·梦露。她希望自己有朝一日能成为时装模特。

那天晚上，莱达和卡伦一起在埃客隆商城逛商店。大约 9 点半，她们决定一起去吃冰淇淋。她们在商城门口分手，各自开车去一英里外的乳品店。莱达到了乳品店门口后，没有见到卡伦。她等了 20 分钟，担心卡伦的汽车出了毛病，就开车回到商城。她发现卡伦的那辆黄色福特牌轿车停在商城的一个出口，紧急灯在闪烁，但是卡伦不在车中。莱达开车围着商城绕了一圈，没有找到卡伦。她又回到乳品店，也没有看到卡伦。一种不祥之兆升上心头，她就开车来到当地的警察所报案。

法医检验后认定卡伦死于多处内脏损伤。法医解释说：卡伦在高速行进的车门外悬挂时，其内脏也保持了高速的前冲力，当她的身体坠地突然停止运动时，内脏的惯性导致主动脉破裂和大出血。侦探吉姆发现死者右臂上有一块痕迹，问道："这是什么？"法医说："应该是咬痕。"吉姆认为这可能是重要的证据，就让技术员小心翼翼地拍下那牙齿痕迹的照片。警察检验了卡伦的汽车，但是没有发现任何线索。

第二天，当地报纸对这个案件进行了报道。歹徒深夜飙车，美女悬挂车外，这些描述吸引了民众的眼球。警方也通过报纸要求民众提供破案线索。一些自称的目击人打电话给警察局，但是提供的信息都没有实用价值。

催眠未见成效，蹲守无功而返

警察走访了卡伦的亲友、邻居和同事。在两周时间内，他们询问了八十多人，但是没有收获。吉姆在接受记者采访时说："我们追查了所有线索，但是一无所获。我们只有关于案件发生经过的推断：在看到卡伦的汽车亮着紧急灯时，歹徒们——至少两人——发现可以利用这个机会。他们大概看到卡伦是个极有魅力的姑娘。他们假装善意地问卡伦是否需要搭车。此时，卡伦作出了她那短暂一生中最为糟糕的决定——她坐进了那辆汽车。然后，歹徒劫持了卡伦并欲施暴，但是卡伦全力反抗。最后，歹徒就像扔一个纸片一样残忍地把卡伦推到飞奔的车外。”

侦探吉姆把希望寄托在报案人身上。他再次询问了布鲁斯及其女友，并请来一位催眠师，希望能唤醒证人大脑中的潜在记忆。这种作法在美国并非罕见。很多警察机关都把催眠术作为询问证人的辅助手段，有的警察机关还培养了自己的催眠师。由于证人对案件的感知往往是消极的或者在紧张情况下完成的，所以他们在回忆案情时会遗漏许多细节，催眠可以帮助他们回想起这些细节。

催眠状态并不等于一般的睡眠状态，它实际上是一种半睡眠状态。催眠者运用一系列语言和动作的暗示来刺激被催眠者的视觉、听觉和触觉，诱导其进入催眠状态。在此过程中，被催眠者的大脑皮层上只引起不完全的抑制，还留有觉醒部位。在催眠者的暗示下，这个觉醒部位可以成为强烈的兴奋中心，从而可以使被催眠者回忆起一些事件的细节。催眠术实际上是一种有意识地使人的回忆能力高度集中于某些事件，以提高回忆效能的方法。由于催眠术的功能只是恢复记忆而且很难核实，所以美国的司法机关都认为通过催眠获得的证言只能作为侦查线索，不能作为审判证据。

在本案中，侦探吉姆请催眠师对布鲁斯及其女友进行了催眠，然后询问关于那辆汽车的情况——它是什么颜色的？是哪个厂家生产的？什么型号？车身形状？车牌号码？开车人的外貌？车内共有几个人？但是两名证人未能提供有价值的信息。

侦查工作陷入僵局，但吉姆依然很执着。他似乎对被害人产生了一种特殊的情感，让他竭尽全力去抓捕凶手。在卡伦遇难一周年那天，他派人埋伏在卡伦的墓地和案发现场，希望发现可疑人，但是无功而返。警察局不能让吉姆在这个毫无希望的案件上花费太多时间，就决定将该案“挂起来”。这并不意味着宣布该案为“死案”，但是警方也不会再采取主动调查措施。然而，命运之神却突然降临。

没有齿痕判例，侦探耿耿于怀

1983 年初秋的一天，一个男子走进警察局，要求会见侦探吉姆。见面后，他对吉姆说：“我知道是谁把那个姑娘推出车外的，他叫罗伯特 · 布朗。”这个人是刑满释放的。出狱后听说此案，他决定帮助警察。罗伯特是他的狱友，他们经常在一起谈论女人。罗伯特说，他曾经在埃克隆商城看见一个大美妞，给骗到了车上，但是那个女孩不听话，最后只好给扔到车外摔死了。

吉姆立刻进行调查，得知罗伯特 25 岁，身高 6 英尺，仪表堂堂，有犯罪前科。1979 年，他因入室盗窃手枪和现金而被判缓刑。1982 年，他因非法持有枪支和收藏赃物被判五年监禁，目前在特兰顿的新泽西州监狱服刑。

吉姆驱车来到特兰顿的监狱，询问罗伯特。虽然罗伯特声称自己对该事一无所知，但是吉姆凭直觉认为此人就是杀害卡伦的凶手。离开监狱之后，吉姆找到本案的证人进行混杂照片辨认，但是证人们都未能选认罗伯特，因为他们实际上根本没有看到嫌疑人的相貌。吉姆想到了尸体上的牙齿痕迹。

吉姆第二次来到监狱，在技术人员的帮助下提取了罗伯特的牙齿痕迹样本，然后复制了案卷中的尸体齿痕照片。他首先找到法医，但是法医说他不熟悉牙齿鉴定的方法。他又找到当地的牙医，但牙医说他不具备根据齿痕照片进行人身同一认定的能力。

吉姆找到该县的第一助理检察官拉里·马基德，希望后者能找到齿痕鉴定的专家。第一助理检察官相当于我们说的常务副检察长，是检察署的办案主管。检察官很重视这个案件，但是对齿痕鉴定缺乏信心。他说："新泽西州没有齿痕鉴定的判例，法院不会把这种专家意见采纳为证据。"

虽然法庭科学的研究成果表明，牙齿具有人各不同的特征，但是根据牙齿特征来识别人身的方法主要用于无名尸体的身份认定，特别是在战争和各种灾难事故中，其中最著名的就是希特勒的尸体认定。挪威法齿学家索格内斯根据苏联公布的 1945 年 5 月 8 日在柏林纳粹元首掩蔽部发现的那具烧焦尸体的解剖记录、牙齿特征描述及照片，比较了美国国家档案馆中查到的希特勒生前的治疗牙病的病历和 X 光片，以及希特勒 1944 年遇刺受伤后拍摄的五张头部和下颌的 X 光片，最后得出那具尸体就是希特勒的结论。

自 20 世纪 60 年代以来，法齿学专家努力探索齿痕鉴定的方法。在一些案件中，犯罪分子或被害人把牙齿痕迹留在了肉体或食品上，这些咬痕的同一认定对侦查破案很有价值。美国的一些法院已经在审判中接受了齿痕鉴定意见。但是，新泽西州还没有这样的判例，而且本案与其他州的判例情况不太一样。齿痕鉴定意见在本案中不是佐证，而是主要证据。检察官告诉侦探吉姆，不要再浪费时间了。吉姆无可奈何，但仍耿耿于怀。

法齿学家出庭，陪审团员定罪

光阴荏苒，转眼就是9年。1990年4月28日，吉姆在一个电视节目里听法齿学家理查德讲述了齿痕鉴定的理论和方法，那个埋藏在他心底的旧案又浮上脑海。他立即给检察官拉里打了电话。几天之后，他们一起飞到芝加哥，拜会了那位法齿学家。听了他们的陈述并检验了他们带去的物证照片和样本照片之后，法齿学家认为可以得出同一认定的结论。检察官问其是否愿意在本案的审判中出庭作证，法齿学家欣然同意。

11月20日，吉姆拿到法官签署的逮捕罗伯特的令状，罪名是绑架和谋杀。其实那逮捕只是一种形式，因为罗伯特还在监狱服刑。他在上次刑满出狱之后又持枪抢劫商店，被判三十年监禁。

这个案件的审判是旷日持久的。首先，罗伯特的辩护律师在审判前提出了排除齿痕鉴定证据的动议。在长达数月的审前听证会上，诉辩双方的法庭科学家相继出庭，各抒己见且相互攻讦。直到1993年1月，法官才作出了公诉方可以使用齿痕鉴定证据的裁定。

与审前听证相比，该案的审判过程比较简单。公诉方首先传唤布鲁斯及其女友出庭作证，他们讲述了12年前在“黑马关”路上看到的情景。然后检察官又把那位法齿学家请上法庭，后者详细解释了齿痕同一认定的原理并当庭比对了卡伦尸体上咬痕的照片和被告人牙齿的样本模型。他的证言给陪审团留下了深刻的印象。

1月28日，法官宣布休庭，由6男6女组成的陪审团开始评议。由于检察官已放弃了绑架罪的指控，所以陪审团只需评议对罗伯特的谋杀罪指控能否成立。第二天下午 3 点，陪审团长在法庭上宣布了评议结果。被告人罗伯特穿一件洁白的衬衣、系一条红色的领带。在听到有罪裁判之后，他只是眨了眨眼睛。不久之后，法官判处罗伯特终生监禁，而且在 30 年内不得假释。

解说和评论

卡伦案是法齿学的一个里程碑意义的判例，但它只是每年发生的成千上万个针对妇女的暴力犯罪中的一例。在世界各地，女性易成为暴力犯罪的对象。当然，针对女性的暴力侵害也可能来自亲人，例如家庭暴力。

我在美国西北大学法学院留学期间，曾经跟随迈克尔警官一起巡逻，也亲历了对家暴事件的处理。那是 1992 年 9 月 16 日的晚上，我们根据警察局指挥中心的指示，赶到芝加哥西区的一栋二层单元式住宅楼。此时已有七八辆警车停在路旁。我们与其他警察聚到一起，得知有一位住在楼上的老妇人给警察局打电话说听到一楼的一个房间内有女人惨叫的声音。迈克尔安派几名警察在窗外守候，然后带着五名警察进入楼内。我跟在他们的身后。来到出事那家人的门外，有警察按了门铃。过了好一会，门才打开。门口站着一个头发散乱、衣衫不整、脸上有泪痕和伤痕的白人姑娘。见到警察，她愣了一下，然后忙说家里没事。她正要关门，只见从屋里走出一个身材高大的白人青年。他一眼看见了我，便推开姑娘，向我冲来。迈克尔见状急忙和另外两名警察上前拦住那个男青年，将他推回屋内。姑娘大声对我们说:“他今天喝了点酒。我们家没事，你们快走吧！”房门关上了，屋里又传出喊叫声。迈克尔带着我们走出楼房。我刚才吓出一身冷汗。回到警车内，迈克尔笑着对我说:“那家伙大概把你当成报警的人了！”我问他:“这事你们怎么办?”他说:“这种事情太多了。走，我送你回家吧！”

看来，家庭暴力是一个具有普遍性的社会问题，在世界各国都时有所见。

十六、冤狱赔偿第一案

中央公园五人案[1]

（美国）

纽约的中央公园很大，也很美丽，是一个游览观光和休闲健身的好地方。2011 年 10 月，我应邀在纽约大学法学院讲学，住在中央公园旁边。我和妻子就经常去那里散步，而且在一个月的时间内领略了五彩斑斓的秋天和白雪皑皑的冬天。不过，中央公园既有美好的一面，也有丑恶的一面。

1 本案内容主要根据外文报纸和网络上的材料撰写。其中关于米兰达案和艾尔斯达德案的内容详见何家弘:《从观察到思考——外国要案评析》，中国法制出版社 2008 年版，第 132 ~ 146 页。

残暴的强奸案

1989 年 4 月 19 日晚上，中央公园里发生了暴力骚乱。一群青少年从闲逛打闹，发展到砸汽车和殴打路人，造成民众的恐慌和混乱。警察接到报案后迅速赶到现场，抓到几个人，包括拉丁裔的雷蒙德·桑塔纳和非洲裔的凯文·理查森，两人都只有 14 岁。

在中央公园警察分局，警察分别对这几个人进行了询问。这些人都说自己就是去凑热闹，没想到后来有人砸车打人。他们都说自己没有砸车打人，也没看清砸车打人的人。因为没有造成严重的后果，警察进行训诫之后就陆续放人。就在此时，警方得到一个耸人听闻的消息！

凌晨一点半，有人在中央公园的树丛里发现一个昏迷不醒的白人女子。她赤身裸体，满身血迹。急救车把她送到医院之后，医生检查发现她的头部和身上有多处钝器伤和刀伤，伤势非常严重。医生认为，她存活的可能性很小，而且即使保住生命，她大概也会成为植物人。

警方很快查明了伤者的身份。她叫特丽莎·梅莉，1960 年出生于新泽西州，在马萨诸塞州的韦斯利学院（Wellesley College，希拉里·克林顿的母校）获得学士学位，在耶鲁大学获得硕士学位，当时是华尔街投资银行索罗门兄弟公司的投资顾问，住在曼哈顿的高级住宅区。她几乎每天晚上都会到中央公园跑步健身。

警察得知这一情况之后，就扣住了还没有释放的桑塔纳和理查森。警察继续追问他们的活动情况，并且询问和他们一起去中央公园的人。根据他们提供的线索，警方于第二天上午又逮捕了三名黑人，安东·麦克雷、约瑟夫·萨拉姆和柯里·怀斯。其中，怀斯的年龄最大，已满16岁。这五个少年都住在曼哈顿北部的哈林区，而且都有劣迹。

一个优秀的白人女子，在纽约市中心遭到几个邪恶的黑人男孩的残暴蹂躏，生命垂危。这个消息不胫而走，引起纽约人的广泛关注，包括《纽约时报》在内的各大媒体立刻进行了报道。一些社会知名人士也纷纷发声，包括后来担任美国总统的特朗普。他在当地报纸上发表声明："市长科克说别再憎恨。我不同意，我要恨那些歹徒、那些杀人犯。他们应该受苦，应该一命还一命……市长，我要恨他们，永远恨他们。"他还公开呼吁"恢复死刑"。

在社会舆论的压力下，警方必须尽快破案。办案警察认为这5个劣迹少年就是强奸犯，因此破案的任务就是拿下他们的口供。受法律的约束，警察不能严刑拷打，但是可以使用一些"软刑讯"，包括疲劳审讯法和精神折磨法。另外，警察在对未成年人的审讯中经常使用欺骗和诱供的方法。

警察分别对5名嫌疑人进行审讯，但是那5个少年都声称对强奸案一无所知。警察采用连续审讯、不让吃喝、强光照射等手段，逼迫嫌疑人认罪。警察还采用了诱骗的说法，例如"你的朋友说是你干的""你承认了就让你回家"。连续两天的审讯让5个少年的精神接近崩溃的边缘。最后，他们相继承认了殴打并强奸那个白人姑娘的罪行，但是都说自己只是随从。至于带头干事的人，他们的说法也不一致。

拿下认罪口供，警察非常高兴，立即报告曼哈顿的地区检察官，宣称已经破案。负责本案的检察官是琳达·费尔丝坦和伊丽莎白·雷德尔。美国的检察官可以领导犯罪侦查，因此警察在案件调查过程中要听取检察官的指导意见。在本案中，检察官知道警方获得的口供在法庭上不会被采纳，因为他们违反了一个重要的法律规则，就是“米兰达告知规则”。

米兰达告知规则

1963 年 3 月初的一天，亚利桑那州凤凰城的一名白人姑娘在公共汽车站等车时，一个带有西班牙语口音的年轻人开车停在她的身边。那个人先是下车问路，而后却突然掏出一支手枪，将女青年推进车内，将其劫持到郊外进行强奸。事后，那名男子对她说了一句“为我祈祷吧”，就开车走了。女青年回到城市后，立即向警察局报案。

通过一段时间的调查，警察发现了一名嫌疑人。此人名叫厄尼斯多·米兰达，出生于墨西哥移民家庭，曾有犯罪前科，当年 23 岁。3 月 13 日，警察来到米兰达家中，将其逮捕，随后带到警察局，由那位受害人进行辨认。后者没有任何困难就在混杂辨认对象中指认米兰达是那个作案人。然后，警察将米兰达带到审讯室，由两名警察进行讯问。

警察没有告知米兰达依法享有的沉默权和会见律师权。在两个多小时的审讯时间内，两名警察使用一切“合法”的手段迫使米兰达供认罪行，包括“一人唱红脸一人唱白脸”的审讯策略，并最终获得了有米兰达签名的书面供词。在那份供词的上方有一段事先统一打印好的文字：“本口供是我自愿作出的，没有威胁也没有豁免的承诺，我完全知晓我的法律权利，明白我所作的任何陈述都可能用来反对我。”

在审判中，辩护律师对这份口供提出异议，主要理由是米兰达在接受警察审讯的时候不知道自己有权保持沉默，也不知道自己有权会见律师，因此警察应该事先告诉米兰达依据宪法第五修正案所享有的权利。但是公诉方认为，米兰达有过多次违法经历，而且被判过刑，应该知道自己依法享有保持沉默的权利和获得律师帮助的权利，警察没有必要在审讯前进行告知。

法官在听取了双方意见之后裁定，该口供可以采纳为证据。那两名负责讯问的警察还出庭作证，说明了审讯的经过和米兰达供述的情况。经过评议，陪审团认定米兰达犯有绑架罪和强奸罪。随后，法官宣判米兰达的刑罚为 20 年至 30 年的监禁。米兰达不服判决，提出上诉。经过审理，上诉法院维持原判。米兰达继续上诉，亚利桑那州最高法院认为，米兰达的宪法权利没有受到警察审讯行为的侵犯，再次维持原判。米兰达在其律师的鼓动下继续上诉。1966 年初，联邦最高法院终于受理该案。

1966 年 3 月 1 日，联邦最高法院就米兰达诉亚利桑那州案举行了听证。一并听证的还有三起同类案件，即威哥尼拉诉纽约州案、韦斯特欧沃诉合众国案和加利福尼亚州诉斯特沃特案。在这四起案件中，被告人都是在完全与外界隔离的房间内接受了警察的讯问，而且都没有被告知其依法应该享有的权利，然后都作出了口头供述，其中三个被告人在书面供述上签了名。在审判中，这四个被告人的口供都被法庭采纳为证据，而且他们都被法庭判定有罪。最高法院对米兰达等四起案件一并进行了评议。1966 年 6 月 13 日，最高法院的 9 名大法官以 5 比 4 的表决结果作出一项裁定，其主要内容如下：

第一，公诉方只有在证明已经使用了有效保证宪法第五修正案规定的反对强迫性自证其罪之权利的情况下，才能够使用执法人员在将一个人关押或以其他方式剥夺其行为自由之后获得的陈述作为证据。（1）当时的审讯环境和氛围具有内在的威吓性并且会侵犯反对自证其罪的特免权。除非采用恰当的防范措施来消除这关押环境中的强迫性，否则从被告人获得的陈述都不会真正是其自由选择的产物。（2）已有悠久且广泛之历史发展的反对强迫性自证其罪特免权是美国抗辩式制度的主要基础，也是个人享有沉默权的依据。（3）在没有其他有效措施的情况下，下列程序保障必须遵守：被关押者在接受讯问之前必须被明确告知：他有权保持沉默，而且他所说的一切都有可能在审判中被用作反对他的证据；他有权咨询律师和在接受讯问时让律师在场，而且如果他没钱请律师，可以为他任命免费的律师。（4）如果被审讯的人在审讯之前或之中表明他要保持沉默，则审讯必须停止；如果他表明要会见律师，审讯也必须停止，直至律师到场。（5）如果审讯是在没有律师在场的情况下进行并且提取了陈述，那么公诉方就必须承担证明被告人在知晓且明智的情况下放弃了咨询律师权的责任。（6）当一个人在接受审讯时没有放弃其特免权但回答了一些问题之后，他仍然有权行使沉默权。（7）在没有其他完全有效的相应措施情况下，所要求的告知和所需要的弃权是被告人陈述之可采性的前提条件。

第二，为保护个人宪法权利所要求的审讯程序性限制不能导致对正当执法制度（如联邦调查局的程序规章和其他司法管辖区要求的保障规定）的不恰当干扰。

第三，在这四起案件中，在具体情况下获得的陈述都没能满足保护反对强迫性自证其罪特免权的宪法标准。因此，本法院裁定推翻原审判决。[1] 米兰达规则就这样诞生了。不过，美国法律界人士对这个规则的看法并不一致。

1990 年，我在美国西北大学法学院访学，在报纸上看到过中央公园强奸案件的报道。1992 年，我到西北大学法学院攻读博士学位，曾经听弗雷德·英博教授讲过这个案件中的警察审讯问题。英博教授是美国的刑事法学泰斗，我还组织学者把他的《审讯与供述》一书翻译成中文，由群众出版社于 1992 年出版。

英博教授反对米兰达规则。他认为，这个规则可以遏止刑讯逼供，有助于保障犯罪嫌疑人的权利，但是会影响犯罪侦查的效率。他举例说，现在公路上的恶性交通事故很多，主要原因是车速太快。那么，我们是否可以要求汽车生产厂给所有汽车都安装一个限速器，最高时速 20 英里？如果这样做，恶性交通事故一定会大大减少，但是我们同时失去了交通的效率。米兰达规则就是这样的限速器。此说不无道理。

法庭审判的争点

在中央公园强奸案中，警察在讯问那 5 个少年之前并未

1　在美国联邦最高法院撤销原判决之后，亚利桑那州法院又对该案进行了重新审判，并且在没有采用被告人供述的情况下，于 1969 年再次判米兰达犯有强奸罪和绑架罪，并被关进监狱。米兰达于 1972 年获得假释，后在酒吧中与人斗殴，被刺身亡。

告知沉默权和会见律师权，因此那些供述会在审判中被排除。按照检察官的要求，警察分别对5名嫌疑人进行正式讯问，先宣读米兰达规则，然后在讯问时同步录像，并且让嫌疑人在讯问笔录上签字。

另外，检察官还要求警察收集物证。因为被害人被送到医院急救时没有按照犯罪侦查的要求提取下体体液，所以本案没有被害人体内的精液。不过，警方技术员在被害人的袜子上提取到了精斑，在被害人的衣服上提取到了毛发。犯罪实验室的专家检验报告表明，那精斑的DNA图谱与5名嫌疑人的都不相符；那毛发的颜色和横截面特征与桑塔纳的头发相同，但是也只能得出种属相同的结论，不能肯定那现场毛发就是桑塔纳的。

虽然检察官对警方收集的证据并不满意，但是他们相信这5个嫌疑人就是强奸犯，因此决定提起公诉。他们知道胜诉的难度很大，但是他们要竭尽全力证明5个被告人有罪，因为他们非常同情本案的被害人，一定要把罪犯绳之以法。

这段时间，纽约人都在关注被害人麦莉的抢救情况。她的生命力确实很顽强，竟然逐渐恢复了意识。经过医生的全力抢救，麦莉在昏迷12天之后奇迹般地清醒过来。然而，她的大脑受伤太重，几乎失去了记忆。她不记得那天晚上在中央公园发生的事情，更不记得攻击她的人。因此，她无法向检察官提供证言。

1990年初，纽约州最高法院（实际上的一审法院）在曼哈顿区的刑事法庭开始审理此案。5名被告人对强奸罪和伤害罪等指控都选择了“无罪答辩”。他们选择了陪审团审判，而且都决定不出庭作证。根据无罪推定原则和不得强迫自证其罪规则，被告人选择不出庭作证，检察官就不能在法庭上讯问被告人。在本案中，检控方的主要证据就是5名被告人的审前供述，因此，被告人供述的可采性和可靠性也就成了审判中控辩双方争议的焦点。

在审判中，辩护方首先就供述的可采性提出质疑。他们说，虽然警察没有打人，但是使用了不恰当的逼迫手段，最为重要的是，警察的讯问违反了米兰达规则。警察在前两天的审讯中一直没有告知被告人享有联邦宪法第五修正案赋予的沉默权和会见律师权。虽然警察在后来的正式讯问中进行了告知，但是被告人的权利已经受到了侵害。实际上，本案有两次审讯，第一次审讯违反米兰达规则，供述应该排除；第二次审讯是第一次审讯的延续，获得的供述属于“毒树之果”，因此也应该排除。

对于辩护方的这一主张，检察官早有准备。她们回应说，按照联邦最高法院1985年的判例，这样的被告人供述可以采纳。随后，她们把该判例的材料提交给法官。这就是艾尔斯达德诉俄勒冈州案。

两次讯问的判例

1981年12月，俄勒冈州的萨勒姆镇发生一起入室盗窃案，事主名叫格罗斯，丢失了一些艺术品。警方在调查中得知，该镇一个名叫艾尔斯达德的青年可能与此案有关。两名警察来到艾尔斯达德的家，采用非常平和的方式对他进行询问。警察问：“你知道我们为什么来找你？”艾尔斯达德说：“不知道”。警察问:“你认识格罗斯吗?”艾尔斯达德说:“认识。我听说他家被盗了。”警察盯着年轻人的眼睛说:“我知道这事和你有关。”艾尔斯达德的目光垂落地面，轻声说:“是的，我在那儿。”警察说:“那好，你跟我们去警察局说吧。”

到警察局后，警察向艾尔斯达德宣读了米兰达规则，并问其是否愿意回答问题。由于艾尔斯达德已经承认了，就表示愿意回答。然后，他讲述了协助朋友盗窃的过程。

在该案的审判中，辩护律师要求法庭排除被告人的两次供述，因为第一次供述是警察违反米兰达规则取得的；而第二次供述则属于“毒树之果”。法官听取双方意见后裁定：第一个口供，即“我在那儿”的陈述应该排除，因为警察没有遵守米兰达规则；但是第二个口供可以采纳，因为那是被告人在警察宣读了米兰达规则后自愿作出的供述。最后，法庭判艾尔斯达德犯有入室盗窃罪，处以 5 年监禁并赔偿 1.8 万美元。

艾尔斯达德上诉到俄勒冈州上诉法院。审理之后，上诉法院推翻了审判法院的判决，裁定那第二次供述也不能采纳。检察官上诉到俄勒冈州最高法院，但是被驳回。检察官又上诉到联邦最高法院。

1984 年，联邦最高法院调审该案。1985 年 3 月，联邦最高法院以 6 比 3 的投票结果作出裁定，警察第二次讯问获得的供述可以采纳，主要理由是这种情况不能适用“毒树之果”规则。联邦最高法院的裁定等于是认可了警察发明的规避米兰达规则的作法。

显而易见，俄勒冈州警察发明的“两次审讯法”就是要规避米兰达规则，而联邦最高法院在艾尔斯达德诉俄勒冈州案中的裁定则认可了这种规避行为。这也表明，1985 年的联邦最高法院不同于 1966 年的联邦最高法院，伦奎斯特首席大法官重视打击犯罪和社会安全，而沃伦首席大法官则崇尚社会平等与个人自由。联邦最高法院的判决似乎也在寻求妥协与平衡。

纽约法院的判决

根据联邦最高法院的这个判例，主持中央公园强奸案审判的法官裁定，5 名被告人的审前供述可以采纳。这是检控方的重大胜利。如果法官裁定被告人供述不可采纳，那么检察官就得撤诉了。辩护律师接受了法官的裁定，没有提出上诉。他们决定对被告人供述的可靠性提出质疑。

辩护律师说，5 名被告人的供述并不一致，在诸如“谁先动手”和“打人武器”等重要问题上互相矛盾，有的人把案发地点和被害人衣着也说错了。这样的供述不能作为定案的根据。辩护律师特别强调了被害人袜子上提取的精斑的 DNA 检验结论，认为这个证据可以充分证明被告人不是强奸犯。另外，辩护律师还请证人出庭，证明案发时 5 名被告人是在中央公园的东部活动，而案发地点是在公园西部，两地相距很远。总之，辩护律师认为 5 名被告人不是强奸伤害麦莉的罪犯。

被告人的供述是否真实可信，这不是法官裁断的问题，而是陪审团裁断的问题。在审判中，检察官一再向陪审团强调 5 名被告人的供述是自愿作出的，可以证明他们就是强奸伤害麦莉的罪犯。对于辩护方提出的精斑检验结论，检察官认为本案可能还有“第六人”，但是这 5 个被告人都是本案的共犯。另外，检察官还向陪审团出示了被害人的照片，这大概也对陪审员产生了一定影响。

1990 年 12 月，中央公园强奸伤害案的审判终于结束。陪审团判定 5 名被告人有罪。法官则判刑如下：16 岁的怀斯被判 15 年监禁，5 年内不得假释；其他 4 名被告人都被判处了 10 年监禁，也是在 5 年内不得假释。

那 5 名少年被判有罪之后，被送到不同的监狱去服刑。5 年之后，他们可以申请假释，但条件是认罪悔过。桑塔纳、理查森、麦克雷和萨拉姆都认罪悔过，因此在监禁 7 年之后获准假释出狱。年龄最大的怀斯判刑最重，15 年监禁，而他一直拒绝认罪，没有申请假释。不过，这大概是他此生最为幸运的选择，他因此获得了翻案的机会。

纽约政府的赔偿

2001 年，怀斯在监狱中结识了拉丁裔囚犯马泰斯·瑞耶斯，此人比怀斯大两岁，二人成为狱友。有一天，瑞耶斯对怀斯说：“我想跟你道个歉。”怀斯有些困惑地说：“因为之前跟我抢电视看？哥们儿，都过去了。”瑞耶斯说：“不，我说的是中央公园的事情。那事儿是我干的。”怀斯大吃一惊，目瞪口呆。

瑞耶斯在得知怀斯因中央公园强奸案而入狱之后，心中便有些愧疚。经过一段时间的思考，他决定讲出真相，帮助怀斯翻案。其实，这对他来说也没有太大的损失，因为他是累犯，因强奸罪和杀人罪被判处了终身监禁。随后，瑞耶斯告诉狱警，自己是 1989 年中央公园强奸案的真凶。

纽约警察局得知这一消息之后，立即派人到监狱讯问瑞耶斯。12 年过去了，瑞耶斯还能准确地说出事件发生的时间和地点，以及被害人的衣着和物品，包括一串钥匙和一个随身听。这也解答了当年警方调查中存在的两个疑点。第一，麦莉家门锁着，但是警察在现场没有找到钥匙；第二，朋友说麦莉跑步时总是戴着随身听，但是警察在现场没有找到随身听。

瑞耶斯供述，他在强奸后看到被害人身上的钥匙，就问其家庭住址，想去劫财，但是那个女子坚决不说。他气急败坏，就用石块猛击女子的头部。后来，他拿走了随身听，把钥匙扔到了湖里。

警方提取了瑞耶斯的唾液样本。经比对当年在被害人袜子上提取的精斑，确认 DNA 图谱吻合，因此可以认定瑞耶斯是该强奸伤害案的真凶。

纽约市警察局的内务调查委员会对这个案件进行了复查，结论是“证据有错，但是警察无错”。检察官审查后，决定提请纽约州最高法院重新审理怀斯等 5 人强奸伤害案。2002 年的圣诞节前，法院宣告怀斯等 5 人无罪。

走出监狱的 5 名年轻人并没有受到纽约人的欢迎。白人主导的新闻媒体甚至对无罪释放提出质疑，认为这些“坏孩子”就应该关在监狱里。已经离开检察署的费尔丝坦发表声明：“我依然认为 5 位少年与瑞耶斯是一伙的，只是瑞耶斯留到最后，其他人先离开了。”特朗普也支持费尔丝斯坦的说法，认为本案的罪犯一共有 6 个人。5 名年轻人在社会中很难找到合适的工作，便要求政府赔偿，但是他们寻求赔偿的道路更为漫长。

纽约州没有国家赔偿法，被改判无罪的人必须通过民事侵权诉讼去求得赔偿。怀斯等人把纽约市政府、纽约市警察局、曼哈顿区检察署起诉到法院，以遭受非法逮捕和非法监禁等理由，要求赔偿 2.5 亿美元。在这类诉讼中，法院很难作出判决，一般都促使诉讼双方就赔偿问题达成协议。

在社会舆论的影响下，纽约市市长麦克·布隆伯格对此案采取了非常强硬的态度，坚决不给赔偿。在他担任市长的 12 年（2002—2013 年）间，怀斯等 5 人多次起诉，但是没有任何结果。

2013 年，比尔·白思豪在竞选纽约市市长期间，向黑人选民承诺上任之后会尽快解决这个案件的赔偿问题。当选市长之后，白思豪果然履行了诺言。纽约市政府在 2014 年 6 月与怀斯等 5 人达成赔偿协议：一共赔偿 4100 万美元。5 人合计在监狱中关押了 41 年，因此平均每人错关 1 年就得到了 100 万美元的赔偿。这应该是美国历史上金额最高的错判赔偿，在世界上大概也首屈一指，堪称“错判赔偿第一案”。

不同版本的故事

中央公园五人案的后事也很引人关注。首先，被害人麦莉凭借坚强的意志，在医生指导下逐渐康复，具备了基本的生活能力。她不能重回华尔街工作，就坚持练习长跑，还参加了马拉松比赛。她出版了一本回忆录，讲述了自己的人生经历，还成为一名励志演说家。

其次 5 名被告人之一的萨拉姆和海地籍作家佐博伊合作出版了一部小说——《逆流而上》。这部小说以萨拉姆的经历为原型，讲述了一个 16 岁的穆斯林男孩阿玛尔因参与一场公园打架而被捕入狱的故事。萨拉姆说，《逆流而上》并不是他的自传，他只是想让更多人知道在美国种族主义之下的有色人种的生活是多么悲惨。

该案的女检察官费尔丝坦辞去了检察署的工作，走上了犯罪文学创作的道路。她连续写出了十几部犯罪悬疑小说，主人公是曼哈顿的检察官亚历山德罗·古博尔。她的小说很受欢迎，有些还成为畅销书，例如她的第 11 部小说《致命遗产》。

费尔丝坦的犯罪悬疑小说很成功。据媒体报道，她获得了美国侦探推理作家协会颁发的大师奖的提名，而且进入了 2019 年大师奖的获奖名单。但是，后来由于多名作家因她在中央公园五人案中扮演的角色而公开反对，评委会最终取消了她的获奖资格。

中央公园五人案轰动一时，自然会受到电影人和剧作家的关注。2012 年，著名导演肯·伯恩斯就拍摄了一部名为《中央公园五人案》的纪录片。该片采访了五位当事人及其家人，还采访了一些事件目击人和办案人，揭示了该案背后的司法不公和司法腐败。

2019年，由著名钢琴家安东尼·戴维斯作曲、理查德·韦斯利作词的歌剧《中央公园五人案》在纽约的长滩歌剧院上演。该剧采用了 20 世纪 80 年代流行于纽约的音乐元素，以声乐中的不和谐音为突出特色。2020 年，该剧获得了普利策音乐奖。评审委员会给出的获奖理由是：“创作者用强有力的声乐编排和细腻敏感的交响配器，将一件臭名昭著的当代不公正事件转变为一部让人感同身受、充满希望的作品。”

2019 年，著名黑人女导演艾娃·德略列又根据中央公园五人案拍摄了 4 集迷你剧《有色眼镜》，由美国奈飞公司

（Netflix，以下简称网飞）出品。虽然该剧没有像《切尔诺贝利》那样引人注目，但是也在互联网电影资料库（IMDB）上获得了 9.1 的高分。不过，这部剧后来也被人告上了法庭。

2020 年 3 月 19 日，据外媒报道，犯罪小说作家费尔丝坦在佛罗里达州中区地方法院起诉，指控《有色眼镜》把她丑化为“种族主义阴谋的幕后策划者”，而且不惜一切代价将无辜者定罪。费尔丝坦说，这些描述“完全是捏造的，与公开记录中的证据有明显矛盾”，已经损害了她的人格和声誉。她要求网飞公司、导演和剧作家赔偿。网飞发言人作出回应：“费尔丝坦轻率的起诉毫无价值。我们将为《有色眼镜》这部剧进行有力的辩护。”由此看来，中央公园五人案的故事还没有结束。

解说和评论

刑事错判的纠正往往会遇到很大阻力，而这阻力往往来自办理原案的警察和检察官。无论警察和检察官是否确有过错，认定错判都是对其工作的否定，甚至会导致其利益的丧失或损害。趋利避害是人的基本行为模式，否认甚至掩盖自己的错误是人的一种本能，因此，制造错判的人往往不愿意承认错判，其中有些人甚至会想方设法去阻碍翻案。于是，错判的认知活动就成为两个利益群体之间的明争暗斗。

在英美法系国家的陪审团审判中，案件事实是由陪审团认定的，法官只负责适用法律。换言之，如果发生了错判，那主要是陪审团的错误，不是法官的错误。因此，在错判认知过程中，法官一般都能保持相对超脱和中立的态度。当然，陪审员们也不会被追究错判的责任，因为陪审团在审判结束之后即行解散了。另外，英美法系国家的法官一般都享有民事侵权赔偿的豁免权，即不会因为其司法裁判中的过错行为而承担民事赔偿责任。[1] 这一规则也可以减少法官在认定错判时的心理障碍，即使过往的错判并非其亲手所为。

在美国，“无辜者行动”是推进错判认知的主要力量。他们不仅在个案中代表或协助申诉人证明错判，而且在美国各地推进相关法律制度的完善。例如，通过 DNA 检验查纠错案需要警察机关的合作，以保证申诉人能够对警方掌控的物证进行检验。20 世纪末，美国只有伊利诺伊州和纽约州两个州颁布了《囚犯 DNA 检验法》（*Inmate DNA Testing Law*），明确规定被判有罪者享有审后的“DNA 检验权”。目前，美国只有马萨诸塞州和俄克拉荷马州两个州尚未颁布这样的法律。换言之，在“无辜者行动”的推动下，美国已有 48 个州的议会通过了保障已决犯审后“DNA 检验权”的法律，明确规定检控方必须向刑事案件的申诉人提供相关的物证，以便进行 DNA 检验。

然而，这样的法律在实施过程中也会遭遇无形的对抗。据报道，俄亥俄州自 2003 年颁布《囚犯 DNA 检验法》以来，共有 313 名囚犯提出了 DNA 检验的申请。其中，检察官同意查找有关物证的是 125 起（40%），不同意查找有关物证的是 117 起（38%），声称根本就没有物证的是 42 起（13%），没

1　参见何家弘编:《法律英语——美国法律制度》，法律出版社 2008 年版，第 41 页。

有对申请作出回应的是29起（9%）。在检察官同意查找有关物证的125起中，物证已经遗失或销毁的是80起（64%），找到物证的是45起（36%）。在上述313起申请中，法官驳回的是226起（72%），没有对申请作出回应的是53起（17%），批准检验申请的是26起（8%），以其他方式处理的是8起（3%）。在226起驳回DNA检验申请的案件中，法官按照法律要求给出理由的是154起（68%），没有依法给出理由的是72起（32%）。在法官批准检验申请的26起案件中，实际进行检验的只有14起。其中，2人被证明无罪，7人被证明有罪，5人的检验结论是非确定性的。[1]通过这些数据，我们可以隐约看到错判认知的阻力。

错判的认知具有对抗性，因此就需要统一的证明标准。没有明确统一的证明标准，错判的认知就会因人而异，因事而异，因时而异，因地而异。于是，有些错判的认知是顺畅的，堪称一帆风顺；有些错判的认知是困难的，堪称步履维艰。有些人甚至会以标准不明为借口或者以自己的理解为标准，阻碍错判的认定和纠正，从而导致无休止的上访和申诉。这不仅会损害司法权威和司法公正，而且会影响社会和谐与社会稳定。

美国辛辛那提大学法学院的马克·高德赛教授说，美国各州认定错判的证明标准并不完全相同，但一般是看新证据（如DNA检验结论）能否构成合理怀疑。这远低于充分证明无罪的要求，它仅要求申诉的囚犯提供足以构成对原有罪判决之合理怀疑的证据。不过，这是法律上规定的标准。在实践中，法

1　这些数据来源于美国《哥伦布电讯报》2008年1月31日第3版上发表的背景资料《俄亥俄州的DNA请求》。

官往往会基于政治考量而变通提高这个标准。如果证据虽已构成合理怀疑但是未能达到“优势证据”的标准（即证明该囚犯无罪的概率超过 50%），法官一般会说“这还没有构成合理怀疑”。因此，法律规定的标准和现实中的标准是有差异的。然而，即使一名囚犯申诉成功，他也只是获得了一次再审的机会。如果无罪的证据很强（如确定性 DNA 检验结论），那么检察官一般会放弃再审，该囚犯即被宣告无罪。如果无罪的证据一般，那么检察官可能会选择第二次陪审团审判。如果第二次审判的陪审团作出无罪判决，该囚犯就被宣告无罪。如果第二次审判的陪审团作出有罪判决，他仍不能被宣告无罪。[1]

由此可见，美国法律规定的错判证明标准一般是“构成合理怀疑”，但法官在实践中掌握的错案证明标准一般是“优势证据”。无论是法律规定的标准还是实际掌握的标准，都明显低于刑事诉讼中证明被告人有罪的“排除合理怀疑”的标准。如果法官根据申诉方提供的新证据认定原审判决为错判，就要将原审判决撤销，被羁押者就会被立即释放，但是这并不等于申诉人被“终局性”地确认为无罪。如果检察官认为即使有了新证据，陪审团仍然可能判处被告人有罪，那么就可以重新提起公诉。因为这是原审判决被撤销之后的再次审判，所以不会构成对“一罪不二审”原则的违反。在再审中，如果陪审团根据全部证据认定被告人有罪，法官将再次判处刑罚。如果陪审团认定被告人无罪，那就是终局性地宣告了被告人无罪。在实践中，检察官再次起诉的情况相当罕见，特别是经过 DNA 检

1 高德赛教授是“俄亥俄无辜者行动中心”的主任。2010 年 2 月，他邀请我到辛辛那提大学法学院讲学。其后，我们一直保持联系。

验确认申诉人无罪的案件。

在此需要说明，证明原审判决为错判的标准不能简单地等同于决定错判赔偿的标准。在美国，只有少数州有国家赔偿法。在这些州，提出申诉的囚犯被宣告无罪之后，政府就要进行赔偿。如前所述，俄亥俄州有国家赔偿法，“冤狱诗人”罗伯特被宣告无罪之后很快就得到了 110 万美元的赔偿。[1] 在那些没有国家赔偿法的州，被平反的冤屈者可以选择民权诉讼或普通法侵权诉讼来寻求赔偿，但是都不容易，因为他们要承担证明责任而且要达到诉讼的证明标准。当然，在社会舆论的压力下，一些地方的政府也可能与蒙冤者达成赔偿协议，譬如中央公园五人案。

1 据报道，俄亥俄州从 1984 年至 2008 年一共向 35 位冤屈者支付了 1220 万美元的赔偿金。其中，获得赔偿金额最高是提摩西 · 霍华德和加利 · 詹姆斯。他们在 1976 年发生在贝克斯雷的一起银行抢劫杀人案中被判有罪，错误监禁 26 年之后，于 2003 年被宣告无罪释放。提摩西获得了 250 万美元的赔偿，加利获得了 150 万美元的赔偿。参见美国《哥伦布电讯报》2008 年 8 月 12 日的文章《囚犯》。

十七、伪装事故第一案

警察中的百万富翁[1]

（美国）

夏威夷群岛由 8 个大岛和 100 多个小岛组成，从东南向西北散落在太平洋上。这里属于热带，但是气候温和，几乎全年的气温都在 20℃ ~ 28℃之间。夏威夷岛是这一群岛中最大的岛屿，面积差不多等于其余各岛面积总和的两倍，所以又被当地人称为“大岛”。根据地理学家的考证，夏威夷岛是由五座火山形成的。其中，冒纳罗亚火山和基拉韦厄火山仍然在不时地喷云吐雾。岛上有风景秀丽的夏威夷国家公园。园内的热带植物、沙漠、瀑布、喷火口和洞穴每年都吸引了千千万万来自世界各地的游客。当然，夏威夷最著名的还是那遍布群岛沿岸的白色、黄色和黑色的海滩。对游客来说，这是一片充满神秘和奇异色彩的土地，似乎也是一片只有幸福与欢乐的土地。但是对于岛上的居民来说，它就是普通的家园。它的生活中既有幸福和欢乐，也有痛苦与悲哀。

1 本案内容详见何家弘：《犯罪鉴识大师李昌钰》，法律出版社 1998 年版，第 227 ~ 250 页。

感恩节的悲剧

1992 年 11 月 27 日晚上，夏威夷岛上下着倾盆大雨。雨水把树木和房屋都冲刷得格外干净，但是也给这个风景秀丽的旅游胜地染上了几分阴郁的色彩。此时，从坐落在夏威夷岛东海岸的希洛市通向基拉韦厄火山的公路上仍有不少来往的车辆。也许，那是出门度假者正在兴冲冲地奔赴各自的目的地；也许，那是外出旅行者正在急匆匆地赶回自己的家。

8 点 30 分左右，一位名叫理查德 · 谢洛克的巡逻警察正开着车在雨中缓缓行进着。突然，对讲机里传来了希洛市警察局指挥中心的命令，说有人报告在火山公路的 16 英里处发生了一起交通事故，让他迅速赶到现场。他口中骂了一句，不太情愿地加快了车速。

当汽车接近 16 英里的路标牌时，他透过车灯前的雨雾，看见路边的泥泞中停着一辆福特牌厢式货车。他下了警车，冒着大雨快步走了过去。车内坐着一个中年男子，怀里抱着一个浑身是血水和泥水的女人。那个男子见到警察之后，嘴唇颤抖了几下，才声音凄惨地说了一句：“我恐怕……已经太晚了！”

理查德立即用对讲机向警察局指挥中心汇报了这里的情况，并请求派人来抢救受伤者。几分钟后，一辆急救车就带着刺耳的笛声来到现场。人们在雨中把那个受伤的女子抬到急救车上，然后急救车飞快地驶向最近的医院。但是，事实证明那个男子的话是正确的，所有抢救措施都“已经太晚了”。

作为例行公事，理查德让那个男子讲述了事情的经过。男子说他叫肯尼兹 · 马西森，也是个警察。不过他不是希洛市警察局的，而是大岛警察局的警官。死者是他的妻子，叫伊万妮。他们是在伊万妮的父母家一起吃的感恩节晚餐。饭后，他们按事前商量好的计划开车去海滨度周末。由于肯尼兹在晚饭时喝了些酒，所以由伊万妮开车。

路上，肯尼兹谈到了他与前妻关于孩子抚养问题的官司，伊万妮听了很不高兴，两人便争吵了几句。后来，伊万妮突然调转车头往回开。肯尼兹问为什么，但是伊万妮一言不发。肯尼兹觉得很没有意思，再加上酒力的作用，就靠在椅背上，闭上了眼睛。

不知过了多久，他突然感到一阵凉风从左边吹了过来，忙睁开眼睛，只见伊万妮不见了，左边的车门打开着，而车仍在行驶。他慌忙用手去扶方向盘，结果车又滑行了一段路之后冲下公路，陷在泥泞的土地上。

他让凉风清醒了一下头脑，然后坐到驾驶员的位子上，想开车回去找妻子。但是他试了几次也没能把车开出来，便只好跳下车，徒步往回去找伊万妮。他在雨中跑着，叫着妻子的名字。

忽然，他发现前面公路中间有个黑东西，跑过去一看，正是趴在地上的伊万妮。他抱起妻子的头，叫了两声，但是没有回答。他觉得妻子的脸上和身上有血，估计是被车撞了，急忙把妻子抱起来，走回他们的货车旁。他先把妻子抱到驾驶员的座位上，见妻子确实浑身是血，已没有知觉，就又将其挪到了后面的车厢内。他觉得应该马上开车送妻子去医院，但是车子陷在泥里，他又试了几次，还是开不出来。没有办法，他只好打了报警电话。

他记得自己下车往回找妻子时曾有一辆小货车从他身旁驶过，但是车速很快，他没看清那辆车的型号和颜色。后来，警察就来了。他觉得这真是一个意想不到甚至有些不可思议的“悲惨事件”。

雨夜中的女人

美国的警察机关没有验尸权。在意外死亡或可疑死亡案件中，检验尸体并确定死亡原因的工作由专门的验尸官或法医检验官负责。夏威夷州当时采用的是传统的验尸官制度。由于验尸官是一种兼职职务，薪金很低，所以担任这一职务的人并不会把全部精力放在这一工作上。再加上验尸官一般都没有受过专门的法医训练，他们在检验尸体和确定死亡原因的时候难免出现误差。当然，他们在遇到疑难问题时可以求助于别的医生或法医，但是并非所有验尸官都乐于不耻下问。实际上，很多验尸官都不愿意别人以为他们是门外汉。他们宁愿相信自己那有限的经验，而且也希望别人都相信他的经验。

在本案中，负责检验尸体的查尔斯·雷因霍德验尸官就是一个凭经验办事而且相当固执己见的人。他在检验了伊万妮·马西森的尸体之后，得出了如下结论：死者 30 多岁，黑发，大概有吉普赛人的血统；她的头上和那件浅紫色的外衣上都沾满了血污；尸体解剖发现死者胸部有内脏出血，头部有多处骨折；可以确定她是死在车轮之下的，因为她头部和胸部的伤痕以及衣服上的车轮痕迹都可以证明这一点。于是，雷因霍德先生出具了意外交通事故死亡的证明书。

伊万妮的父母不相信女儿是死于意外交通事故的。他们认为在女儿之死的问题上还存在许多疑点。他们告诉警察，伊万妮和肯尼兹的关系并不好。虽然肯尼兹总说他很爱自己的妻子，但是伊万妮曾说她后悔嫁给了肯尼兹。他们要求警方查明伊万妮的真正死因。坦率地说，他们怀疑肯尼兹。

伊万妮的死确实留下了一些难解之谜。例如，她为什么在开车时突然跳下车去？她是出于一时气愤，还是想置丈夫于死地？她究竟是被什么车撞死的呢？她被撞死是偶然的巧合还是……当然，这一切都是以肯尼兹的陈述为依据的，但是肯尼兹的话都是真的吗？伊万妮会不会是被自己的丈夫撞死的呢？

为了查明事故真相，警察对那辆福特牌货车进行了勘验。他们在车里发现许多血迹，但是这些血迹并不能推翻肯尼兹的陈述，因为肯尼兹曾经把浑身是血的妻子抱进车内。总之，警察在车里没有找到可疑的东西，在车前也没有发现撞人的痕迹。看来，他们可以排除那辆福特牌货车的肇事嫌疑。那么，案件调查的关键就是要找到那辆肇事的汽车。

警察利用电视和报纸发出通告，要求市民们提供可能与该交通事故有关的情况。他们陆续收到一些电话，其中有一位男子的电话引起了警察们的兴趣。他说那天晚上他和妻子曾开车路经事故现场，而且险些撞上一个奇怪的女人。

这天下午，一对中年夫妇走进了希洛市警察局。丈夫名叫彼尔·麦克圭，妻子名叫吉塞拉·麦克圭。他们说，11 月 27 日晚上，他们开着一辆吉普型小货车沿火山公路向希洛市方向行驶。当他们驶到离 16 英里路标不太远的地方时，突然从路旁的树丛里跑出一个女子。当时是彼尔开车。他急忙打方向盘，才没有撞上那个女子。他说：“如果我当时的反应慢了千分之一秒，那我肯定就会撞上她的！”

他们说，那个女子穿着浅色的外衣，黑头发，但是很可能是个白人。他们当时觉得那个女人走路的样子很奇怪，好像是喝醉了酒，跌跌撞撞的。不过她显然是故意跑到他们车前的，似乎是不想活了。他们当时很庆幸没有撞上那个女人，并且担心别的司机会把她撞死。后来，他们在电视上看到了伊万妮的照片，觉得很像那个女子，于是就给警察局打了电话。

当一名警察在屋里询问麦克圭夫妇的时候，另一名警察到外面的停车场去查看了那辆小货车，但是没有发现任何可能是碰撞留下的痕迹。诚然，警察对麦克圭夫妇的话有些半信半疑，但是又找不出任何破绽。再说那对夫妇是主动到警察局来提供案件情况的，警察在谈话之后只能客气地表示感谢。

麦克圭夫妇走后，警察们分析了他们讲述的情况。如果他们说的是真话，那么这个神秘的女人是不是伊万妮呢？如果他们说的不是真话，那么他们编造这套假话的目的又是什么呢？总之，这个女人的“出现”使那本来就有些扑朔迷离的案情显得更加神秘。有的新闻记者在报道本案时对此大加渲染，声称是“一辆神秘的汽车撞死了一个神秘的女人”。

死者身上的伤痕

希洛市警察局决定对这起“撞人后逃跑”的交通事故立案调查。负责调查的两名侦探是彼得·艾欧纳和保罗·费雷拉。他们一边请求夏威夷各地的警察机关协助查找那辆肇事汽车，一边走访了马西森家的邻居们。他们希望能在那里找到与肇事汽车有关的蛛丝马迹，因为他们总觉得伊万妮被撞之事有些蹊跷。

经过几天的调查访问，虽然警察没有找到肇事汽车，但是又发现了一些值得注意的情况。那条街上的许多居民都说马西森夫妇的关系不好。其中一位老太太的话特别引起了警察的注意，因为她说马西森夫妇的关系在不幸事件发生前又有明显的恶化。

劳丽·拉奎尔的家与马西森的家只相隔两座房子。她说，11 月初的一天傍晚，天上下着小雨。她正在门廊里收拾东西，忽然听见马西森家传出喊叫的声音和打碎东西的声音。随后，她又听到很响的摔门声，并看见伊万妮从家里跑了出来。她一直很喜欢也很同情伊万妮，因此考虑自己是否应该出去把那个快步离开的女人叫到屋里来避雨。

就在这时，她听见汽车发动的声音，并看见一辆汽车飞快地追了过来。车沿着街道边疾驶，大有撞到伊万妮身上的趋势。不过，那辆汽车在她家的门前只是从伊万妮身旁擦身而过，然后猛地停住了。肯尼兹从车上跳下来，硬把伊万妮拖上汽车，然后开了回去。

拉奎尔太太当时觉得情况不妙，怕伊万妮出危险，就给警察局打了电话。但是警察的反应很消极，只是往马西森家打电话询问了一下，根本没有派人来。拉奎尔太太一边说，一边不住地抱怨警察们太不负责任。

听了拉奎尔太太的话，两名侦探觉得肯尼兹确实值得怀疑。他们去大岛警察局了解肯尼兹的情况，得知肯尼兹是毒品犯罪侦缉队的警官，在警察局内也算个“头面人物”。这不仅因为他是经验丰富的侦探，而且因为他是警察中的百万富翁。他是当地一家购物中心的合伙人，资产超过百万。侦探还发现，肯尼兹在结婚后的几年中，已经把妻子的财产分别以各种方式转移到他的名下。因此，侦探认为肯尼兹很可能是杀死妻子的凶手。

夏威夷和美国的大多数州一样，采用家庭财产分有制，或称独立财产权制。按照这种制度，夫妻只能拥有自己所得的财产，不能拥有对方所得的财产，无论财产的获得是在结婚之前还是在婚姻存续期间。换言之，这种制度根本不承认夫妻共同财产权。家里的东西，大到房子汽车，小到锅碗瓢盆，要么是丈夫的，要么是妻子的。真要共有，也得明确各自所占的份额。换言之，我的就是我的，你的就是你的，我当然可以把我的赠送给你，但是我的一旦给了你，那就不再是我的了。总之，感情和金钱是不能混为一谈的。感情上可以亲密无间，但金钱上要泾渭分明。

1993 年 1 月，侦查人员将案件情况报告给了当地的检察署。检察官柯特 · 斯潘在研究了案件情况之后，要求警察全面开展调查，包括重新进行尸体检验。但是，他很快就得到了一个令人沮丧的消息——伊万妮的尸体已经在其丈夫的坚决要求下被火化了。

斯潘检察官决心将此案查个水落石出。他调来了尸体检验时拍摄的全部照片，仔细进行研究，并且征求了一些法医专家的意见。

伊万妮身上的伤痕很多，仅头部就有 11 处。有的法医认为，死者头部的伤属于钝器伤。虽然汽车的撞击也可以形成钝器伤，但是从这些伤痕的分布情况来看，它们很可能是被棍棒类钝器打击的结果。当然，死者胸部的伤肯定是汽车轮胎碾压的结果。有些法医不同意这种看法。他们认为，伊万妮身上的伤都是由汽车撞击造成的。其主要理由是死者头骨的破裂很严重，不像是由棍棒打击造成的，而像是由车身撞击和车轮碾压造成的。

由于法医专家的意见不一致，斯潘检察官决定请一位权威人物来进行检验和鉴定。于是，他想到了康涅狄格州警察局的法庭科学试验室主任李昌钰博士。1991 年，李昌钰在引起广泛关注的“肯尼迪涉嫌强奸案”审判中的精彩表现使他名声大噪，而且留下了“两块手绢为肯尼迪洗刷罪名”的美谈。

汽车内的血迹

1993 年 3 月 11 日，希洛市警察局的侦探保罗 · 费雷拉来到康涅狄格州警察局实验室。当他走进李昌钰博士的办公室时，首先映入他眼帘的就是墙上那些大大小小的奖牌，以及多种英文媒体对李昌钰的报道。坦率地说，当斯潘检察官让他到康州来请这位李博士时，他的心中还有些不以为然。但此时此刻，他相信自己一定不虚此行了。

见面之后，保罗开门见山地讲明了自己的来意。李昌钰用谦虚而且诚恳的口吻说自己很忙，恐怕难以抽出时间去夏威夷。但是保罗已经拿定了主意，绝不空手而归。他向李昌钰讲了该案的复杂程度，又讲了当地检察官和警界人士对李博士的敬慕和期望。李昌钰终于被感动了，他同意把保罗带来的照片和文字材料留下来看一看，再做答复。10 天后，李昌钰给希洛市警察局回了一封信，说他认为那车内的血迹形态与肯尼兹 · 马西森所讲的案件发生情况不符，并同意去夏威夷亲自进行勘验。

1993年5月6日傍晚，李昌钰来到风景秀丽的夏威夷群岛。俗话说，耳听为虚，眼见为实。仅仅通过在飞机降落前盘旋时的鸟瞰和乘汽车去旅馆途中的浏览，他们就体会到了夏威夷的风光果然名不虚传。然而，李昌钰没有时间陪妻子去欣赏那美丽的热带海滩和奇妙的自然景观。他到旅馆之后就立刻与检察官和侦探研讨了案件中的有关情况。他知道，自己必须在非常有限的时间内完成大量的现场勘查和物证检验工作。

第二天清晨，李昌钰在侦探彼得·艾欧纳的陪同下来到希洛市警察局，认真检验了停放在车库内的那辆属于马西森家的福特牌厢式货车。他首先查看了汽车的外部，包括车前的保险杠和车下的底盘。然后他打开车门，钻了进去，仔仔细细、一点一点地查看着车内的地面、座椅、侧壁、顶棚、方向盘和仪表盘。他一边查看，一边拍照片，还不时地拿出检察官提供的那些尸体检验照片进行比对。有的时候，他的脸上呈现出迷茫困惑的神态；有的时候，他的嘴角又浮上一丝满意的微笑。整个勘验工作持续了大半天的时间。

李昌钰勘验的时候，斯潘检察官和两名侦探一直饶有兴趣又莫名其妙地在旁边观望着。当李昌钰终于从车里钻了出来时，他们三个人都不约而同地向李昌钰投去了探询的目光。斯潘问道：“李博士，你找到了什么有意思的东西了吗？”

李昌钰搓了搓双手，微笑道：“我想我已经找到了我要找的东西。”

斯潘问道：“你的意思是说肯尼兹确实说了假话？”

“是的。我相信那位不幸的女士不是被汽车撞死的。”李昌钰看着检察官和警察那疑惑的目光，不慌不忙地讲述了自己在车内的发现和勘验结果。他说：“车内的血迹很多，既有擦蹭血痕也有喷溅血痕，而这里最有意义的是仪表盘等处的喷溅血痕。所谓喷溅血痕，是人体受到猛烈撞击或打击时造成血液喷出而留下的血痕。如果那位女士是被车撞死后转移到车内的，那么车内就不会有这样的喷溅血痕，至少不会有这么多——车内一共有 500 多个喷溅血痕！因此，那位女士一定在车内受到某种物体的打击，造成了血液的喷出。而且，根据车内这些喷溅血痕的形态和分布情况，我可以肯定地说当时在车内的人曾有非常激烈的搏斗。至于打击的物体，我认为很可能是棍棒或手电筒之类的东西。你们来看这里。”

李昌钰带着那三个人绕到汽车的左侧，打开司机座位旁边的车门，指了指门上方的一个六角形螺丝帽，又找出一张记录有死者头部左太阳穴上伤口的照片，说道：“你们看这伤口的形状，它肯定是与这个六角形螺丝帽撞击时形成的。这表明死者的头部曾在外力作用下猛烈地撞击了这个螺丝帽的部位。另外，如果死者是像肯尼兹所说的那样在路上被撞伤后拖进车内的，那么车内仪表盘等处的血痕就应该是经雨水稀释后的血痕，然而事实并非如此。”

然后，李昌钰又拿出那些尸体照片，指着死者的颈部和手腕说：“你们看，颈部上有一些很不明显的伤痕。这个部位是汽车轮胎碾压不到的地方。其形状也不像打击留下的痕迹，而很像绳索勒过的痕迹。手腕上也有这种被绳索捆绑过的伤痕。虽然急救人员在运送受伤者的过程中也会将受伤者的手固定在急救床上，但是留下的痕迹不会是这个样子。另外，我在车后面找到了一根绳索，并且在上面提取到了一些毛发和类似于皮肤组织的东西。我希望实验室的检验结果会证明它们都是来自于那位不幸的女子。”

李昌钰回到康涅狄格州之后，又进行了一系列的检验，结果证明了肯尼兹·马西森关于事件经过的陈述是谎言。当地的报纸很快就报道了这一情况，并在市民中引起了强烈的反响。于是，大岛警察局开除了肯尼兹，斯潘检察官也决定以绑架罪和杀人罪对肯尼兹提起公诉。

1993 年 12 月 5 日，肯尼兹被逮捕了。不过，他在辩护律师迈克尔·韦特的安排下，交付了 10 万美元的保释金，然后又恢复自由，等候审判。

旷日持久的审判

按照美国有关法律的规定，检察官决定起诉之后，法院要对案件进行初步的审查，以判断公诉方是否已经有合理的证据来证明确有犯罪发生，而且被告人很可能就是实施该犯罪行为的人。这种审查主要有两种方式：一种是由法院组成大陪审团来进行审查；另一种是由法院专门负责预审听证的法官来进行审查。夏威夷没有大陪审团制度，所以对起诉的审查由预审法官负责。

在预审听证的时候，法官仅听取和审查公诉方的证据，不要求辩护方提供任何证据。不过，辩护方可以反驳公诉方的证据，也可以提出各种审前动议，如变更审判地点的动议、要求法官排除公诉方某些证据的动议、要求公诉方撤回某项起诉的动议等。因此，一个案件的预审听证持续半年甚至一年的情况在美国绝非罕见。

1993 年 12 月 15 日，希洛地区法院的威廉·奇林沃斯法官主持了肯尼兹一案的预审听证。斯潘检察官向法官讲述了对被告人肯尼兹的起诉理由和证据。其中最重要的是李昌钰的检验结论。

12 月 20 日，李昌钰来到夏威夷，在法庭上为公诉方提供了专家证言。在法官面前，他先在侦探彼得的帮助下，用红墨水在白纸上演示了各种血痕的形态特征，然后又用幻灯机播放了他在马西森的厢式货车内拍摄的 69 张血痕照片。他生动形象地用这些证据说明了车内仪表盘等处的血痕根本不可能是在肯尼兹所说的那种情况下留下来的。他认为，伊万妮先在车内被人打伤了，然后又被人移到车外并且用轮胎碾压了一遍。至于这些究竟是何人所为，他不得而知，而且那已经超出了一名法庭科学家所应该解答的问题范围。

辩护律师韦特深知李昌钰这些证言会在未来的审判中对陪审员们产生什么样的影响，所以他竭尽全力想把李昌钰的证言排除在证据之外。他说李昌钰并没有亲眼看到尸体，仅凭几张照片就得出这样的结论未免草率。他还说李昌钰对喷溅血痕的分析缺乏科学根据。他甚至不惜以胡搅蛮缠的方式要求法官拒绝在审判中采用李昌钰的证言。

然而，检察官在此问题上毫不妥协，据理力争，一次又一次驳倒了辩护律师的所谓“理由”。就这样，预审听证持续了一年有余，韦特律师最终也没能实现自己的愿望。与此同时，该案的审判已经被新闻界“炒”得沸沸扬扬。

1995 年 10 月 16 日，夏威夷人期待已久的马西森案的审判终于开始了。主审法官是格雷格。公诉方和辩护方都做了充分的准备，都请了专家证人，而这场审判的主要“战斗”肯定将发生在双方的专家证人之间。

公诉方的首席专家证人当然是李昌钰博士。10 月 30 日，李昌钰为公诉方出庭作证。他用其特有的方式向陪审员们证明了被告人所说的“故事”并不能解释那辆汽车内的全部血痕。他的演讲不仅吸引了陪审员们的兴趣，而且不时赢得陪审员们的笑声。检察官还让他告诉陪审员们，他此次为公诉方出庭作证除报销必要开支外分文不取。这一点也在陪审员中间引起了一片感叹之声。

辩护方的主要证人是来自俄克拉荷马市警察局的犯罪现场重建专家托马斯·比维尔。11 月 14 日，托马斯出庭作证。他对陪审员们说那辆福特牌汽车内的血痕并不能证明马西森夫人是被人打死的，因为车内缺少此类现场必不可少的两种痕迹：凶手在反复挥动凶器打击被害人时在周围物体上留下的“打击痕迹”和“甩落血痕”。他还把一个同类汽车的仪表盘拿到法庭内，用一个假设的“出血源”演示了被告人将受伤的妻子抱到车内时在仪表盘上留下那些血痕的情况，以便证明被告人陈述的真实性。不过，在斯潘检察官的质证下，托马斯不得不承认被告人的说法只是现场痕迹的解释之一，而且他不能完全排除车内曾发生殴打的可能性。他还告诉了检察官，他为被告方检验物证和出庭作证的收费标准是每小时 125 美元，但是每天的收费不得超过 1500 美元。

在美国的刑事审判中，不得强迫被告人出庭受审。一般来说，被告人都是作为辩护方的证人出庭。但是有些辩护律师为了避免自己的委托人在检察官的盘诘下说出不利于辩方的话，而宁愿放弃让被告人当庭为自己辩解的机会。韦特律师在开场陈述时曾说肯尼兹·马西森将出庭作证，但是后来在回答记者提问时又说自己还没有最后拿定主意。公众似乎都很希望能看到这位因此案而名声大噪的前警官在法庭上回答盘问的情况。

11 月 20 日，肯尼兹终于站到了证人席上。他在回答辩护律师的问题时说自己没有杀死妻子，也不知道妻子究竟是怎么死的。他讲述了事件的经过，声称那天晚上发生的事情对他来说至今还是个谜。他说他非常爱他的妻子，妻子的死是他生活中受到的一次最大的打击。然而，他回答问题的声音很低，目光一直没有投向陪审团。

辩护律师的直接询问结束之后，斯潘检察官对肯尼兹进行了交叉询问。他问被告人是否知道在处理交通事故现场时不应抱动受伤者的身体，因为那有可能使受伤者背部或脊椎的骨折受到进一步的伤害。肯尼兹回答说他当时只想着抢救妻子，忘记了在警察学校培训时学过的这一要求。检察官问被告人是否吸烟，并且在肯尼兹作出肯定回答之后出示了一张有肯尼兹签名的人身保险申请表，上面有一栏中填写的是“非吸烟者”。肯尼兹开始时否认那上面的签名是自己的字，后来又说自己不知道那是怎么签上去的。检察官还证明了肯尼兹在另外那起子女抚养案的诉讼过程中曾经在其是否做过输精管切除术的问题上说过前后矛盾的话。

在最后辩论时，斯潘检察官向陪审团强调说，肯尼兹是个“假话大王”。他在警察局当便衣侦探时就养成了说假话的习惯，而且一直说到了现在。检察官还指出，被告人在当警察之余，还与他人共同投资创办了一家购物中心。由于经营不善，被告人与其合伙人已欠债达 80 万美元。因此，其杀死妻子的动机就是想得到那笔 67.5 万美元的人身保险赔偿金。

辩护律师在最后辩论中想竭力减少李昌钰的证言对陪审员们的影响。他用专家的口吻对陪审团说:“我是专家，我能看见，所以这就是事实。”他希望陪审员们用自己的常识去进行判断，而不要简单地听信那些“大牌专家”的断言。

法官就本案所涉及的法律问题对陪审团做了指示之后，陪审员们便被送到密室，进行与外世隔绝的评议。事实证明，这一评议工作并不困难。

在 1995 年的感恩节前夕，由 5 名男士和 7 名女士组成的陪审团一致裁定被告人肯尼兹 · 马西森犯有杀人罪和绑架罪。随后，格雷格法官宣布肯尼兹将在监狱里度过他的余生。斯潘检察官在判决之后对新闻记者们说："我为受害人的家属们感到欣慰。他们在三年前的感恩节时受到了不幸的打击，而在今年的感恩节前夕得到了这个判决。正义终于得到了伸张，尽管其来得有些迟。我相信，他们的这个节日一定会与过去的那几个大不相同。最后，我还想提醒人们不要忘记一个重要的名字，那就是亨利 · 李。"

1996 年，夏威夷州议会通过了一项议案：表彰李昌钰博士为社会正义和人类事业所作出的杰出贡献。

解说和评论

从野蛮到文明，从愚昧到科学，这是刑事司法活动中查明案件事实方法的历史发展趋势。如果说，野蛮的刑讯方法是司法愚昧的产物，那么，司法文明则是推动侦查方法科学化的重要力量。诚然，刑事司法的科学化必须以人类社会中科学技术的发展为基础，但是，没有司法文明的促动，那些科学技术向刑事司法的转化往往是随机且缓慢的。今天，人类所能掌握的科学技术已经相当发达，但是那些野蛮的查证方法仍然存在于很多国家的刑事司法过程之中。归根结底，科学技术不仅要由人发明创造，而且要由人来运用。如果刑事司法人员不知道、不愿意或者不能够运用，那些先进的科学技术也只能闲置。由此可见，在刑事司法的科学化进程中，人是最重要的元素。

即使在科学技术不太发达的时代，人类社会中也有一些司法人员在努力运用科学方法去查明案件事实，譬如中国的宋慈和英国的夏洛克·福尔摩斯。诚然，福尔摩斯并不是一个真实存在的侦探，但是他用来查明案件事实的方法也是当时刑事司法实践的反映。实际上，柯南·道尔先生在创作福尔摩斯探案故事的时候就广泛地借鉴了当时的科研成果和破案手段，如法医检验、笔迹鉴定、足迹检验、毒物分析、微量物证识别等方面的知识。因此，除了超人的逻辑推理能力之外，运用科学知识是福尔摩斯探案的一个主要特点。其实，柯南·道尔本人就是个知识丰富的医生，而且曾经在英国最早开设法医学课程的爱丁堡大学受到了法医学知识的熏陶。另外，柯南·道尔还是个相当出色的业余侦探。他曾经利用自己在创作过程中积累起来的侦查知识和经验，帮助司法机关查明了一些疑难案件。例如，在 1903 年发生于英国伯明翰附近的乔治·埃达治案件中，柯南·道尔就根据泥土种类的科学鉴定而成功地解救了那个被指控为杀人犯的无辜青年。如今，福尔摩斯似乎已然成为“科学侦探”的代称，因此李昌钰博士也曾经被人们誉为“福尔摩斯”。

十八、无罪抗辩第一案

余音绕梁的审判[1]

（美国）

奥兰多·詹姆斯·辛普森（O.J.Simpson）大概是美国最有名气的体育明星，因为他不仅是橄榄球巨星，而且是体育明星中涉足广告界和影视界的先驱。他曾经是美国著名的赫兹汽车租赁公司的形象大使，还在《卡桑德拉大桥》等电影中扮演了重要的角色。总之，他是一个在美国家喻户晓的人物，而那轰动一时的“世纪审判”更使他名扬世界。

1 本案内容详见何家弘编：《虚拟的真实——证据学讲堂录》，中国人民公安大学出版社2009年版，第181～222页；何家弘：《从观察到思考——外国要案评析》，中国法制出版社2008年版，第225～232页；何家弘：《犯罪鉴识大师李昌钰》，法律出版社1998年版，第251～280页。

大球星涉案被捕

1994 年 6 月 13 日凌晨，洛杉矶警察局接到报案后派人来到该市一个名为布兰特伍德的富人居住区，在邦迪大街 875 号住宅的门口发现两具尸体。死者为一男一女，都是白人。警方很快查明，男的名叫戈德曼，26 岁，是附近一家意大利餐厅的服务生；女的名叫妮科尔，34 岁，是橄榄球明星辛普森的前妻，也是那栋小楼的主人。警察在二层的卧室里还看到两个熟睡的孩子。

辛普森于 1947 年出生于旧金山一个贫穷的黑人家庭。父亲在他很小时就弃家出走，母亲独自把他抚养成人。他靠着天赋和勤奋而成为橄榄球明星，曾于 1973 年被评为美国“最有价值的橄榄球员”。辛普森与第一任妻子生育了一子一女，后来因“性格不和”而离婚。妮科尔上中学时曾参选“美国小姐”，毕业后在一家餐厅当服务生，有幸结识了辛普森。出于对体育明星的崇拜，她不顾种族和年龄的差异，于 1977 年嫁给辛普森。在婚后几年，夫妻关系尚好，她也生育了两个孩子。但是后来，辛普森逐渐显露出性格暴躁的原形。1989 年，妮科尔被辛普森打伤，不得不报警并入院治疗。出院之后，妮科尔就以“虐待妻子”的罪名把辛普森告到法院。法官判决罪名成立，但是仅判处轻微罚金和训诫。随后，妮科尔就与辛普森正式分居。不过，辛普森有时还会去骚扰妮科尔。1993 年，妮科尔就曾以辛普森擅自闯入其住宅而报警求助。

警方的技术员对这杀人现场进行了全面的勘查，在多处提取了血迹样本，还提取到毛发、纤维、手套、鞋印等物证。法医检验尸体后确认，这两人都死于刀伤，而戈德曼颈部的刀伤很深，脖子几乎被切断了。根据尸体征象，法医认定两名被害人的死亡时间在 12 日晚上 10 点至 11 点之间。

在得知死者身份之后，警方派了两名侦探连夜到辛普森在洛杉矶郊区的豪宅去查看。侦探到了那里之后，见楼房内没有灯光，而且按门铃也无人应答，就翻墙跳了进去。当时，他们并没有搜查证。进去之后，他们发现主楼里没有人，但是在后面的客房里找到了辛普森的女儿。经过询问，他们得知辛普森昨晚坐飞机去了芝加哥，准备参加那里的一个商业推介活动。不过，警察并没有白跑，他们在辛普森家搜集到一些可能与本案有关的证据。

第二天上午，警察通过芝加哥的宾馆与辛普森取得了联系。警察在电话里对他说，你的前妻妮科尔被人杀害了。据说，当时辛普森感到很震惊。警察说希望辛普森尽快回到洛杉矶，因为调查工作需要他的配合。辛普森的态度很积极，答应当天就赶回洛杉矶。

那天下午，辛普森回到洛杉矶之后，警察对他进行了询问，主要问他最后一次见到妮科尔的情况。辛普森说，昨天傍晚七点多钟，他一个人到当地一家意大利餐馆去吃饭，看到妮科尔在那里吃饭，感觉有些尴尬，就转身走了出去。回到家里，他让人送来一份快餐，吃过之后，他就一个人在家里的小型高尔夫球练习场练球。11 点钟，他坐上事先订好的出租车去了机场，然后坐飞机去了芝加哥。警察对辛普森很客气，问过之后就让他回家了，但是希望辛普森不要外出。

随后，警察进行调查访问，得到了一些有价值的证言。例如，辛普森邻居家的女佣说，那天晚上大概 11 点钟左右的时候，她听到有急速开过来的汽车声音，好像就开进了辛普森的家。那个送辛普森去机场的出租车司机说，那天晚上他大概

10点半就到了辛普森家，看见整个楼里的灯都是黑的，他就把车停在路边，躺在车里休息；大概快11点的时候，他听到有汽车很快开了过去，他坐起来，看到房子里的灯亮了；又过了一会，辛普森从楼里走了出来，他就送辛普森去了机场。当时，他感觉辛普森一切正常。

与此同时，警察局实验室的物证检验得出了一些对辛普森不利的结果。于是，警方请法官签发了逮捕令。17日，警察到辛普森家去执行逮捕的时候，辛普森却驾车出逃了。当时正值世界杯足球赛在美国举行，但是很多电视台都放弃了足球比赛的转播，而直播了警察驾车追捕辛普森。经过一个多小时的追逐，警察终于拦截了辛普森，并在其身上搜出武器。看着辛普森高举双手向警察投降的画面，大多数美国人都相信他就是杀人凶手。

那段时间，这个案件成为美国诸多报纸的重要新闻。一些媒体记者在报道案件情况时还进行评析，甚至公开断言辛普森就是杀人凶手。例如，有一家报纸的文章标题就是《不要把辛普森放出去让他再次杀人》（Don't free O.J. to kill again）。总之，这个案件引起了世人的广泛关注。

检控方初战告捷

1994年9月，洛杉矶地区检察署决定对辛普森提起公诉，负责起诉工作的检察官名叫马西娅·克拉克。辛普森是超级体育明星，这个案件又引起世人关注，因此辩护方很快就汇集了五位颇有名气的律师，包括曾为歌星迈克尔·杰克逊打过官司的约翰尼·科克伦，擅长打明星官司的罗伯特·夏皮罗，圣克拉拉大学法学院院长杰拉尔德·乌尔曼，哈佛大学法学院教授阿兰·德肖维奇和波士顿的著名律师李·贝利，因此被媒体称为“辩护梦之队”。

在这个案件中，公诉方没有任何能直接证明辛普森实施了杀人行为的证据，既没有目击证人，也没有被告人供述。作为被告人，辛普森当然会出庭参与诉讼，但是他不会向法庭提供陈述，也不会回答检察官的问题。美国宪法第五修正案规定，“任何人不得在刑事案件中被强迫做反对自己的证人”。这就是“不得强迫自证其罪”的免证权。据说，辛普森的辩护律师本来有意让他出庭作证，希望能够利用他的明星魅力来影响陪审团，但是后来认真权衡利弊，还是选择了不让他出庭作证。因此，这是一个典型的依靠间接证据来认定犯罪事实的案件，或者叫作“旁证案件”。

在这个案件中，公诉方的主要证据都是物证，包括在现场提取的血迹、血足迹、纤维、一只血手套，以及在辛普森家提取的一只血手套和一只血袜子，还有在辛普森的汽车里提取的微量血迹等。通过 DNA 鉴定，专家认定那手套、袜子、汽车里的血迹都是被害人妮科尔的血，而现场有一些滴落血迹是辛普森的血。另外，专家对现场发现的血足迹和辛普森的运动鞋进行了比对，认定鞋的型号和鞋底花纹相同，但是只能得出种类相同的结论，不能得出同一认定的结论，换言之，现场的血足迹可能是辛普森的运动鞋留下的，也可能不是。专家还对现场尸体上提取到的几根纤维进行了形态检验和比对，认定与辛普森的一件套头衫的纤维种类相同，但是并不能肯定就是那件套头衫上掉下来的。这些证据虽然都不能直接证明辛普森是杀人凶手，但是都可以在一定程度上把辛普森和杀人行为联系起来。其中，对公诉方来说最有价值的证据是现场滴落血迹。

辩护方在获知公诉方的证据目录之后，首先提出了一个审前动议：要求法官排除公诉方的所有 DNA 鉴定结论，因为 DNA 检验技术还不成熟，不能保证同一认定的科学可靠性。检察官坚决反对这个动议，强调 DNA 技术已经得到了科学界的普遍认同。控辩双方的意见不同，法官就决定举行预审听证，让双方的法庭科学专家到法庭上讲述各自的理由，辩论的焦点是科学证据的采纳标准。

按照美国的判例法原则，法官在裁定某项科学证据能否采纳时应该依据“普遍承认标准”。按照这种标准，一个鉴定结论或专家证言所依据的原理和方法的科学可靠性必须在该学科领域内得到了普遍的承认，否则法官便可以不采纳该鉴定结论或专家证言。然而，在科学技术日新月异、学科划分错综复杂的今天，各种新兴的真假科学层出不穷，这一标准显然难以应付。现代科学发展的实践已经多次证明：普遍承认的理论和方法并不一定正确，少数人坚持的理论和方法也未必荒谬。特别是在那些边缘学科领域内，很多理论和方法要么是鲜为人知，要么是众说纷纭。因此，1975 年的《美国联邦证据规则》放宽了采纳科学证据的标准。该规则第 702 条规定：只要某专家就案件中某个专门问题所做的证言有助于法庭查清案件事实，法官就可以采纳之。不过，法官们对此问题并未达成共识。

脱氧核糖核酸（DNA）是存在于人体细胞中的遗传基因物质。科学家们认为，DNA 所携带的遗传密码是因人而异的，因此，可以作为人身同一认定的依据。但是，如何检测和确定一个人的遗传基因密码却是极为困难的。1984 年，英国累斯特大学的遗传学家亚历克·杰弗里斯等人发明了一种检测 DNA 的技术。他们在 DNA 分子中加入一种可使之分解为片断的酶；然后用电泳方法将这些片断凝结成长短不等的凝胶；再用一种放射性同位素探计与之杂交，并制成胶片。这种胶片上记录着许多条长短不一的 DNA 图谱，犹如商品上的“条形码”。杰弗里斯等人在一系列计算机数据的基础上得出了这种 DNA 图谱是“人各不同”的结论。他们认为 DNA 图谱可以像指纹一样作为人身同一认定的依据，因此将这种方法称为“DNA 指纹法”。

DNA 检验的证据可以是一滴血痕、一块精斑、一段头发、一点皮肤组织等，因此，其在强奸、杀人等犯罪案件中的应用价值极高。一些专家学者就称其为法庭科学领域内的一场“革命”。然而，NDA 指纹法在实际应用中也存在一些难题，如检材的保管和图谱的处理等。如果检材受到污染，那么其鉴定结论就失去了科学可靠性。如果 DNA 图谱处理不当，其图形也会变形或模糊从而无法得出科学结论。美国联邦调查局曾试图就这些问题制定出一套统一的标准，但是未能得到法庭科学界的共识。因此到 1994 年，法院在采纳 DNA 鉴定结论的问题上还没有统一明确的标准。

在辛普森涉嫌杀人案的预审听证会上，控辩双方都邀请了多位专家出庭论证。公诉方的专家包括一位曾经获得诺贝尔生物化学奖的科学家。他们通过大量的科研数据和一些具体案例，论证了 DNA 检验技术的科学性。辩护方的专家包括康涅狄格州警察局法庭科学实验室主任李昌钰博士。他们从不同角度论证了 DNA 检验技术还存在不稳定性和不可靠性。当时，DNA 技术对于大多数美国人来说都是个新名词。因此，该案的专家论证引起了公众的广泛兴趣，堪称 DNA 技术的“科普”。但是随着时间的推移，民众逐渐表现出厌倦的心态，而且许多人认为辩护方对于这种新兴科学技术的态度过于苛刻，甚至是吹毛求疵了。

精明的辩护律师了解到这一情况，就在 1995 年 1 月初的预审听证会上放弃了 DNA 鉴定结论不能作为证据的主张，撤回了辩方的审前动议。于是，一些新闻记者就宣告公诉方初战告捷，但是也有记者说辩护方的策略是以退为进，要在后面的审判中各个击破。此时，民众都拭目以待。

辩护方出奇制胜

1995 年 1 月 23 日，辛普森涉嫌杀妻案的“世纪审判”正式开始。美国的一些审判专家认为这将是一场势均力敌的“控辩大战”。虽然公诉方在预审听证中占据上风，但是这支“辩护梦之队”很可能会在审判中实现逆转，甚至会“创造奇迹”。

这个案件的主审法官是日裔美国人伊藤，具备丰富的刑事审判经验。根据辩护律师的建议，被告人辛普森选择了陪审团审判，因此法院的第一项工作就是挑选陪审员。首先，法院从当地登记的选民中随机抽选了数百人作为初选对象，发出调查问卷，主要目的是排除那些不具备资格的人。然后，法院从具备资格的候选人中随机选出 50 人参加庭选。

因为控辩双方都希望让可能倾向于己方的人进入陪审团，所以都充分利用法律赋予的“否决权”把那些可能不利于己方的人排除出去，于是这陪审员的庭选就成为了审判的“前哨战”。在本案中，被告人是黑人，而两名被害人都是白人，因此候选人的种族自然就成为双方律师考虑的重要因素。经过一番明争暗斗，法庭最终选定了 12 名“首发”陪审员，其中有 6 名白人、5 名黑人和 1 名西班牙裔。

为了防止某些陪审员在审判过程中因故“退场”而导致陪审团人数短缺，法官都会在“首发”之外再选定几个“替补”，一般为 2 人至 4 人。在重大而且复杂的案件中，因为审判可能旷日持久，所以法官也可以多选几名“替补”。在辛普森一案中，伊藤法官破天荒地选了 10 名“替补”，而后来的事实证明伊藤法官是颇有远见的。

按照无罪推定原则，刑事诉讼的证明责任一般都由控方承担，辩方不承担证明责任，但是享有证明的权利。实际上，辩方在法庭调查中的主要任务就是对公诉方的证据提出质疑。在辛普森一案中，公诉方在法庭上提出的主要证据包括现场滴落血迹、现场血足迹、现场纤维、血手套、血袜子、汽车内的血迹等物证（包括相应的专家意见），以及辛普森家的邻居、出租车司机、妮科尔的朋友和警察的证言。辩护方对于这些控方证据进行了相当有效的质证，其中最为重要的是对现场滴落血迹的质证，最为精彩的是对血袜子的质证。

警方技术员在现场勘查时在邦迪大街 875 号的院门口提取了一些滴落血迹。经过实验室的 DNA 检验，专家认定这些血迹不是两个被害人的血，因此推断是凶手的血。如果凶手的血留在现场，那么他身上一定有伤口，而辛普森的手上确实有伤口。6 月 14 日，辛普森从芝加哥回到洛杉矶后，警察在询问时看到他的左手中指上有包扎的伤口，就问他的手是怎么弄破了。辛普森回答说，他在芝加哥的宾馆里把一个玻璃杯打碎了，划破了手指。警察当时还不知道现场的滴落血迹，因此并没有追问。后来，警方通过 DNA 鉴定得知那些现场滴落血迹是辛普森的血，于是这手上的伤口就成为辛普森在现场滴落血迹的佐证。实际上，这是检控方最为重要的证据，因为它至少能证明辛普森到过杀人现场。

对于控方的这个证据，辩护方并没有直接质疑 DNA 鉴定结论的科学性，而是通过警方提取现场血痕检材的疏漏来对鉴定结论提出质疑。按照常规，那些现场滴落血迹是新鲜血迹，现场勘查技术员应该用一种专门的塑料袋来包装检材。但是，那位技术员大概没带那种专门的塑料袋，就用一种纸袋来包装检材。这种纸袋是用来包装干血痕检材的，用它来包装新鲜血迹的检材，就容易使检材受到污染。而检材受到了污染，DNA 鉴定结论就不一定可靠了。辩方专家并没有肯定说那个鉴定结论是错误的，但是加入了合理的怀疑，从而使这个控方证据的证明力被大大减损。

在控方的多个血迹物证中，那个血袜子本不太重要，但是被辩方抓住了伪造证据的把柄。6 月 14 日凌晨，两名侦探翻墙进入辛普森豪宅后在辛普森的卧室门口提取了一双袜子，其中一只上有血迹。后来，实验室专家通过 DNA 图谱的比对，认定袜子上的血迹是被害人妮科尔的血。这也是对辛普森不利的间接证据，因为他的袜子上有被害人的血，说明他和被害人有过近距离的接触。辩方对这个控方证据的质疑集中在袜子上的血痕形状。辩方专家向让陪审团看到，这只袜子的两侧都有血迹，而且形状完全一样。这说明当血染到袜子上的时候，袜子里面没有脚！血迹形状是不规则图形。如果两边的血是分别染上的，那么两侧的血迹形状不可能完全一样。如果有人把血液倒在没有脚的袜子上，血液很快从袜子的一侧浸到另一侧，凝固之后就形成了形状完全一样的血迹。另外，辩方专家指出，这只袜子上的血迹中有一种特殊的化学物质，名叫EDTA，是防止血液凝固的化学药剂。一般来说，实验室保管人的血液样本时才会加入这种化学药剂，以防止血液凝固而使用。那么，这只袜子上的血里为什么会有这种化学药剂呢？唯一合理的解释就是这些血液不是直接从被害人的身体流到袜子上的，而是有人把某个实验室保管的被害人的血液样本拿来倒在这只袜子上的。毫无疑问，这个质证给陪审员们留下了深刻的印象。

顺便说，在上述辩方质证中，李昌钰博士作为辩方专家发挥了重要的作用。而他在这世人瞩目的世纪审判中的出色表现，不仅使他在美国名声大噪，而且还名扬海外。

辩方律师充分利用了这只血袜子上的疑点。辩方律师请法庭传唤了洛杉矶警察局实验室的工作人员出庭作证。工作人员证明该实验室在现场勘查时提取并保存了两个被害人的血液样本，然后，辩护律师通过查问这些血液样本的使用情况，让工作人员承认该实验室保管的被害人妮科尔的血液样本中有些去向不明。辩护律师据此得出结论，一定是有人把洛杉矶警察局实验室保管的被害人妮科尔的血液样本拿来倒在从辛普森家提取的本来没有血迹的袜子上。这显然是一个伪造的证据。那么是谁伪造的呢？辩护律师把矛头指向了那个翻墙进入辛普森豪宅的白人侦探福尔曼。

福尔曼出庭作证是该案审判的一个高潮。在法庭上，辩护律师询问福尔曼对美国黑人的看法。检察官立即起身表示反对，说这个问题与本案无关。但是辩护律师坚持说这个问题与本案有关，因为被告人是黑人，两名被害人是白人，而这位侦探也是白人。法官支持了辩方的意见。福尔曼对这个问题的回答冠冕堂皇，他说黑人也为美国社会做出了不少贡献。但是，辩护方随后请来一位女记者出庭作证。这个女记者为了撰写一篇介绍洛杉矶警察生活的文章而采访过一些警察，包括福尔曼。在法庭上，女记者播放了她当年采访福尔曼的录音带。在那随意的对话中，福尔曼多次称黑人为“黑鬼”，而且还说了一段很有歧视色彩的话——“我最讨厌有钱的黑人，讨厌那些和白人姑娘在一起的黑人。我在路上值勤时看到黑人开着豪华轿车，旁边坐着白人姑娘，我就有气。不管他违不违章，先把他拿下，准能找出毛病来！”这些话肯定也给陪审员留下了深刻的印象。

在法庭的最后辩论环节，辩护律师夏皮罗对陪审团的陈述也很精彩。他很通情达理地说，他不认为福尔曼侦探要故意陷害辛普森，但是这位侦探有歧视黑人的心理倾向，而且特别讨厌有钱的黑人和白人姑娘在一起。在本案中，辛普森是有钱的黑人，妮科尔是白人姑娘，因此福尔曼侦探在办案时就先入为主地认为辛普森一定是杀人凶手。福尔曼认为本案中指向辛普森的证据不太充分，因此就会情不自禁地伪造了证据，把警察局实验室保管的妮科尔的血液样本拿来倒在从辛普森家提取的本来没有血迹的袜子上。辩护律师还说，虽然 DNA 检验技术是科学的，但是控方的物证检材存在很多问题。这就是说，“进去的是垃圾，出来的还是垃圾”。这些话显然对陪审团很有影响。

辛普森涉嫌杀妻案的审判是旷日持久的。对于陪审员来说，这既是体力的考验，也是精力的考验。在那 9 个月的审判过程中，先后有 8 名“首发”陪审员无法坚持，中途退场。这也证明了伊藤法官的英明。如果他在审判开始的时候按照常规挑选了 4 名“替补”陪审员，那么这次审判就会因陪审团人数不足而半途而废，无果而终。由于替补登场的陪审员多为黑人，当审判进入最终评议阶段的时候，陪审团成员中有 9 名黑人、2 名白人和 1 名西班牙裔。

10 月 3 日，这 12 名陪审员经过相当艰难的评议之后作出裁判：辛普森无罪！判决公布之后，社会舆论哗然，因为很多人都认为辛普森就是杀人凶手。不过，陪审团的无罪判决具有终局性，检察官和被害人的代表都不能提出上诉。据报道，被害人之一戈德曼的父亲就对记者说："今天，正义遭到了践踏，但是我们只能尊重陪审团的裁判！"

侵权案天价赔偿

辛普森涉嫌杀妻案的刑事审判结束之后，两名被害人的家属又提起了民事诉讼，要求法院判决辛普森为两名被害人的非正常死亡承担民事赔偿责任。按照美国的法律规定，同一个案件的民事诉讼与刑事诉讼是相互独立的，民事诉讼不是在刑事诉讼中附带进行，民事诉讼也不受刑事诉讼结果的影响。

1996 年 10 月 23 日，辛普森案的民事审判在洛杉矶法院开始。按照诉讼当事人的要求，该案也采用陪审团审判。经过法庭挑选，陪审团由 9 名白人、1 名黑人、1 名西班牙裔和 1 名亚裔（混血）组成。这场民事诉讼的争点是辛普森应否为妮科尔和戈德曼的死亡承担民事赔偿责任，其实质还是辛普森是否杀人凶手。

在 41 天的庭审调查中，诉讼双方一共传唤了 101 位证人出庭作证，其中很多都是刑事审判中的证人。与刑事诉讼的一个重要差异是被告人辛普森出庭作证。如前所述，根据美国宪法规定的不得强迫自证其罪原则，辛普森在刑事诉讼中没有出庭作证。因为在民事诉讼中不存在自证其罪的问题，所以辛普森必须出庭作证，面对原告方律师的询问。

11 月 22 日，辛普森走上了法庭的证人席。面对律师的提问，他坚决否认自己杀了人，但是他对于现场滴落血迹和他的汽车内的微量血迹等物证的解释显得软弱无力。原告律师问他是否在刑事审判之前接受过测谎审查。辛普森给出了否定的回答。

辛普森作证之后，原告律师要求传唤一名测谎人员出庭作证。被告律师对此提出了反对，但是没有得到法官的支持。这位测谎人员作证说，辛普森在刑事审判之前曾经在律师的安排下接受了测谎，但是律师后来没有公布测谎结果，也没有把结果提交法庭。据此推断，那个测谎结果一定是对辛普森不利的。虽然这位证人没有说明测谎结果，但是该证言还是对陪审团产生了影响。

1997 年 2 月 4 日，陪审团经过评议之后作出裁判：辛普森应该为妮科尔和戈德曼的非正常死亡承担民事赔偿责任，赔偿金额是 3350 万美元。据说，陪审团在评议的时候非常认真地估算了辛普森的财产。有陪审员说，辛普森杀了人却没有被关进监狱，那就一定要让他倾家荡产。该案计算的赔偿金额是 850 万美元，但是陪审团决定再追加 2500 万美元的惩罚性赔偿。就个人的民事侵权赔偿而言，3350 万美元大概也算得上“天价”了。

民事判决公布之后，被害人的家人在接受电视台记者采访时说，他们打这个官司的目的不是要辛普森的钱，就是要讨个公道。他们还说，只要辛普森现在承认自己杀死了妮科尔和戈德曼，他们可以放弃那 3350 万美元的赔偿金！根据“一罪不二审”的司法原则，陪审团的无罪判决具有终局性，因此辛普森现在承认犯罪也不会有牢狱之灾。

然而，辛普森坚持说自己没有杀人。他的律师就洛杉矶法院的判决提出了上诉，主要理由是辛普森没有得到公正审判，因为法官不应该允许原告方关于测谎问题的证人出庭作证。加利福尼亚州第二巡回区上诉法院审理之后裁定，原审法院的作法并不不当，驳回了辛普森的上诉。

1997 年 3 月 26 日，洛杉矶法院命令辛普森交出房屋等财产。7 月 14 日，辛普森的财产被拍卖，所得金额约 800 万美元。1998 年 2 月 2 日，法院把该拍卖所得分给了两个被害人的家人。不过，民事判决的赔偿金未能完全执行。主要原因是辛普森移居到佛罗里达州的迈阿密，拒绝配合加利福尼亚州法院的判决执行，而美国跨州执法的难度很大。另外，辛普森早年给自己买了很好的养老保险。虽然他的保险金额高于常人的收入，但是美国法律规定民事侵权赔偿的钱不能从养老保险金里扣除。因此，“老赖”辛普森的日子依然过得很滋润。

在美国，重大案件发生之后，往往会有人出书赚钱。辛普森案的“世纪审判”结束之后，在法庭上打了败仗的女检察官克拉克率先出版了一本书，书名是《无疑》（*Without Doubt*），获得版税 400 万美元。然后，她辞去了检察官的职务，离开法律界，在 CNBC 电视台担任了节目主持人。

在“世纪审判”中，白人侦探福尔曼的伪造证据和说假话给检控方带来了灾难。该审判结束之后，检察官对福尔曼提出了伪证罪的指控。对此，福尔曼在法庭上作出了“不争辩”的答辩，其意思相当于默认有罪。法官决定从轻处罚，只判了 1 年缓刑和 200 美元罚金。后来，福尔曼离开了洛杉矶警察局，凭借他的口才到华盛顿的一个广播电台担任了犯罪节目的主持人。他也出版了两本与辛普森案有关的书，但是销量不佳。

2006 年，在“世纪审判”的 11 年之后，辛普森终于要出书了。这部被称为“虚拟杀妻自传小说”的书名是《假如我干了》（*If I Did It*），出版商是波士顿的波弗特书局。该书的署名作者是辛普森，但真正的“写手”是巴勃罗。为了宣传这本新书，辛普森专门到电视台接受了采访。他在节目中还作出了如下“自白”：

> 1994 年 6 月 12 日夜晚，我的新朋友查理来到我家，告诉我说妮科尔的个人生活出了问题，必须加以阻止。我们驱车赶到她家。我总在车上放一把刀子，为的是防备那些“疯子”。我下车了，查理留在车内。他走到妮科尔家门口时，戈德曼也来了。我们两人吵了起来。妮科尔从门里走了出来，我们三个人一起争吵。结果，她倒在了地上，戈德曼做空手道状，欲攻击我。这时查理出现了，手里拿着那把刀。我从查理手中抓过刀——然后，我的记忆突然一片空白，下一个记忆就是自己满身是血……

节目之后，辛普森对记者说，这是他编出来的故事。假如他是凶手，这就是事情的经过，但这不是真实发生的事情。然而，该书的出版商和电视台的主持人都说，他们是要给辛普森一个向世人坦白的机会。

辛普森要出书一事遭到了美国民众的反对。有人说，辛普森杀人脱罪，还要写书赚钱，天理何在？有人说，绝不能让辛普森“得了便宜还卖乖”。于是，有人起诉到波弗特书局所在地的波士顿法院，要求法官禁止该书出版。波弗特书局坚决反对，声称要维护自己的出版自由权。双方的律师在法庭上唇枪舌剑，缠斗了将近一年。

2007 年 9 月 13 日，波士顿法院终于作出判决：波弗特书局可以出版该书，但是该书的版税收益不能交给辛普森，而应该交给被害人妮科尔和戈德曼的家人，因为辛普森还拖欠着民事判决的赔偿金。不过，就在这一天，辛普森在拉斯韦加斯被警察逮捕。

抢劫案时间巧合

2007 年 9 月 13 日，60 岁的辛普森带着五个人闯入美国"赌城"拉斯维加斯一家赌场的宾馆客房，向两名体育纪念品商贩索要财物，随后被警察逮捕。

辛普森声称自己原本是到拉斯维加斯出席一个朋友的婚礼。后来他听说有两个人要私下出售本来属于他的纪念品，包括他的"名人堂"荣誉证书、与前联邦调查局局长胡佛的合影、第一次婚礼的录像以及一些他亲笔签名的橄榄球和奖牌等，就想从那两个商贩手中要回属于他的东西。辛普森坚持说，他没有看到任何人携带了枪支。但是，警方说他们是持枪抢劫。

9 月 19 日，辛普森被提审到法院。法官询问有关情况之后，同意让辛普森保释，保释金是 12.5 万美元。该案引起了广泛的关注，因此检察官谨慎行事，准备起诉花费了一年的时间。

2008 年 9 月 15 日，内华达州克拉克县地区法院开庭审判辛普森案。检察官对辛普森和斯迪瓦特贝提出了持枪抢劫、绑架等 12 项罪名的指控。

公诉方的主要证据是一盘录音带，上面记录了案发时那个房间里的声音：一个人在喊叫，“别让任何人走出这房间……你们以为可以偷走我的东西，然后再卖给别人？”根据声纹鉴定专家的证言，这个气势汹汹、语带威胁的说话人就是辛普森。另外，录音带上还有辛普森和同伙咆哮、谩骂以及敲砸物品的声音。

检控方一共有 24 名证人出庭作证，其中包括本案的关键人物、环球珍品拍卖行的经纪人托马斯·里西奥。他得知有人要出售一些与辛普森有关的体育纪念品，就把人约到自己租住的旅馆房间，同时通知了辛普森，而且为预防出现“状况”而准备了录音。在辩护律师交叉询问时，他承认自己录音的做法“欠思考”，也承认自己通过向新闻媒体出售该录音带而得到了约 20 万美元的报酬。

两名抢劫、绑架的“受害人”商贩贝阿尔茨雷和福龙蒙在法庭上讲述了案件发生的过程。前者在辩护律师交叉询问时承认“辛普森没做错事情”，都是“‘老鼠’里西奥搞的鬼”。

4 名和辛普森一起去旅馆索要物品的人接受了检察官的辩诉交易，转化为“污点证人”，因而没有被起诉。其中，瓦尔特·亚历山大和迈克尔·麦克林顿承认自己带了枪，而后者还作证说，是辛普森让他“带家伙”去的。

辩护方的主要证据也是两盘录音带。第一盘纪录了公诉方证人瓦尔特与辛普森朋友的“语音邮件”（voicemail）。后者要求瓦尔特提供对辛普森有利的证言，瓦尔特便开价 5 万美元。此时未能成交，但是表明瓦尔特愿意为获得报酬而提供证言，因此其证言极不可信。第二盘录音带纪录了办案警察在旅馆房间休息时的谈话。其中有人嘲笑洛杉矶警察在 1994 年的“杀妻案”中没能“搞定”辛普森，而他们这次一定能“搞定”辛普森。这表明警察在调查此案的过程中带有明显的事前偏见。

在法庭的最后辩论阶段，检察官欧文斯婉转地提到了辛普森涉嫌杀妻案。他说：“辛普森的抢劫动机就是不想让那些财产转给戈德曼的家人”。在法庭调查阶段，检察官曾经要传唤戈德曼家的律师出庭作证，但是在辩护律师反对之后，法官作出了其证言与本案无关的裁定。

辩护律师贾兰特则强调检控方没有提供充分的证据，检控方的证明很牵强，根本没有达到排除合理怀疑的程度。他最后说：“在本案中，根本就没有人要查明事实真相。这个案子就因为涉及辛普森先生便有了生命力。你们知道，我也知道，在这个事件中，每个人都签了出书合同，每个人都得到了钱，但是警察和检察官所关心的只有一个：给辛普森先生定罪！”

2008 年 10 月 3 日，由 9 女 3 男组成的陪审团经过 13 个小时的评议，作出裁决，认定指控辛普森和斯迪瓦特贝的 12 项罪名全部成立，判定二人有罪。12 月 5 日，法官作出量刑决定，判处辛普森 33 年监禁，而且在 9 年之内不得假释。

辩护律师提出上诉，主要理由包括：第一，陪审员有事前的偏见，因为有五人曾明确表示不能赞同“洛杉矶杀妻案”中的无罪判决；第二，检察官在最后辩述时关于戈德曼的说法会导致陪审团的偏见；第三，法官没有允许辩护律师就公诉方重要证人瓦尔特就其职业撒谎一事进行举证，瓦尔特说自己是房地产经纪人，但是辩护方有证人能证明他实际上是卖淫团伙的经纪人。总之，辛普森在本案中没有得到公正的审判。

内华达州的上诉法院很快就作出了驳回上诉的裁定。于是判决生效，辛普森被送到内华达州洛夫洛克县的惩教中心服刑。据媒体报道，辛普森在判决后曾经向法官鞠躬表示歉意。当然，他并未承认自己有罪，只是说自己给司法机关制造了许多麻烦。也许，这确实是年过花甲的辛普森的心态。

客观地说，在这起入室抢劫案的审判中，检控方的证据确实不够充分，辩护方的质证和辩护却相当有力，但是 13 年前的洛杉矶杀人案若隐若现地笼罩在内华达法院的上空，于是就导致了有罪判决。而且，判决的日期也是巧合—— 1995 年的 10 月 3 日，辛普森在洛杉矶的法院被判无罪；2008 年的 10 月 3 日，辛普森在拉斯维加斯的法院被判有罪。这似乎要显示冥冥之中的正义！

解说和评论

1995 年，辛普森涉嫌杀妻案的审判引起了很多中国人的关注。当时，中国还处于改革开放初期，国人对美国的司法制度所知甚少。1995 年 10 月 20 日，中央电视台的“体育沙龙”播出了辛普森案的特别节目，标题是“辛普森?！”那个节目的主持人是师旭平，笔者作为嘉宾之一，讲解了辛普森案的审判过程，也回答了电视观众通过热线电话提出的问题。观众所提的问题包括美国的诉讼制度、陪审制度、DNA 鉴定，以及辛普森案件中一些具体的证据问题。[1]

有一个观众的问题在当时很有代表性。他问，根据有关媒体报道，大概 70%到 80%的美国人都认为辛普森是杀人凶手，为什么那 12 个陪审员就认为辛普森不是杀人凶手？我回答说，这首先要明确陪审团无罪判决的含义。陪审团判辛普森无罪，并不等于说那 12 个陪审员都认为辛普森不是杀人凶手，而是说，那 12 个陪审员认为辛普森不一定是杀人凶手。有人认为，案件事实总能查个水落石出，案件事实在司法人员的眼中应该是非黑即白的。其实，司法人员对案件事实的认识经常处在灰色地带，而且有些案件就是无法查到水落石出。在这种情况下，司法人员应该怎么判决？这就涉及刑事诉讼的无罪推定原则。1996 年，我国在修改《刑事诉讼法》时吸纳了无罪推定原则的精神。但是在 1995 年，无罪推定对我国民众来说还是一个陌生的概念。按照无罪推定原则，在案件事实不清的情况下，司法人员就应该判被告人无罪。换句话说，陪审员认为辛普森不一定是杀人凶手，那他们就得判辛普森无罪。这就是“疑罪从无”。

2015 年 10 月，在辛普森涉嫌杀妻案审判 20 周年之际，美国驻华大使馆邀请我到“美中说法”系列讲座担任主讲嘉宾，与主持人一起讨论那场“世纪审判”，也回答了现场观众的问题。有人问道：同样是那些证据，为什么刑事审判的陪审团判决辛普森无罪，而民事审判的陪审团却判辛普森有罪呢？我说，这涉及诉讼证明标准的问题。在美国，刑事诉讼的

1　参见何家弘编：《换位的视角——多媒体对话录》，中国人民公安大学出版社 2009 年版，第 268 ~ 281 页。

证明标准比较高，是“排除合理怀疑的证明”（proof beyond a reasonable doubt）；民事诉讼的证明标准比较低，是“优势证据”（preponderance of evidence）的证明。在辛普森案中，有罪证据没有达到刑事诉讼的证明标准，因此陪审团判决辛普森无罪，但是这些证据达到了民事诉讼的证明标准，因此陪审团判决辛普森“有罪”。不过，这里说的“有罪”是带引号的，因为民事审判的结果是辛普森应该承担赔偿责任，并不是辛普森有罪。总之，对于讨论陪审制度和诉讼证明标准来说，辛普森案确实是一个很有价值的案例。

辛普森案的审判已然成为历史，但是辛普森的故事已然引人关注。2016 年，由伊斯拉·埃德尔曼执导，由辛普森、卡戴珊、亚瑟等人参演的纪录片《辛普森：美国制造》播出。该片共有 5 集，以档案新闻画面的形式复述了辛普森的完整生涯。2017 年 2 月 26 日，《辛普森：美国制造》获得了第 89 届奥斯卡“最佳纪录片”奖。

2017 年 10 月 1 日，辛普森获假释出狱。据说，他在监狱中表现很好，是个“模范囚徒”。出狱后，他定居在拉斯维加斯。

2019 年，年过古稀的辛普森在接受记者采访时说，自己非常健康快乐，他的生活已经进入一个“毫无负面影响”的阶段。

这确是一个很有传奇色彩的人生故事。

十九、侦查实验第一案

碎木机的证明[1]

（美国）

所谓“侦查实验”，就是犯罪侦查过程中用模拟案件或事件发生时的具体条件和情况的方法来重新演示与案件有关的某一事件或现象的发生过程，以查明或证明该事件或现象是否可能发生或存在。犯罪侦查的核心任务就是要用各种证据来“重建”案件事实。虽然案件事实都是发生在过去的事件，是不能重复的。不过，侦查人员可以根据事物的发展变化规律和已知的具体条件来“人为地再现”发生在过去的事件。这种再现可以帮助人们更加准确地认识案件事实，因此，具有特别重要的证明价值。在这起案件中，侦查实验就发挥了重要的作用。

1 本案内容详见何家弘：《犯罪鉴识大师李昌钰》，法律出版社 1998 年版，第 67 ~ 92 页。

漂亮空嫂的突然失踪

在康涅狄格州有一个名叫新镇的小城市。该市倚山傍水，森林环抱，景色非常秀美。在城市北面的一条大街旁边有一栋很漂亮的大房子，房子周围都是宽阔的草坪。这里住着克拉夫兹一家。丈夫叫理查德，是东方航空公司的飞行员，曾经在美国中央情报局供职，现在还是当地的兼职警察。妻子叫海莉，是泛美航空公司的“空中小姐”，或者叫“空嫂”比较合适，因为她已经 39 岁了。他们已结婚 12 年，有两个儿子和一个女儿，大的 8 岁，小的才 3 岁，都很聪明可爱。在外人眼中，这是一个典型的美国中产阶级家庭，也是一个幸福美满的家庭。然而，这个家庭后来“名扬美国”却是因为其令人惊叹的不幸。

1986 年的冬天似乎比往年来得要早一点。才到 11 月中旬，接连两场大雪就让人感受到了天寒地冻的滋味。11 月 25 日，海莉没有按时去上班，也没有打电话请假。对于这位工作态度极佳的“空嫂”来说，这是让人甚感意外的，因为她的上班时间从来就像航班一样准确。同事打电话找到她的丈夫，但是理查德说海莉上次航班回来之后的第二天就和朋友一起外出旅行了。由于海莉以前在休班的时候也曾经这样“神出鬼没”，所以理查德根本没觉得妻子的行为有什么“不妥”，他甚至都没问妻子要和谁一起去什么地方。然而，同事打电话问遍了海莉的所有朋友，谁也不知道海莉的去向，而且谁都没有听说过海莉有外出旅行的计划。这时，理查德又说他记得妻子曾提到要回丹麦去看望其生病的母亲，因此他估计海莉是趁休班回欧洲了。但是，航空公司的人很快就通过海关记录确认海莉根本没有离开美国。

警方在接到海莉失踪的报案之后，首先询问了理查德。这位丈夫虽然心中也有些着急，但是表面上还算镇定。他认为妻子不会出什么事情，并开玩笑地说“海莉已经过了离家出走的年龄”。然后，他向警察讲述了海莉离家前的情况。

11 月 18 日下午，海莉从德国飞回来之后搭乘女友克雷茵的汽车回到家中。他们全家一起吃的晚饭，还有保姆莫丽·汤姆斯。那天晚上莫丽歇班，所以她吃完饭就外出约会去了，而且说了要很晚才能回来。孩子们睡下之后，他们夫妇在自己的卧室里聊了一会儿也就睡了，一夜无话。第二天，海莉起得很早，她说和朋友约好了要出去玩几天，所以没吃早饭就走了。理查德说他当时还躺在床上，迷迷糊糊的。早饭之后，他说这几天工作比较忙，就让莫丽带着三个孩子去相隔不算太远的祖母家住两天。

警察找到了 18 日下午送海莉回家的克雷茵。那位女子证明海莉那天确实是坐她的汽车从机场回来的，而且她看见海莉走进了自己的家门。她说海莉那天的情绪似乎不是太好，但是也可能就是有些疲劳。

警察又询问了保姆莫丽。她也证实了理查德陈述的话，并补充说她那天夜里回来时都快凌晨 2 点了，因此早上醒得比较晚，不知道海莉是什么时候走的。警察问她那天晚上是否感觉海莉有什么反常的地方。她的回答是“看上去一切都很正常”。

警察四处查找，但是没有发现海莉的一点踪迹，或者说根本就没有人知道海莉的下落。似乎那位身高约 1.75 米、就其年龄来说身材和相貌都很漂亮、脸上还总带着职业微笑的“空嫂”，就这么突然从世界上消失了，而且是无痕无迹、无影无踪。警察们觉得此事很不可思议。同时，他们的心中还有一种隐隐约约的猜疑。

私人侦探的调查结果

海莉突然失踪的消息在这个人口不过数万的城市里不径而走，传出了不少流言蜚语。在美国，这种事情是经常发生的，而且公众的“热情”对于警察工作来说总是有弊也有利。有的时候，警察听到一些“重要情报”，便去认真调查，结果却发现那不过是捕风捉影。但有的时候，警察也确实能得到一些颇有价值的情报。当然，关键的问题是警察对于市民提供的情报往往一时难辨真伪。

这一天，一位名叫戴安妮·安德森的女律师来到警察局，说海莉在不久前曾经找过她。她说海莉怀疑丈夫有了外遇，向她咨询离婚的有关事宜。她建议海莉先把事实查清，最好拿到丈夫有外遇的证据。她还建议海莉去请一位私人侦探帮忙调查。

警察根据这个线索找到了在当地开业的私人侦探基斯·梅奥。后者痛快地承认了海莉曾经请他帮忙调查丈夫的行踪，并声称他已经掌握了理查德有外遇的证据。他说，海莉给他拿来了她家的电话费账单，上面频繁地出现一个外地的电话号码，但是她不知道那是谁的。经过一段时间的调查和跟踪，他发现理查德和一个年轻女子有“关系”。于是他偷偷地拍下了理查德和那个女子幽会并拥抱接吻的照片。

11 月 12 日下午，天上下着大雨。基斯得知海莉在家休班，便打电话把她约到一个咖啡馆外的停车场见面。当海莉从自己的汽车里跑出来钻进他的汽车之后，他觉得海莉的神情有些紧张，便问道：“你想去喝杯咖啡吗？咱们最好边喝边谈。”海莉显然已经猜出了调查结果，她目光黯然地摇了摇头。

基斯拿出装着那些照片的信封，递给她，说：“你不会喜欢这些照片的。是的，正像你所猜测的一样。”海莉接过照片，默默地一张一张看了起来。她看得很仔细，眼睛睁得大大的，双唇紧闭。基斯问道：“那是你丈夫吧？”她使劲点了点头，终于按捺不住而痛哭起来。基斯没有劝慰她，而是等她自己平静下来。她哭了大约有 10 分钟，然后又愣愣地坐了一会儿，推开车门走了。离去时她的神态似乎已比较坦然，只是眼睛里还带着深深的忧伤。

基斯说自己当时很同情海莉，很想帮助她。然而，从那以后他就再也没有见到过她。大约两周之后，他听说了海莉失踪的事情。他认为这件事很值得怀疑，于是便去查找海莉的下落，但是没有发现任何线索。不过，他从克拉夫兹家那名保姆的口中了解到一些很有价值的情况。

保姆莫丽对他说，海莉“离家”之后，理查德更换了他家卧室的一块地毯，而且没说为什么；她在擦地板时还发现过一些很小的斑迹，她觉得有点儿像血迹；另外，她记得车库里本来有一个挺好的木箱，但是后来却不翼而飞了。虽然她觉得这些事情有些奇怪，但因为那都是毫无根据的猜疑，所以并没有告诉警察。基斯在对警察讲这些话的时候，语气中不无得意。最后，基斯建议警察逮捕理查德，因为他坚信海莉是被其丈夫杀害了。

海莉的一位女友也向警察提供了一个很有价值的情况。她说海莉在失踪前不久曾经在一次闲谈中说过他们夫妻关系出现了危机，还说“假如有一天我失踪了，你应该知道我一定是出事了，因为我是不会自己悄悄离去的”。该女友说，海莉非常爱她的三个孩子，她是绝不会离开孩子这么长时间的，如果她还能够回来看孩子们的话！

是啊，海莉失踪已经三个星期了。她能到什么地方去呢？如果她还活着的话，她总该与家人或朋友联系的。看来，她肯定是凶多吉少了。如果她真是被人杀害了，那么她的丈夫理查德显然是最值得怀疑的人。

不无遗憾的测谎结论

负责此案调查的马雷·奥拉丹侦探是一位年过半百的警官。他对工作的态度非常认真，有时甚至让人觉得他有些过分谨慎。他走访了理查德的一些同事和朋友，想进一步确认理查德杀妻的可能性。然而，他走访的那些人都认为理查德不仅是个能干的人，而且是个诚实可靠的人，他不仅爱自己的家，也很爱自己的妻子。

由于其他警察都主张立即逮捕理查德，马雷别无选择，只好向检察官汇报了案情，要求搜查理查德的家并逮捕理查德。其实，他内心也已经相信理查德就是杀人凶手，只不过他希望掌握更为充分的证据之后再采取行动。

大概因为理查德本人是兼职警察，所以他对警方非常配合，他甚至没有要求自己依法应该享有的“米兰达告知权利”，即在接受讯问时保持沉默和会见律师的权利。他承认自己有了外遇，并承认海莉曾经向他追问过这件事情。他说自己也觉得对不起妻子，而且已经向妻子忏悔。他还承认自己更换过卧室的那块地毯，但他说那是他早就计划要做的事情，因为海莉不太喜欢那块地毯的颜色。实际上，他趁海莉外出的机会更换地毯也正是为了向妻子表示自己的悔过之意。他坚决否认杀害海莉的指控，而且坚持说自己不知道海莉的下落。他说，也许海莉是因为生他的气而离家出走了，但他确实不知道海莉去了什么地方。

警察们仔细地搜查了理查德的家，包括房子周围那一大片仍然覆盖着白雪的草坪。然而，他们既没有找到海莉的尸体，也没有找到杀人的工具或痕迹。他们不得不承认，如果这确实是一起凶杀案的话，那它也一定是一起实施得“完美无缺”的凶杀案！

马雷此时很有些骑虎难下的感觉。连证明海莉已经死亡的证据都没有，他凭什么让检察官和法官相信理查德是杀死海莉的凶手呢？然而，他们已经采取了这么引人注目的行动，难道能灰溜溜地缩回去吗？在左右为难之际，马雷忽然想到了测谎。

按照美国有关判例所形成的规则，对被告人进行测谎审查必须得到被告人的同意。换言之，测谎必须是被告人自愿接受的，否则测谎结果就不能作为证据使用。

在本案中，侦探马雷倒不怕嫌疑人理查德拒绝接受测谎，因为那样的话，他就有正当理由指控理查德了。但是，理查德非常痛快地接受了测谎审查的建议。他说他很乐意通过测谎来证明自己的清白。马雷对此甚感意外，不过他也算找到了一个体面的台阶。

理查德神态坦然地走进了测谎室。这是一个不大的房间。里面的陈设非常简单，只有一张桌子和两把椅子。桌子上放着一台多参数测谎仪。测谎员让理查德坐到桌子右边的扶手椅上，自己则坐到对面的椅子上，开始所谓的“测前谈话”。

在测前谈话中，测谎员主要向理查德解释了测谎仪的工作原理和测谎的功能，让理查德尽量放松自己，以便得出客观准确的结论。然后，测谎员把两个有弹力的橡胶带套在理查德的胸部；把血压带缠在理查德的上臂，又把两个皮肤电触头固定在理查德的手上。测谎员调试了一会儿仪器，便开始了正式的测谎问话。

测谎员在无关问题和准绳问题中穿插着提出了下列相关问题：

“你有没有杀死你的妻子？”

“没有！”

“你有没有让别人杀死你的妻子？”

“没有！”

“你知道你妻子的下落吗？”

“不知道！”

理查德的回答痛快且坚决。测谎仪的记录笔忽快忽慢地上下移动着，在记录纸上画出了一条条高低不齐的峰状曲线。测谎员把这些问题又重复了一遍，理查德再次毫不犹豫地作出了否定的回答。测谎仪那“沙沙”的声音终于停止了。理查德被摘去了固定在身上的测谎仪触头，被带了出去。

这时，一直在外面等候的马雷急不可耐地走了进来。测谎员低着头，仔细观看着测谎记录纸上的那些曲线，还不时地用手中的尺子测量着什么。终于，他抬起头来对侦探说：“他在测谎结果表面没有超出正常范围的反应。”

“什么？”马雷似乎没有听懂测谎员的话。

“这就是说，理查德在回答那些相关问题的时候并没有说谎。”

马雷沉默了。尽管他的心里很不愿意接受这个结果，但是他别无选择。他只能放理查德回家了。那么，他下一步该做什么呢？让此案不了了之？他不甘心，也觉得对不起当地的纳税人。他必须继续去寻找海莉。无论是活是死，海莉总应该在什么地方吧？难道那么大的一个人能够一下子就从地球上消失吗？不，不可能！正如人们所说的，活要见人，死要见尸。

就在侦查工作陷入僵局的时候，警察们想到了一个可能帮助他们走出困境的人物，那就是康涅狄格州警察局法庭科学实验室主任李昌钰博士。

扑朔迷离的现场血痕

李昌钰博士收到新镇警察局协助破案的请求之后，立即带人来到新镇，并亲自主持了现场勘查。李博士认为现场勘查是案件侦破工作的最关键环节，因此他从来都对其非常重视。而且他在现场勘查中经常表现出超凡的观察能力和领悟能力。

李博士在听了简单的案情介绍并观看了克拉夫兹家的住房之后，认为现场勘查的重点是克拉夫兹夫妇的卧室。这间卧室并不太大，木板地面，只在床前放着一小块儿地毯。室内的陈设也比较简单，只有一张双人床、一个衣柜和两把扶手椅。李博士让人撤去了那块新换的地毯，然后他小心翼翼地查看了地板，但是没有发现任何可疑的地方。他又查看了衣柜和扶手椅等家具，也没有发现值得注意的地方。最后，他把目光投向了那张双人床。

这是一张很普通的双人床。木板床头，结构简单实用；低矮的床架，上面叠放着两个用浅黄色绣花布包封起来的弹簧床垫，那布的颜色已经不太鲜艳了；床上放着两套枕头，一个很大的床罩遮住了整个床，下面还有一床很松软的棉被。李博士站在床边默默地观察着床上的东西，双臂习惯地抱在胸前，右手慢慢地来回摩挲着自己的嘴唇（这是他思考问题时的一个习惯动作）。过了一会儿，他让人帮忙把床罩掀起来，仔细地查看了一番。然后，他弯着腰沿床边慢慢地走着，用搜索的目光查看着床垫的侧面。忽然，他的脚步停住了，目光定在那弹簧床垫的外端面上。

那里有一小块长条状的痕迹。说它是痕迹，其实它极不显眼，只是色泽与周围略有些不同而已。由于床垫包布本身已不太清洁，所以人们在看到这一小条淡淡的痕迹时往往都会觉得它就是一点污渍，没有什么特殊之处。实际上，李博士绝非第一个看到它的人。只不过这个在别人眼中毫无价值的东西却引起了李博士的注意。有人说，现场勘查人员必须具备伯乐识马那种慧眼，否则便不能识别那些潜在证据的价值。

李博士蹲在床边认真观察了一番，然后神态严肃地站起身来。旁边一位警察很感兴趣地问道：“李博士，你发现了什么？”

李昌钰指着那一小块痕迹说：“这个很可能会有点意义。你们看，这一小片布的颜色比周围略浅，而且可以看出一点水渍。这说明有人曾用湿的东西擦拭过。现在我们就来看看那个人想擦掉的究竟是什么东西。”他让人对存在该痕迹的物质进行了联苯胺试验，结果呈阳性反应。这证明那很可能是血迹。这确实是一个重要的发现。几位警察都很兴奋，几乎要欢呼起来。但是李博士并不以为然，因为他知道这几乎还证明不了任何问题。

他带人提取了一些被怀疑为血痕的微量物质，然后进行了一系列检验。首先，他们通过血痕种属检验肯定了那些物质是人血；其次，他们通过血型检验确定其为 O 型血，而这正好与失踪人海莉的血型相同；再次，他们通过 PGM 酶型检验证明这血痕是比较新鲜的；最后，他们又通过对血痕物质成分的检验确定那是人体内的循环血，不是月经血。这可以在一定程度上表明那血痕是人体受伤出血所留。至此，李博士的嘴角才浮上了一丝笑容。

不过，李博士对这血痕的检验并没有到此结束。他进一步研究了血痕的形态。根据他多年的血痕鉴定经验，他判断这是擦蹭血痕，而那个带血物体（在本案中很可能就是被害人的身体）在形成此痕迹时与床垫外端的擦蹭角度大概为 10 度。这就是说，这条血痕很可能是在人体倒地的过程中形成的。这对本案调查来说，确实是一个重要的突破！

勘查完卧室之后，李博士又来到卫生间。他环视一周之后，取下了那些显然在最近被人清洗过的浴巾。他颇为自信地让人拿来一些化学试剂，喷洒在浴巾上。没过多久，那三条浴巾上就显现出一片片蓝色的斑迹。李博士对那些眼睛中流露出惊奇目光的警察们解释道：“这些蓝色的部位都曾沾上过血。这说明有人曾用它擦洗过什么地方的血迹。”此时，他的头脑中已经对发生的案情有了初步的推断，只不过他还不愿意将其明确地说出来，因为在他的“案情重建”中还缺少一个最重要的环节。

案情重建的关键环节

美国的新闻记者是雷厉风行和无孔不入的。第二天，当地报纸上便出现了“克拉夫兹案已有重大突破”“海莉可能已遇害身亡”等字样。于是，又有很多人给警察局打电话报告各种各样的“案情”，弄得侦探们东奔西走，忙来忙去，却成效甚微。有的警察甚至都懒得接电话了！

不过，一位男子提供的情况确实引起了马雷的兴趣。那个男子是开道路清雪车的司机。他说在 11 月 19 日的夜里，他开着清雪车清除河边公路上的积雪。当时雪下得非常大，令他很难找准道路的边沿。就在他开车缓缓行进的时候，车灯前突然出现了一个人影。他被吓了一跳，心想什么人会在这样的风雪之夜呆在河边呢。不过，他发现那个人并无恶意，还打着手势给他指引行进方向。当他的清雪车驶过那个人的身旁时，他借着车灯的光，看出那是一个中年男子，在那个男子身后的河岸上还停着一台碎木机。当他在一个多小时后从该路返回时，发现那个男子和碎木机仍然停在河边。他当时只觉得这个男子有些怪，在这风雪之夜还跑到河边来，真是不可思议。不过，他也没太在意，说不定有人就喜欢这种刺激。后来他在报纸上看到了克拉夫兹一家人的照片，他越想越觉得那个男子很像克拉夫兹先生。这些天来，他一直在犹豫是否应该把此事告诉警察。今天见了报纸上的报道，才决定打这个电话。

马雷将这位司机提供的情况告诉了李昌钰。李博士也很感兴趣，并建议侦探们去查一查那台碎木机。此事并不困难。侦探们很快就找到当地一家专门出租各种机械的公司，而且通过信用卡查出理查德·克拉夫兹曾在 11 月 19 日至 20 日租用过一台碎木机。

这种碎木机的样子很像一辆小型垃圾车。它的一侧有一个斗形入口，另一侧有一个高高扬起的排风管形出口。人们将树枝木棍等物从入口放进去，然后机器就会将它们碾压切割得粉碎，再从另一侧的出口喷出去。当地居民经常用它来粉碎房前屋后的废弃树杈，然后用碎木块儿来养花，或者当作垃圾扔掉。

李博士得知这一情况之后很兴奋。他立即让人找来那位清雪车司机，让其带路去指认那天夜里看到那个男子和碎木机的准确地点。然后，他组织警察们全面仔细地勘查那段河岸，而且将岸坡上的积雪一点一点地融化。他告诉人们要将发现的所有物体都收集起来，无论其多么微小，也无论其看上去多么无关紧要。李博士相信他们已经找到了“案情重建”中的关键环节！

药水显现的油锯号码

尤西汤米克河边的岸坡上搭起了帐篷。许多人在那里有条不紊地工作着。远远望去，那里好像是一项水利工程的工地，也好像是一个考古挖掘的场所。这种现场勘查工作是简单的重复性劳动。人们按照排好的顺序把积雪一块一块地融化，然后把过滤出来的东西收集起来。不了解犯罪侦查工作的人很难把这种活动与现场勘查联系起来。就连那些警察和技术人员也都被这枯燥乏味的工作搞得无精打采，唯有不断传来的新收获才能给人们几乎冻僵的身体和近乎麻木的神经一点并不强烈的刺激。

勘查人员首先在积雪中找到了一个残破的信封，信封上的收信人姓名是海莉·克拉夫兹。虽然该信的内容可能与本案毫无关系，但是这信封本身就说明这个场所与海莉有一定关联。随后，人们在融化的雪水中相继找到了一些碎木片、毛发、纤维、骨头碎片、人体组织碎片，还有一小片带着指甲油的指甲、一小块儿很像牙医们镶牙用的金属片和一小块儿牙齿。东西不多，但物以稀为贵。

与此同时，警察局的潜水员也潜入水底进行搜索，结果在河床上发现了一台被拆卸开的油锯。李博士在查看了那堆油锯部件之后认为其很有问题。他指出：首先，这台油锯还很新，为什么被其主人给扔掉了呢？其次，油锯虽然被拆成了许多部分，但是都没有损坏，唯有锯身上的系列号码被人刮掉了。由此可见，这台油锯不是因为没用了而被人丢弃的，而是因为有人想隐瞒什么行为而被扔掉的。

李博士他们把现场发现的这些东西都分门别类地包装起来，然后带回了位于马里丹市的康涅狄格州法庭科学试验室。在那里，李博士首先带人仔细勘验了那台油锯的各个部分，特别是那链条状锯刀的每个连接部位。他们从上面提取到了一些微量物质，包括毛发、纤维、人体组织和血痕物质。毫无疑问，这个油锯是一个重要的破案线索。那么，接下来的问题就是：谁是这油锯的主人呢？

实验室的一位技术人员对油锯锯身被刮掉号码的地方进行了技术处理。他首先用挫刀和砂纸将该部位打磨平滑，然后涂上一种化学试剂。没过多久，那个地方就显现出一串隐约可见的数字：E5921616。有了这一号码，警察很快就根据油锯保修单上的号码查到了该油锯的主人——理查德·克拉夫兹！这使本案的调查工作又前进了一大步。

接下来，李博士带着技术人员运用先进的科学仪器对发现的各种微量物质进行了一系列检验。

他们从海莉平时使用的头发刷上提取了头发样本，然后与河边现场提取到的 2662 根毛发进行了比对，结论是二者的颜色、粗细、弯曲度和横断面形状等特征都很相似，而且都曾用同一种药水漂染过。

他们对现场找到的纤维进行了综合性物质成分分析，确认其是一种浅蓝色睡衣上的纤维。而克拉夫兹家的保姆莫丽证明，海莉最喜欢的一件睡衣就是浅蓝色的。

他们对现场提取到的人体组织和血痕物质进行了检验，确认其与海莉的血型相同。

他们又找到了海莉平时使用的指甲油，与现场发现的那一小块指甲上的指甲油进行了成分色泽等比较，确定为同一产品。

他们还请海莉的牙医对现场发现的那一小片金属和那一小块牙齿进行了辨认。该牙医根据自己给海莉修补牙齿的记录，肯定了那些东西都曾经属于海莉。

最后，他们请法人类学家对现场提取到的 56 块骨头碎片进行了研究，确定其中至少有一小块是头盖骨。

至此，无数块形状各异的图板终于拼在了一起，构成了一幅令人毛骨悚然的画面。换言之，李昌钰博士对整个案情的推断已经完成了。

推理再现的案件经过

1986 年 11 月 18 日晚上，克拉夫兹夫妇回到卧室之后，海莉谈到了理查德的外遇。海莉已经决定不再妥协了。然而，理查德也没有让步的意思。两人争吵起来。海莉让理查德从这个家里滚出去，理查德亦反唇相讥。后来，海莉觉得很疲劳，因为她毕竟刚刚结束连续多天的空中生活。她停止了争吵，换上那件浅蓝色的睡衣，准备上床睡觉。

就在她刚刚掀开床罩的时候，理查德突然抓起门边的一根棒球棍，从后面用力打在海莉的头上。海莉只是轻轻地哼了一声，便慢慢地瘫倒在床边的地板上。她的头在倒地过程中蹭到了床垫的侧端，在浅黄色的绣花布上留下了一条鲜红的血迹。

理查德愣愣地看着妻子一动不动的身体，球棍从他的手中脱落到地毯上。过了一会儿，他清醒过来，明白妻子已经死了，而他必须想办法处理尸体。他轻轻地走出屋门，见长长的走廊里静悄悄的，保姆还没有回来。他想了想，回到屋里，用床罩包上海莉的尸体，然后抱起来，沿走廊来到车库，把尸体塞进一个木箱子里。不知道是因为恐惧还是因为车库里没有暖气，他的身体不可抑制地颤栗起来。他连忙溜回卧室。

回到卧室后，他把沾有血的地毯卷了起来，放在一边，然后拿来浴室的浴巾擦洗地板上的血迹。擦完地上的血迹，他又看到了床垫侧端的血痕，便用湿毛巾小心翼翼地擦了起来。最后，他觉得自己已经消除了室内的杀人痕迹，便松了一口气，来到浴室，把浴巾洗干净，晾在铁杆上。

他回到卧室里，在窗前来回地走着。他的心中升起一丝懊悔。他觉得自己不该将妻子打死。然而，他自从踏上这条人生歧路时起，就一直有一种身不由己的感觉。此时此刻，他还能有什么选择的余地呢？忽然，他听到外面传来的汽车声。他知道是莫丽回来了，便关了灯，躺在了床上。然而，他睡不着，在黑暗中辗转反侧，苦苦地思索着……

第二天早上，他若无其事地吃了早饭，说了他已经编好的海莉外出的假话，然后让莫丽带孩子们去祖母家住几天。他照常去上班。这一天，他虽然有些心神不定，但总算没被同事看出破绽。他抽空给机械出租公司打了个电话，订租了一台碎木机。晚上下班后，他把碎木机拉回家中。

午夜时分，天上下着鹅毛大雪。街道上没有一个人影，仿佛整座城市都在风雪中沉睡了。

理查德黑着车灯把车从车库里开出来，然后拉上碎木机来到河边。他把车停好，把碎木机固定在紧靠岸边的地方。就在这时，一辆道路清雪车开了过来。他怕那司机见到路边的碎木机但旁边无人会下来查看，便没有躲起来，而是主动站在路边为其指路。

清雪车开走了。他抓紧时间行动起来。他把木箱子从自己的小货车上搬下来，取出已经冻僵的尸体。他先用油锯把尸体锯成几截，也把箱子锯开，然后把尸块混在木板和树枝中，放进开动起来的碎木机的入口。他还把碎木机的鼓风机开到最高档，以便把粉碎后的东西都从出口吹到河水之中。在碎木机那时高时低的吼叫声中，绝大部分碎片都和雪花一起飘落到水面上，随波而去了。只有极少部分碎屑落到岸边的雪地上。

那辆道路清雪车又开了回来。理查德不慌不忙地在碎木机旁边收拾着东西。清雪车过去之后，他先刮掉了油锯上的号码，然后把油锯拆卸开来，纷纷抛入河中。他最后又查看了一遍，觉得万无一失，才开上汽车拉着碎木机返回家中。他从心里感谢这场帮助他消踪灭迹的鹅毛大雪。他坚信自己做得天衣无缝，没人能够查出他的罪行，就连上帝也不会知晓……

独具匠心的侦查试验

理查德又一次被逮捕了，并且被正式指控犯有谋杀罪。由于这是美国历史上第一起利用碎木机的杀人案件，而且被告人曾经在美国中央情报局工作过，被害人又是欧洲一个名门贵族的后代，所以该案立刻轰动了整个美国。美国各地的报纸和电视新闻竞相报道了这起骇人听闻的“碎木机杀人案”。于是，这个康涅狄格州的小城市也一下子变成了美国人关注的“热点”。

理查德仍然坚决否认自己杀害了妻子。他声称这一切都是海莉精心安排的，海莉在用故意躲藏起来的方法对他的婚外恋进行报复和陷害。他相信海莉此时此刻正在一个外人不知的地方注视着这一事态的发展。他要求新闻界呼吁海莉看在他们12年夫妻关系的份上，走出来向世人说明事实真相。他还用挑战的口吻对检察官说：“你们说我杀死了海莉，那你们就来证明吧！”

李昌钰他们的科学鉴定工作仍然在继续。他深知在这种既没有直接证据也没有被害人尸体的杀人案件审判中，公诉方要想做到法律所要求的“排除合理怀疑的证明”绝非易事。因此，为了能够证明海莉确实已经被理查德杀死了，为了能够在法庭上拿出让陪审团信服的证据，他决定组织侦查实验。

李昌钰认为，案件调查的核心任务就是要用各种证据来“重建”案件事实。虽然案件事实都是发生在过去的事件，是不能重复的。不过，办案人员可以根据事物的发展变化规律和已知的具体条件来“人为地再现”发生在过去的事件。根据本案的具体情况，李昌钰精心安排了两个独具匠心的侦查试验。

第一，他让人找了一位身材与海莉相似的女警察，在与现场一样的环境内模拟海莉被人击中头部后倒地的情况。女警察头上的假血水蹭在床垫侧端，留下了与现场血痕同样的痕迹。这个侦查实验的目的是要证明现场床垫侧端上的那块血痕是被害人头部受到打击后倒地的过程中留下的。

第二，他让人从机械出租公司借来了那台曾经被理查德租用过的碎木机，又找来一只冻僵的死猪。他们把死猪混在树棍中塞进碎木机，然后把猪骨和猪肉的碎片与河边现场上提取到的那些人体碎片进行比较，结果发现二者的形状和大小都很相似。这个侦查实验的目的是要证明河边提取的那些人体碎片就是经过这台碎木机粉碎的。

李昌钰让人对这两个侦查试验的全部过程都录了像，以便日后在法庭调查的时候放给法官和陪审员看。李昌钰认为，这些录像可以在法庭上产生很好的证明效果。特别是对于那些缺乏法律知识和犯罪调查经验的陪审员来说，这种直观的图像再现往往比专家的描述性语言具有更大的影响力和说服力。后来的审判过程也证明他此言确实不无道理。

不无悬念的法庭审判

上述物证检验工作是需要时间的，这类重大案件的审判准备工作也是需要时间的。因此直到 1990 年初，理查德 · 克拉夫兹才终于被送上法庭。然而，公众对这起案件的热情并没有因为时间的流逝而消退。实际上，长时间的等待更加吊起了人们的胃口。全国各地的新闻记者纷纷来到这个小城市。报纸和电视新闻都不断地报道着审判的进程。人们出于不同的想法，怀着不同的心态，等待着审判的结果。

在整个法庭调查过程中，李昌钰博士的法庭陈述无疑是最为精彩的一幕。虽然他的英语不太标准，或者说有中国人的口音，但是他那严谨的陈述、机敏的回答、自信的神态、风趣的语言、幽默的动作，有效地弥补了他在语言方面的不足。陪审员们都全神贯注地听着他的讲解，而且还不时地发出赞许和轻松的笑声。

通过回答检察官的提问，李博士首先证明海莉确实已经死亡了。这也是公诉方证明的最关键一步。诚然，他们没有找到海莉的尸体，但那是因为海莉的尸体被粉碎了，已经不复存在了。他们找到的尸体残骸也确实很少，加在一起还不过几两重，只有一个人体总重量的近千分之一。但是，在这些残骸中有骨、有肉、有血、有牙齿、有指甲、有毛发，而且最重要的是有头盖骨的碎片。这简直可以说是“应有尽有”了，难道还不足以证明一个人的死亡吗？

然后，李博士进一步证明被告人理查德与海莉之死的关系。他列举了上文提到的一个个证据：从床垫上的血痕到浴巾上的血迹；从丢弃的油锯到租来的碎木机；从一项项检验数据到一个个鉴定结论。他带着陪审员们就像玩拼图游戏一样将那些证据组合起来，形成了一幅完整的图画。他事前准备好的那些录像帮助陪审员们对他的证明有了更好的理解。

然而，理查德仍然否认自己有罪。辩护律师则坚持说公诉方证据不足。他还特别提到了被告人的测谎结果。不过，公诉方请的测谎专家解释说，如果一个人从内心中坚信他所做的事情不会被人查出来，那么他就有可能通过测谎审查，因为他在用假话回答那些测谎问题时确实没有任何心理压力也无须进行比平常更多的思维活动。此外，他以前在中央情报局受过的训练和获得的经验也在一定程度上帮助他混过了测谎审查。

法庭调查和辩论结束后，由 11 名男士和 1 位女士组成的陪审团经过评议，一致裁定被告人理查德·克拉夫兹犯有谋杀罪。随后，法官宣布判处理查德 50 年监禁。于是，该案成为了康涅狄格州第一起没有找到完整尸体的谋杀案。

解说和评论

李昌钰博士在该案的调查和起诉中功不可没。正如该案检察官后来所说的，“如果没有李博士的工作，我们绝不可能有足够的证据去起诉理查德，更不可能说服陪审团判其有罪。”李昌钰博士在该案中的杰出表现也使他在美国名噪一时。

本案结束之后，许多记者都去采访李昌钰博士。但是，他没有大言不惭地“推销”自己，而是很谦虚地说：“很多人都以为我的手中有一个水晶球，可以通过什么魔法看到发生在过去的事情。其实我就是个普普通通的人，既不懂魔法也没有水晶球。我们破案靠的是细致的观察、认真的思考、努力的工作。而且这不是我一个人努力的结果，是我们实验室 27 名科学家和检察官及警方人员共同努力的结果。请不要忘记，我们在这个案件中的现场勘查花了整整 5 天的时间，而我们所做的各种检验和鉴定共有 5000 多个！”

从李昌钰博士的这段话中，我们可以看出他还没有学会自我吹嘘。也许他根本没想去学。他在本质上还是一个中国人！他的话里透着中国人的谦虚和踏实。

随着李昌钰的名气越来越大，其他州的执法机关在遇到疑难案件时也越来越多地找他前去帮忙。而且，这些求援往往都不是在案件侦查开始的时候，而是在侦查工作遇到不可逾越的障碍或者是在起诉工作遇到不可解决的难题之后。毫无疑问，这就更增加了他的物证检验和鉴定工作的难度。不过，从另外一个角度来说，这也为他提供了更加令人信服的证明自己能力的机会。

1997 年，当时担任法律出版社总编辑的贾京平先生邀请我写一本关于李昌钰博士的书。当时，李昌钰博士在中国的名气还不太大，介绍他的中文资料也很少。我是从 1985 年开始认识李昌钰的，对美国的犯罪侦查和司法制度也比较了解，因此贾总编认为我适合写这本书。

当时，李昌钰正好到北京讲学，我们三个人就见面商谈，确定了这件事情。李昌钰给我提供了很多资料，基本上都是英文的，包括一些录像带。我花了十个月的时间，完成了这本书的写作。在书中，我讲述了李昌钰参与查办的十个案件，也包括他的一些人生经历。1998 年，《犯罪鉴识大师李昌钰》由法律出版社出版。这应该是最早出版的关于李昌钰办案故事的中文书。

这一年，李昌钰博士担任了康涅狄格州公共安全部部长，成为美国历史上第一位担任州级警察首脑的华人。李昌钰博士退休之后，仍然活跃在法庭科学的教学、科研和鉴定工作中，而且多次回中国讲学或参加电视节目等活动，成为在中国几乎家喻户晓的“神探”。

二十、校园枪击第一案

枪支泛滥的灾难[1]

（美国）

社会上枪支太多是美国涉枪案件多的主要原因之一，而枪支管理不严又是社会上枪支太多的直接原因。但是，加强枪支管理的努力在美国步履维艰。结果，枪案死伤多就成为美国人很难摆脱的梦魇，而校园枪击案更是震惊美国社会的悲惨事件。

1　牛津中学枪击案的内容主要根据外文报纸和网络上的材料撰写，其他内容参见何家弘：《从观察到思考——外国要案评析》，中国法制出版社 2008 年版。

圣诞节的礼物

2021 年 11 月 30 日，底特律市郊区的牛津中学发生枪击惨案，造成 4 人死亡，7 人受伤。就死伤人数和社会影响来说，这堪称美国的“校园枪击第一案”。

警察赶到现场后，很快就抓获了凶手。他是该校的学生，15 岁，名叫伊森 · 克伦布利。警察在现场查获了一支半自动手枪。

警察在学校的监控录像中找到了记录伊森开枪杀人的视频，还在伊森的背包里找到一本日记，其中记述了他计划在校园开枪杀人的想法。据说，伊森曾经在学校遭到其他学生的霸凌。另外，警察在伊森的手机中也查到一些证据，包括他在 29 日录制的一段视频，其中讲到第二天要在学校枪杀同学的事情；还有他在社交媒体上发布的新枪照片，声称这是“今天刚得到的我的新美女”。

经过调查，警方得知那只手枪是伊森的父亲詹姆斯于 11 月 26 日在当地一家枪店购买的。按照密歇根州的法律规定，未满 18 岁的人不得购买或持有枪支，除非有持枪许可证和成年人的监督。购枪的第二天，伊森的母亲詹妮弗还用手机发了一条消息，声称她和儿子去靶场“试射了他的圣诞节礼物”。

在枪击事件发生之前，学校的教师发现了一些不正常的迹象。11 月 21 日，一名教师发现伊森在手机上查询弹药，就报告了学校管理人员，后者给詹妮弗发了手机短信，提请家长注意。詹妮弗没有回复学校的短信，而是给儿子发了短信，“哈哈，我没有生你的气，但是你必须学会不要被他们抓住”。

30 日早晨，一位教师发现伊森在纸上画了一支手枪、一颗子弹和一个流血的人影，旁边写着“到处都是血”“我的生命毫无用处”“思想不会停止——帮助我”。学校管理人员叫来伊森的父母，让他们在 48 小时内带伊森去接受心理咨询。父母答应了，但是没有立即采取行动。父母离开学校后，伊森被送回教室。然后，他带着枪去了卫生间。然后，悲剧就发生了。

12 月 1 日，伊森被检察官指控多项犯罪，包括 4 项一级谋杀罪。当天，他在奥克兰县法院接受了视频初审。检察官给出了指控的理由和有关的证据，但是伊森表示不认罪。

父母该当何罪

警方通知伊森的父母于 12 月 3 日下午到法院接受询问，但是二人未能到庭。警方发现克伦布利夫妇从自助取款机中提取了 4000 美元现金，担心二人潜逃，便进行搜捕。

4 日凌晨，警察在底特律东区的一座商业大楼内抓获二人。随后，检察官对詹姆斯和詹妮弗提出了“involuntary manslaughter”的指控。这个刑法术语很难翻译，国内媒体翻译为“非自愿的过失杀人罪”。但是，过失杀人罪怎么区分自愿和非自愿呢？

按照英美普通法的规定，杀人罪（criminal homicide）可以分为 murder 和 manslaughter。前者一般被翻译为谋杀罪或故意杀人罪，后者一般被翻译为过失杀人罪。其实，这两种翻译不太准确。区分 murder 和 manslaughter 的关键是看行为人有没有 malice，而 malice 的本意是恶意，在有些语境下也有预谋的含义，但是 murder 不一定都是有预谋的杀人。因此，murder 应该翻译成恶意杀人，当然也可以翻译成凶杀，但这不像法律术语，更像是文学语言。总之，把 murder 翻译成谋杀，并不准确。

试举一例：2020 年 5 月，明尼苏达州的明尼阿波利斯市发生一起警察暴力执法事件。白人警察肖万在执法过程中"跪杀"了黑人弗洛伊德。弗洛伊德垂死前呼喊"我不能呼吸"的视频被曝光后，美国多地爆发了长达数月的反警察暴力和种族不公的民众抗议活动。后来，明尼苏达州的地区检察官针对被告人肖万的行为提出了谋杀罪（murder）的指控，但是客观而言，那个警察在行为前应该没有杀人的预谋。

再举一例：2021 年 11 月 9 日，中国留学生郑少雄在芝加哥大学附近遭枪击身亡。案发后，当地警方接到一个手机店的报案，有人来店里卖了一部手机，大约 100 美元。经查，那部手机就是郑少雄被抢走的手机。警方调取手机店外的监控录像，查到了一个黑人青年及其汽车。警方通过那辆汽车找到 18 岁的黑人奥尔顿 · 斯潘。奥尔顿被捕时身上有两把手枪。经警方专家检验，其中一支就是杀害郑少雄的手枪。随后，奥尔顿被检察官起诉一级谋杀、持武器抢劫和两项非法使用武器罪。在这个案件中，奥尔顿作案的主要目的是抢劫，很难说他是预谋杀人，但是他的行为属于恶意杀人（murder）。

把 manslaughter 翻译成过失杀人，也不准确。manslaughter 有两种：一种是 voluntary manslaughter，一种是 involuntary manslaughter。前者也是故意杀人，例如，丈夫回家发现妻子与人通奸，立即拿出枪来杀死了奸夫。这就是 voluntary manslaughter。这显然是故意杀人，因为这位丈夫是故意剥夺了奸夫的生命，但这不是恶意。因此，与恶意杀人罪相对应，我们应该把 manslaughter 翻译为非恶意杀人罪。那么，voluntary manslaughter 就是自主性或自愿性的非恶意杀人。按照我国刑法的规定，这应该属于故意杀人。而 involuntary manslaughter 是非自主性的非恶意杀人，譬如交通肇事致人死亡。这相当于我们所说的过失杀人，或者过失致人死亡。

这两个名词确实很拗口，但是可以帮助我们更准确地理解这两个概念。顺便说，manslaughter 这个词本身就不好听，因为其英文的本意是“屠杀人”或“屠人罪”。因为这些概念比较难懂，容易导致混乱，所以美国一些州的法律已经进行了改良，不再使用 malice 来划分 murder 和 manslaughter，或者使用故意杀人（intentional homicide）和过失杀人（negligent homicide）等在其他国家普遍使用的刑法概念。

在这起牛津中学枪击惨案中，检察官对伊森父母的指控就是非自主性非恶意杀人罪，或者说是过失杀人。检察官认为，克伦布利夫妇为儿子买手枪作为圣诞礼物，却没有尽到监管责任，即使在接到学校管理人员警告的情况下也没有采取必要的行动。他们是枪支的拥有者，却放任一个未成年人随意使用枪支去杀人，这就等于他们间接地实施了杀人行为，尽管这杀人不是自主性的，也不是恶意的。总之，他们应该对杀人后果承担刑事责任。[1]

子女管教是世界各国的父母面临的共同难题。父母生育了孩子，就有了教育和监管的义务，但这事确实不容易。当然，父母可以从孩子身上获得很多快乐和幸福，但是管教孩子也会带来很多烦恼和痛苦。特别是七八岁到十几岁的孩子，真不

1 在本书写作之时，这个案件的审判还没有最终结果。

好管。累心费力不说，还得斗智斗勇。美国人主张“放养”孩子，甚至让孩子在丛林法则下锻炼生存能力。这就会产生很多问题。孩子干了坏事，怎么办？父母肯定要承担一定的责任。但是，让父母承担刑事责任，而且是杀人罪，这是否合理，值得讨论。

枪支泛滥成灾

美国人的枪多，是世界闻名的。而美国人的枪多，是有历史原因的。北美殖民地的早期移民就有枪，因为他们要用枪来猎杀野兽，也杀害印第安人。因此，很多美国人都认为持有枪支是他们的基本权利。南北战争期间，很多美国人都拿起武器参加战斗。战争结束后，他们便把枪带回家，要自己保卫自己，于是，社会中的枪支数量大增。后来，美国西扩，西部牛仔“两支手枪打天下”的形象更加强了美国人对枪的热爱。有市场，就有生产和销售，于是美国就有了数量众多的枪支生产厂和武器销售商，也就有了大批购买枪支的人。社会中的枪多，枪案就多，惨死于枪下的人也就多。

1990 年，我在美国西北大学法学院学习期间，曾经去拜访了芝加哥警察局刑侦处的处长汤森德。他对我说:“社会上泛滥成灾的枪支和毒品是我们警方面临的两大难题，而前者具有更大的危险性。我们的枪支管理太松！只要有钱，小孩都能买到枪。上星期就发生了这么一个案子——一位太太用儿童车推着年仅 6 个月的女儿在街上走，突然飞来一颗子弹打中小孩的头部，送医院也没救活。后来查明那子弹是两个 16 岁男孩打的，他们说在试枪，就好像在试一种新玩具！”他还送给我一本刚刚编印的《芝加哥警察局 1989 年杀人案件分析报告》。

按该书中的数据，1989 年芝加哥的杀人案件为 742 起，杀人案破案率为 72.78%。在这 742 起杀人案中，使用枪支的 433 起，使用手枪的 411 起。1989 年，与青少年有关的枪杀案件呈上升趋势。这表现在两个方面：其一是凶杀对象中青少年数量增加，未满 21 岁的被害者 189 人，比 1988 年增长了 92.86%；其二是杀人凶手中青少年数量增加，未满 21 岁的凶手 219 人，比 1988 年增长了 67.18%。在这 219 个凶手中，20 岁的 44 人，19 岁的 39 人，18 岁的 45 人，17 岁的 51 人，16 岁的 24 人，15 岁的 12 人，14 岁的 4 人。枪杀案凶手年轻化的趋势引起了社会各界的普遍忧虑，因为未成年人手中持有枪支本身就是对公众安全的巨大威胁。[1]

芝加哥是一个“以犯罪闻名”的城市，我们看过的一些电影和电视剧中就有描写芝加哥匪帮和黑手党的故事。1990 年，我从美国回到北京，当时国内刚刚热播了一部名为《罪恶的芝加哥》的电视剧，因此有朋友便问我在芝加哥有没有被人抢劫的经历。我回答说，其实在芝加哥的大部分地区都是很安全的，按照美国人的说法，只要你不在“错误的时间”到“错误的地方”去，就没事儿。

1992 年 8 月，我第二次赴美学习，又来到芝加哥。我发现芝加哥的暴力犯罪仍在增长。1992 年，该市共有 940 人被

1　参见何家弘：《毒树之果——美国刑事司法随笔》，中国人民公安大学出版社 1996 年版，第 318 ~ 320 页。

罪犯杀死，其中有 651 人死于枪下。在 1992 年，芝加哥市每千名居民中受暴力犯罪侵害的为 30.3 人，被评为美国第四个最危险的城市，而排在前三名的是亚特兰大（40.2 人）、迈阿密（38.9 人）和圣路易斯（33.4 人）。在芝加哥市内，最危险的街区是其南部的文特沃斯和西部的哈里森，千名居民中受暴力犯罪侵害的人数分别为 88.2 人和 84 人。从 1985 年到 1991 年，芝加哥的暴力犯罪率增长了 62%。

1992 年 11 月，芝加哥发生了一起使美国人那已近麻木的心灵又一次受到震动的中学校园枪击事件。20 日上午 10 点，蒂尔登中学的 1600 名学生正在课间休息，走廊里站满了学生。这时，一个男生从 207 教室出来，突然拔出手枪。向人群开了四枪。有的人应声倒地，有的人吓得趴到地上，学校里乱成一团。开枪者趁乱逃出了学校。

当学校的管理人员和武装警卫赶到现场时，发现一个名叫德兰迪恩 · 劳森的男学生被打死了；另有两名学生受伤，其中一个名叫钦 · 韦尔森的男学生身中两弹，伤势严重。随后，警卫人员在学校后面的一栋小楼后边抓住了开枪人—— 15 岁的黑人学生约瑟夫 · 怀特。

死者德兰迪恩也是个 15 岁的黑人学生。他的父母离婚了。由于他母亲有吸毒的习惯，所以他先由他的姨妈监护，后来又与他父亲生活了一段时间。就在死前两星期，他回到了母亲身边。他很愿意跟母亲住在一起，因为母亲每天开车接送他上学，而且有时还让他开车。他和很多同龄人一样，喜欢游戏机、篮球和比萨饼，有时也说一些“街头青年”的“术语”。不过，学校的老师们都认为他是一个很老实的学生。

他母亲琳达 36 岁。她说她一直很担心儿子的安全，因为儿子居住的地区不太好，所以她要开车送儿子上学。她知道中学生被打死的事情时有发生。她说，自从 7 月以来，她的儿子每月至少要参加一两次朋友的葬礼。她一直认为学校里是比较安全的，但是她儿子却死在了学校。

确实，中学生被枪杀的事件在芝加哥不足为奇。但是此事居然发生在学校内，而且是上学期间，所以美国人才感到震惊。事件发生之后，很多人都指责该中学缺乏必要的保安措施。然而，该学校有武装警卫和铁栅栏，教学大楼的人口处还有类似机场安全门使用的那种金属监测器。但是该监测器只是偶尔抽查时使用，而 20 日那天恰好没有开启。芝加哥市市长说:“他们（该中学的管理人员）必须认识到应该每天开启监测器。就像在联邦办公大楼和刑事法院，开启了监测器，带枪的人就进不去了！”

也有些美国人不同意这种指责。他们认为，现在中学的保安设备已经和监狱差不多了，因此不能仅指责学校，而应从整个社会找原因。有人在报纸上感叹道：德兰迪恩的悲剧就在于他出生并成长于“错误的时代和错误的地区”！[1]

枪支管控难题

在一些重大的枪击惨案发生之后，美国社会就会掀起要求

1 参见何家弘:《从观察到思考——外国要案评析》，中国法制出版社 2008 年版，第 273 ~ 282 页。

禁枪的浪潮，一些政治家也会提出立法建议，但是这些建议在国会的讨论往往是只开花不结果。国会议员在投票表决时首先要考虑各自选区的利益，其次要考虑各自政党的立场，再次要考虑其背后的利益集团的需求。禁枪还是拥枪，往往也会成为一些政治家吸引选民的议题。

牛津中学枪击惨案发生之后，美国又有一些国会议员呼吁要加强枪支管控。但是，也有议员公开宣扬拥有枪支的权利。2021 年 12 月 4 日，肯塔基州的国会众议员托马斯 · 马西就在推特上发布了一张“持枪全家福”，一家七口合影，每人手拿一枪，旁边的文字写道:“圣诞快乐！圣诞老人，请带上弹药。”由此可见，在美国禁枪，绝非易事。

在美国，枪支管控是个“老大难”问题。美国的枪支管理主要依靠购枪登记制度，即购枪者需要出示自己的身份证件，而卖枪商店应把其证件号码和枪号记录在案备查。然而，由于社会上购买枪支的途径多且杂，存在许多没有登记甚至根本没有枪号的“黑枪”，所以枪支买卖实际上处于失控的状态。用一位警官的话说:“只要有钱，小孩都能买到枪。”不过，美国各州的规定亦不尽同。例如，加利福尼亚州的法律禁止出售一些杀伤力大的半自动枪，而且规定购枪人在登记买枪后必须等待 15 天才能得到其买的枪，人们称这段时间为“冷却期”。

应否加强枪支管理是美国社会中一个长期争论不休的难题。有人主张加强枪支管理甚至完全禁止私人买卖枪支；有人主张拥有枪支是公民的自由甚至反对任何对买卖枪支的限制；还有人提出了各种不同的改革方案，其中最有名气的当属“布雷迪议案”。

1981 年 3 月 30 日下午，美国首都华盛顿响起了震惊世界的枪声。一个名叫约翰 · 辛克利的男青年开枪刺杀里根总统。当时，身为总统新闻秘书的詹姆斯·布雷迪就在旁边，因此中弹受伤。伤愈之后，他只能坐在轮椅上生活。1988 年，他向国会提出了“布雷迪议案”，要求在全国实行购枪前 6 天“冷却期”的制度。这个“冷却期”有两个功能：其一是防止购枪者在激情下去行凶；其二是使警方有时间查清购枪者有无精神疾患和犯罪前科。然而，该议案在国会以 228 票反对和 182 票赞成被否决了。

在美国，反对加强枪支管控的主要力量是全美步枪协会。该协会成立于 1871 年，现有 280 万会员，美国前总统小布什也是该协会的会员。

1989 年 1 月 17 日，帕特里克·爱德华·波迪华身穿战斗服，手持一支 AK-47 半自动步枪，闯进加利福尼亚州斯达克顿市一所小学教室内，疯狂射击，打死 5 名学生、打伤 29 名学生和 1 名教师，然后开枪自杀。

这起案件发生后，美国社会舆论哗然，公众纷纷要求加强枪支管理。迫于社会压力，时任总统的小布什颁布了一项禁止进口外国制造的杀伤性武器的命令。不过，这项行政命令只禁止进口如 AK-47 半自动步枪等武器，并不禁止国内生产和销售同类枪支。

1990 年 6 月初，布雷迪又发起了推动国会通过“布雷迪议案”的运动。他坐在轮椅内，由妻子萨拉推着他，向国会宣读了一份声明。他说：“我每天都生活在肉体的痛苦和精神的痛苦之中。而我绝非唯一遭受这种折磨的美国人——还有数十万美国家庭遭受了与我相同的命运。对此，国会绝不应无所作为。”萨拉也四处奔走，宣传禁枪运动。她说：“目前国会中同意作该议案发起人的议员人数已经从原来的 105 人增至 145 人。”不过，布雷迪夫妇都承认，他们的议案很难通过。

与此同时，全美步枪协会也采取了反制行动。1990 年 6 月 9 日，该协会在加利福尼亚州召开大会，共有数千人参加。与会者又一次强调了公民持有枪支是联邦宪法第二修正案赋予公民的一项基本权利，并宣称要坚决反对国会通过任何限制枪支买卖的法律。全美步枪协会不仅代表了枪支持有者的利益，也代表了武器生产和销售商的利益。

美国的枪支买卖市场规模很大，而且不断增长。1980 年，美国共有 11.3 万个军火商人；到 1993 年，这一数字增长到 28.7 万人。在美国获得一个军火商的执照非常容易。颁发执照的机关一般仅对申请人进行简单的背景调查，然后收取 10 美元的注册费即发给营业执照。联邦参议员保罗·西蒙感叹地说：“现在获得一个军火商执照就像获得驾驶执照一样容易！”美国有很多军火商人没有固定的营业场所，就在自己家中做军火生意或者把枪放在汽车后备箱中在街上推销武器。有人称他们为“餐桌军火商”或“街头军火商”。从这些军火商手中购买枪支确实是易如反掌。

军火工业在美国的国民经济中也占有重要地位。除了供应军队和向外出口，美国的军火生产商每年还要向本国市场投放数百万支步枪、手枪和滑膛枪。此外，美国每年还要进口很多枪支。据联邦烟酒火器管理局公布的数字，美国在 1992 年共进口步枪 1400 万支、手枪 98 万支、滑膛枪 44.2 万支。这么多枪支流散在社会上，必然会有很多罪犯加以利用。据烟酒火器管理局公布的数字，美国的涉枪犯罪案件在 1986 年大约为 290 万件，1987 年大约为 210 万件，1988 年大约为 400 万件，1989 年大约为 400 万件，1990 年大约为 320 万件，1991 年大约为 370 万件。因此，主张加强枪支管理的美国人称社会中失控的枪支是美国犯罪率高的“罪魁祸首”。

然而，美国那些反对加强枪支管理的人认为，正因为社会中暴力犯罪非常猖獗，所以市民才有权利用枪支来保卫自己，例如，单独居住的人可能需要枪支来对付入室抢劫或盗窃的罪犯，深夜下班坐地铁的人也可能需要枪来护身。他们认为，加强枪支管理只能增加好人买枪的困难，并不能限制坏人得到枪支。他们说："问题不是社会中枪支大多，而是罪犯太多。"

一般来说，执法机关和司法界人士都主张加强枪支管理。例如，美国警长协会及各州的警长协会就是禁枪派的主要组织。他们认为：虽然枪支可以作为公民自卫的手段，但是在现实生活中，枪支更多地被用作犯罪的工具。因此，要想加强社会治安，必须加强对枪支的管理。不过，警察机关对禁止枪支买卖的态度也不完全一样。

1990 年 5 月，马萨诸塞州的曼森市发生了一件非常奇怪的事情——该市警察局公开向社会拍卖了 49 支不同种类的枪。在这些枪中，有的是没收来的，有的是警察捐献的。该警察局的这一作法自然受到了多方面的批评。马萨诸塞州警长协会主席雷曼德 · 麦肯对此深表遗憾，并希望曼森市警察局没有把枪卖给有犯罪危险的人。美国手枪控制协会的发言人格兰 · 菲茨格拉尔德指出："警察局向社会出售枪支，这真具有讽刺意味！"面对这些指责，曼森市警察局长解释道："我们需要这笔钱来弥补我们的经费不足。再说，社会上的枪很多，增加这几十支算不了什么。枪是不会自己去杀人的！"[1]

1993 年 8 月 11 日，美国总统克林顿在白宫的玫瑰花园里

1 参见何家弘：《从观察到思考——外国要案评析》，中国法制出版社 2008 年版，第 253 ~ 259 页。

宣布了他的“严格枪支管理和加强警察力量”的打击犯罪计划。他要求国会制定法律来限制国内生产的杀伤性武器的销售，还命令禁止杀伤性手枪的进口。他对来自全国各地的执法人员代表说：“任何其他国家都不会容忍在街上昂首阔步的匪徒们装备着比警察更好的武器。为什么我们能容忍？我们也不应容忍。我们必须改变这种状况。”他还要求国会尽快通过“布雷迪议案”。他说：“只要国会通过，我立即就签字。我们没有任何理由再延迟一天行动！”

然而，在美国的政治体制下，政府在这些涉及不同利益集团的问题上往往是说起来容易做起来难。克林顿以前的几任总统都曾提出过打击犯罪的计划，但结果都成了国会中两党斗争的牺牲品。面对克林顿的建议，参众两院对“布雷迪议案”采取了不同的态度。参议院司法委员会主席约瑟夫·比登提议单独讨论该议案；众议院司法委员会主席杰克·布鲁克斯则坚持要把该议案作为一个综合性打击犯罪议案的一部分加以讨论。虽然这从表面上看只是个技术性问题，但却有可能导致完全不同的结果。此外，民主党和共和党都提出了自己的打击犯罪议案。出于两党竞争的需要，双方的议员都从不同角度向对方的议案提出挑战。虽然“布雷迪议案”在 1994 年终于被国会通过了，但是人们对它在打击暴力犯罪中的实际效用持怀疑态度。即使是支持该议案的人也认为不容乐观，因为在美国人手中大约有各种枪支 2 亿支！虽然一些城市的警察机构和主张禁枪的人采取用玩具、艺术品、计算机等物品换取枪支的方法来收集市民手中的枪支，但是面对社会中流散的 2 亿支枪，这些措施只能产生“象征性”的效果。

此外，美国实行的是“三权分立”的政治制度，司法系统可以推翻行政机关和立法机关的决定，而这就为枪支管理增加了更多的障碍。仅举一例：美国国会在 1990 年颁布了《校区禁枪法》，规定市民不得在离校园 1000 英尺的范围内携带枪支；后来又在 1994 年颁布了《学校禁枪法》规定任何带枪进入学校的学生都将被勒令停学一年。但是联邦最高法院在 1995 年 4 月的一项裁决中宣布《校区禁枪法》违宪——违反了宪法赋予美国公民的自由和权利。虽然时任美国总统克林顿立即向国会提交议案，要求重新确定《校区禁枪法》的效力，但是最高法院的裁决显然是对美国禁枪运动的一个重大打击。

解说和评论

2018 年 3 月 24 日，美国各地数百个城市举行了大规模的“禁枪大游行”。据 CNN 报道，仅华盛顿的游行人数就达到 80 万。[1] 游行者们举着各种自制的标语牌，高呼口号，要求加强枪支管控。针对近期频发的校园枪击事件，一些中学生在街头或电视台发表演说，要求在校园内全面禁枪。还有人呼吁就枪支管控问题举行全民公投，但是并未得到广泛的响应，因为美国人已经习惯于精英代议的民主模式，即由国会通过法律来决定国家大事。然而，禁枪在美国是一个“老大难”问题。

1　2018 年 3 月 24 日，我正在田纳西州的孟菲斯市参加“美国洗冤大会”。我不仅在电视节目中看到了华盛顿等地的游行盛况，而且近距离观看了孟菲斯市有数千人参加的“控枪游行”。

虽然在一些重大的枪击惨案发生之后，社会上都会掀起要求禁枪的浪潮，政治家们也会提出一些立法建议，但是在国会的讨论往往是有花无果。

美国民众在禁枪问题上的意见确有很大分歧。有人主张加强枪支管控，有人主张完全禁止私人买卖枪支，有人主张拥有枪支是公民的自由，有人反对任何对买卖枪支的限制，还有人提出了各种不同的妥协方案。另外，国会议员们还要考虑各派利益集团的意见。以美国步枪协会为代表的“拥枪派”和以美国警长协会为代表的“禁枪派”，都会在国会寻找“代言人”，并竭尽全力使己方意见成为“国策”，但往往会转化为两党之争且难得妥协。这也从一个侧面展现了美国议会民主制度的缺陷。

二十一、弹道重建第一案

黑豹党枪击惨案[1]

（美国）

1990年，我在美国西北大学法学院学习时曾经在芝加哥“见习”巡警工作。我大概是第一个坐美国警车巡逻的中国人。6月1号，库克县警察局的布莱克伯恩警官开车带我来到芝加哥西区的西曼罗街，停在一栋蓝灰色二层小楼前。他说：“这就是大名鼎鼎的西曼罗街2337号。1969年的黑豹党枪击案就发生在这里。”

1 本案内容详见［美］阿尔弗雷德·刘易斯：《血痕弹道指纹探奇》，何家弘译，群众出版社1991年版，第62～90页；另可参见百度百科中关于“黑豹党”的词条，网址：https://baike.baidu.com/item/%E9%BB%91%E8%B1%B9%E5%85%9A/2417002?fr=aladdin，最后访问时间：2022年3月12日。

凌晨的激烈枪战

1969 年 12 月 4 日凌晨，芝加哥西区的西曼罗街上爆发出一阵激烈的枪声。附近的居民从睡梦中惊醒。虽然这里的人们已经对“夜半枪声”司空见惯，但是如此密集的枪声仍使很多人胆战心惊。

第二天，当地的电视台和报纸都报道了这起警察与黑豹党人的枪击事件。在枪战中，两名警察受伤；两名黑豹党人被击毙，另有两名黑豹党人伤势严重。死者之一就是弗雷得·汉普顿主席。还有三名黑豹党人被捕，包括汉普顿的女友约翰逊，她当时已怀孕八个月。

黑豹党否定了马丁·路德·金的非暴力斗争原则。他们以自卫为理由公开携带枪支，并声称无论警察何时向他们开火，他们都会就地还击。黑豹党吸引了许多优秀的黑人青年，汉普顿就是其中之一。他天资聪明，曾立志学习法律。后来，政治热情使他失去了学习法律的耐心，并放弃了成为一名律师的理想。1967 年，他住进了芝加哥的黑人区，加入黑豹党，并很快担任了伊利诺伊州分会的主席。

然而，黑豹党在美国社会中的名声并不好。政府官员对其更是深恶痛绝。当时的美国副总统阿格钮曾称他们为“一伙无法无天的犯罪分子”。联邦调查局长胡佛曾指出：“在黑人极端主义分子的暴力组织中，黑豹党无疑构成了对国内安全的最大威胁。”联邦司法部长助理莱纳德则用最简洁的语言表明了尼克松政府的态度——“黑豹党人就是一群暴徒，我们必须铲除之！”

在 12 月 5 日的新闻发布会上，库克县的爱得华·汗拉汉检察官指责那些黑豹党人残酷且不宣而战地袭击了正在依法执行搜查任务的警察。他称赞其警员在执行任务中表现出“良好的判断力、高度的克制力和组织纪律性”。他还介绍了事件背景情况。12 月 2 日，一个不愿透露姓名的知情人给检察署打电话说，在西曼罗街 2337 号有一个黑豹党人的非法军火库。汗拉汉就决定动用其麾下的特别起诉行动队，成员都是他亲自挑选的警察和侦探。

执行此次行动的突击队由 15 名警察组成，队长是格罗兹警官。他对记者说，他把队员分为三个梯队：第一梯队入室搜查，其中 5 人进前门，2 人堵后门；第二梯队部署在两旁的楼顶上；第三梯队在街上警戒。

格罗兹带着四名警察从前门进入楼道。通向黑豹党人居住的那套房子的房门锁着，格罗兹便敲了敲门。里面有人大声问：“谁在敲门？”格罗兹便声明自己是警察并带有搜查证。这种问答重复了几次，但始终无人开门。格罗兹便让人把门撞开，进入门厅。里面还有一扇关着的门，但没有锁。正当他们开门时，一声枪响，子弹破门而出。他们立即冲了进去。屋里漆黑一团，他们打开手电筒，被迫自卫还击，房间里子弹横飞。格罗兹命令对方停火并接受检查，但是黑暗中有一个声音高喊要“干到底！”格罗兹说：“他们一共有六七个人在开枪。枪战持续了大约 10 至 12 分钟。我看双方一共打了得有 200 枪！”

枪声停止之后，警察清查现场发现两名死者——克拉克在起居室，手中拿着一支滑膛枪；汉普顿在卧室床上，头部中两弹，左肩中一弹，他右手旁的地板上有一支自动手枪，床上还有一支滑膛枪。警方在那套房子里一共查获了 13 支枪。对于 9 名黑豹党人来说，这些枪并不算多。参加这次行动的 15 名警察一共带了 28 支枪，包括一挺机关枪、5 支强力滑膛枪和一支截短枪把的滑膛枪。

枪击事件发生后不久，芝加哥警察局犯罪实验室的现场勘查车就来到了西曼罗街 2337 号，不过，他们的现场勘查只是走走形式而已。警方带走了现场的幸存者、拉走了尸体和枪支弹药，然后就把现场弃之不管了——既没有留人在门口守卫，也没有在门上贴上警方的封条，似乎他们毫不关心现场那大量的物证。不过，这极不寻常的疏忽为黑豹党人提供了勘查现场的机会。

月光下的福尔摩斯

应黑豹党人的邀请，几名民权律师来到西曼罗街 2337 号。查看之后，他们认为需要找一名法庭科学专家来勘查现场，于是就找到了颇具传奇色彩的赫伯特 · 麦克唐奈。此人是纽约州一家玻璃厂的化学家，但是对法庭科学很感兴趣。从 1958 年起，他就开始以法庭科学家的身份向当地的执法机关提供咨询和鉴定服务，他还发明了后来在世界上广泛使用的显现潜在手印的磁性粉末刷。不过，他的职业仍然是工厂的化学家，因此，人们称他是“月光下的福尔摩斯”。

12 月 8 日，安德罗律师陪同麦克唐奈来到西曼罗街 2337 号。麦克唐奈从房门开始仔细勘察现场。房门上没有子弹洞。那悬吊在门上的锁表明这门是被人从外面撞开的。进此门后是一个小门厅，门厅的另一端有一扇门通向起居室。麦克唐奈在门上找到了那个由克拉克的滑膛枪子弹造成的弹洞。一个不太长的走廊把起居室和后面的房间连接起来。麦克唐奈向里走去，右边有一个卫生间，左边有一间小卧室。事件发生那天夜里，这间屋内的三个黑豹党人都受了伤。麦克唐奈沿着走廊继续往里走。走廊的终端是餐厅，餐厅的右边是厨房，左边的一扇门通向两个套连在一起的卧室。外面一间堆满了杂物，里面一间是汉普顿的卧室。那张很大的双人床上布满了血迹。

安德罗律师说："警察显然从告密者那里准确地知道了汉普顿睡觉的地方，他们甚至还知道汉普顿有头冲床尾一方睡觉的习惯，于是大多数子弹都集中在床尾一边而不是床头一边。汉普顿的头部中了两枪。"

麦克唐奈在现场巡视一圈之后，回到门口，开始检验物证。他打开自己的工具箱，取出了一些丝绳、钢丝和塑料吸管，以便重建现场弹道。在第一道房门处，他只是简单地查看了一下被撞开的门和门锁，便进入了门厅。他搬开了墙边的折叠床和衣物，借助手电筒的光亮仔细地查看着墙面和天花板。他停了一下，回过身来对安德罗说道："这里开始有点意思了！"

在门厅通向起居室的门边墙上有一个滑膛枪的弹洞。通过观察，麦克唐奈认为其射击距离不会超过 12 英寸。他在该弹洞下方墙角处的尘土中发现了两块填料和一些 12 号滑膛枪子弹的弹丸，然后又在弹洞里找到了更多的弹丸。他知道警察携带的武器中有一支锯短了把的滑膛枪，他认为很可能是手持这支滑膛枪的警察因精神紧张而走火打在了墙上。不过，在证明警察与黑豹党人谁先开枪的问题上，这些证据没有什么价值。

麦克唐奈开始察看起居室门上据信由克拉克开枪造成的那个弹孔。由于那颗子弹从屋里穿门而出后，没有击中门厅里的任何人，所以在这门厅里一定还有它的弹着点。他拿着手电筒，在该门对面的墙上仔细地查找着，并且很快就在那墙角距天花板约 18 英寸的地方发现了一个弹洞。弹头穿过墙壁后，击中了通向楼上那套房子的楼梯。经楼上住户同意后，麦克唐奈便上去查看。

他慢慢地走上楼梯，在手电光下仔细查看左边的扶手墙，很快就找到了那个弹孔的出口。然后他又转向右侧的墙壁，用手轻轻地在墙面上摸索着，就像盲人在读盲文书一样。他的手指在与左边墙上弹孔出口相对但稍高的地方摸到了一个洞。仔细查看后，他发现这只是弹着点，弹头既没能穿透墙壁，也没能留在墙壁内。他弯下腰去查看地面。这楼梯大概有很长时间没人清扫了，所以地面上积了厚厚的一层尘土。他在尘土中找到了一个大号滑膛枪的铅丸，那是从克拉克的枪中射出的。

可以看见的弹道

麦克唐奈又回到起居室的门边，更加仔细地查看门板的每一个部位。虽然警方报告说这门上只有一个弹孔，但是他却找到了第二个弹孔——就在那个大弹孔旁边有一个小弹孔。也许警方的现场勘查人员根本就没想去找这第二个弹孔。麦克唐奈对此甚感兴趣。仔细查看后，他确认那是 0.38 英寸口径转轮手枪子弹留下的，而且是近距离射击。如果这一枪是警察在门厅向起居室内打的，那么弹头在穿透门后应在起居室的另一面墙上留下弹着点或弹孔，除非它在室内飞行过程中击中了某人的身体。

麦克唐奈快步走到门对面的墙边，认真查看。他在地面向上约 30 英寸处发现了一个直径约为 1 英寸的小洞。他小心翼翼地用一把小细刀查探洞内，弹头没能击穿墙壁，但是他在洞内没有找到弹头。他觉得很奇怪，便趴在墙边，鼻子几乎贴到墙上，在手电光下查看洞内。

麦克唐奈在弹孔下面紧挨着地板的部位挖下来一块墙皮，然后把手从那洞口伸到墙里面去，摸索了一会儿，取出来一个很小的金属物体。他很满意地说道："一颗非常精致的 0.38 英寸弹头！"

安德罗律师问道："你怎么知道它会在那里呢？"

"当我观察弹洞时，我发现这墙的石膏墙皮与里面的墙体是分离的。根据我的建筑知识，这墙皮和墙体一定是用木板条隔开的。子弹头穿过了石膏层，但无力击穿墙体，所以就落了下来。了解这一点，弹头就不难找到了。"

麦克唐奈在放大镜下观察那颗弹头。他观察到弹头底部有很多木纤维。他确信那是从门板上带来的，而这就进一步验证了这颗子弹是警方从门厅隔门射入的推断。

安德罗看着麦克唐奈，那目光表明他想知道对方的发现。麦克唐奈解释说："我的新发现证明在事件开始阶段有两颗弹头穿过了起居室的门。一枪是克拉克打的，另一枪是警察打的。我下一步要解答的问题是谁先开的枪。这个问题显然要难解得多。"

"你能找到答案吗？"

"我将尽力而为。好，咱们再到楼梯那儿去看看吧。"

来到楼梯上，麦克唐奈首先把一根长丝绳固定在克拉克射出的那颗子弹的最后弹着点处，再用细钢丝把丝绳穿过楼梯和墙上的弹孔，然后他又回到门厅里。

在门厅里，他把那根从弹孔处垂下来的丝绳拉到门边并从那个大弹孔中穿进去。他走进起居室，慢慢将门拉开，直至他可以把那丝绳拉成一条直线。这是一条向下斜的直线，他把丝绳一直拉到地板上并固定在那里，其位置就在克拉克曾坐过的那把椅子后面。此时丝绳笔直，而屋门几乎呈大开的状态。

他说：“这丝绳再现的就是克拉克那一枪的弹道，而他开枪时房门就处于这种位置。”

麦克唐奈又回到起居室门边去查看那个警方留下的小弹孔。这个 0.38 英寸子弹的弹孔在中间那块门板的左上方。他把自己的手指摆成枪的样子指向该弹孔。他发现该警察当时的姿势不是一边开门一边开枪，因为他不能从左边开枪的同时又从右边开门。根据弹孔的情况分析，该警察当时可能把身体藏在门左边的墙角里，以便躲避可能从室内射出的弹头，然后向室内开枪。

根据警方的陈述，门是由戴维斯打开的；当时格罗兹在其左边；戴维斯冲进室内之后才开枪，并且打伤了布兰迪，打死了马克。由此可见，那颗穿透门板的 0.38 英寸子弹很可能是从格罗兹的枪中射出的。

麦克唐奈的发现有助于推断警方在袭击开始时的行动，但是本案中的关键问题仍未解决。究竟是谁开的第一枪呢？看来麦克唐奈不得不在回考宁之后再解答这一问题了。他转身对安德罗说：“你得制作一张本套房子的平面图。图要精确，不能有误差，因为我要根据它来分析谁先开的枪。图画好之后必须尽快送到考宁来，越快越好！”

麦克唐奈回到起居室内。来到隔开起居室和 3 名受伤黑豹党人睡觉的小卧室的那面墙前。墙上弹洞累累，他数了一下，共有 45 个弹孔，其中有些显然是用手提机关枪打的。根据调查。当时只有警方带有一挺机关枪。再说，黑豹党人也绝不会朝那个方向开枪。

麦克唐奈来到通向厨房的小走廊，仔细查看这间小卧室的房门。门上有二十多个弹孔。根据弹孔形态判断，这些枪都是从该卧室内射向走廊的，从而证实了警方的陈述，即他们进入走廊时受到了室内 3 名黑豹党人的猛烈枪击，然后他们才还击并打伤了对方。

麦克唐奈缓缓地查看走廊的墙壁和该卧室对面的浴室门及浴室里面。令他不解的是，他没有找到一个弹孔或弹着点。那么这二十多个从卧室内射出的弹头都跑到哪里去了呢？它们既没有打中走廊中的警察，也没有打中这小小走廊中的任何物体。

这扇门是朝内开并面向把该卧室与起居室隔开的那面墙。麦克唐奈慢慢地把门推开，发现那门挡住了墙上的许多弹孔。他数了数被门挡住的弹孔和门上的弹孔，二者都是 25 个。他点了点头，似乎明白了一件重要的事情。

他回到起居室，在他带来的东西中找出了一盒干净的塑料吸管，又抓起一把神秘的细钢丝，走到那间小卧室的隔墙边。他在墙上那 25 个与门上弹孔相对应的弹孔中各插了一根塑料吸管。由于吸管细于弹孔，所以它们不会破坏弹孔形状或改变弹孔角度。然后，他又在每个吸管内插上一根钢丝，并使它们都进到墙的另一侧。

麦克唐奈在所有的塑料管内都插了钢丝之后，便走出起居室，来到小卧室。他把钢丝一一拉出来并使之穿过门上相应的弹孔，于是，这些钢丝便明确地再现了射击弹道。毫无疑问，这些弹孔不是黑豹党人从卧室内向外射击造成的，而是一名警察从起居室内隔墙射击造成的。在敞开的门对面的墙上和壁橱上，麦克唐奈毫不费力地找到了相应的弹着点，从而完全证实了他的推断。他转向安德罗说道：“在枪击时这个门是完全打开的，这些子弹都是从起居室射进来的。”

安德罗只是下意识地点了点头。

麦克唐奈继续说道：“根据我所看到的枪弹痕迹，我可以说没有一枪是从这间屋子里打出去的。”

安德罗似乎这才明白了麦克唐奈的话中之意，他连忙问道：“你愿意就此出庭作证吗？”

“当然可以，只要我没有发现与此结论相反的证据。再有，你看这些弹孔——”他用手中的一根钢丝指着门对面墙上的另外一些弹着点说：“这些子弹一定是从门口射进来的。总之，有大量弹头飞进了这间卧室，但没有一颗弹头从室内飞向室外。”

据此，麦克唐奈重建了事情经过——警察冲到这间卧室门口时，那两名黑人青年只叫醒了迪伯拉，没能叫醒汉普顿，他们三人便躲到了门后的墙边，因此在枪击中，他们均未受伤。当时房间里黑着灯，但是大多数子弹都准确地射向了床尾一边，即汉普顿的头所在的位置。看来安德罗的分析不无道理，这位律师可以为其政治谋杀的推断提供颇为有力的间接证据。而且，那位告密者显然是非常了解黑豹党活动及汉普顿生活习惯的人。

谁开的第一枪

不过，本案的关键之谜尚未解开。究竟是谁先开的第一枪呢？麦克唐奈把那块有两个关键弹孔的起居室门板拆了下来，准备和几枚重要弹头一起带回考宁。在他的家中，他将花费更多的时间来研究这些物证。

安德罗告诉他暂时不要把手头的证据情况告知他人。麦克唐奈点了点头并提醒律师说：“别忘了尽快把那精确的现场平面图给我寄来。离开它，我的工作无法完成！”

回到考宁之后，麦克唐奈利用自己的一切业余时间在工厂实验室或家中进行了一系列有关的科学实验。虽然他不停地抱怨说家中没有一个合适的实验室，但他还是完成了自己要做的事情——他可以证明现场那数以百计的弹头都是从警方的枪中射出的，只有从克拉克的滑膛枪中射出的那个弹头是例外。

在接到现场平面图后，他便着手解答本案中最后但也是最难的一个问题——谁先开枪射穿了起居室的门？他对门板上两个弹孔的形态进行了分析，然后在现场平面图上标出那两枪的开枪点和弹着点，再以三点连线的方式确定子弹穿过门板时那门的位置。他发现，小弹头穿过门板时，那扇门的开角大约为30°，而大弹头穿过门板时，那扇门的开角大约为60°。根据警察的陈述，他们进入门厅时，那扇门是关闭的，他们推开门时枪响了。因此，在那两个弹头穿过门板时，那扇门处在由关到开的运动过程，而开角较小的弹道就应该是第一枪。后来，麦克唐奈精心绘制了现场图，说明是警察打了第一枪。

麦克唐奈的勘验结果为黑豹党人的辩护提供了证据。它证明检察官手下的警察没有在报告中讲实话。警察先开的枪，他们很可能是开着枪冲进屋内的。黑豹党人中只有克拉克还了一枪，而他已经为此付出了自己的生命。另外那一百多发子弹都是由警察打的，而黑豹党人根本就没有机会进行自卫。

律师后来还查明，那两名受伤的警察都是去堵后门的，结果一人被警方的流弹击中，一人被碎玻璃扎伤。

大陪审团的偏见

事件发生后，汗拉汉检察官决定对 7 名存活的黑豹党人提起公诉。1970 年 1 月 6 日，库克县成立大陪审团调查该案，主要任务是查清黑豹党人在此次事件中有无违法行为，从而决定是否对那几名黑豹党人提起公诉。1 月 16 日，麦克唐奈到大陪审团作证，讲述了自己的现场勘查报告。虽然他的意见有理有据，但是大陪审团不愿意接受辩护方专家的观点。1 月 30 日，大陪审团决定对 7 名黑豹党人提起公诉，指控的罪名包括非法持有武器、暴力抗法和杀人未遂。

与此同时，联邦司法部长米切尔在民权组织的压力下成立了一个联邦大陪审团，调查该事件中警察有无侵犯民权的行为。麦克唐奈又被传去作证。他在证人席上整整讲了两天，详细解释了他所发现的全部物证，并说明这些物证只能得出一个合理的结论，即警察先开了第一枪，而且在整个枪击事件中，黑豹党人只开了一枪。联邦大陪审团承认麦克唐奈的现场勘查报告对查明本案事实做出了贡献，但是也说其证言是“出于想象的”，是“为辩护服务的”。

联邦大陪审团在其调查报告中指出：“执法人员在本案中的行为确有不当之处，使公众有理由怀疑其工作效率甚至怀疑其可靠性。”但是该报告也严词指责了黑豹党人，说他们“最关心的就是损害警察的声誉，而不是正义得到伸张……革命组织希望执法系统瘫痪。”联邦大陪审团宣布他们没有发现黑豹党人的民权受到侵犯的事实，因此，他们不能对警察在此案中的行为提出指控。

这一事件引起了社会的广泛关注。麦克唐奈的现场勘查结论得到了黑豹党人的宣传，也得到了联邦调查局专家的认同。

1970 年 5 月 8 日，检察官汗拉汉迫于舆论压力而从库克县法院撤回了对那 7 名黑豹党人的指控。

检察官撤诉之后，那 7 名黑豹党人及克拉克和汉普顿的亲属以其民权受到侵害为由向汗拉汉检察官及其他 28 名政府官员提出民事诉讼，要求赔偿 4770 万美元。1982 年 11 月，诉讼双方达成和解协议，被告方同意赔偿 185 万美元。

解说和评论

美国民权运动的领袖马丁·路德·金主张非暴力斗争原则。黑豹党人不认同这个原则，信仰暴力革命。他们声称，无论警察何时向他们开火，他们都会就地还击。黑豹党吸引了许多优秀的黑人青年，汉普顿就是其中之一。此人天资聪明，不仅学习好，还是个体育明星。他曾立志学习法律，当一名民权律师，但后来对政治产生了浓厚的兴趣，就加入了黑豹党，并成为该党伊利诺伊州分会的主席。

黑豹党在美国以白人为主的社会中名声不好。政府官员对其深恶痛绝。就是在这样的社会背景下，芝加哥发生了这起黑豹党枪击案。

1982 年，由于内部分裂，黑豹党宣布解散。不过，其影响依然很广泛。2009 年 12 月 4 日，黑人社群在芝加哥举行了“黑豹党惨案”40 周年纪念会。汉普顿当年的女友约翰逊参加了该纪念活动，“最后的诗人”组合之一哈桑也参加了集会。2018 年漫威影业拍摄的好莱坞大片《黑豹》在美国获得空前好评。这部主打黑人英雄牌的电影，被认为是对“黑豹党”的纪念。

2020 年 5 月，美国的一名白人警察“跪杀”黑人弗洛伊德的事件引起广泛关注，美国各地都爆发了“黑人的命也是命”的抗议示威活动。在美国，种族歧视问题由来已久而且根深蒂固。黑豹党人汉普顿在半个世纪前就说道:“那些所谓的执法官员绝不会停止其包括种族灭绝在内的一切暴行，因此，我们必须进行武装斗争！”2020 年 9 月 18 日，洛杉矶发生了激烈的警民枪战。据说，与警方对阵的就是黑豹党成员。

二十二、完美谋杀第一案

重返杀人现场[1]

（美国）

著名华裔神探李昌钰于 1938 年出生在中国江苏省如皋县的一个乡绅家庭。他随父母于 1939 年迁至上海，于 1944 年移居台湾。1960 年，李昌钰毕业于台湾警官学院，随后到台北警察局工作。后来，他为了妻子宋妙娟到马来西亚工作数年，又于 1965 年携妻子来到美国，开始了边打工边学习的生活。1974 年，李昌钰在纽约市立大学获得生物化学硕士学位。次年，他又在该大学获得了生物化学的博士学位。毕业后，他来到康涅狄格州的纽黑文大学刑事司法系担任教师，并且在该校创办了一个法庭科学实验室。1979 年，他离开纽黑文大学，来到康涅狄格州警察局实验室担任首席法庭科学家，后来又担任了该实验室的主任。由于在轰动一时的“碎木机杀人案”等案件中有出色表现，他成为在美国颇有名气的法庭科学家。本案是李昌钰博士参与的一个精彩案例。

1　本案内容详见何家弘：《犯罪鉴识大师李昌钰》，法律出版社 1998 年版，第 93 ~ 172 页。

两个受伤的男人

1984 年 2 月一个星期五的晚上，美国南部路易斯安那州的海港城市新奥尔良市沉浸在一片欢乐祥和的气氛之中。周末的夜晚是警察们最为紧张的时间。据统计，在美国各大城市的暴力案件中，有一半以上都发生在周末的晚上。

此时，新奥尔良市警察局的通讯指挥中心里格外繁忙。一位黑人女警察接到报案，一个男子声音沙哑地重复说道，“你们快派人来！”

女警员记下报案人的姓名和地址之后，立即派巡警赶到利奇伍德街 2234 号。进屋后，警察看到门内那狭长的走廊墙边半坐半卧地倒着一名男子，他手边的地上放着一支步枪。

此人名叫凯利 · 迈厄斯。他的脸上有几块伤痕，身上的衣服也破了，带着不少血迹。他的右手扶着左臂，脸上带着痛苦的表情。他对警察说：“我的胳膊被打伤了，可能是骨折了。”

“那个人呢？”

“跑了！让我给赶跑了，我捅了他一刀。”

“他用什么打的？”

“棒球棒。”

“还有人受伤吗？”警察的话音还没落，又有几位警察赶到现场。他们把凯利扶到走廊里面的客厅，然后去查看其他房间，结果在起居室里发现一具女人的尸体，还在一间卧室里发现一个躺在地上昏迷不醒的男孩子和一个坐在高高的婴儿椅内独自玩耍的女婴。凯利在听说儿子受伤时，发疯般冲了过去，两名警察费了很大力气才把他拦住。

急救车和现场勘查车很快来到现场。急救人员把受伤者送到医院，技术人员则开始勘查现场。

这是一座南北狭长的平房。房前有一个离地面一米多高的木平台和一个封闭式门廊。门廊里面有一道门，进门后就是一条细长的走廊，门边放着一个长方形茶几，上面有花瓶和托盘等物。沿走廊往里走，先经过一个半开放式客厅，里面有一个长沙发、一个双人沙发、一个躺椅和一台落地式电视机，还有茶几和玻璃百宝柜等家具。再往里面是一间起居室和三间卧房。起居室里摆着桌子、书柜、扶手椅等物。三间卧房则分别是主人卧房、孩子卧房和客人卧房。走廊的尽头是厨房、杂物房、浴室和卫生间。厨房里有一个后门，通向房后的花园。

当警察进行现场勘查的时候，这个房子里显得格外凌乱。墙上、地板上、家具上，到处都是血迹；椅子歪在一边；台灯掉到了地上。现场很乱，但是现场勘查工作在有条不紊地进行着。一名负责现场照相的警察从门口开始，按照有关的要求，一张一张地拍着。几名现场技术员则分别勘验着现场的尸体和各种痕迹物品。

侦探文森特·拉米亚在睡梦中被值班员叫醒。听说在他的辖区内发生了重大杀人案件，他连忙开车赶到警察局。在听了巡警的案情介绍之后，他来到询问室，见到了左臂上缠着绷带的受害人凯利。

此时已经是第二天的凌晨了。文森特给凯利端来一杯咖啡，然后坐到凯利对面的椅子上，拿出一台小录音机，说："迈厄斯先生，你现在愿意谈谈案件的情况吗？"

"愿意。"凯利的声音不大，脸上带着痛苦和困惑的表情。

"你不介意我录音吧？"

凯利摇了摇头。

文森特按下录音机的录音键，先说了日期和被询问人的姓名，然后让凯利讲述事情的经过。

凯利说："昨天我下班回家，一推门就看见比尔站在我家的走廊里……"

"你是说你认识那个凶手，是吗？"

"是的。"

"他叫什么名字？"

"比尔·方坦尼尔。"

"你们认识多久了？"

"实际上，我们是老朋友。我们从上中学的时候就开始在一起打棒球了。"凯利眯上眼睛，一边回忆着，一边断断续续地讲道。

> 我们经常在一起打球。比尔的身体虽然不是特别强壮，但是他很聪明，很会动脑筋，所以大家都很喜欢他。中学毕业以后，我们都没上大学，分别找了工作。虽然我们干的工作不一样，但我们仍然在一起打球，而且都成了我们这支球队的主力，在当地也算有点儿名气。后来我们都成了家，我妻子和他妻子也因为我们而成了好朋友。比尔这人不爱多说话，但是他对朋友很真诚，实心实意的。那几年，我们的生活都挺紧张，又得工作，又得打球。不过，我们都很喜欢打球。我们还说呢，我们要一直打到50岁，甚至60岁。谁想到……嗨，这事儿还得从去年的一天谈起。那天下午，我们又在一起打了棒球。打球的时候，比尔就一直闷闷不乐的样子。我们问他出了什么事情，他不说话。打完球后，我们说一起去喝啤酒。他却突然发火了，冲着我们大喊大叫的。我们从来没见过他那个样子，当

时都愣了。比尔自己开车走了。我们都有些扫兴，就分别回家了。我总觉得比尔有些不对头，不放心，晚饭后就到他家去找他。进门后，我见只有比尔一人在家，便问他老婆和孩子去哪儿了。他叹了口气，说回娘家了。我问他出了什么事儿。他沉默了很长时间才说，他老婆在外面有了相好的，那个孩子也可能不是他的。我听了之后并不觉得惊讶，因为我知道他们夫妻关系本来就不好。我问他知道那个男人是谁吗。他摇了摇头。我说你先把事情查清楚再说。他低着头不说话。我又劝他对这种事情别太认真。他生气了，说你别站着说话不腰疼。我觉得不好再说什么，就起身告辞了。

凯利说话时一直侧着头，看着窗外，此时才回过头来看着文森特。文森特用简洁的语言问道："后来呢？"

后来……比尔一直没来和我们一起打球。我给他打过几次电话，他不是说没时间，就是说没情绪。过了几个月，我听说比尔的老婆带着孩子走了。我连忙去看比尔。到他家一看，只见他正在疯狂地挥舞着球棒砸家具。电视机、台灯、玻璃柜，都被他砸碎了。我见他喝了酒的样子，连忙上前抱住他，夺下他手中的球棒。他趴在我的肩上，竟然像孩子般地痛哭起来。我很理解他当时的心情。我知道任何语言的安慰都是多余的。他不哭了，我扶他坐到沙发上。那天晚上，我默默地陪他坐了很久才回家。第二天，我打电话找他，没找到。他没在家，也没去上班。又过了一个多月，我们正在球场练球，比尔突然来了。我们见到他都很高兴。但他不是来打球的，而是来向我们告别的。他说他在加利福尼亚找到一份工作，明天就走。我们都说应该去喝点儿，给他送行。但是他说还有别的事情，就走了。当时，虽然他的脸上带着微笑，但我们都看得出来，他的心里很痛苦。

说到此，凯利轻轻地摇了摇头。“他是什么时候又回来的？”文森特问。

就是星期三的下午。我们照常在球场练球。忽听有人说，那不是比尔吗。我们回头一看，果然是比尔站在铁丝网外面。我们都走了过去，纷纷跟他打着招呼，开着玩笑。大家问他在加利福尼亚干得怎么样。他说还不错。大家又问他这次回来住多久，能不能一起打场球。他说过几天就得走，但是愿意和大家再打一次球。第二天下午，我们一起打了一场球。打完之后，我俩坐在球场边的长椅上休息。我看他好像有什么话要对我说，就问他是不是出了什么事情。他犹豫了一会儿，有些不好意思地问我能不能借他点儿钱。我看了看他的样子，估计他肯定是遇到了难处，就没有问他为什么，点了点头。不过我身上没带现金，而且我还要到别的地方去办点儿事情，就让他到我家去找珍妮特拿。我让他告诉珍妮特是我同意的。他笑了笑，就走了。那天晚上，珍妮特对我说了比尔来借钱的事情。我们还谈论了比尔的处境。我们都很同情他，但是我们也帮不了他的忙。

昨天下午，我完工比较早，开车到家时大概还不到 4 点钟。我把车停在房子旁边的车道上，下车走上门前的台阶。我发现房门没有锁，心中有些诧异。但是也没有多想，就推门走了进去。一进门，我看见比尔拿着球棒站在走廊里，吃惊地问："比尔，你怎么在这里？"但是他二话没说，抡起球棒就冲我打来。我慌忙用左手去挡，结果那球棒重重地打在我的胳膊上。我顾不上疼痛，连滚带爬地向客厅跑去。比尔仍在追我。我觉得比尔一定是发疯了。我当时只想保住自己的命，就拼命去拿客厅墙上挂着的步枪。但是比尔一棒把我打翻在地上。我不顾一切地向他扑过去，把他顶倒在沙发上。我们扭打在一起。但是我的左胳膊疼得很厉害。我拼尽全力，最终还是被比尔按在了地上。我放弃了反抗，平躺在电视机前的地毯上。比尔站起身来，拿着球棒，瞪着我。我闭上眼睛，休息了一会儿，然后说，"比尔，你怎么啦？出了什么事情？如果有什么难处，你尽管说出来，我一定会尽力帮助你的。"

比尔坐到沙发上，仍然握着球棒。我突然想到了珍妮特，就抬起头来冲着里面叫她的名字。但是比尔马上站起身来，举起球棒，恶狠狠地对我吼道："闭嘴！要不我就打死你。"我意识到珍妮特可能出了事儿。我问比尔："你是不是杀了她？"比尔没有回答。不过，我从他的眼睛里已经看出了答案。我的心里非常痛苦。我没有想到我在这个世界上最好的朋友竟然会对我干出这种事情。我伤心地说："比尔，如果你已经杀了珍妮特，那你就必须连我一起杀掉，因为我会成为不利于你的证人。"比尔又举起了球棒，让我闭嘴。我看得出来，他很是心烦意乱。

我又闭上了眼睛。我不明白比尔为什么会变成这样。我觉得这一定是到了世界的末日，我只能听天由命了。比尔又坐到沙发上，而且不时地嘟囔着。他一会儿说他得杀死我，一会儿又说他该回家了。

时间不知不觉地过去了。外面都黑了。我想去解手，就对比尔说，我要上厕所。开始他不同意，后来他同意了，但是不许我关上厕所的门。他押着我向走廊后面走去。我进了厕所。他在门口站了一会儿，说要去喝水，就进了厨房。我解了手，走出来，见他在喝水，就轻轻推开旁边的房门，想看看珍妮特究竟怎么样了。这时，我看见比尔冲了过来，手里还拿着一把厨刀。我忙向后一闪，然后用头把比尔撞倒在地上。我的右手拼命扭住他拿刀的左手，任凭他用右拳猛击我的身体。终于，他手中的刀子掉到了地板上。我一下子抓起刀，猛地捅进他的身体。血水从他的手指缝里流了出来。我们都愣了一下，然后他跌跌撞撞地向门口跑去。我犹豫了一下，追了出去。他已经跑下平台。我冲着他的背影喊了两句，然后回到房子里。我锁好房门，然后来到起居室，看到了珍妮特的尸体。我便急忙给警察局打了电话。

这时，电话铃响了。文森特关上录音机，拿起话筒。电话是警察局指挥中心打来的。对方告诉文森特说在本市的另一家医院里发现了一位身负重伤的男子，很可能与迈厄斯夫人被杀案有关，让他赶快去一下。文森特看了凯利一眼，放下了话筒。他对凯利说他必须去执行另外一项任务。

那天晚上，在新奥尔良市的另一家医院里，值班大夫和护士正在为一位发烧的病人做检查。突然，一个男子晃晃悠悠地从门口走了进来。他的双手捂着自己的肚子。血水已经染红了他的胸襟和双手。他吃力地举起一支手，冲着大夫和护士摇了摇，嘴里嘟囔了一声，便扑倒在地上。

大夫和护士听到声音，急忙跑过去，见来人面色苍白，浑身是血，立刻推来一张病床车，把他抬上去，快速推到急救室抢救。大夫发现他的左腹部和后背各有一处刀伤，虽然都没有伤及要害器官，但是失血较多，所以造成了休克。大夫在采取了必要的抢救措施之后，立即给警察局打电话，报告了这里发生的事情。

一位巡警很快来到医院。他见受伤者处于昏迷不醒的状态，便向医生询问有关情况，但是医生对这个受伤者的身份和受伤原因都一无所知。巡警向警察局总部做了简单的汇报。总部让他守候在医院，一旦受伤者清醒过来，立即问清有关情况，再报告总部。巡警坐在急救室的椅子上，不时地把目光投向受伤者那张带着痛苦表情的脸上。

夜深了，没有病人，医生和护士都回到各自的房间里休息去了，医院里万籁无声。巡警坐在急救室的椅子上昏昏欲睡。突然，躺在急救床上的受伤者挪动了一下身体，把挂在床边架子上的输液药瓶带得晃动起来。巡警被这一点轻微的声音惊动了，抬起头来，只见那受伤者的眉毛紧皱着，嘴唇不停地颤抖，似乎是要说什么。巡警连忙起身走到床边，俯下身去，问道：“你要说什么？你叫什么名字？你是怎么受的伤？你知道是谁刺的你吗？”

受伤者的眼皮动了动，似乎是在竭力睁开眼睛，但是未能做到，于是他吃力地点了点头。

“你知道刺你的人是谁？他叫什么名字？”警察又问。

受伤者的嘴唇抖动着。

“他叫什么名字？”巡警焦急地追问道。

“凯……凯利……迈厄斯。”

“他住在什么地方？”

“……”受伤者又昏迷了过去。

警方查明，此人就是比尔·方坦尼尔。经过一番调查取证之后，警方认为方坦尼尔就是到凯利家行凶的人，于是把案件情况报告了新奥尔良市的州检察官办事处，后者很快就决定对方坦尼尔提起公诉。因为这起案件的当事人都是当地小有名气的棒球运动员，而且案中存在很多谜团，所以引起了当地媒体和公众的广泛关注。

无可奈何的流审

1985 年 6 月，新奥尔良市的州刑事法院开始审理方坦尼尔涉嫌杀人案。主审法官名叫鲁迪·伊森。陪审团席内坐着 14 位男士和女士，其中正式陪审员 12 人，候补陪审员 2 人。公诉律师席上坐着助理检察官勒布朗和一位助手。辩护律师席上坐着律师尼克和被告人比尔。凯利则坐在后面旁听席的第一排中央。一些新闻记者也坐在旁听席上。

法官宣布开庭之后，首先由公诉律师勒布朗向陪审团做开场陈述。他走到法庭中间，郑重地向法官鞠了个躬，然后面向陪审团声音平和地说道：

“陪审团的女士们和先生们，我现在获准作为公诉人向你们进行所谓的开场陈述。我认为我有义务向你们说明一点，那就是我在这里要说的话并不是本案中的证据——我们律师说的一切都不是证据。证据只能来自于本案中的证人和各种展示物品。在本案中，公诉方的证人将首先把你们带回到一年多以前的那个令人一想起来就会不寒而栗的夜晚，让你们看到那位善良可爱的年仅 26 岁的女子是怎么被人残忍地杀害的。然后，公诉方的证据还将进一步向你们证明谁是杀害这位女子的凶手。你们将看到凶手那沾满血迹的球棒，你们将看到凶手那沾满血迹的衣裤，你们还将看到这些令人惨不忍睹的现场照片。我真不忍心让你们看这些照片。但是我又不得不让你们看，因为这是你们的责任。你们都是本市最正直的居民。你们绝不会容忍本市一位善良可爱的女子被人这么冷酷无情地杀害而不给那杀人者以应得的惩罚。我们已经找到了那灭绝人性的杀人者。他现在就在这法庭里。他的名字就是比尔·方坦尼尔。而且，他还是那位被害女子丈夫的最好朋友。这真是一场人生悲剧！我相信你们在听完所有证据之后，不仅会毫不犹豫地判定谁是杀人凶手，而且会对人的本性产生许多痛苦的思考。谢谢你们！”

勒布朗走回自己的座位之后，伊森法官慢吞吞地说道：“在公诉方的开场陈述之后，辩护方也可以进行开场陈述。当然，辩护方并不必须这样做，因为按照这个国家的法律规定，刑事案件的举证责任完全在公诉一方。那么，诺里亚先生，你是否愿意……”

“我也说几句吧，法官阁下。我叫尼克·诺里亚，在本案中代理被告人比尔·方坦尼尔先生。”尼克猛地站起身来，边走边说地来到陪审团席的前面。“女士们和先生们，我想我没有必要告诉你们公诉方在本案中能够证明什么或者不能证明什么，因为你们完全有能力自己做出判断。我只想提醒你们一句，当你们听到什么的时候，你们还应该想一想你们没有听到的是什么；当你们看到什么的时候，你们还应该想一想你们没有看到的是什么。有人说，如果一个辩护律师想在审判中获胜，那他就别让被告人在法庭上接受检察官的交叉询问。不过，我在此郑重宣布，我将让方坦尼尔先生出庭作证，因为只有他才能告诉你们那天究竟发生了什么。事实非常简单：方坦尼尔先生没有杀害任何人！”

公诉方的第一个证人是凯利·迈厄斯。他神态庄重地坐在证人席上。勒布朗先让他介绍了他与被害人和被告人的关系，然后把话题引到案件。凯利皱着眉头，讲述了他曾经向警察讲述的事情经过。

勒布朗检察官结束了对凯利的提问之后，辩护律师尼克出人预料地放弃了对凯利进行交叉询问的权利。不过，他在随后那几天的法庭调查中对公诉方其他证人的态度则毫不宽容。他用刁钻甚至尖刻的问话迫使包括文森特侦探在内的几位警方证人承认他们在现场勘查和提取物证等工作上存在疏漏。例如，他们说不出现场照片上反映出来的一些手印是什么人留下的；他们不能否认被告人衣服上的血迹在转送和保管过程中有互相擦蹭沾染的可能；他们甚至不得不承认现场有些部位的血迹他们根本没有提取。

为此，汉塞尔检察长把勒布朗和文森特叫到办公室训斥了一番。他怒不可遏地吼道：“你们知道这件案子引起了公众多大的关注吗？你们当然知道。你们只要看看法庭里那些记者就知道了。可是，你们这活儿是怎么干的？怎么出了那么多漏洞？我告诉你们，你们必须想办法把它们堵上！”

然而，他们三个人的心里都很清楚，这些漏洞是很难堵上的。那些话已经给陪审员们留下了很深的印象，这是谁都无法改变的事实。他们只能把希望寄托在方坦尼尔的身上，希望能在他的陈述中找到致命的漏洞。

公诉方举证结束后轮到辩护方举证。尼克律师用平和的口气对法官说："阁下，请容许我传辩方证人方坦尼尔先生出庭作证。"法庭里响起一阵骚动的声音。连日的审判已经吊起人们的胃口，大家都想听听这位被公诉方描绘成恶魔的被告人如何解释那天发生的事情。

比尔站起身来，不慌不忙地走上证人席，宣誓之后，坐在椅子上，等候律师的提问。尼克靠在陪审团席的围厢上，让比尔向陪审团介绍了自己的姓名等基本情况，然后问道："你已经听到了凯利所讲的事情经过。他说的是事实吗？"

"不，事情根本不是像他所说的那样。"

"根本不是像他所说的那样！"尼克一字一句地大声向陪审团重复了比尔的话，然后对比尔说："那就请你向陪审团讲一讲事情的真相吧。"

比尔看了看陪审员们那一张张全神贯注的脸，又瞟了一眼旁听席上那面无表情的凯利，声音有些局促地说道：

> 凯利讲的前一半还差不多，只是我到他家去的事情不是那样。那天打完球后，我一个人来到他家。珍妮特开门后，见是我，很热情地请我进去。她当时正要给儿子洗澡，水已经放好了。她把瑞安抱到澡盆里，又给瑞安两个塑料玩具，瑞安便高兴地玩起水来。珍妮特抱着一摞洗干净的衣服走进卧室，并问我近来的情况。我也就跟着她来到卧室，站在门口，问她近来怎么样。她说还能怎么样，过日子呗。看着珍妮特，我情不自禁地想到了我的妻

子苏珊，就说不知现在苏珊怎么样了。她说你怎么还想着她。我说我也不知道，有时候想得都要发疯了。她很认真地说："比尔，你必须认识到这一点，苏珊绝不会再回来了。"我说："这我也知道，可就是有时控制不住自己。看看你和凯利，多好！"她说："我们有什么可好的？"她的声音变得有些低沉。我不解地问："你们怎么了？"她双手扶在小衣柜上，眼睛看着墙，很伤感地说："我这过的什么日子呀！说心里话，我早就觉得跟凯利过不下去了，我就是凑合着。我也找过律师，想跟他离婚，可是两个孩子怎么办呢？"

珍妮特说着，眼睛流出了泪水。我觉得她很可怜。她擦了脸上的泪水，转身往外走。我觉得应该安慰她，就拦住她，"你不要太难过，我知道凯利的脾气不好……"我的话还没说完，珍妮特就趴在我的肩上痛哭起来。我只好轻轻地用手抚摸着她的头，劝慰着她。她终于不哭了，抬起头来，看着我。突然，我的身体产生了那种感觉。而且，我从她的目光中看出她也有那种感觉。于是，我们紧紧地拥抱在一起，接吻，后来又发生了关系……凯利突然回来了，看见了我们。虽然他没有说话，但是我猜他已经看出来了。

"反对！"勒布朗检察官及时地举起手来，打断了比尔的陈述。

伊森法官裁定道："方坦尼尔先生，你只能谈你自己看到或听到的事情，不要谈你对别人的猜测。"

尼克律师见比尔有些困惑，便接过话头，问道："比尔，你当时看见凯利做了什么？”

“他进门后看了我们一眼，什么话都没说，转身就出去了。他好像是到车库去了。我就回家了。你知道，虽然我和珍妮特发生了关系，但那只是一时的冲动，说明不了任何问题。”

“后来呢？”

第二天下午，我想来想去，觉得还应该再和珍妮特谈谈，就给她打了个电话。她的态度很冷淡。这我早就预料到了。我问凯利在不在家。她说不在，并问我还想干什么。我说不想干什么，就是想去跟她谈谈。她说没什么可谈的了。我说最好还是谈谈，而且我昨天把球棒落在她家，得去取一下。她终于同意了，但是又嘱咐我把车停得远一点儿，因为凯利随时都可能回来。我开车来到他们家门口，又往东开了一段路，把车停在路边。下车后，我往回走，来到他们家门口。我看见凯利的汽车停在房子旁边的车道上。我犹豫了一下，走进门廊，按响门铃。开门的是凯利。我有些尴尬地说："我的球棒落在这儿了，我来取球棒。"凯利简短地说："进来。"我走进去，从他身边走过，他随手关上了门。我刚往里走了两步，就觉得凯利从后面扑上来，接着是一把刀刺在我的后腰上。我本能地转过身来反抗，但是凯利一刀刺在我的肚子上。我愣了，看着杀气腾腾的凯利。我想要保住自己的命，就转身往里跑，来到客厅。我看见我的球棒放在沙发上，便抓了起来，不顾一切地向凯利打去。他扑了过来，我们两人打在一起。我拼尽了全力，但是我毕竟受了伤，终于被他压在底下。他把刀

> 横在我的脖子上。我不再反抗，闭上了眼睛，听天由命了。但是，他并没有杀死我。过了一会儿，他站了起来，但仍然让我躺在地上。他坐到沙发上，手里握着那把厨刀。他让我说昨天发生的事情。我如实说了，并解释说那只是一时冲动，请他原谅。他很生气，说这种事情怎么能原谅。他骂我狼心狗肺，居然对好朋友的妻子干出这种事情。我无话可说。我甚至都觉得自己死有余辜了。凯利一边骂我，一边说他对我的友情。他说了很久，后来累了，才停住嘴。天黑了，我们默默地呆着。我觉得自己的血流了很多，身体越来越虚弱。我知道自己不能这么等下去，否则就是流血也会让我丧命的。我说口渴得要命，并假装已经站不起来了，求凯利去给我拿点儿水来。凯利到厨房去了，我挣扎着爬起来，向门口走去。凯利发现了，追了过来。我打开门，跌跌撞撞地逃了出去。凯利没有再追。我走到自己的汽车旁边，开车来到医院。后面的事情我就不知道了。

比尔的陈述结束了，法庭里陷入一片沉静。

两天之后，法庭里又坐满了人。伊森法官问陪审团：“你们是否就公诉方指控的罪名作出了裁决？”

陪审团长是一个中年男子。他站起身来，面带难色地说道：“没有。我们未能达成一致的意见。我们已经尽了最大的努力，翻来覆去地讨论了很多次，但始终无法得出一致的意见。”

法官沉吟片刻说：“如果是这样的话，那我就只好宣布本案为流审了。陪审团解散，本次审判结束。”

勒布朗愣愣地看着法官。虽然他在今天走进法庭时就已经有了失败的预感，但是当他听到这结果时仍然觉得难以接受。不过，他转念一想，觉得这结果还是可以接受的，因为陪审团毕竟没有裁定被告人无罪。他站起身来，向辩护席望去，只见辩护律师尼克和被告人比尔的脸上都带着得意的微笑。

突然，旁听席上传来一阵骚乱声。勒布朗寻声望去，只见凯利正要从人群中冲过来，两名法警拼命阻拦着他。勒布朗快步走过去，劝阻凯利说："你冷静一点儿！"

凯利大声喊道："我怎么冷静？那个家伙杀死了我的妻子，还差一点儿杀死了我的儿子。现在他却得到了自由。这叫什么法律？"

"凯利，你听我说，这不是最终的判决，这只是流审。我们还有机会。"

"我看不出这有什么区别。反正那个杀人凶手已经获得了自由。上帝诅咒的法律！"凯利推了勒布朗一把，忿忿地转身走出法庭。

按照路易斯安那州法律的规定，陪审团的 12 名成员在刑事案件评议时必须达成一致意见才能作出判决。如果陪审团在评议中不能达成一致意见，法官就要宣布此次审判为"流审"。当然，检察署可以决定再次提起公诉，那法院就要重新组织审判。由于重新审判意味着国家要再次拿出一大笔钱来支付各种诉讼开支，法官和检察官都不希望出现流审，陪审团也不希望出现流审。在本案的 12 名陪审员中，认为被告人方坦尼尔有罪和无罪的人各有 6 名，谁也无法说服对方，于是他们只好把这个结果报告法官。在流审的情况下，被告人被无罪释放，等待可有可无的再次审判。

姗姗来迟的推理

检察署经过评估，认为再次起诉也很难获胜，就把案件“挂”了起来。两年时间过去了，方坦尼尔涉嫌杀人案一直没有再审。不过，民众对于这个结果很不满意，因为一个无辜的女人死于非命，司法机关却没有惩罚罪犯。为此，检察署承受了很大压力。后来，面临选举压力的汉塞尔检察长决定启动再审，并且要求勒布朗检察官全力以赴，不能再出差错。

两年多来，勒布朗一直对上次败诉耿耿于怀。于是，他找来方坦尼尔案的卷宗，仔细阅读每个证人的证言，反复查看现场照片。他总觉得有问题，但是问题在什么地方？忽然，一个念头浮上脑海。他站起身来，在桌子上的照片中找出那个未满周岁的女孩儿的照片。她坐在婴儿椅上，手中握着一个小勺，身体略微前倾，脸上带着天真无邪的笑容。

勒布朗要求侦探文森特去走访珍妮特生前的雇主和邻居，调查迈厄斯夫妇的关系。虽然文森特认为勒布朗的作法没有意义，但还是很认真地进行了调查。他首先走访了迈厄斯家的邻居。好几个人都说迈厄斯夫妇的关系不好，经常打架。文森特又走访了珍妮特生前的雇主。该雇主也说珍妮特的夫妻关系不好。他有好几次看到珍妮特上班时鼻青眼肿，胳膊上也是青一块紫一块的。文森特问该雇主，珍妮特说没说过那是谁打的。雇主说，那还用说，肯定是她丈夫打的。雇主又补充道，珍妮特是个倔强的姑娘，谁欺负她，她都会立刻反击。

与此同时，勒布朗也亲自进行了调查。他走访了珍妮特的舅舅马克。后者是一名律师。勒布朗从马克的口中得知，珍妮特在出事前曾多次找他，想和凯利离婚，因为凯利经常打她。

不过，马克认为那是夫妻间常有的事情，一直劝珍妮特不要意气用事。勒布朗又问马克是否认识比尔·方坦尼尔。马克说认识。勒布朗问珍妮特与比尔的关系如何。马克认为珍妮特不会喜欢比尔那样的人。

勒布朗和文森特走进汉塞尔的办公室。听了汇报之后，汉塞尔有些不耐烦地问勒布朗："你到底在搞什么名堂？你老调查凯利·迈厄斯干什么？你别忘了，比尔·方坦尼尔才是本案的被告人。"

"这我知道。但是我有个新的想法。请看这张照片。"勒布朗把那个女婴的照片放到桌子上。"你们看，她的神态多么安详。请记住，这是晚上 10 点多钟拍的照片。按照凯利的说法，他和比尔从下午 4 点一直打到晚上 9 点多钟。在这段时间内，他们一直在断断续续地搏斗，根本没有去看过这个婴儿。如果真是像他所说的那样，婴儿的神态就不应该是这个样子。她恐怕早就哭得晕过去啦！实际上呢，婴儿玩得很开心。这说明屋里有人在逗她，而且很可能还有人给她喂饭。由此可见，凯利说的是假话。这张照片上的婴儿证明他撒了谎。"

"你的这个推理有一定道理。那么，你说这到底是一起什么案子呢？"汉塞尔问道。

"合谋杀人。"勒布朗胸有成竹地回答。

"凯利和比尔合谋杀死了珍妮特？"文森特惊讶地问。

"对！"勒布朗用力点了点头。

"但是你别忘了，那两个家伙可不是一般的打斗。这个捅了那个两刀，那个打折了这个的胳膊。如果真是合谋杀人的话，那他们付出的代价也真够大的！"文森特摇摇头说。

"反正我已经拿定了主意，要么就同时起诉两个人，要么就一个也不起诉。至于案件发生时的具体情况，恐怕只有通过法庭调查才能查明了。我已经请到了一位重要人物——亨利·李博士。我希望他的证言能够帮助法官和陪审团接受我的推断。”勒布朗的声音里充满了自信。

汉塞尔思考一番之后，同意了勒布朗的意见。后者高兴地回到自己的办公室，订了一张去康涅狄格州的飞机票，又让警方实验室准备好需要让李昌钰博士查看的物证照片等材料，然后去收拾行装。

第二天，勒布朗带着路易斯安那州警察局实验室准备好的东西，乘车直奔机场。下飞机后，他乘出租车来到康涅狄格州警察局的法庭科学实验室。他在门口打了个电话。没过多久，一位身材不高、黑头发、黄皮肤的中年男子就快步走了出来。虽然是初次见面，但他一看就知道此人是李昌钰博士。

勒布朗和李昌钰连续工作了一天一夜，其间只吃了一点便餐。无人知道他们在那间办公室里干了什么和讨论了什么。次日上午，勒布朗那疲倦的脸上带着满意的微笑，走出李昌钰的实验室。他叫了一辆出租车，直奔机场。

寸土必争的预审

按照美国的刑事诉讼程序，正式开庭审判之前要由法官主持预审听证会。其目的是审查公诉方的起诉理由是否充分，指控罪名能否成立，以便确定应否进行审判。在预审听证阶段，辩护律师往往会提出一些审前动议，如要求变更审判地点、要求排除公诉方的某些证据，甚至以指控存在技术性缺陷为由而要求公诉方撤销某项指控或全部指控。总之，预审听证会是辩诉双方在审判之前的“前哨战”。

1989 年 10 月 3 日上午，凯利和他的辩护律师威利 · 比弗斯并肩走进法院的大厅。已经在这里等候多时的记者们立刻蜂拥而上，争先恐后地提着各种问题。当然，他们最想知道的是凯利在从证人变成被告人之后有何感想。

凯利声音平静地对着话筒说：“我感到非常惊讶，也感到非常无奈。我想我能理解检察官的苦衷。他们没法打赢这场官司，怕受到市民的责怪，就把我当成替罪羊。我是无罪的，我相信法官会作出公正的判决。”

律师威利的回答则不那么心平气和。他用尖刻的语调说道：“我当了这么多年的律师，还从来没有见过这么让人既感到气愤又感到恶心的作法。地区检察官居然把他们的证人推上被告席。无论从法律上还是道义上，这种作法都是令人难以接受的。这是最卑鄙的行为！”

当凯利和威利终于走进法庭时，主持本案审判的理查兹法官已经坐在法官席上。下面坐着检察官勒布朗和另一名被告人比尔及其律师尼克。

预审听证开始之后，勒布朗首先讲述了公诉方针对凯利 · 迈厄斯和比尔 · 方坦尼尔提出的合谋杀人罪指控及其理由。两名辩护律师都认为公诉方指控的合谋杀人罪根本不能成立，因为公诉方没有任何证据能够证明两名被告人在珍妮特被害之前有合谋的行为。勒布朗反驳说，虽然公诉方没有证明二人事先合谋的证据，但是二人在案件发生时的行为就足以证明他们是有合谋的。两名辩护律师反驳道，他们的委托人实际上都视对方为敌人，而且也确实都把对方打成了重伤，怎么能说他们有合谋呢。

法官也认为公诉方的理由不能成立。他说，指控两个人犯有合谋杀人罪，必须具备证明那两个人进行合谋的证据，不能仅仅根据两个人在案件发生时的行为就推断他们有合谋。因此，法官裁定道，公诉方要么撤诉，要么改为杀人罪起诉。勒布朗经过考虑，决定按杀人罪起诉。

辩护律师又提出新的动议。他们认为，既然是单独的杀人罪指控，那么对两名被告人的审判就必须分开进行。勒布朗坚决反对。他说，这是同一个案件事实，必须同时进行审判。辩护律师在这一问题上毫不妥协。尼克声称这是涉及正当程序权利的重大问题，绝不能含糊。威利则说他的委托人本来是指控比尔·方坦尼尔的关键证人，绝不能把他们作为共同被告人来审判。

理查兹法官觉得这个问题很棘手，一时难作裁断，便决定休庭，让公诉律师明天上午就此问题各提交一份书面意见。然后他问各位还有没有别的问题。凯利的律师站起身说，他的委托人决定放弃由陪审团审理案件的权利，因为他相信理查兹法官是个公正的人，他愿意把自己的命运交到法官一人手中。理查兹微微一笑，让书记员记录在案，然后起身退庭。

美国的审判有两种形式：一种叫陪审团审；一种叫法官审。在陪审团审的形式下，审判由法官主持，由陪审团听证；案件中的事实问题由陪审团裁断，案件中的法律问题由法官裁断。在法官审的形式下，审判由法官一人负责，案件中的事实问题和法律问题都由法官裁断。按照美国宪法的规定，要求陪审团审是被告人的权利。换言之，被告人有权决定他的案件是由法官一人审理还是由法官和陪审团共同审理。如果某被告人选择法官审，那么他必须在法庭上明确表示放弃美国宪法赋予他的陪审团审权利。在本案中，凯利就作出了这种选择。

第二天上午 9 点，理查兹法官准时从法官席后面的小门走进法庭，坐到高高的法官椅上。他用目光扫视一遍坐在下面的律师和当事人，问道：“你们的书面材料都准备好了吗？”

尼克首先站起身来，抱着很厚的一摞复印材料走到法官面前，放在桌子上。他说：“这都是有关分别审判的判例。在这些判例中，法官都无一例外地裁定对两名被告人应该分别进行审判。我特别提请法官阁下注意合众国诉斯达特案和合众国诉格兰德案这两个判例。”

威利也抱着一摞复印材料来到法官席前，对法官说：“阁下，这是我找到的判例。它们都与本案情况相似。在这些案例中，法官都认为分别审判是公正审判的前提。如果不分别审判，那就等于剥夺了被告人获得正当程序的权利。”

理查兹法官把那两大本材料并排放在面前，然后把目光投向勒布朗。他见勒布朗丝毫没有站起来的意思，便问道：“公诉律师先生，你的材料呢？”

勒布朗站起身来说：“我同意被告方的意见。”

法庭里的人都对勒布朗的话甚感惊讶，特别是那两位辩护律师。他们不约而同地回过头来，睁大眼睛看着这位面带微笑的检察官。

理查兹法官向前探了探身子，问道：“这么说，你同意分别审判了？”

“是的，阁下，我同意分别审判。”勒布朗不慌不忙地走到法官席前说道，“被告人比尔·方坦尼尔要求陪审团审；被告人凯利·迈厄斯要求法官审。那么，阁下可以在这里安排一个陪审团，与阁下同时听证。阁下审理对迈厄斯先生的指控；陪审团审理对方坦尼尔先生的指控。虽然对两名被告人的审判同时进行，但是因为一个是陪审团审，一个是法官审，所以可视为两个分别的审判。这个决定属于阁下的自由裁量权，而且路易斯安那州没有任何法律禁止阁下这样做。”

“阁下，这可不是自由裁量权的问题，这是正当程序的问题。”尼克连忙说。

“对。两个审判，必须是两个审判。”威利也喊道。

理查兹法官侧头想了想，语调轻松地说：“确实，路易斯安那州没有不容许我这样做的法律规定。”

“但是，阁下，请您看看那些判例，联邦法院的判例。”威利说。

“我知道那些判例，但我们是在路易斯安那州。好啦，我现在裁定，本案的两名被告人将同时接受审判，但是将被视为两个分别的审判。”

勒布朗检察官的脸上浮现出满意的笑容。

别开生面的作证

1990 年 3 月，珍妮特·迈厄斯被杀案的第二次审判终于开始了。公诉律师和两名辩护律师的开场陈述都给人一种老生常谈的感觉，因为这毕竟是审理过一次的案件。前几天的法庭调查也有些沉闷，人们怀着不同的心情在等待一位重要人物的出场。他就是康涅狄格州警察局法庭科学实验室主任李昌钰博士。控辩双方都把他的证言看作胜负的关键。

3 月 30 日下午，李昌钰来到新奥尔良市。勒布朗亲自开车到机场去接他。晚饭后，他们到本案“现场”查看一番。然后，勒布朗又开车把李昌钰送回宾馆。

3 月 31 日是星期六。按照常规，法院在周末是不开庭的，但是李昌钰的日程安排很紧，只有这个周末有时间，因此，主审法官破例同意周末开庭。大概因为是周末，来法庭旁听审判的人特别多。那间大法庭里已然座无虚席，但是外面还有很多人要进来观看审判。法官只好让人又打开三间法庭，用闭路电视转播审判实况。在新奥尔良市的法院，这种盛况堪称史无前例。

上午 9 点整，理查兹法官从法官室的小门走出来，坐到法官椅上，居高临下地看了法庭里的人们，然后问勒布朗检察官："公诉方准备好了吗？"

勒布朗站起身来说："准备好了，法官阁下。公诉方现在传亨利 · 李博士出庭作证。"

李昌钰不慌不忙地走到证人席，在一位女书记员的带领下宣了誓，然后坐下来，脸上带着他那颇有感染力的微笑，等候检察官的提问。

按照程序规定，公诉律师应该先让专家证人介绍其简历和专业资格，但是李昌钰博士在这方面的内容太多，讲述起来会占很多时间，因此勒布朗只用一句话概括了李博士的资历——"毫无疑问，我们可以丝毫也不过分地说亨利 · 李博士是当今世界上最杰出的法庭科学家。"

法官立即裁定："好吧，李博士被接受为在血清学、喷溅血迹分析、犯罪现场重建、一般性法庭科学问题等领域内的专家。"

第一天上午，勒布朗让李博士给陪审团讲解了喷溅血迹的分析，而且用一瓶红墨水、一个眼药滴管和一些白纸向人们演示了各种形状的血迹及其蕴含的信息。下午，勒布朗让李博士用幻灯片讲述他对本案现场情况的分析。

李昌钰走到法庭中间，让人关上电灯，打开幻灯机，用画面将陪审员带到 1984 年 2 月 24 日晚上的案发现场——人们通过那所房子前面的 T 形小路，进入 L 形门廊，门廊右侧有一扇门连接着那条通向房屋后部的细长走廊。李昌钰用幻灯片带着人们走进那狭长的走廊，然后用光标指着地面说："这里的地板上有一张印着字的纸。请注意，这张纸上没有血迹，但是周围的地板上有 6 块血迹。它们的形状告诉我们，这是擦蹭血痕，而且可以看出一点鞋底的形象特征。因此，我们可以推断，大概是某人的鞋上沾了血，从这里走过，留下了这些痕迹。"

幻灯片带着人们来到客厅，李昌钰逐个分析了地面上和沙发上的一片片血迹。然后，幻灯片又带着人们来到起居室，李昌钰详细讲解了尸体周围的血迹，特别是死者旁边墙上的血手印。最后，幻灯片带着人们来到主人卧室、孩子卧室和厨房。在这些地方，李昌钰简要地指出了那些应该引起注意的痕迹。

在这个过程中，李昌钰就像一名经验丰富的导游。他一边向"游客"介绍沿途的"景观"，一边不失时机地穿插进一些能够调节"游客"情绪甚至引起"游客"发笑的评论。勒布朗不时在心中赞叹，这位法庭科学家果然是名不虚传。

第二天上午开庭后，勒布朗让李昌钰坐到证人席上，先向法庭讲述了血清学的一般历史、理论、方法和语汇，以及根据人的血液、唾液、分泌物和组织物鉴定各种血型的方法。然后，法庭的灯光又变暗了。李昌钰走下证人席，打开幻灯机，向陪审员讲解现场上一个个血痕的形状和结构，介绍他对那些血痕所做的检验结果，特别说明被害人珍妮特的 A 型血痕留在了哪个人的哪些部位。

灯光再次亮起之后，李昌钰走到法庭中间的物证桌前。他拿起那顶棒球帽，来到陪审团面前，说：“这是我检验过的一件物证。它上面有黄色小标签的地方都是我检验过的地方。正如我今天上午讲过的，血清学检验是有损耗检验，或者叫破坏性检验。一旦我把血痕从上面提取下来，那上面就没有血痕了。因此，我要用标签来表明我检验过的地方。1、2、3、4、5、6、7、8，在这顶帽子上一共有8个地方我检验出了血迹——人的血迹。”

“李博士，当陪审员们看完那顶帽子之后，你能否再给他们看看比尔那条牛仔裤呢？”勒布朗不失时机地说。

李昌钰在放回那顶帽子之后又拿起牛仔裤来到陪审团面前，说：“这是我检验过的牛仔裤。在裤子后面的这个部位可以看到一大片血迹。这里还有擦蹭的痕迹。这说明裤子的这个部位曾接触了血液，而且以某种方式移动，所以留下了这种前后擦蹭的痕迹。在两个裤腿上都有大量的喷溅血痕。当然，你们可以看到不同颜色的标记。那是不同人检验的标志。例如，那些红色的标记，101、102、104、111、108，那就是我检验过的地方。那些都是喷溅血痕，有向上的，有向下的，各种方向的都有。”

“李博士，你在每一条裤腿上检出了多少血迹？”

“很多。在右边大概有500个到1000个，一共有几千个血痕。我只是粗略地数了数，所以不能给你们一个精确的数字。”

“其中有些非常小，对吗？”

“确实如此。有些必须用放大镜才能看到。那些非常小的血痕中的血还不足千分之一毫升呢。你想让陪审员们传看一下吗？”

“很好啊。”勒布朗把牛仔裤交给了陪审员。

陪审员们颇有兴趣地传看这件已有 6 年“法龄”的物证。忽然，一位女陪审员惊叫一声。法官问道：“出了什么事情？”

女陪审员说：“一个标签掉下来了。”

“没关系，你可以留着它。”李昌钰的脸上带着和善的微笑。

“我可以留着它？太好啦！那是 27 号。”女陪审员犹如获了大奖一样高兴。

“27 号，我回头可以找到那个地方。”李昌钰说。

就这样，勒布朗引导着李昌钰一件一件地向陪审团出示并讲解了公诉方的物证。最后，他说：“李博士，你能概括一下你在这些物证检验中的发现吗？”

“可以，先生。根据我对那些犯罪现场照片和证据实物的分析，我认为那所房子就是人们所说的第一犯罪现场。很显然，被害人是在起居室内被人用一件钝器打死的，该钝器具有棒球棍的特征。虽然她在现场勘查时是俯卧在地上的，但是她那双运动鞋上的血迹表明她曾经处于仰卧的姿势。而且有迹象表明那殴打可能开始于别的地方，如厨房，后来才到了起居室。那个花架是被她推倒的，大概是出于自卫，因此，花架上留下了一些接触血痕。这墙上的喷溅血迹表明她在这一地点受到重复打击。这些从下向上的中速喷溅血迹和抛甩血迹说明当时那出血源处于较低的位置。这墙上的血迹表明喷速很快，或者说其压力很大，应该属于动脉血。根据这些喷溅血迹和指印，我们可以推断珍妮特在倒地之前已经受伤。”

李昌钰在讲解了厨房的血迹之后，又讲解了起居室和卧室的血迹。最后，李昌钰总结说：“这是一种杂乱型现场，因为是从一个地点移动到另一个地点。衣服上的中速喷溅血迹表明穿着该衣服的人当时就在出血源旁边，因为中速喷溅血液在空气中的飞行距离不会超过 8 英尺，更不会飞到其他房间里去。衣服上还有一些直接接触留下的转换血迹。”

勒布朗指着方坦尼尔衣服上的血迹，说：“你能向陪审团解释一下那件套头衫上的转换血迹吗？”

“这件衣服上有两种转换血迹。一种是初次转换血迹，就是直接与出血源接触留下的血迹；另一种是二次转换血迹，就是与留有血迹的物体表面接触时留下的血迹。初次转换血迹一般都比较清晰、比较浓重。而二次转换血迹一般都比较淡、比较模糊，就像一片擦抹的污迹。这件衣服的右袖子上的三条平行血迹都是初次转换血迹。在凯利和比尔的裤子上也都有这种直接来自于那个 A 型血出血源的初次转换血迹。”

勒布朗问：“这意味着什么呢？”

李昌钰说：“这意味着当珍妮特被人用球棒猛击头部的时候，凯利和比尔都处在离她很近的位置，那距离在二三英尺左右。”

勒布朗追问：“两名被告人的裤子有没有在其他情况下沾上从受害人珍妮特头部流出的中速喷溅血迹的可能性呢？”

李昌钰毫无犹豫地说：“绝对没有。”

勒布朗回过头对法官说：“我没有别的问题了，阁下。”

绵里藏针的盘诘

比尔的辩护律师尼克为了对李昌钰博士进行交叉询问而做了大量的准备工作。他认为自己的辩护有两个坚实的论点：第一，在两位当事人讲述的“故事”中，比尔的故事显然更可信；第二，既然是比尔的说法更可信，那比尔当然就不是杀人凶手了。尼克原本认为公诉方专家的证言不可能在陪审团面前推翻他的论断，但是在听了李昌钰的证言之后，他意识到自己原来对问题的复杂性估计不足。于是，他决定对李昌钰的盘诘直接从比尔被刺开始。

“现在，让我们假设比尔刚刚走进门，凯利就在后面刺了他一刀……”尼克边说边拿起桌子上那把作为物证的厨刀，用他擅长的夸张手法表演起来。

“那可是一把真刀，律师！”李昌钰用平和的语气说了一句，然后转向陪审团补充道，“我认为这法庭可不是表演刀术的地方。”

尼克满不在乎地笑了笑，用手中的刀子指着那由客厅的南墙和起居室的东墙构成的墙角处的一组血迹的照片，问道：“如果当比尔企图逃脱时，刺中他身体的刀子被人猛地拔了出来，那就会在墙上留下这种血迹，对吗？”

“未必。”

“但是有可能？”

“可能如此，也可能不如此。”李昌钰点了点头，脸上带着善意的微笑。

尼克有声有色地用照片、刀子和他那矫健的身体表演着，说明一把带血的刀子和沾满血迹的手是如何在快速运动中形成中速喷溅血迹的。他问道：“这种血迹是不是与比尔被凯利从后面刺伤所应形成的血迹相吻合？”

“凯利当时在什么地方？”李昌钰反问道。

“在比尔后面。他打开门，等比尔进来，转了个身，然后他……”尼克很快地做了一个刺的动作。

“那么，他一定是个身材瘦小的家伙，而且先藏在墙角。”李昌钰漫不经心地说了一句。

“他不一定非得是个瘦小的家伙，也不一定非得藏在墙角里。”尼克觉得自己不能接受这种说法，连忙反驳道，“你看，他让比尔从他前面走过去。这就是说，他没有藏起来。他打开了门。当他打开门的时候，他往这边转了一下。比尔从他旁边走过去，他在那儿掏出刀子，他就站在那儿。比尔刚刚走过去，他就跳到比尔后面，向比尔刺去。”

“好吧，我不能说这是完全不可能的，因为在这个世界上任何事情都有可能发生。”李昌钰的脸上露出宽容的微笑。

“那么我刚才给你的解释与这墙上的血迹相吻合啦？”

“可以说是一种解释。”

尼克对这一回答已经非常满意了。他倍受鼓舞地开始与李昌钰讨论地面上的成行血迹。他问道：“根据这张照片，你能告诉我们那片血迹的方向吗？”

“非常困难。”李昌钰转向陪审团，继续说道，“如果在现场，或者有每个血迹的细目照片，我可以肯定地告诉你们那血迹的方向。但是仅根据这张照片，我很难说那行血迹是从这边滴到那边的，还是从那边滴到这边的。”不过，李昌钰用手指了指与走廊的瓷砖地面相连接的客厅地面上的地毯，说：“如果那个出血源是向客厅方向移动的，那么在地毯上一定还应该有血迹，因为血流不会突然停止或消失。既然客厅那边没有这种滴落血迹，我们就可以推断说那个留下血迹的人当时不是走向客厅的。”

尼克沉默了片刻，觉得他不能让陪审员们如此轻而易举地接受李昌钰的这个结论，便换了一个角度，说道：“但是这些血迹也可以表明那个流血的人当时正从门口往里走，对吗？”

“恐怕还不能得出这个结论。”

尼克把问题转到比尔衣服上的血迹，但是也未能从李昌钰的口中得到满意的回答，就把话题转到了客厅。他从桌子上拿起那几张记录客厅情况的照片。在客厅的那个躺椅和长沙发旁边有很多血迹。大概除了起居室尸体旁边的墙上和地毯上，整座房子里就数这里的血迹最多了。而且，这里的血迹杂乱无章。一方面，这里有各种血迹，如滴落血迹、喷溅血迹、擦蹭血迹、涂抹血迹、直接转换血迹、汇聚血迹等；另一方面，这些血迹还互相重叠覆盖。因此，勘查工作既要分辨血迹的种类，还要确定血迹留下的先后。尼克指着躺椅和长沙发中间的那片血迹，问道：“这片血迹是不是由比尔坐在地板上形成的呢？”

李昌钰回答道：“我看不太像。如果他坐在地上的话，那我们就应该在地面上看到一大片血泊。但是我没有看到。”

尼克又转向掉在地上的灯罩，问道：“那上面的血迹是球棒与之接触时留下来的，对吗？”

“可是那接触点上没有血迹。”李昌钰用手指了指灯罩上的凹陷处。那显然是钝物猛击形成的，但是上面没有血迹。他明白尼克的含义是有人用球棒打击了珍妮特的头部之后，比尔才用它来自卫的。他说：“这说明那球棒在接触这个灯罩时还没有沾上大量的血液。”

尼克仍不甘心，指着灯罩上凹陷处旁边的血迹问道：“这些血迹是不是一个带有血液的物体挥动时甩上的呢？”

“我无法告诉你，因为那个灯罩不是一个平面。其表面是折叠状的。而这就要看其角度了。我现在所能告诉你的只有一点，即那个接触点上没有血迹。”

尼克显然不满意自己编织的这个“网”上的漏洞，因此，他又回到那张躺椅的照片上。“这是我们刚才看过的那张躺椅的照片。你在上面看不到一个后背受伤的人应该留下的血迹，对吗？”

“我没有看到那种能够证明一个身负重伤的人坐过这把椅子的血迹。”

“这就是说，你不认为一个像比尔那样衣服浸满血的人坐过这把椅子，对吗？”

“如果你说是衣服浸满了血的人，那是对的。”

这时，尼克提出了他在血迹专家朱迪斯·班卡尔帮助下得出的一个重要推论，即珍妮特尸体上方墙上的血手印是凯利留下来的。他推断说，凯利在用球棒猛击珍妮特的过程中曾用手扶墙、弯下腰去查看珍妮特的情况，于是便在墙上留下了自己的血手印。他问李昌钰是否同意他的这个推断。

李昌钰说：“我觉得这种可能性很小。虽然那个血手印很模糊，但是从它的大小和位置来看，说它是珍妮特倒地时留下的更为可信。”

尼克不想轻易放弃自己的观点，至少他认为有必要在这一问题上对警方的现场勘查工作提出一些质疑。他说：“仅根据照片来分析当然具有很大的局限性。李博士，你认为警方在本案中是不是应该把那面带有血手印的墙很好地保存下来呢？”

“我曾经办过这样的案子。警察把现场上的地毯、桌子，甚至整块墙板都送到了我办公室。我非常讨厌他们的这种作法，因为他们使我的办公室里都没有立足之地。”

法庭里的人们都笑了起来。尼克也只好笑了笑。然后，他把话题转到了凯利的衬衣上。“李博士，你在这件衬衣的后背上发现了多少血迹？”

“很多。”

“这些血迹是不是受伤的比尔在与凯利搏斗时压在凯利身上留下来的呢？”

“这不能一概而论。有些是，有些不是。你看，这一长条笔直的擦蹭血迹就不可能是两个人搂抱滚打时留下的。另外，这里还有很多中速喷溅血迹，也不是身体接触时留下来的。你看见这些小的喷溅血迹了吗？它们只能来自于一个带有压力的出血源。”

尼克本想用凯利后背的血迹来说明比尔讲述的故事的可信性，但是李昌钰的回答令他未能如愿。他只好又换了个话题：“如果珍妮特的血留在了凯利的衬衣上，然后又有别人的血留在了上面，甭管是凯利的还是比尔的，那么你还能分辨出下面那块血迹的类型吗？”

“我不能。”

“还有，那衬衣上的血迹是不是有擦洗过的痕迹？”

“对，先生。”

“这就是说，凯利曾经试图清洗掉他衬衣上沾染的血迹，对吗？”

“我只能说有人擦洗过。”

“这就是说，你在凯利的衬衣上没有发现什么有价值的东西，除了有人试图清洗那上面的血迹之外，对吗？”

“当然还有别的发现。”

“是吗？”尼克饶有兴趣地看着李昌钰说，“那就请你告诉法官和陪审员吧。”

李昌钰拿着那件衬衣，让法庭里的人们仔细观看。除了显而易见的擦洗血迹外，在衣兜部位还有大约 80 个很小的中速喷溅血迹。

尼克很高兴地帮助李昌钰收起那件衬衣，然后又拿出凯利的裤子说："李博士，你在检验报告中说这条裤子左腿的上部有转换血迹，对吗？"

"对，先生。"

"你能具体向陪审员们讲述一下吗？"

"当然可以。不过，还是用幻灯片讲起来更方便。"法庭里的灯光暗了下来，李昌钰很快地找到那张幻灯片，然后指着屏幕上的图像说道："这是那条裤子的上半截儿。这是拉锁的位置。这是左侧。请看，转换血迹就在这里。"

"那是 A 型血迹，对吗？"尼克在一旁问道。

"对。"

"那是怎么留下来的呢？是不是用沾上血的左手这样擦蹭时留下来的呢？"尼克用左手擦蹭着自己的大腿。

"有这种可能，但也可能是右手。"

尼克知道自己该结束交叉询问了。他用总结的口气说："李博士，关于案件的发生经过，我们现在有两种说法。我们把凯利的说法叫作'说法一'，把比尔的说法叫作'说法二'。你认为哪一种说法更接近事实呢？"

"我只能说两种说法都有同现场证据相矛盾之处。"

"是不是'说法二'更可信一些？"

"可以说'说法二'与现场证据的矛盾之处略少一些。"

"非常感谢你。我没有别的问题了。"

尼克走回辩护律师的席位之后，勒布朗又站起身来，走到证人席前，问道："李博士，我想请你再向陪审员们明确一下你的观点。根据你对本案现场情况的分析，你是否认为凯利和比尔对事情经过的陈述都与事实不符？"

"是的，先生。"

"我没有别的问题了。"勒布朗走回公诉律师的座位。

理查兹法官宣布今天的法庭调查到此结束。

第二天上午，轮到凯利的辩护律师威利对李昌钰进行交叉询问。他决定从另一个角度对李博士的证言进行攻击。具体来说，他想在李昌钰亲自检验物证之前从检察官那里得到的案情报告等材料上做文章。于是，他先问李昌钰从检察官那里看到过哪些与案情有关的文字材料。在得到了令他满意的回答之后，他用相当尖刻的语气问道：“那么，你来此出庭作证的时候为什么不把你的鉴定结论所依据的那些案情报告材料也一起带来呢？”

威利的话显然伤害了李昌钰的自尊心，他收起了脸上的笑容，直言答道：“我从不根据别人的报告来作出鉴定结论。我的鉴定结论都建立在我自己对物证进行检验和对现场照片进行分析的基础之上，跟别人的报告毫无关系。”

“但是，既然你不想把那些报告作为你鉴定结论的基础，那你为什么要看它们呢？”

“看？你可以看书、看报、看任何东西，但是你不必看什么案情报告来作为我鉴定结论的基础。对任何事物作出鉴定结论都是一个独立的问题。我提供的只是我自己的科学检验结果，不是别人的检验结果，因此我根本不去考虑别人的什么报告！”

威利的嘴角露出一丝尴尬的笑容，不过他很快就将其掩饰起来。他从桌子上拿来一张现场照片，看了看，用缓和的语气对李昌钰说道：“咱们还是看看现场上的血迹吧。请问，假设李博士碰巧在案件发生那天来到新奥尔良市而且应警方的邀请去勘查了本案的现场，那么李博士会从现场的这个角落处提取多少血迹样本呢？”

李昌钰的回答仍然显得有些生硬。“让我来告诉你这个问题的答案——在很多情况下，如果我能够在现场上解决问题，那我就根本不提取任何血迹样本。”

“那么，你是否认为本案的现场勘查工作有缺陷呢？”威利终于明确提出了他脑子里的问题。

“我不能坐在这里评价现场勘查人员的工作。他们可能有他们对现场情况的理解。他们可能知道一些我不知道的情况。提取现场血迹样本的数量并不总是重要的。如果我知道某一片血迹都是来自于一个人的，那么我就没有必要去提取 600 个血迹样本。反正都是一种血型。”

“你昨天曾谈到关于本案发生经过的两种说法。你是否认为那两种说法都与你对现场的检验结论相一致呢？”威利又换了一个进攻的方向。

“有的地方一致，也有的地方不一致。总的来说，那两种说法都不完全正确。”

“李博士曾经多次在法庭上作证。你一定很熟悉‘排除合理怀疑的证明’这个概念吧？”威利似乎是在采取声东击西的质证策略。

“我是科学家，不是律师。我总是尽量离法律远一点。”李昌钰没有正面回答这个问题。

“我也总想躲开法律，但不幸的是我做不到。”威利认真地摇了摇头，又说，“如果我这样告诉你，‘排除合理怀疑的证明’就是说证明的程度要达到 80%以上，不像‘优势证据’所要求的只有 51%，那么你能够排除合理怀疑地认定两种说法中哪一个与事实相符吗？”

“我反对这个提问。”勒布朗站起身来，大声说，“这是一个不恰当的问题。”

“反对得到支持。”理查兹法官裁定道。

“好，让我这样来问。”威利点点头说，“你认为第一种说法与事实相符的可能性有多大？”

“让我用另一种方式来回答你这个问题。现场上的血迹证明，比尔既不是像他自己所声称的那样刚一走进门就被刺伤的，也不是像凯利所声称的那样在最后要出门时被刺伤的。我昨天曾经根据我的科学检验结果讲述了在哪些衣服上有 A 型血迹，在哪些衣服和物体上有 B 型血迹；什么是中速喷溅血迹，什么是低速擦蹭血迹；哪里有中速喷溅血迹，哪里有低速擦蹭血迹。至于案件发生经过的说法，那不是我提出来的，所以你不该来问我。”

“你是否认为两种说法中有一种更符合实际情况呢？”威利仍不甘心。

“不，我认为那两种说法都存在问题。”

“为什么？”

“因为它们都不完全符合案件事实。”

“不过，两种说法中也都有符合之处，对吗？”

“对。有些与事实相符合，也有些与事实不相符合。”

“你刚才说，你在提取那些血迹的数量问题上不能给出一个确定性的意见，对吧？”威利又杀了个回马枪。

“等等，这可不是我说的。这是你替我说的。你是律师。你不能把你的话硬加到我的头上。我刚才说我不能坐在这里评价现场勘查人员的工作。至于提取血迹的数量，我有可能提取得多一些，也可能提取得少一些。”

“你是否看过凯利·迈厄斯在上一次审判中的证言笔录？”威利又突然来了一个智力急转弯。

“我不记得曾经看过。”李昌钰的回答显得从容不迫。

“那你看过比尔·方坦尼尔的陈述笔录吗？”威利犹如一个咄咄逼人的新闻记者。

“我看过一部分。太没意思，我看着看着就睡着了。”李昌钰语调轻松，看来他很有和记者打交道的经验。

“你看过其他的审判记录吗？”

“没有。”

“当你就方坦尼尔先生裤子上的血迹作证时，我记得你说那条裤子的一条裤腿上有 300 多个中速喷溅血迹，另一条裤腿上有 500 多个，对吗？”威利又换了个话题。

“对，先生。”

“中速喷溅血液能飞行多远？”

“这要看血滴的大小。喷溅出来的血滴越大，飞行的距离就越远。”

“那么根据方坦尼尔裤腿上血迹的大小，你能说出他当时离那个 A 型血的出血源的距离吗？”

“如果你还记得我的证言的话，我说过裤腿上的喷溅血迹来自于不同的角度和方向。有的是从上向下溅落的；有的是从下向上飞溅的；有的来自左边；有的来自右边；还有的叠落在别的血迹上面。这说明那些血迹不是一次喷溅留下来的。”

“如果我们假设那个球棒就是 A 型血的来源，那么我们是不是可以说那些中速喷溅血迹都在那个球棒挥动的范围之内呢？”

“你是什么意思？你是说来回挥动那个球棒甩出的血滴留下的血迹吗？”

“正确。”

“我认为在那种情况下，血迹大多会留在人体上身的衣服上，而不是裤子上。”

威利似乎没有听见李昌钰的回答，继续问道：“我的问题是：你是否认为方坦尼尔裤腿上的血迹是他挥动球棒时留下来的呢？”

李昌钰无可奈何地摇了摇头，用 12 分的耐心指着威利手中的照片说：“你这里看到的不是挥动球棒留下的血迹，而是球棒打击 A 型出血源留下的喷溅血迹。”

威利似乎恍然大悟地说道：“你是说，方坦尼尔裤腿上的血迹只能是他用球棒击打珍妮特时留下的，对吗？”

“也可能是别人击打时他站在旁边留下的。”

威利显然不喜欢李昌钰这后一句话。他马上问道：“如果当他击打时还有别人站在旁边，你也会在他们的裤腿上……”威利突然意识到自己的问题有些愚蠢。

李昌钰没有放过这个机会。他接过威利的话头说：“我也会在他们的裤腿上看到相同的血迹。”

威利停顿了一下，他觉得自己不得不冒险正面出击了。他一字一句地问道：“你是否在凯利 · 迈厄斯的裤腿上发现了任何能证明他用这个球棒击打珍妮特而留下的血迹呢？”

“我确实在凯利的裤腿上发现了 40 个血迹。我还在凯利的衬衣和裤子上发现了用某种东西擦洗过的血迹。”

“我没有问你这个问题。”

“那好，我的回答是我发现了 40 个中速喷溅血迹。”

“在什么地方？”

“大多在左边。”

“在你的检验报告中，你是否说过在凯利左侧裤腿的上部发现了擦蹭血迹？”

“是的，那血迹与珍妮特的血型相同。”

“你能否肯定那是初次转换血迹还是二次转换血迹？”

“我只能说那是清洗过的血迹。至于清洗前是什么状况，我就不得而知了。”

“那血迹会不会是凯利与比尔搏斗过程中从比尔身上或者

球棒上转蹭过来的呢？”

“我只能说那是清洗过的血迹。”

“但是你也不能因此就说凯利是要销毁什么痕迹吧？”

“我并没有说他要销毁痕迹呀。”

“那你是什么意思？”

“我只说那是清洗过的血迹。这并不等于说他要销毁什么痕迹嘛。你说呢？”

威利觉得自己在这个问题上必须见好就收了。于是他把话题转到了凯利的鞋上。他问道：“在你的检验报告中，你说在凯利的鞋上检出了 A 型血迹，好像是在左脚的鞋上，有两处，对吗？”

“对，先生。”

“你一共在鞋上检出了多少血迹？”

“左脚 10 个，右脚 40 个。”

“右脚上的是谁的血，或者说是什么血型？”

“我检验的那几处都是 B 型。”

“不是 A 型血？”

“不是。”

“那么，你在左脚上检验了几处？”

“3 处。”

“10 处血迹中的 3 处？”

“对，先生。”

“结论是什么？”

“其中两处是 A 型血迹。”

“你能说出它们是什么种类的血迹吗？”

“是中速喷溅血迹。”

“但是在照片上看不出来呀？”

“可以看出来。”

“在哪里？”

“就在这里。”李昌钰用手指了一下。

威利很认真地看了看，同时不住地微微摇头，然后又问：“凯利鞋上的 A 型血迹会不会是在他抢救珍妮特的过程中沾上的呢？”

“请别忘记这是中速喷溅血迹。”

“你怎么能确定它们是中速喷溅血迹呢？”

“我想我早就回答过这个问题了。”李昌钰看了看手表，已经是 12 点多了。此时，法庭里的人们也都表现出极不耐烦的神态。

威利觉得再盘问下去绝非明智之举，便结束了他的交叉询问，说：“我没有别的问题了，法官阁下。”

针锋相对的辩论

公诉方的证人出庭作证之后，两名被告人的辩护律师也先后传唤了一些证人出庭作证。比尔 · 方坦尼尔和凯利 · 迈厄斯又分别在法庭上讲述了他们的故事。然后，审判进入最后也最为激动人心的阶段，即最后辩论阶段。

在此之前的法庭调查中，各方律师扮演的主要是“教练”的角色，证人们才是出场比赛的“队员”。换言之，律师在整个法庭调查过程中只能向证人提问题，不能陈述自己对案件的看法。只有到了这最后辩论的阶段，律师们才能亲自登场较量，才有机会展示自己雄辩的口才和严谨的推理能力。诚然，有经验的律师都会在法庭调查时为自己的最后辩论埋下许多“伏笔”，或者说描绘出一些似乎毫无关联的“画片”。此时，他们则要揭示这些伏笔的含义，把这些画片拼成一幅完整的图画。另外，那些被大多数冗长且乏味的证言折磨得疲惫不堪的陪审员们此时也振奋精神竖起了耳朵，认真聆听律师们的意见。一言以蔽之，这才是审判中决定胜败的时刻。

按照程序规则，勒布朗检察官首先登场。他尽量用简洁的语言概述了公诉方指控两名被告人共同犯有杀人罪的证据。他讲述了现场的情况，分析了凯利的说法和比尔的说法中存在的不合情理之处和自相矛盾之处。他讲了自己关于现场中婴儿的推理，最后又强调了李昌钰博士对现场血迹的分析意见。

勒布朗退场之后，比尔·方坦尼尔的辩护律师尼克·诺里亚和凯利·迈厄斯的辩护律师威利·比弗斯先后登台发言。二人的辩论风格迥然不同。尼克动作夸张，语言中带有明显的感情色彩；威利神态稳重，讲话时流露出一丝不苟的精神。他们都从各自的立场出发，概述了现场上的痕迹物证，分析了己方说法中的合理之处和对方说法中的不合理之处。他们都小心翼翼地摘述了李昌钰博士证言中那些可以为其所用的部分。最后，他们还都竭尽全力在陪审团和法官面前描绘出一幅他们所偏爱的图画。

尼克把比尔描绘成一个生活中屡屡受挫的不幸者，并且将整个事件说成是“不恰当的冲动造成的悲剧”。他万般遗憾地指出，首先是比尔和珍妮特的不恰当冲动导致了那本不该发生的性行为，然后是凯利的不恰当冲动导致了一死数伤的悲惨结局。他希望陪审员们不要再让不幸的比尔遭受新的不幸。不过，他说自己也完全能够理解凯利的行为，因为任何血性男儿在看到妻子与别的男人偷情时都会产生同样的冲动。

威利则把凯利描绘成一个有情有义的男子汉，并且将整个事件说成是“人性扭曲造成的悲剧”。威利认为比尔在生活中受到的打击扭曲了他的心灵，使他无法容忍迈厄斯夫妇间的幸福。即使在远走他乡的时候，他也无法摆脱这种内心的折磨。从某种意义上讲，正是这内心深处的痛苦感和嫉妒感将他推上了杀人者的道路。不过，威利也呼吁人们同情比尔的处境，他甚至建议法官在认定比尔有罪之后不要将其关进监狱，而是让其去接受心理治疗。

按照美国法律的规定，公诉方在刑事审判中负有“排除合理怀疑的证明”被告人有罪的责任，因此法官在两名辩护律师的最后辩论结束之后，又给公诉律师一次最后发言的机会。这就是所谓的“最后的辩论”。

勒布朗站起身来，整理了一下领带，不慌不忙地走到法庭中间，向理查兹法官鞠了个躬，然后面向陪审团席，高声说道：

> 尊敬的女士们和先生们，在听取了本案的全部证言之后，在听取了我和两位辩护律师的辩论意见之后，我相信你们已经就案件事实作出了正确的判断，我相信你们已经知道了谁是如此残忍地杀害了那位善良可爱的年轻女子的凶手。这并不困难，因为公诉方已经证明了这两位坐在法庭上的被告人就是共同杀害珍妮特的凶手。诚然，我们无法证明1984年2月24日在利奇伍德街2234号那所房子内发生的事件的全部细节，我们不知道究竟是两名被告人中的哪一个挥动球棒打在了珍妮特的头上和身上。但是，我们能够证明，而且我们已经证明，当珍妮特被人用球棒殴打致死的时候，当鲜血从珍妮

特头部的伤口喷溅出来的那一时刻，两名被告人都在同一间房子里，而且就在离珍妮特很近的地方，因此那喷溅出来的血液才落到了两名被告人的衣服上。李博士的证言明确无误地证明了这一点，而他的那些证言是不容怀疑的。我不禁要问，两名被告人在那一时刻站在珍妮特旁边能干什么呢？毫无疑问，他们不是凶手，就是帮凶！

勒布朗在法庭中间慢慢地走了一圈，似乎是要给陪审员们一些思考的时间，又似乎是要温习一下自己下面的发言，然后他继续面对陪审团说道：

也许有人会问，凯利和比尔为什么要共同杀死珍妮特呢？这大概是一个只有他们自己才能够回答的问题。不过，我可以告诉你们我的推断。通过有关证人的陈述，我们知道凯利和比尔的婚姻状况都很糟糕。比尔的妻子弃家出走了，凯利的妻子也在准备离婚。我们还知道凯利和比尔是最要好的朋友，而且都是性格暴躁、爱用武力的人。于是，这两个同病相怜的好朋友就走到一起。他们大概一拍即合地达成了这么一个协议“我帮你干掉你的老婆，你再帮我干掉我的老婆”。我相信，凡是认识凯利和比尔的人都不会对他们的这一决定感到奇怪的。

勒布朗停顿了片刻，又说：

也许有人会说，凯利和比尔为此付出的代价也太大啦。凯利把比尔刺成重伤，比尔又把凯利打成重伤。特别是比尔的刀伤，弄不好都有丧命的危险！他们这样做真让人觉得不可思议。我想，这大概又是一个只能由他们自己来回答的问题。不过，我仍然愿意跟你们分享我对这一问题的看法。根据李博士对现场情况的分析，我们得知凯利和比尔关于刀伤的说法都站不住脚。换言之，比尔既不是像他所说的那样在刚进门时就被刺伤的，也不是像凯利所说的那样在走廊内被刺伤后就直接逃离现场的。现场血迹证明，比尔是在房子里面的某个位置被刺伤的，而且他在被刺伤之后还在客厅的沙发处停留了很长时间。我在此提请大家注意珍妮特的性格。她的雇主和朋友都说她是个性格倔强、富有反抗精神的女子。因此，我认为比尔的刀伤很可能是珍妮特拼命反抗的结果。你们同意我的看法吗?

勒布朗那激昂的声音消逝了。法庭里变得鸦雀无声。过了一会儿，勒布朗降低了一点儿声音，说道：

刚才，两位辩护律师都说他们的当事人很不幸，希望大家给予同情。然而，他们想过没有，珍妮特才是真正不幸的人！她在这个世界上才生活了26个年头，就被人无情地剥夺了生活下去的权利。而那两位据说很不幸的男人却仍然在这里享受着生活的自由。我认为，如果一定要说他们二人有什么不幸的话，那就是他们在杀人之后未能逃脱正义的审判，他们被“不幸地”送上了法庭。女士们和先生们，正义就在你们手中！我谢谢你们！

最后辩论结束之后，理查兹法官就本案中的法律问题向陪审团做了必要的指示，然后就宣布休庭，让陪审团去裁断比尔 · 方坦尼尔是否犯有杀人罪，而他本人则去考虑对凯利 · 迈厄斯的判决。

陪审团的评议在当天下午就得出了结论。理查兹法官的判决意见也写好了。于是，法庭里又坐满了人，包括检察官和辩护律师、两名被告人及其亲友，还包括许多新闻记者。

开庭之后，法官先让陪审团长宣布其裁定。勒布朗看着那个中年男子的嘴，心跳立刻加快了许多，直到他宣布了比尔·方坦尼尔有罪的裁定之后，勒布朗才长长地出了一口气。法官的裁定已在勒布朗的预料之中——凯利·迈厄斯有罪。勒布朗站起身来，扫了一眼旁边辩护席上那几个垂头丧气的人，心中升起一种轻松愉快的感觉。

几个月之后，理查兹法官宣布了对凯利·迈厄斯和比尔·方坦尼尔的判决。前者被判 20 年监禁，后者被判 15 年监禁。

解说和评论

1985 年的夏天，中国人民大学受教育部的委托和公安部第二研究所共同举办“物证技术讲习班”。李昌钰是应邀前来讲学的两位美国教授之一。我当时正在中国人民大学法律系攻读犯罪侦查学的硕士学位，便参加了该学习班的组织接待工作，并担任了另一位名叫戴·弗雷斯特的美国教授的讲课翻译。

讲学之余，我陪同李昌钰一行参观了故宫、天坛、颐和园、长城、十三陵等名胜古迹。讲习班结束之后，我又陪同他们去了上海、苏州、杭州、绍兴等旅游胜地。在那段时间里，我们几乎天天在一起。李昌钰的博学、勤奋、精明和幽默，都给我留下了极为深刻的印象。但是，我当时没有想到他后来会名扬四海，而且在中国成为家喻户晓的人物。

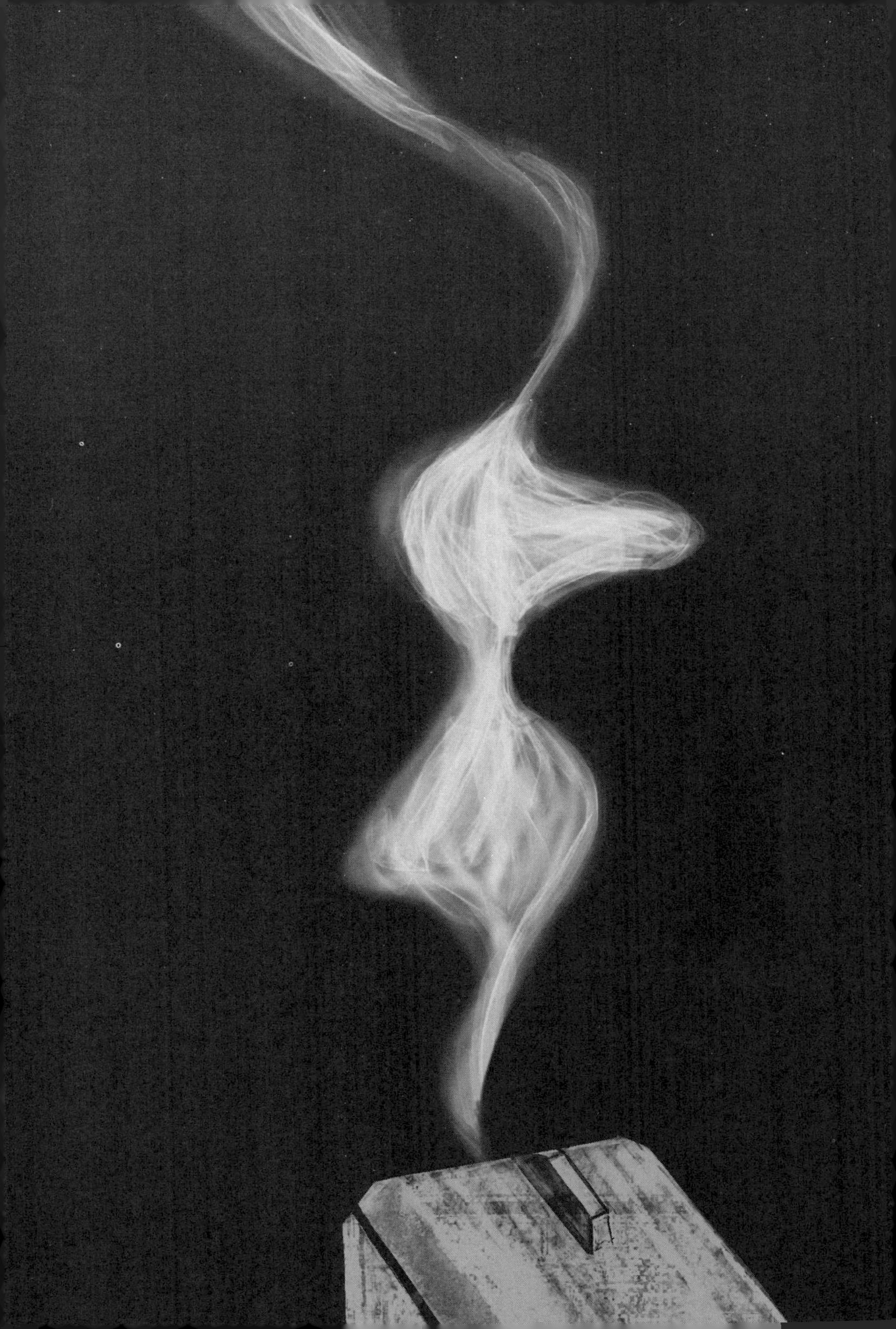

二十三、血迹勘验第一案

恩爱夫妻的秘密[1]

（美国）

在黑豹党枪击案中大显身手的麦克唐奈在1971年出版了《人血的飞溅特征与痕迹形态》一书，在法庭科学界产生很大影响。于是，美国各地的警察机关和大学纷纷请他去讲学。1972年，他辞去了考宁玻璃厂的工作，创立了血痕证据研究所，成为一名职业法庭科学家。

1 本案内容详见［美］阿尔弗雷德·刘易斯:《血痕弹道指纹探奇》，何家弘译，群众出版社1991年版，第91～122页。

平安夜的枪声

佛罗里达州的奥林奇县本来没有什么名气，后来因为境内的奥兰多市建了迪斯尼世界才名声远扬。该县的冬园镇是个典型的南方乡镇，居民多为信仰基督教的白人。那里既没有毒品犯罪，也没有种族冲突，居民安居乐业，生活宁静和谐。冬园镇和毗邻的奥克兰德镇、奥卡伊山镇被当地人俗称为“三镇”。这三个镇都不大，不能建市，没有行政长官，但是都有自己的警察局。在这三个镇中，冬园镇最为发达，因此，在该镇建有一座堪称地标的三镇商业中心大厦。

泽格勒一家是当地的名门望族。他家有不少房产，还有一个很大的家具店，就坐落在三镇商业中心大厦的对面。他家属于上流社会，交往的人士包括当地的议员、法官、执法官、银行家和富商。托马斯是家中独子，一个在当地颇受尊敬的绅士。由于老泽格勒先生身患中风，29 岁的托马斯就负责管理家中的房产和家具店。

托马斯很爱自己的母亲，对镇上的姑娘缺乏兴趣，不过后来与一名佐治亚州的姑娘结婚。此女名叫依妮丝，比托马斯大 3 岁。托马斯总爱称她为“公爵夫人”，而且经常给她写一些抒情诗。这对年轻的夫妇生活在神秘的“伊甸园”中。在社交场合，他们是恩爱夫妻，但是他们的夫妻生活似乎并不和谐。他们已结婚数年，但是一直没有孩子，亲友都感觉不太正常。据说，依妮丝一直在记录自己的基础体温，以便计算排卵周期。不过，她这样做是为了受孕还是避孕，人们就不得而知了。

1975 年的圣诞节前，依妮丝的父母从佐治亚州来到冬园镇。这对老夫妇很喜欢女婿，因此在接到女儿的邀请之后就很高兴地来此过节。不过，他们并不知道女儿的用心，而且没想到会有如此悲惨的遭遇。

平安夜，住在冬园镇的奥林奇县的法官西奥多·迪万特在家举办圣诞晚宴，在座的客人包括冬园镇的警长丹·菲克和奥克兰德镇的警长罗伯特·汤普森。9 点多钟，急促的电话铃响了，迪万特法官不太情愿地拿起话筒，只听一个微弱的声音断断续续地说道：“西奥多，我是……托马斯……我受伤了……让丹来……接电话。”法官连忙把话筒交给菲克警长，后者听到托马斯的声音，“丹，快来……我在店里……受伤了”。他连忙转身对汤普森警长说：“托马斯·泽格勒在店里被人打伤了，咱们快去看看！”

几分钟后，他们来到家具店。汤普森第一个走进现场。店里一片黑暗，他听见托马斯在轻声呼喊，便循声来到其身边，后者立即晕倒在他的胳膊上。他把托马斯抱上警车，简单地和菲克交谈两句，便开车赶往医院。

布满血迹的现场

菲克警长站在家具店门内，按了几个电灯开关，但是都没电。这时，他手下的两个警察赶来了。他派一个人去检查电闸。很快，房子里的灯都亮了。他们走进店内，那场景惨不忍睹。菲克警长已从警多年，但从未见过这么多血迹的现场。地板上、墙壁上、顶棚上、家具上，到处都有血迹。他小心翼翼地查看一番，发现了四具尸体。他让警员保护现场，并打电话通知了奥林奇县的验尸官和警察局的现场勘查技术员。

菲克警长走到收款台前，查看现金收纳机，钱盒内是空的。他抬头看了看收款台上方墙上的挂钟，指针停在 7 点 24 分的位置。他觉得有些奇怪，因为这个电挂钟在电闸合上后仍未启动。他站到一把椅子上仔细查看，发现有一颗子弹从厨房一侧的墙壁内穿出后击中了挂钟，造成停摆。这大概能表明凶杀案发生的时间。

晚上 10 点多钟，现场勘查技术员和验尸官相继来到家具店。技术员拍了现场照片之后，与验尸官一起查验尸体情况。依妮丝的尸体在厨房内，一颗子弹击中后脑。她大概是在浑然不知的情况下进入了另一个世界，因为她的左手还在衣兜里拿着一张纸。依妮丝的母亲倒在前门附近，一颗子弹穿过右臂进入胸膛，另一颗子弹穿过右掌进入头骨。依妮丝的父亲倒在收款台旁，脸朝下趴在一大片血泊之中，头部中了两颗子弹，头上还有钝器伤。旁边的地板上还倒着一个黑人。他身上既有钝器伤也有枪弹伤，裤子上还有血手印。由于他的手上没有血，所以那应该不是他的手印。在他的上衣口袋里有一串钥匙和一些现金，那钥匙应该是家具店的。

警察在现场找到了两支 0.38 英寸口径的手枪和两支 0.22 英寸口径的手枪，枪管内都有射击痕迹。其中一支 0.22 英寸口径的手枪在射击时子弹卡壳了。菲克警长认出这支手枪是他送给托马斯的，后者喜欢收藏枪支。警察在家具店的办公室里还找到两支手枪和两支步枪，但是都没有近期射击的痕迹。警方没有找到那两支 0.38 英寸口径手枪的购枪证明，而其他 6 支枪都属于托马斯。警方查明了那个黑人死者的身份，他叫查理 · 梅斯，是奥克兰德镇黑人社区的头面人物，手下有一支非常能干的柑桔采摘队。尸体检验表明，打死依妮丝及其父母的子弹是 0.38 英寸的，而打死查理的子弹是 0.22 英寸的。警察在现场还发现一个沾有血迹的汽车摇把，应该是凶手打人的钝器。

臭名昭著的滑雪帮

奥林奇县的柯尔曼警务官和弗莱探长也来到了现场。他们听了当地警察的案情介绍之后，又仔细查看了现场。此时，一些新闻记者也闻讯赶来。记者要求警务官柯尔曼谈谈案情，后者本不想发表意见，但是经不住记者的纠缠，只好说："我们认为这是一起抢劫案。现场上只有一枪是从里向外打的，而且现场上有很多搏斗的痕迹。"

查看现场之后，弗莱探长和菲克警长等人一起分析案情。有人猜测这是"滑雪帮"干的。在三镇地区有一个黑人犯罪团伙，主要进行抢劫和性侵等犯罪活动。由于这些人都戴有滑雪面具，被害人无法识别其身份，所以被称为"滑雪帮"。有人不同意，理由是"滑雪帮"不会杀害黑人查理。有人又说，查理也可能是"滑雪帮"的成员。总之，这是一起复杂的重大案件。侦探们希望托马斯能有足够的生命力来帮助警方查明案情。

托马斯的伤势并不像人们想象的那么严重。他只是左下腹有一处枪伤，应该是 0.38 英寸口径手枪造成的。第二天上午，他向人们讲述了昨天的经历。当时在病房里听他讲述的人是负责本案的奥林奇县检察官伊干、警务官柯尔曼、探长弗莱和警长菲克。托马斯竭力克制自己的情感，慢慢讲述事情的经过。

中午11点半，我在家具店，查理和他的妻子走进来，他们要买一台彩电。选好电视机并谈好价钱之后，我们约好晚上7点半来取货。两人走后，我看到店员柯蒂斯一脸沮丧，就问他怎么了。他说他的汽车坏了，晚上回家得走一大段路。我就说，你今晚先开我的车吧。反正我和依妮丝在一起，我可以坐她的车。柯蒂斯非常高兴。

这时，爱德华走进店来。他是个黑人木工，刚装修完我家的一套房子，来送房门钥匙。我接过钥匙之后问："我店里有一些大箱子要搬，你能帮我搬吗？"他说："没问题。现在搬吗？"我说："现在不行，要等到晚上关门之后。我把车借给柯蒂斯了，你最好能在7点半到我家接我，然后咱们一起到店里来。"他答应了。

商店关门后，我开车拉着柯蒂斯回家，然后就让他把车开走了。晚饭后，依妮丝和父母一起出门，说要去教堂，但先要去店里取一把躺椅。7点半，爱德华开车来了，然后接上我去家具店。

我从后门走进家具店。刚走过厨房的门，我的头就被人猛击了一下，我摔倒在地板上，眼镜掉了。我离开眼镜就看不清东西了。我模模糊糊地看见两个人影向我走过来。我身上带着一支手枪，连忙拔出来射击，但是卡壳了。我把枪向人影扔去，连忙向前面跑。那两个人在后面追我，我来到收款台，迅速拉开抽屉，从里面抓出一支马格南手枪，拼命扣动扳机。这时，我被子弹击中了，那感觉就像是有人用烧红的烧火棍给肚子捅了一个洞。我昏倒在地上。我听到一阵脚步声，他们好像是从后门跑了。

我开始在地板上爬，看到了一具尸体。我大概用了很长时间才爬到办公室。我必须向人求救。但是向谁求救呢？我估计我的母亲、妻子及岳父岳母都在教堂里。而且，我必须先找到眼镜，否则我什么也看不清楚。我感到很晕，就躺了一会，然后在办公桌的抽屉里找到眼镜。我知道丹在西奥多家吃饭，就给法官打了电话。

托马斯似乎非常疲倦，便闭上了眼睛。虽然在其陈述中还有许多没讲清楚的地方，但是几位执法官员看着他那苍白的脸也不好再提问题。

根据托马斯的陈述，侦探们都认为此事是“滑雪帮”所为，而查理和爱德华可能都是“滑雪帮”的成员。如果警方能够通过此案打掉“滑雪帮”，那也算是为民除害，而且可以安慰死者的在天之灵。

黑人讲述的故事

现场勘查结束了，尸体被移送到教堂。警方实验室在那 4 支近期射击过的手枪上检出了手印。经过指纹比对，那两支 0.22 英寸口径手枪上的手印是托马斯的，一支 0.38 英寸口径手枪上的手印是查理的，而另一支 0.38 英寸口径手枪上的手印来源不明。另外，警方通过检索购枪记录，发现那两支 0.38 英寸口径的手枪是爱德华一年前从一家旧货商店买的。于是，抓捕爱德华就成为破案的关键。不过，此事一点都不难。实际上，爱德华自己来到警察局，主动讲述了发生的事情。

> 昨天中午，泽格勒先生约我晚上 7 点半到他家去接他，我按时去了。我开车到他家房前，但是房子里黑着灯，家里没人。我转到后门，只见门上有个便条，上面写着：爱德华，我很快就回来，泽。于是，我就回到自己的小卡车上。我等了十几分钟，泽格勒先生开车回来了，车上还有两个黑人。他下车过来对我说，他还要去办点事，很快就回来，让我在那里等他。然后他们开车走了。我又等了二十多分钟，我喝完了两听啤酒，他一个人回来了。我看见他到车库里用毛巾擦了擦手，然后来到我的车里，让我开车到家具店去。于是，我开车来到家具店。他在前门外下车，让我把车停在后面，从后门进来。我把车停在商店后面，走进后门，里面的光线很暗。当我通过库房边的走廊来到前厅时，看见泽格勒先生拿着一支手枪，枪口对着我。他连续扣动扳机，但是子弹卡壳了。我吓坏了，转身跑出后门，跳上汽车，就逃走了。后来我听说，家具店发生了凶杀案。

警察问爱德华是否认识那两个黑人。爱德华说，那两个人坐在车里，他没看清相貌。警察又问爱德华是否在旧货商店买过两支 0.38 英寸口径的手枪。后者点头承认，并说那两支枪是托马斯让他买的。托马斯说他讨厌当地的枪支管理，而且不愿意让别人知道他买了这么多枪。当时，爱德华也觉得有些奇怪，因为警察局长菲克是托马斯的好朋友。不过他并未多想，因为泽格勒先生对他很好，他愿意为泽格勒先生做事。他知道泽格勒先生喜欢枪。他曾经看见泽格勒先生在家具店里像男孩子那样全副武装，背着手枪，扛着步枪，还开玩笑地用枪瞄准店里的雇员。

爱德华被带走之后，伊干检察官问几位警官对本案的看法。柯尔曼警务官说："这个黑人的故事听起来像是真的，但是他也可能是个非常聪明的说谎者。他给托马斯买手枪的说法就很难让人相信。另外，他自动投案，大概是因为他知道托马斯还活着。"

菲克警长认为："其实，这个黑人的一些话也能证明托马斯的陈述，比如手枪卡壳和还有两个黑人。我认为，这事肯定是那两个黑人干的，至于爱德华与此案的关系，我们还需要进一步调查。不过，现在最重要的是要查找那个与查理一起进入家具店的黑人。"

弗莱探长说："爱德华与托马斯讲的话还是有矛盾的，例如，托马斯有没有开车带两个黑人回家。这是重要事实，很难出现记忆误差，因此肯定有一个人在说谎。我认为，抓捕那个逃跑的黑人很重要，但是查明本案事实的关键还在家具店内，就是现场的那些血痕物证。当然，这需要一位专家。我建议请麦克唐奈来勘查现场。"

伊干检察官问："麦克唐奈是什么人？"

探长说："世界上最伟大的血痕物证专家。"

检察官又问："这个大人物所要的报酬很高吧？"

探长说："这我不太清楚。我估计大约得每天 100 美元吧。"

检察官把目光投向警务官，后者说：“我估计县里能掏出这笔钱。给他打电话吧，问他能否来，越快越好。”

弗莱探长自称是麦克唐奈的学生。1974 年，他参加了麦克唐奈在阿拉巴马大学举办的血痕证据讲习班。他对麦克唐奈的研究内容和研究方法都很感兴趣。

为了研究血痕的降落速度以及不同速度的血痕形态，麦克唐奈曾经带着助手在下班后来到玻璃厂的办公大楼进行实验。大厅环形楼梯的中间可以保证血液不受阻碍地自由滴落近 100 英尺到达地面，而且可以有选择地从不同高度进行实验。他们在底层的地面上铺放一张白色大纸板，然后从不同高度滴落血液，记录滴落的时间，并研究血迹的形态。另外，他们还向纸板挥洒血液，模仿枪击时从伤口喷溅的血迹。他们据此区分高速血迹和低速血迹。前者一般为喷溅血迹，后者一般为滴落血迹。

麦克唐奈那有些怪癖的幽默也给培训班的学员们留下了深刻印象。那次讲习班结束后，麦克唐奈请全体学员到他住的旅馆去参加告别酒会。学员们按时来到他的房间，但是屋里没有酒。正当学员们迷惑不解时，麦克唐奈从里屋搬出一个纸箱，上面写有“人血”二字的标签。学员们很惊讶，不知这位有怪癖的教授打算请他们喝什么。然而，麦克唐奈打开箱子后取出来的是一瓶瓶的加拿大啤酒、苏格兰葡萄酒、爱尔兰威士忌、俄国伏特加，还有鸡尾酒。他微笑着对目瞪口呆的学生们说：“这是为了防止那些口渴而且嘴馋的女服务员们偷喝我的酒！”

弗莱探长拿起电话，找到了麦克唐奈。后者在电话中说他愿意接手此案，但是他在 1 月 6 日前的工作已经排满。

放下电话之后，弗莱探长请伊干检察官发布命令，把该家具店封闭至 1 月 7 日午夜。检察官同意了。不过，他认为本案的基本情况已经查清。他简要地总结说，那两个黑人在家具店关门之后入室行窃，意外地遇到了依妮丝和她的父母，只好将三人杀害。他们在逃跑时又碰上了托马斯，发生枪战，结果是一死一伤一逃亡。当然，这只是推断，还需要证据来证明。

警方调查的新发现

在等待麦克唐奈来勘查现场期间，当地警方继续调查，而且很有收获。首先，住在泽格勒家具店后面的斯潘瑟夫妇和女儿告诉警察，他们那天晚上听到了枪声。女儿在 7 点 10 分回到家。大约十几分钟后，她听到了好像汽车排汽管放炮的声音。十几分钟之后，她又听到了几次类似的声音。她当时没在意，以为是有人在放鞭炮。在得知家具店发生凶杀案之后，她相信自己听到的就是枪声。

其次，黑人查理的妻子向警方讲述了那天中午她和丈夫一起到泽格勒家具店去买彩电的情况。她还说，那天晚上查理开车去家具店取货时，还叫上了他手下的一个工人，名叫费尔顿·汤姆斯。

警察很快就找到了费尔顿，弗莱探长亲自询问。一开始，费尔顿反复说："我不知道，我什么也没干！"后来，在弗莱探长的耐心劝导下，他终于讲述了那天晚上发生的事情。

> 大约 7 点 30 分的时候，查理和我开车来到了家具店的后面。泽格勒先生正在那里等候我们。他让我们坐到他的汽车里，说有件小事想请我们帮

忙。查理二话没说就答应了，因为泽格勒先生给他的彩电价格很好，他愿意为其干一切事情来保证那笔交易。泽格勒先生拉着我们到了镇外一个荒芜的桔园。他指着座位旁边的两个棕色纸袋说那里是枪，让我们为他试射。这是个奇怪的要求。我本来不想干，但是查理说服了我。更奇怪的是泽格勒先生似乎很急于把那些枪中的子弹打完，他甚至没让我们下车，只是从车窗里向外开枪就行了。打完之后，他开车带我们回家去取钥匙。那里有个黑人坐在一辆小卡车内等他。他过去和那伙计说了几句话就回来了。当我们再次回到商店时，我总觉得这事儿有些不对头。查理一点也不怀疑，他只想着那台彩电。停车后，泽格勒先生请我们进去，我谢绝了，我宁愿在车里等着查理把彩电抱出来。他们两人进店之后，我越想越觉得不对劲儿。我从车里出来，走到街的对面，站在那里等着。我听到店里传出枪声，感觉事情不好。我必须尽快离开这个是非之地。什么黑人白人，都是疯子，见鬼去吧！于是我就跑了。

听了费尔顿的陈述，弗莱探长让他带路到那天晚上试射的地点。他们开到那个桔园，很快就找到了开枪地点，并且在附近找到了一些 0.38 英寸口径的弹头。经过比对，警方技术员确认这些子弹头是从杀人现场上那两支手枪射出的，而且确认在一支手枪上检出的手印是费尔顿的。

弗莱探长向伊干检察官汇报了上述情况。他认为托马斯很可能是真正的凶手。他在杀人之后自伤，以便掩人耳目。实际上，他那一枪只是打中了侧腹部，而一般人都知道枪击那个部位不会对身体造成太大的伤害。

检察官认为探长的分析很有道理。而且，他还收到了一份材料，表明托马斯并不像他的身份和外表那样高尚。托马斯在17岁时曾潜入邻县的史密斯车船商店行窃，并以重大盗窃罪被送上法庭。不过，泽格勒家族的人是不会在当地被关进监狱的，所以法官仅判了他5年缓刑。

1975年12月29日，托马斯因杀人罪被逮捕。警方把他从私人医院转移到佛罗里达州立医院的监管病房。第二天，他那间不大的病房内挤满了人，有法官、警察，还有记者。巡回法院的马尼奥法官站在床边宣读了检察官的指控，罪名是四个一级杀人罪。法官解释说："这些指控中的每一项罪名都可以判处死刑或终身监禁，而且在25年内不得假释。另外，被指控犯有这些罪的人也不能保释。"托马斯一动不动地躺在那里，脸上毫无表情，目光停留在法官的嘴上。

检察官的手中已经掌握了不少证据，但是这些证据的可靠性肯定会在法庭上受到辩护律师的挑战。对于陪审团来说，一个有钱白人的证言要比两个黑皮肤工人的证言更有分量。因此，检察官需要更有价值的证据，他把希望寄托在那位大名鼎鼎的法庭科学家身上。

现场血迹的证明

1976年1月7日上午，麦克唐奈来到泽格勒家具店。他的身后既有警察，也有辩护律师。麦克唐奈简单地巡视现场之后就开始工作。他手持放大镜，仔细观察每一处血迹，特别是那些重叠的血迹。他用不同颜色的小旗子标记出四名死者和一名伤者的血迹，并且让助手做了必要的血型鉴定。然后，他区分了高速血迹和低速血迹，并根据高速血迹的分布确认了每个人遭到枪击或钝器打击时的位置。他连续工作 8 个小时，终于完成了犯罪现场重建，其中有三个重要的结论。

第一，依妮丝应该是第一个死者。她刚走进厨房门，一颗子弹就从后面击中她的头部。她的尸体倒在厨房门内的地板上，头部浸在血泊中，脚朝着门口的方向。在门框和旁边的墙壁上都有喷溅血迹，血迹的形态及分布情况可以表明头部中弹时的空间位置。凶手向依妮丝连开两枪，一枪打中她的头部，另一枪则以同样方向射到对面墙上并穿过去击中了墙上的挂钟。因此，挂钟指示的 7 点 24 分就是依妮丝被枪杀的准确时间。最为重要的是，向依妮丝开枪的人应该是她的熟人，因为她中弹时左手仍在衣兜里抓着一张纸。如果她的身后有陌生人来攻击，她应该做出自卫的动作。据此推断，她大概是与丈夫一起从后门走进家具店，而托马斯从后面开枪杀死了妻子。

第二，查理应该死在依妮丝的父母之前。那位父亲的尸体就在查理的尸体旁边，父亲的喷溅血迹遮住了一些查理的喷溅血迹，不过两人的血迹并未混合在一起。这说明查理的血迹在那位父亲被害时已基本凝固，这大概需要十几分钟的时间。另外，尸体照片显示查理的裤子上有血手印，而他的手上没有血，因此，那血手印应该是那位父亲留下的。由此可见，查理不可能是枪杀那位父亲的凶手。据此推断，托马斯带着查理和费尔顿回到家具店之后，虽然只有查理走进了家具店，托马斯已经别无选择，只好开枪杀死了查理。依妮丝的父母可能是在开车去教堂的路上看见家具店里的灯光，便停车进去查看。这大概不是托马斯计划之内的。但是，两位老人已经看见了托马斯，后者当然就不能允许他们再活着走出家具店。

第三，托马斯的受伤地点是在办公室内。托马斯声称自己是在收款台旁被枪击的，然后才到办公室去打电话求救。但是，办公室内的电话旁边有很多血迹，而地上那些滴落血迹的方向也可以表明托马斯是在受伤之后才走向前厅的。现场情况表明，那天晚上只有托马斯一人进过办公室，因此在办公室内开枪打伤托马斯的人只能是他自己！

检察官对麦克唐奈的现场勘验结论非常满意。另外，警方还查到一个重要情况：托马斯在两个月前为妻子依妮丝办理了赔偿金为 50 万美元的生命保险！

1976 年 7 月 2 日，法庭判定托马斯·泽格勒犯有两个一级杀人罪和两个二级杀人罪——杀害依妮丝和查理为一级杀人罪；杀害依妮丝父母为二级杀人罪。麦克唐奈在法庭上关于案件发生经过的证言给陪审团留下深刻的印象。陪审团建议对被告人判处终身监禁，但是法官决定判处被告人死刑。

1981 年 6 月 12 日，佛罗里达州最高法院对托马斯·泽格勒的上诉裁定是维持原判。1982 年 3 月 22 日，美国联邦最高法院拒绝提审托马斯·泽格勒的上诉案。该案的诉讼程序被画上了句号。

托马斯在被判死刑之后说："我认为监狱里的生活与其他任何地方的生活并无两样。人们可以按照自己的需要来安排在监狱里的生活。我会尽量使自己生活得愉快而且舒适。"在美国联邦最高法院拒绝受理其上诉后，托马斯又说："我希望尽快与依妮丝和我岳父岳母见面。当他们死去时，我的生活实际上已经结束了。"

在等待死刑期间，他又给妻子写了一首情诗——"你似乎永远在那里，向我伸出援助之手，献给我你的理解，还有那美丽的微笑……”

解说和评论

1990年年初，笔者在美国西北大学法学院做访问学者期间，在法学院的图书馆里看到一本书名和内容都很吸引人的著作——《物证从不说谎——一位当代福尔摩斯的案例》（*The Evidence Never Lies: The Casebook of a Modern Sherlock Holmes*）。该书作者阿尔弗雷德·刘易斯用文学的语言讲述了一位法庭科学家亲自办理的一些案例，使我产生了浓厚的兴趣。这位法庭科学家就是麦克唐奈。

1990年夏天回到北京之后，我集中精力把那本书翻译成中文，由群众出版社于1991年出版，编辑把书名改为《血痕弹道指纹探奇》。1992年，我又到美国西北大学法学院攻读法学博士学位。后来，我通过西北大学法学院的教授找到了麦克唐奈先生的电话号码，然后给他打了电话。在电话中，我告诉他那本书的翻译情况并表达了对他的敬意，还希望能够在合适的时间邀请他到中国讲学。他告诉我，他曾经到过一些亚洲国家讲学，对于到中国讲学也很感兴趣，但是他对我那本译著更感兴趣。后来，我给他寄去两本书，一本送给他，一本请他转交给作者刘易斯。

1993年的秋天，我在通过了西北大学法学院的博士学位论文答辩之后，便携妻子和女儿到美国东部去旅行。我本来计划在游览举世闻名的尼亚加拉大瀑布之后，开车从纽约州北部的布法罗市到纽约市的途中，绕道考宁县去拜访麦克唐奈先生的研究所，但是后来因为行程的安排太紧，我们那天晚上必须赶到纽约市的戴·弗雷斯特教授家，只好放弃了该计划。留学回国之后，我曾经和一些部门联系过邀请麦克唐奈先生来华讲学的事宜，但是因为经费问题而未能成行，是为一点遗憾。不过，我在《血痕弹道指纹探奇》一书的卷首引用的麦克唐奈的一段名言已经在我国刑事司法界广为流传："物证不会遗忘。物证不会像人那样受外界影响而情绪激动。物证总是耐心地等待着真正识货的人去发现和提取，然后再接受内行人的检验与评断。这就是物证的性格。在审判过程中，被告人会说谎，证人会说谎，辩护律师和检察官会说谎，甚至法官也会说谎。唯有物证不会说谎。"

二十四、跨国行贿第一案

麦道暗战波音[1]

（美国）

在 1977 年以前，美国法律并不禁止美国公司向外国政府官员行贿，也没有要求美国公司向社会公开其可能带有行贿性质的向外国政府官员的付款。1977 年，美国国会通过了《对外行贿行为法》。该法的主要内容是要求那些上市公司建立完备的财会管理制度，并在遵守证券交易法规的前提下向社会公开其向外国政府官员支付金钱的情况，以保证其经营行为的正当性。该法禁止向外国的政府官员和政党首脑行贿，但是不禁止为获得正常政府行为而向外国官员支付钱款，也不禁止向外国官员支付所在国法律准许支付的回扣或小费。

1　本案内容详见何家弘：《毒树之果——美国刑事司法随笔》，中国人民公安大学出版社 1996 年版，第 84 ~ 111 页。

麦道公司的秘密交易

1974年秋天的一个夜晚，巴基斯坦北部城市拉瓦尔品第的街上人来车往。一辆关闭了车灯的黑色轿车悄悄驶入了一个高级会所。从车上下来的人是美国道格拉斯飞机公司副总经理查尔斯·福赛思。经巴基斯坦的飞机代理商希查伊拉公司的安排，福赛思在这里会见了两个重要人物——一个是布托总统的堂弟阿什奇·布托，另一个是总统办公厅主任拉菲·拉扎。

当时，巴基斯坦国际航空公司决定要购买一批喷气客机。虽然麦道公司生产的DC-10型客机很有竞争力，但南亚地区是波音公司的领地。如果麦道公司能够拿到这笔订单，就将为开拓其亚洲飞机市场取得重大突破。麦道和波音是世界航空制造业的两大巨头，在国际市场上的竞争非常激烈。

巴基斯坦国航归国家所有，购买飞机一般都要由政府高官决定，有时甚至要由总统或总理拍板。根据代理协议，希查伊拉公司每卖出一架麦道飞机就可以获得10万美元的“代理费”。不过，麦道公司担心这笔钱不足以在竞争中击败波音公司，就派出负责市场营销的副总经理去公关。经过一番讨价还价，福赛思同意在巴基斯坦国航购买的每架飞机货款中拿出50万美元，通过希查伊拉公司转给阿什奇·布托。

麦道和波音围绕这批客机买卖展开了幕后竞争。虽然波音公司原本占有市场优势，但是麦道公司的“高层战略”取得了最终的胜利。1976年，巴基斯坦国航购买了4架麦道飞机，总价超过8000万美元。福赛思如约将200万美元的“好处费”转给了阿什奇·布托。

1977年，巴基斯坦政局突变，布托总统被军事政变赶下台，齐亚将军进驻总统府。1979 年，布托总统被处以绞刑。阿什奇 · 布托和拉菲 · 拉扎等人则逃往国外。

福赛思与布托等人的交易是麦道公司的“高级机密”，而且没有具体文字记录。那 200 万美元的“好处费”分别记入了每架飞机的销售费用。不过，福赛思仍不放心，就让助手把有关向巴基斯坦国航销售飞机的文件都交他。他把这些材料藏在了卧室的床垫下面。

雄心勃勃的检察官

1978 年，卡特总统任命本杰明 · 西夫莱担任了美国联邦司法部部长。受“水门事件”的影响，“海外行贿”成为当时的热门话题，也为民主党政府打击共和党势力提供了一个正当理由。西夫莱上任后就命令负责刑事处的部长助理菲利普 · 海曼调查此类案件。于是，刑事处的诈骗犯罪科成立了一个海外行贿专案组，由六名助理检察官组成。

美国的检察系统包括联邦检察机构、各州检察机构和城市检察机构，三者是相互独立的。联邦检察机构的首长就是司法部长。其实，美国司法部长的官称是检察长，英文表述为 the Attorney General of the United States，但因为他是司法部的首长，所以我们习惯地翻译为司法部长。美国有 95 个联邦司法区，每个区有一个联邦法院和一个联邦检察署。每个检察署有一个检察官，相当于检察长，其余的都是助理检察官。联邦司法部下设一个刑事处，负责指导和协调各检察署的工作，还负责一些重大或特殊案件的调查。

这个海外行贿专案组的成员之一是年仅 28 岁的助理检察官，名叫迈克尔·鲁宾。他负责调查美国公司在对外贸易中有无贿赂行为。他并不缺乏线索，因为已经有大约 100 家上市公司向联邦证券交易委员会承认曾向外国官员行贿。为了创立一个有影响的判例，鲁宾决定找一家大公司开刀，就把目光投向了麦道公司。他仔细阅读了麦道公司的有关材料，决定把突破口选在该公司设在墨西哥、委内瑞拉、扎伊尔、刚果、韩国、菲律宾和巴基斯坦等国的推销商身上。不过，他很快就发现对这些人的调查非常困难。

联邦检察官在刑事案件调查中有两大法宝：第一个是大陪审团的强制传唤权，大陪审团可以传唤任何美国公民出庭作证；第二个是检察官的豁免权，即向证人签发豁免书，保证他们不会因为作证所涉及的犯罪而被起诉。对于那些有罪的知情人来说，这种豁免很有诱惑力。

为了在必要时可以强制传唤证人，刑事处成立了一个专门调查海外行贿案件的联邦大陪审团。但是，大陪审团的强制传唤权限于美国领土，而麦道公司的推销商长期居住在国外，大陪审团不能强迫他们回国接受调查。不过，鲁宾发现麦道公司会让其推销商定期到加利福尼亚州圣路易斯的总部汇报工作。于是，他就守株待兔，等这些推销商回国述职时以大陪审团的名义进行传讯。

鲁宾传讯的第三个人是麦道公司在巴基斯坦的推销商普鲁伊特。此人是第二次世界大战的英雄飞行员。鲁宾认真查阅了有关材料，发现了一些可疑的线索。麦道公司为售出每架飞机给代理商 10 万美元的“代理费”，而且可能还有一笔更大数目的付款。鲁宾向普鲁伊特询问此事，后者说他只知道有“代理费”。鲁宾是有备而来，就出示了普鲁伊特给公司总部的报告副本。那份报告中提到还有其他人收到了“好处费”。普鲁伊特有些慌乱，先说要和律师商量一下，又说要去厕所。当普鲁伊特从厕所回来之后，鲁宾继续追问。普鲁伊特承认他知道另有付款，但是不知道那笔钱的数量以及付款对象。鲁宾反复追问，普鲁伊特都坚持这个说法。鲁宾又问普鲁伊特在国外有无银行账户，后者坚定地回答说没有。鲁宾只好结束这次谈话。

很有收获的跨国取证

鲁宾认为此案的调查很难在麦道公司方面取得突破，就把目光转向巴基斯坦。他认为自己能够得到巴基斯坦政府的合作，因为齐亚总统一定会支持对布托总统执政时发生的贪腐案件的调查。鲁宾给巴基斯坦驻美国大使馆打了电话，很快就得到了积极的回应。巴基斯坦政府的有关部门可以协助美国司法部的调查，但是这些调查只能在巴基斯坦进行。

1978 年的感恩节前夕，鲁宾一人来到巴基斯坦首都卡拉奇。作为级别很低的年轻检察官，他对自己在卡拉奇机场受到的热情欢迎感到吃惊。与此相反，美国驻巴基斯坦大使馆对他的到来却非常冷淡。

鲁宾会见的第一位政府官员是财政部长穆巴什尔·哈桑。此人在布托总统执政期间就担任此职，素有为官清廉之名。鲁宾与哈桑的会谈没有涉及该案的实质内容，但是为鲁宾的调查工作打开了方便之门。

在政府官员的安排下，鲁宾会见了最重要的证人——希查伊拉公司的总经理莱斯里·希查伊拉。经过美国检察官和巴基斯坦官员的联手“劝说”，希查伊拉讲述了福赛思副总经理的拉瓦尔品第之行和那 200 万美元的秘密“好处费”。实际上，这 200 万美元是巴基斯坦政府的损失，因为麦道公司把这笔钱加到了那四架飞机的价款里。从希查伊拉口中，鲁宾还得知麦道公司的一些高级官员了解此事，包括道格拉斯飞机公司的总经理约翰·布里赞迪恩和麦道集团创始人的三儿子詹姆斯·麦克唐纳。

鲁宾对卡拉奇之行极为满意。离开巴基斯坦之后，他又到瑞士进行调查。由于瑞士法律没有规定对外行贿罪，鲁宾就以调查伪证罪的名义到有关银行进行调查。他发现，希查伊拉每次从麦道公司收款后都会开出一张支票，而且每次支出与收入的比例都相同。他怀疑是普鲁伊特在拿“回扣”。后来，他终于查到了普鲁伊特在瑞士银行的账户，并发现其多笔收入的数额都与希查伊拉所开支票的金额相同。看来，这位二战英雄确实在“吃回扣”。

鲁宾回到华盛顿后向领导汇报了调查结果。司法部刑事处为了加快调查起诉，指派蒙代尔森检察官协助鲁宾工作。两个年轻人雄心勃勃，全力以赴，很快就完成了基本的调查取证工作，信心满满地准备起诉。考虑到麦道公司的巨大影响力，他们决定先寻求辩诉交易，以便减轻在法院获得有罪判决的阻力。对于检察官来说，只要拿到有罪判决，就算大功告成，也确立了一个惩罚跨国行贿的判例。

很有权力的大陪审团

1979 年 1 月，检察官首先与麦道公司的律师探讨了辩诉交易的可能性。经过数次谈判，麦道公司同意做有罪答辩并交付罚金，其条件是检方不再追究该案所涉及的那些个人的刑事责任。但是检察官不同意这个条件，坚持与麦道公司达成的任何辩诉交易都不能影响检方对个人的起诉。因此，双方未能达成协议。

两位检察官还分别找了巴基斯坦推销商普鲁伊特、道格拉斯飞机公司总经理布里赞迪恩和副总经理福赛思的律师，提出辩诉交易的建议，但是都被拒绝了，因为对方不相信美国政府会因为对外国官员行贿而起诉美国公民。

两位检察官决定使用大陪审团的威慑力。3 月初，他们以书面形式正式通知普鲁伊特、福赛思和布里赞迪恩已被列入大陪审团的调查对象。随后，检察官以大陪审团的名义传唤麦道公司的一些高级官员出席调查听证会，包括麦道公司创始人的长子约翰和三儿子詹姆斯。前者是麦道集团的副总裁，后者是麦道集团的董事会成员。在接受询问时，约翰神态自若，但詹姆斯含糊其词。根据询问笔录，他共有 250 次回答“记不清了”。于是，他也被追加为大陪审团的调查对象。

检察官还传唤了麦道集团的创始人、董事长老麦克唐纳，但是这位 80 岁的老人拒绝到大陪审团作证。经过反复协商，老人同意让检察官到他的办公室去询问。在谈话中，老麦克唐纳情绪激动，拒绝在任何问题上与检察官合作。

两位检察官决心把该案进行到底。他们起草了对麦道公司及其四名调查对象的起诉书，指控罪名共有 11 项。起诉书指出：虽然这一犯罪行为的直接受害人是巴基斯坦国际航空公司，但是就美国法律而言，其要点不在于对外国官员的贿赂，而在于未能以正当方式报告和说明这种贿赂行为，因而是具有诈欺性质的不正当竞争行为。

负责审批该案起诉书的是联邦司法部长助理海曼。虽然司法部长西夫莱随时听取有关该案进展情况的报告，但他是由总统直接任命的政府官员，不便对这类案件发表意见，以免在社会中引起不利于民主党的反应。海曼以前是哈佛大学法学院的教授。作为该案的检方决策人，他承受着来自双方的压力，必须谨慎行事，因此，直到 1979 年 11 月 8 日，他才批准了起诉书。然而，大陪审团的态度与海曼截然相反。11 月 9 日上午，大陪审团在热烈的气氛中表决通过了那份起诉书。

轰动美国的审判

鲁宾和蒙代尔森在向大陪审团提交起诉书之前就将有关情况通知了加利福尼亚州洛杉矶地区的联邦检察署，因为本案的几名被告人都居住在该地区。他们要求该检察署派一名助理检察官协助本案工作。一旦起诉书被大陪审团通过，联邦调查局的调查人员就可以逮捕上述被告人，而洛杉矶的助理检察官则可以立即将他们送交当地法庭初审。鲁宾认为这些被告人很容易逃离美国，特别是一直以游船为家的普鲁伊特。

麦道公司四名高级官员被逮捕的消息立刻轰动了美国。各大报纸和电视台的记者们接连不断地采访鲁宾和蒙代尔森，使这两名年轻的检察官在一夜之间变成美国的知名人物。四名被告人的律师也纷纷求见检察官，要求检方放弃起诉或者就较轻的罪名达成辩诉交易。在四名被告人中，检方对与普鲁伊特的辩诉交易最感兴趣，因为他职务最低但知情最多。如果检方能用较轻罪名换得他在审判中为公诉方出庭作证，那将大大提高检方在审判中获胜的可能性。但是，普鲁伊特对麦道公司“忠心耿耿”，他拒绝接受检方的辩诉交易建议。

该案由哥伦比亚特区的联邦地区法院审理。主审法官是由卡特总统任命的女法官，名叫乔伊斯·格林。在预审听证会上，人们已经清楚地感受到辩诉双方力量对比上的差距——公诉律师席一边孤零零地坐着两名年轻的检察官，而辩护律师席一边不仅坐满了律师，而且在后边还有站立的律师。在电视屏幕上看到这一画面的美国公众都为麦道公司的实力而感叹不已。顺便说，美国的检察官有很强的流动性，而且多数是刚从法学院毕业的学生。因此在法庭上，人们无法从衣着区分检察官和辩护律师，但是可以从年龄区分，年轻人一定是检察官。

1980 年的总统大选和换届工作影响了该案预审听证的速度。不过，格林法官驳回了辩护方提出的要求检方撤销起诉的动议，宣告了检方在预审听证阶段的胜利。辩护方对格林法官的裁定提出上诉，但联邦上诉法院维持了初审法院的裁定。审判定于 1981 年 5 月开始。

1981 年 1 月，击败民主党总统卡特的共和党候选人里根就任第 40 任美国总统。他很快就完成了“政府官员大换班”。威廉姆·史密斯接替西夫莱担任了联邦司法部长，詹森则接替海曼担任了领导刑事处的部长助理。虽然鲁宾和蒙代尔森仍然负责麦道公司案的起诉工作，但是詹森部长助理决定对该案重新进行审查，因为共和党人对该案的态度与民主党人有所不同。

麦道公司有不少共和党的朋友，包括很有影响力的联邦参议员约翰·丹福思。1981 年 4 月，这位参议员要求参议院对外关系委员会审查麦道公司案中涉及贿赂外国政府官员的机密档案材料，并就此举行听证会。由于他的这一提议实际上是在帮助麦道公司的律师们得到检察官手中的机密材料，所以有美国记者说，丹福思参议员很像是“麦道公司的律师”！

姗姗来迟的判决

在 1981 年 5 月原定开审日期之前，由于联邦司法部对麦道一案的内部审查工作尚未结束，所以鲁宾只好要求法官推迟审判日期。格林法官立即召集了双方律师的协商会。她说，她看出新政府对此案态度的变化，如果政府打算撤诉，那就不要再浪费时间和金钱了。鲁宾和蒙代尔森对此无法回答。

与此同时，丹福思参议员约见了联邦司法部副部长吉乌利亚尼。而鲁宾等人对会谈内容一无所知。作为直接负责此案的检察官，鲁宾和蒙代尔森对此极为不满。经过反复思考，他们给吉乌利亚尼写了一封信，并在下班时将该信的副本分别放在了刑事处官员和诈骗科同僚的办公桌上。然而，其中只有一部分人看到了那封信，因为吉乌利亚尼在得知此事后立即派人“收缴”了那些复印件。不过，鲁宾二人的“不轨行为”还是在司法部内掀起轩然大波，并很快传播到社会上。

第二天晚上，《纽约时报》的记者在电话中采访了鲁宾。鲁宾本不想把此事张扬出去，但是无孔不入的记者大概是从詹森部长助理那里得到了消息。此事公诸报端之后，吉乌利亚尼副部长非常生气，把鲁宾叫去大骂一顿。在新闻界的压力下，吉乌利亚尼只好以公开的方式与被告律师们进行谈判。鲁宾和蒙代尔森继续被排斥在本案的谈判之外。他们知道，自己的检察官生涯应该结束了，于是就开始另谋工作。此事不难，因为他们已经小有名气，一些律师所很快就向这两位年轻人表示欢迎。

1981 年 9 月 9 日，吉乌利亚尼副部长宣布麦道公司一案将以辩诉交易方式结案：该公司承认犯有诈欺罪和虚假陈述罪并支付 5.5 万美元的刑事罚金和 120 万美元的民事罚款；检方撤销了对布里赞迪恩等四名被告人的起诉。

不过，“二战”英雄普鲁伊特单独受到了伪证罪的起诉，最后也与检察官达成了辩诉交易。普鲁伊特承认有“提供虚假陈述”的行为，检方则建议法官仅判其缓刑。不过，格林法官没有按常规那样完全接受检察官的量刑建议。她判处普鲁伊特 6 个月缓刑，另外附加了 200 小时的公共勤务和 4 万美元的罚金。这个判决为麦道公司行贿案画上了一个很像问号的句号。

虽然麦道公司在这个案件中取得胜利，但是它在航空制造业的国际竞争中逐渐处于下风。20 世纪 90 年代，麦道公司在与波音公司和欧洲空客公司的竞争中一路败北，其所占的市场份额从 20% 下降到 10%。1996 年底，波音公司宣布并购麦道公司，组成世界航空制造业的龙头老大。曾经辉煌一时的麦道公司退出了航空制造业的历史舞台。

解说和评论

麦道公司行贿案引发了我的思考。我们为什么要查办行贿？查办行贿是为了反腐败吗？毫无疑问，在一个国家内部打击行贿是反腐败的需要。虽然行贿本身不是腐败，但是行贿制造腐败。虽然行贿人不掌握公权力，但是他们要花钱去购买公权力的特别服务。从这个意义上讲，行贿是腐败的源头之一。因此，反腐败就要严查行贿，从源头进行治理。

麦道公司行贿案也告诉我们，查办行贿还有一个重要的功能，那就是维护市场的公平竞争。行贿行为不是腐败行为，而是一种不正当竞争行为。无论是在官场还是商场，行贿的目的就是要在竞争中获得特别的待遇，从而升官发财。因此，我们强调打击行贿的重要性，也是要净化官场和商场，让竞争更加公平、更加规范。

在当今世界，不同国家对待行贿问题的态度是不一样的。例如，给执法人员送“小费”，这在某些国家是司空见惯的，但是在某些国家就会有牢狱之灾。因此，我们出国旅行，一定要了解所在国的法律和习惯。在这方面，我就有一次亲身的体验。

2012 年 5 月底，我应邀到莫斯科出席了由俄罗斯联邦财政监察院和立法与比较法研究所共同举办的“第一届欧亚反腐败论坛”，并且在会上作了主题发言。会议结束后，东道主特别安排我们两位中国教授游览莫斯科，还计划外地来到了莫斯科大学。中国人民大学曾经以莫斯科大学为样板，所以我们就很想进去参观，但是门边的警卫不让我们进入，因为我们没有介绍信。陪同的翻译保尔解释了半天，但是那警卫绝不通融。我们只好不无遗憾地转身离去。站在大门外，保尔小声问我身上有没有 100 卢布。我说有，便掏出钱包。他取了两张，攥在手中，向站在门外的另一名警卫走去。他小声跟警卫说了几句话，并把手中的钱塞进警卫的手中。那名警卫若无其事地看了我们一眼，转身向大门走去。我们跟着他来到安检门，只见他做了个手势，那警卫就让我们进去了。在此，我必须郑重声明，这可不是我行贿，这是保尔行贿！

二十五、推断死亡第一案

没有尸体的凶杀案 [1]

（美国）

在俄勒冈州北部的哥伦比亚县有一个小镇，名叫雷尼厄。这个山区小镇民风淳朴，生活和谐。镇上有一所地区中学，学校有一个规模挺大的校车队。北俄勒冈州的冬季是寒冷的，而冬季的夜晚是漫长的。在那黑暗且寒冷的长夜中，人类以各种方式排解寂寞，消磨时光，偶尔也会发生一些不幸的事件。

1 本案内容详见［美］阿尔弗雷德·刘易斯：《血痕弹道指纹探奇》，何家弘译，群众出版社1991年版，第165～209页。

风流的女司机

1976年2月10日，哥伦比亚县警察局接到该校车队的报案，一名女司机失踪了。此人名叫维多利亚·布朗，25岁，是个单身母亲。她很漂亮，是校车队的“女明星”。报案人说，维多利亚可能被人杀害了。

俄勒冈州警察局的探长迪恩·兰夫罗带领警察来到小镇，首先查看了现场。这是一个很大的车库，在维多利亚的校车旁边的墙上和地上有很多血迹，车上也有血迹，但是没有尸体。

校车队队长斯坦雷介绍了有关的情况——昨天晚上，斯坦雷接到维多利亚的母亲打来的电话，说女儿没有回家。斯坦雷让人查看了一下，发现维多利亚的车已经停在车库，就说她回来了，可能到别人家去了。第二天早上，维多利亚的母亲又打电话，说女儿还没有回家。这有些反常，因为维多利亚很关爱9岁的女儿。她晚上与人约会之后都会回家，因为她早上还要照顾女儿上学。斯坦雷带人到车库查看，发现了许多血迹。他们到周围查看，又询问了一些人，都没有找到维多利亚，就打电话报警了。

兰夫罗决定先去查找尸体，就让警察和车队人员一起搜索学校周围的树林和草场。人们搜索了半天，没有任何收获。天就要黑了，兰夫罗让大家回去休息，明天再找。车队的修理工斯蒂夫·海夫林说他打算再到学校体育场后面的树林里去看看。他一个人去了。5分钟后，他回来了，手里拿着一根树棍，树棍头上挑着一个湿淋淋的女用手提包。他追上人们后大声说道:“这是维多利亚的，上面还有她的名字。我是在树林里面的一个小水洼里找到的。”兰夫罗看了这个小手包后，心中产生一个疑问：这小子真是偶然找到这个手包的吗？

兰夫罗认为，查明作案动机应该是本案的主要侦查路径。于是，他找来车队的女司机们，询问维多利亚与车队男人的关系。他吃惊地发现，这个车队里的私生活达到了非常自由的程度。

维多利亚是车队中的“明星”。据传她几乎和她所认识的每一个男人都有身体关系。据说她还和一个中学生有越界之举，这是违法的，至少是违反学校规定的。斯坦雷是维多利亚的主要情夫。他们已经交往多年，而且双方似乎对这种关系都很满意。斯坦雷从维多利亚那里得到特殊的享乐，而维多利亚也从斯坦雷那里得到特殊的关照。虽然她是个计时工，每小时的工资仅为 5.36 美元，但是总能从斯坦雷那里得到一些“肥活儿”。为此，其他女司机都很嫉妒她。斯坦雷知道维多利亚并不专属于自己，但是他又能怎样呢？他是有妻室的男人，他没理由去嫉妒情妇的其他情夫。

兰夫罗认为斯坦雷应该是一个主要嫌疑人，因为他有作案动机。不过，他仍然无法从脑海中抹去对另一个男人的怀疑。于是，他请女司机们谈谈那个修理工斯蒂夫的情况。

女司机们七嘴八舌地说，斯蒂夫娶了一个很可爱的小姑娘，名叫凯希。看上去他们的婚姻关系很美满，不过，这也没能阻止斯蒂夫去找其他女人。他的情妇叫塔尔玛奇。不过，她在两个月前搬到佐治亚州了。斯蒂夫很喜欢维多利亚，经常给她献殷勤，但是他大概是车队的男人中唯一没有跟她发生过关系的人。

正当女司机们议论纷纷的时候，一位侦探走了进来，他对兰夫罗说：“我们找到了一个年轻人，他昨晚来学校看篮球比赛时曾看见一辆旧的切罗莱特小货车停在车库门口，后来又不见了。他说那车是学校的。”

一个女司机插言道：“那车原来是学校的，但现在是斯蒂夫的，就是停在外面的那辆。”

兰夫罗很快地查看了那辆小货车，但是没有发现任何有意义的物证或痕迹。

猥琐的修理工

第二天早上，俄勒冈州警察局犯罪实验室的技术员也来到了小镇。他们认真勘查了车库现场，提取到血迹和毛发，找到一小块折断的镶牙用的金属“牙桥”。他们不仅拍了现场照片，而且截取了血迹最为集中的一大块墙板。

根据多个证人的陈述，兰夫罗把案发当晚的已知事实概括如下：6 点 30 分，维多利亚开校车回到车库；15 分钟后，斯蒂夫的小卡车停在车库门口；几分钟后，有人听见车库里传出女人的尖叫声和枪声；7 点钟，斯蒂夫的小卡车离开了车库。维多利亚自己的马自达轿车一直停在车库的外面。

经过分析，兰夫罗认为那个修理工斯蒂夫有重大嫌疑。此人身材不高，相貌不丑，但是缺少男子汉的气概。警方技术员再次检查了斯蒂夫的小卡车，而且很有收获。他们在车厢内发现一些红色的黏性物质；在后门边上发现了一缕黄色的头发；在驾驶室的座椅上找到一些深红色斑点；在座椅下找到一副手套，上面的污渍很像血迹。他们还在斯蒂夫的工具箱内找到一支马格南手枪，但枪上没有血迹，枪膛里也没有烟垢，显然近期没有使用过。

下午，警察搜查了斯蒂夫居住的拖车房屋，在卧室找到了一双溅有血点的套鞋和一把沾有血迹的小刀。他们在厨房的水池柜门内的一个塑料盒里找到一支口径为 0.22 英寸的鲁格左轮手枪，枪把上有一些黏性物质，很像血迹。他们还在斯蒂夫家旁边的小棚子里发现一把铁锹，锹把上也有血迹。

与此同时，侦探们也从其他方面展开调查，寻找证据。首先，侦探找到雷尼厄镇的牙医，让他辨认在现场找到的那段“牙桥”。牙医仔细查看之后说：“我最后一次看到它时，它是在维多利亚的嘴中。”牙医还可以提供当时检验的 X 光片作为证据。

其次，侦探还找到了斯蒂夫以前的情妇塔尔玛奇，后者提供了很有价值的证言。她说：“斯蒂夫对维多利亚是既爱又恨。他认为维多利亚和车队的其他男人都有那种关系，唯独和他没有，所以他很恨她；但他又非常想得到她。这种事情就是这样，女人越是拒绝，男人就越想得到。我觉得斯蒂夫想维多利亚想得都要发疯了！”她还提供了证据，那是斯蒂夫送给她的维多利亚穿过的内衣，据说是斯蒂夫从维多利亚家偷来的。

俄勒冈州警察局犯罪实验室对有关物证进行了检验，得出两个具有一定价值的结论。

第一，在斯蒂夫的小卡车中提取的毛发和从维多利亚的梳子上提取的毛发的比对表面，二者有 30 个相同的形态特征。但是毛发的形态特征不能作为同一认定的依据，因此，专家只能说，物证毛发和样本毛发非常相似，但不能说二者来源同一。

第二，血型鉴定可能对查明案情更有意义。如果鉴定结论表明车库里、货车内及其他有关物证上的血迹中有些血型与维多利亚的血型相同，而有些血型与斯蒂夫的血型相同，那么这将构成一个相当有说服力的间接证据链，从而证明斯蒂夫曾在车库里和货车内接触了维多利亚的血。血型鉴定查明，斯蒂夫的血为 O 型，而且有阳性 Rh 基因成分。统计数据表明，人类中有 45% 为 O 型血，85% 具有阳性 Rh 基因成分。现场及物证上的所有血痕经检验都属于 O 型血，而且都具有阳性 Rh 基因成分。不过其中大多数血痕中还有一个被称之为 C 的次基因成分，而斯蒂夫的血液中则没有这种次基因成分。如果查明维多利亚的血型为 O 型、Rh 基因阳性，而且具有该次基因成分，那就可以证明斯蒂夫有罪了。但是，警方未能查到令人满意的结果。

维多利亚出生于西雅图的一所医院，但该医院早已关门了，所以其出生档案无从查找。维多利亚的女儿出生在朗维尔的圣约翰医院，但是该出生档案上仅记录着维多利亚的血具有阳性 Rh 基因。此外，警察还走访了维多利亚的医生、保险公司和学校，但是没有人知道她的血型。由此可见，查明她血型的唯一方法就是找到尸体或者活着的维多利亚。

经过多家新闻媒体的报道，此案引起了社会的广泛关注。人们都希望能尽快查明维多利亚的下落，活要见人，死要见尸。于是，俄勒冈州警察局、哥伦比亚县警察局和雷尼厄镇警察局组成联合搜索团；当地居民组成了 200 人的志愿搜索团；俄勒冈州国民警卫队派来 100 名搜索人员；毗邻的考利兹县派来 50 名后备警察；民间航空组织派来 25 名巡逻队员；童子军探险队也派来了许多队员。此外，西雅图市的搜索与救援犬协会还派来了骑马搜寻人员和训练有素的搜索犬；圣海伦斯一家潜水俱乐部的成员对湖泊进行了水下搜索；海岸警卫队派直升飞机进行红外摄影搜索。

然而，这里地处俄勒冈州与华盛顿州的交界处，到处是森林、山岗、岩洞、沟壑与废井，而且有哥伦比亚河流过，藏身之所甚多。搜索工作历时近两个月，搜索地域达 130 平方英里，但结果是一无所获。

较真的鉴定人

哥伦比亚县的州检察官马丁负责本案的侦查和起诉，但他面临两难的选择。如果提起公诉，他没有找到被害人的尸体，缺少证明凶杀罪的充分证据，很难保证在法庭上胜诉。如果不提起公诉，此案兴师动众，影响甚广，作为民众选举的检察官，他也很难向社会交待。犹豫再三，他决定起诉。

1976 年 4 月 6 日，斯蒂夫 · 海夫林因凶杀罪而被捕了。不过，检察官在指控中使用了一些比较含糊的词句："在 1976 年 2 月 9 日或之后，斯蒂夫 · 海夫林故意非法地造成了维多利亚 · 布朗的死亡。虽然其作案手法不得而知，但是其行为肯定违反了俄勒冈州的法律。" 他知道，要想在法庭上说服法官和陪审团，他需要法庭科学专家的帮助。经人介绍，他找到了远在纽约州的著名法庭科学专家麦克唐奈。

对于麦克唐奈来说，这是一个很有诱惑力的案件。他在决定接受本案的鉴定工作之后对妻子说："你知道在那些你最喜欢而且最熟悉的侦探小说中最常见的错误是什么吗？就是把尸体作为侦破凶杀案的主要依据。它可以是，但不必须是。侦破凶杀案的主要依据是案件中的各种证据的总和，不仅仅是被害人的尸体。”

几天后，麦克唐奈收到了一个很大的邮包，里面有一支 0.22 英寸的鲁格转轮手枪和一块血迹斑斑的墙板。该墙板长 28 英寸，宽 6 英寸，厚 2 英寸。他首先研究那支枪。通过仔细观察，他发现不仅枪口外有喷溅血迹，枪管内也有喷溅血迹。枪口外的喷溅血迹并不能证明那颗致命弹头是从这支枪中射出的，只能证明弹头击中人体时这支枪处于距飞溅血源很近的位置。然而，枪管内的喷溅血迹则能证明这支枪就是射出该弹头的枪，因为射击时火药燃烧产生的高温使气体迅速膨胀，而弹头飞出枪口后空气迅速冷却又会造成枪管内气体的收缩或倒流现象。如果弹头在非常近的距离内击中裸露的皮肤，那么这种倒流的气体就会把喷溅血液吸进枪管内。

在接手本案之前，麦克唐奈已经进行了一系列近距离射击实验。他希望能根据血液被吸进枪管的距离来推断射击距离。为了进行这一实验，他让助手用塑料泡沫制作了人头模型，外面包上一层与人皮相似的人造革，里面注入血液。他们在不同距离上进行射击，并记下每次血液被吸入枪管内的距离。他们使用了不同口径的枪支进行实验，从 0.22 英寸的手枪到 12 号子弹的滑膛枪。麦克唐奈对这一实验结果还不满意，因为实验数据发表之后会被用于司法实践，所以必须要严谨、准确。

后来，麦克唐奈听说当地某机构要处理一批病犬，便前去联系，要求把这批狗交给他处决。他保证处决狗的方式是“人道”的。麦克唐奈让助手刮掉狗头部的毛，以免毛发影响血液的喷溅。在射击前，他们先给狗注射了钠苯巴比妥，待其安静地走向死亡时再进行实验。这一次的实验结果，麦克唐奈很满意，而斯蒂夫的手枪正是他运用这一实验成果的第一个对象。

在本案中，喷溅血液被吸进枪管的距离为三分之一英寸。根据其实验数据，这表明射击距离不超过三英寸，很可能为一英寸或接触射击。由此可见，斯蒂夫这支手枪就是射出那颗致命弹头的枪。

检验手枪之后，麦克唐奈又研究那块墙板和随后收到的现场照片与现场图。墙板上的血迹是典型的高速喷溅血痕，其形状和分布表明了中弹者当时的位置。根据枪管的吸入血迹，麦克唐奈已经知道弹头击中了被害人身上皮肤裸露的部位。如果中弹部位有衣服遮盖，就不会有这种飞溅血迹了。在寒冷的冬季，人体上裸露的部位只有头和手，而手上中弹后不可能有这么多的血液喷出，因此，被害人的中弹部位只能是头部，而且是致命伤！

麦克唐奈仔细分析了现场图和现场照片，然后综合已知的各种情况，对 1976 年 2 月 9 日晚上车库里发生的事件作出如下推断：

维多利亚还没有开车回来时，斯蒂夫已经来到了车库。他把自己的货车停在门外，然后溜进车库。他身穿一件皮夹克，手上戴着一副新买的皮手套，口袋里装着一支手枪。他等的时间不太长，最后一间车库的门就自动打开了，21 号班车开进来后，车门又关上了。他拉下了电闸，车库里顿时漆黑一团，只有那刚刚进库的车灯还亮着。由于这里在冬天经常停电，所以维多利亚对此并不觉得奇怪，便关上了车灯。

他看着她从车上下来，在黑暗中摸索着向门口走去。他向她扑了过去，口中呼唤着她的名字，开始撕她的衣服并抓她的身体。她被吓了一跳，但很快就挣开了他，向车后跑去。他在车后面追上了她。她拼命地反抗着。她与他身高相同，体重只差 30 磅。她与他扭打着。她离车库门还有 10 英尺了，或者说离自由还有 10 英尺了。他不能让她逃走，从兜里掏出手枪，近乎疯狂地用枪柄击打她的脸部。她的一颗牙被打掉了。她额前的几缕散发被扯掉了。

为了逃避击打，她又向后跑去，但他很快抓住了她，并把她顶靠在车库后面的墙上——就在侦查人员后来取下那块墙板的位置。他深知此时让她走已经太晚了，他举起枪对着她的头部扣动了扳机。他也许是在近乎疯狂的状态下开的枪，但那震耳的枪声和喷溅出的热血使他不由自主地向后退去，看着她沿着墙边滑倒下来，慢慢地，犹如人体运动的慢放镜头。最后，她倒在地上，垂下的头在地面上留下了一大滩血迹。

他必须把她的尸体藏起来，藏到任何人都永远找不到的地方。他抱起她的尸体。她很重。他半抱半拖地把她拉向门口。她那长长的金发被新鲜的血液浸湿了，犹如一把长毛刷子一样来回甩动，在车库的墙上和门上留下了一道道反光的痕迹。

他打开了第一个车库的门，把他的小货车向后倒至门口处，放下货车的后门，拉出车厢底下铺着的胶合板，斜靠在车的后门处形成一个滑梯。他把尸体放到这“滑梯”上，但是“滑梯”被尸体压塌了，落在地上，尸体滚落一旁。他又一次架好“滑梯”并把尸体推进车内。他把那块胶合板盖在尸体上。

他关上车门，准备把车开走，但是前面有一辆大货车挡住了他的路。他打碎该车的门窗玻璃，坐到驾驶室内，松开手刹，让车滑行到路旁。然后他回到车库门口，关好库门，钻进小货车的驾驶室，开车离开了现场，驶入那黑黢黢的森林，驶向一个只有他自己知道的地方。

常言道：被告人有理不用陪审团。斯蒂夫的辩护律师认为他们的辩护理由十分充分，因为一无尸体，二无直接证据，于是放弃了要求陪审团审判的权利，只由法官独审。

1976 年 9 月 8 日，俄勒冈州圣海伦斯市的巡回法院开庭审理斯蒂夫凶杀案。9 月 17 日，麦克唐奈出庭作证。9 月 23 日，法官宣布斯蒂夫在维多利亚之死中犯有凶杀罪。他在论述判决理由时引用了麦克唐奈的证言。9 月 28 日，法官判处斯蒂夫终生监禁。1977 年 8 月 28 日，俄勒冈州上诉法院在审理斯蒂夫的上诉之后裁定：维持原判。

解说和评论

俗话说，活要见人，死要见尸，因此在司法活动中确认死亡一般都要以尸体为据。但是在某些特定情况下，法院也可以根据其他证据推断当事人的死亡。例如，很多国家的法律都规定，一个人已经失踪多年（如 4 年或 7 年）而且音讯杳然，法院就可以推定那个人已经死亡。这就是民事诉讼中的死亡推定规则。在刑事诉讼中，法官不能适用这个推定规则，但是也可以根据案件中的具体证据作出当事人已经死亡的推断，就像麦克唐奈在维多利亚案中所作的论证。

麦克唐奈对于血痕物证的研究确实做出了卓越的贡献。1971 年，他在系统研究与暴力、伤害、凶杀等案件有关的血痕物证的形成规律的基础上撰写的《人血的飞溅特征与痕迹形态》一书，由美国司法部执法协助管理局出版，并且多次重印，被很多法庭科学家视为有关血痕物证的“圣经”。在他的努力下，血痕物证检验已成为法庭科学中与指纹检验和枪弹检验具有同等地位的组成部分，而且得到了司法人员的认同。

二十六、内幕交易第一案

股票市场的罪恶[1]

（美国）

内幕交易的英文是 insider trading，我们曾经翻译为“知情人交易”。行为人利用其特殊地位或机会获取的内幕信息进行证券交易，往往能获得超出常规的巨大利益。这种行为违反了证券市场公开、公平、公正的原则，侵犯了股民的平等知情权和财产权益，而且会打击投资者的信心，使证券市场功能的发挥受到严重影响。

1 本案内容详见何家弘：《从观察到思考——外国要案评析》，中国法制出版社 2008 年版，第 99 ~ 106 页。

人们进行股票交易时总要依据一定的信息，特别是那些能影响股价波动的信息。从这个意义上讲，股票市场从一开始就面临内幕交易的问题。但是在很长时期内，股市对这种行为都缺乏规制，后来，这个问题越演越烈，已经严重影响股市的发展，于是各国的证券监管机构就制定规章制度，限制和打击内幕交易行为。20 世纪 70 年代，美国的法律已经明确规定内幕交易属于违法行为，但是在司法实践中一直没有定罪的判例。这也就为一些检察官提供了大展身手的机会。

华尔街的老鼠仓

纽约南区联邦检察署是美国最著名的检察机构，因为华尔街就在其辖区内，常有引人注目的金融大案。1974 年，劳伦斯在哥伦比亚大学法学院毕业之后就到该检察署担任了助理检察官。虽然他那 3 万美元的年薪仅等于华尔街一般律师收入的零头，但他很满意自己的选择。在两年多的工作中，他接触了许多与证券交易有关的案件，对“内幕交易”问题产生了浓厚的兴趣。他认为，这类案件是让他出人头地的捷径。于是，他向联邦证券交易委员会的调查部门表明自己对“内幕交易”案件很感兴趣，而后者也正需要检察官的支持。

1977 年 3 月的一天，证券交易委员会一个名叫兰斯的调查员来到劳伦斯的办公室，并带来一些案件材料。证券交易委员会在纽约证券交易所的股票监督人员每天都记录各种股票的交易情况，从中寻找可疑的线索。例如，在某支股票因公司并购而大涨前的低价买入，意味着可能有内幕信息的泄露。在过去一年内，他们发现一些股民的名字重复出现在那些可疑的交易名单上。这些人能轻轻松松赚大钱，绝不是因为运气好，一定是掌握了内幕信息。一般来说，“内幕交易”涉及的人数都很少，但是这些多次共同参与相同股票交易的人数超过了 70 人，因此，这一定是一个内幕交易的大案。

内幕交易的背后一定有知情人，就是能获得内幕信息的人。这一般都是在相关金融机构或律师事务所工作的人。证交会的调查员分析了这些嫌疑对象的工作背景和社会关系，但是没有找到知情人的线索。这些人多为医生、教师等白领阶层，唯一的共同点就是他们大多居住在纽约市的长岛地区。调查人员逐一询问了这些嫌疑人，但是对方都说自己有眼力或运气好，而且在问及具体的股票交易时都援引美国宪法第五修正案规定的反对强迫自我归罪的特免权。证交会的调查人员没有检察官的豁免权，因此当被询问人要求保持沉默时就无能为力。他们相信这是一个内幕交易的大案，但是他们无法获得相应的证据，调查工作陷入僵局。因此，他们很乐于把此案移交给检察官。

劳伦斯对这个案件很感兴趣，就开始和兰斯一起进行调查。在这类案件中，调查的重点是“知情人”，即掌握并泄露内幕信息的人。如果查不到知情人，那就只能怀疑内幕交易，不能证明内幕交易。他们把这些交易人绘制成关系图，试图找出关联的焦点，然后进行重点调查。但是，一个月的时间过去了，他们的调查工作毫无成效。检察官感受到了这类案件的查证难度。

检察官的豁免权

劳伦斯决定改变调查重点，即集中调查那些虽然参与了这些交易但是不住在纽约的人。其调查对象之一是住在加利福尼亚的商人布鲁斯。劳伦斯在电话中向布鲁斯讲明自己要调查的问题，但是布鲁斯表示要援用宪法第五修正案的权利。劳伦斯决定使用检察官的豁免权。他首先请示了检察署证券科的罗考夫科长，经其同意后又上报联邦司法部，获得了部长助理海曼的批准。然后，劳伦斯通知布鲁斯及其律师飞来纽约接受询问，保证其陈述不会用作指控其犯罪的证据。

在检察官办公室，劳伦斯代表检察署把“证据使用豁免书”交给布鲁斯。然后，布鲁斯讲出了他的信息来源。布鲁斯在纽约的证券经纪人名叫詹姆斯。此人在一家很小的证券经纪人事务所工作。早在 1975 年初，布鲁斯就很信服詹姆斯选择“上升”股票的能力，因此他让詹姆斯作他在华尔街的代理人，并将自己股票利润的 20% 给詹姆斯。由于他做得很成功，所以布鲁斯又将提成比例增加到三分之一。

1976 年底，詹姆斯建议布鲁斯大量买进德塞雷特医药公司的股票。他买进后第二天，纽约证券交易所就停止了该股票的交易。布鲁斯立刻给詹姆斯打电话询问，后者让他别担心，因为沃纳 - 拉姆伯特公司计划并购德塞雷特公司，而这会使其股票价值大涨。交易所停止该股票的交易就是在等待这一消息。第二天，事实证明詹姆斯的信息非常准确。

虽然布鲁斯一下子赚了一大笔钱，但是他的心里很不安。他不再相信这仅仅是詹姆斯准确的推测。他打电话问詹姆斯从何处得来的消息。后者没有正面回答，只是含糊地提到了“摩根·斯坦雷”。在那以后，詹姆斯又有两次建议布鲁斯买进某公司的股票，因为该公司已成为并购的对象，并且承认是从“斯坦雷”得到的消息。布鲁斯深感不安，最终在律师的督促下结束了与詹姆斯的委托关系。

劳伦斯很高兴，因为摩根·斯坦雷是大名鼎鼎的金融投资公司。他立即给詹姆斯打了电话，但是后者拒绝配合检方的调查，态度非常坚决。于是，他让兰斯收集詹姆斯的个人档案材料，包括大学申请表、银行存款纪录和最近四年的电话交费单。然后，他让证交会的调查员按话费单上的电话号码逐个打电话，询问对方的身份，查看其中有无斯坦雷公司的雇员，结果都是否定的。在这种情况下，检察官也无法对詹姆斯采取特别的调查行动。于是，他决定到斯坦雷公司去寻找线索，因为他们已经查明，在那些内幕交易涉及的公司并购和重组中确实都有斯坦雷公司的参与。

斯坦雷的商业秘密

劳伦斯给斯坦雷公司总裁打电话，讲明了自己要调查的问题。对方说要先征询公司律师的意见。劳伦斯并不想与该公司作对，但是警告说自己有权传唤该公司的雇员和调阅该公司的档案。对于一家金融投资公司来说，信誉是最为重要的。一旦此事公开，该公司就有面临破产的危险。公司总裁与律师协商之后，决定采取合作的态度，同意检察官询问该公司的雇员，但条件是要严格保密，而且所查询的问题不能涉及公司客户的商业秘密。

斯坦雷公司有数百名雇员，劳伦斯把询问的重点放在并购部门的人员。然而，这一部门的保密措施相当完善，同一部门的雇员也不知道其他人的业务对象和秘密。最让劳伦斯困惑不解的是该部门中没有一个雇员曾经办理了本案所涉及的全部交易，因此只有公司高管才能掌握这些信息。但是，劳伦斯不相信斯坦雷公司的高层管理人员会出卖这些情报。

一年过去了，劳伦斯没有查到任何线索，调查工作毫无进展。劳伦斯决定放下斯坦雷公司，重新回到詹姆斯身上。他又查阅了证券交易委员会调查人员就话费单查询报告，发现了一个值得怀疑的人。此人名叫艾德里安，虽然不在斯坦雷公司工作，但是他是一名投资银行家。劳伦斯便派人去调查此人的背景情况，发现他曾经在斯坦雷公司的并购部门工作，后于 1974 年 12 月被公司解雇。这一时间很有意义，因为所有那些与斯坦雷公司客户有关的“内幕交易”都发生在 1974 年 12 月之后。

1978 年 3 月，劳伦斯把艾德里安请到检察官办公室。他询问对方与詹姆斯的关系。后者回答说，他对詹姆斯所知甚少，詹姆斯曾经想担任他的投资顾问并建议他购买几支股票，但是他不感兴趣，两人就没有继续交往。这次询问没有什么成效。不过，劳伦斯又让人调查艾德里安，并得到了一些有价值的信息。

艾德里安与詹姆斯在纽约大学读书时是同学，而且曾经在一家实验室共同工作了一个夏天。在艾德里安的银行记录和电话记录中也有一些线索，表明他与一些参与可疑内幕交易的股民有联系。但是，艾德里安已经离开了斯坦雷公司，不可能掌握那些内幕交易的信息，因此在他上面必须还有一个更为重要的人物。这个人是谁呢？劳伦斯已经没有时间来寻找这个问题的答案了。

辩诉交易的诚信

美国检察人员的流动性很强。一般来说，法学院毕业生到检察署工作几年之后就会离开，或者自己开办律师事务所，或者加入别人的律所。1979 年夏天，劳伦斯辞去了检察署的工作，加入了纽约一家著名的律师事务所。

接替劳伦斯工作的人是两年前就职纽约南区联邦检察署的助理检察官理查兹。理查兹上任之后，与证券交易委员会的兰斯调查员仔细研究了全部案件材料，决定再次到斯坦雷公司去查找线索。这一次，他没有把调查对象局限于具体经办并购业务的人，而是分析该公司中什么人可能了解所有这些秘密。结果他发现了一个重要人物。此人名叫雅克，是艾德里安在哈佛大学商学院的同学，曾担任斯坦雷公司负责并购业务的主要官员。雅克于 1979 年 2 月离开了斯坦雷公司，移居哥伦比亚，与哥伦比亚总统的侄女结婚。理查兹以联邦检察署的名义把雅克请回纽约进行询问，雅克说他与艾德里安只是一般朋友关系。询问没有成效。

理查兹检察官相信雅克、艾德里安和詹姆斯是这个内幕交易网的主要人物，但是他手中没有充分的证据。如果他能通过辩诉交易使这三个人中的一个成为公诉方的证人，那他就有了提起公诉的证据。经过分析，他认为雅克受到哥伦比亚政府的保护，大概不会接受辩诉交易；詹姆斯与该案涉及的众多“股民”有直接联系，估计会顽抗到底；因此，辩诉交易的突破口只能选在艾德里安身上。

此时，艾德里安也离开了美国，到意大利米兰的一家投资公司工作。在这种情况下，理查兹决定使用起诉豁免来换取艾德里安的证言，也就是说要把艾德里安从调查对象变成检控方的污点证人。不过，为了使艾德里安接受豁免的条件，理查兹认为有必要先给其施加压力，方法是使用大陪审团。

大陪审团是检察官进行犯罪调查的重要武器。一方面，大陪审团的调查活动都是秘密进行的，被传讯者的律师不能到场；另一方面，证人在大陪审团面前作证要先宣誓，这显然比在检察官办公室的谈话更加庄重。如果一个人的亲友纷纷被大陪审团传唤，那么这个人显然已成为重要的侦查目标，其心理压力可想而知。理查兹精心安排了大陪审团传讯对象的顺序，其中包括艾德里安的妻子弗朗西斯科，她是美国著名的 20 世纪福克斯电影公司董事长的女儿。

理查兹的作法果然产生了效果。艾德里安在米兰心神不安，甚至产生过自杀的念头。1980 年 10 月，艾德里安的律师主动找到理查兹，询问辩诉交易的可能性。理查兹不愿意在得知其证言价值前给出豁免承诺，而对方律师也不愿意在得到豁免承诺前让艾德里安回到美国。经过讨价还价，双方最后达成协议：艾德里安回纽约接受检察官的询问，时间仅为一天。如果其证言有价值，则双方达成辩诉交易，艾德里安为检方出庭作证，检察官免除对艾德里安的起诉。如果其证言没有价值，那么检察官就给艾德里安 48 小时的时间，让他离开美国。那么，双方在这个问题上能保持诚信吗？

史无前例的判决

1980 年 10 月下旬，艾德里安回到纽约，在理查兹的办公室里，他讲述了自己的犯罪过程。

艾德里安出生于罗马尼亚。1965 年，他随父母移居美国，但父亲不久即去世，家庭生活相当困难。美国社会中无止境的发财机会在他那幼小的心灵里埋下了挤入富人社会的强烈愿望。他在纽约大学毕业后在一家实验室工作，但他不愿意当一辈子工程师，便又考入哈佛大学商学院。毕业后，他来到斯坦雷公司工作。然而，这里的工资收入仍不能改变他的经济状况。他上大学的政府贷款还没有还清，他母亲经营的小商店也不景气。于是，他产生了利用自己在斯坦雷公司所接触的商业秘密来进行“内幕交易”的念头。

1974 年，艾德里安与詹姆斯见面时谈起了自己的想法。二人一拍即合。于是，艾德里安提供情报，詹姆斯提供第一笔资金，利润二人平分。初次尝试，二人就各赚了 5 万美元。与此同时。艾德里安还与他在欧洲的两个哈佛大学同学进行了相同的合作。那两个人的名字分别是卡尼奥尔和斯派罗鲍勒斯。

1974 年底，正当艾德里安“生意兴隆”的时候，他被斯坦雷公司解雇了。这属于该公司正常的人员更换。然而，艾德里安却失去了情报来源。他找到老同学雅克，后者同意合作。于是，艾德里安继续进行“内幕交易”，而且规模不断扩大。到 1977 年联邦检察官开始调查此案时，直接或间接使用艾德里安情报的股民已达 75 人。

1981 年 2 月，曼哈顿的大陪审团以多项罪名对詹姆斯、雅克、卡尼奥尔和斯派罗鲍勒斯提起公诉，同时公布了艾德里安的有罪供述。这起内幕交易大案立刻在社会上引起了轰动。由于后三名被告人分别在哥伦比亚、卢森堡和瑞士，所以法院只对詹姆斯进行了审判。同年 5 月，法院判决詹姆斯有罪。

1983 年夏天，纽约南区联邦检察官办事处人员大换班，理查兹离职后创办了自己的律师事务所。然而，此案并未完结，因为还有三名被告人逍遥法外。接替理查兹工作的助理检察官名叫彼得，但是引渡那三名被告人的工作非常困难。

雅克的妻子是哥伦比亚总统的侄女，所以联邦司法部发给哥伦比亚司法当局的引渡书石沉大海。卢森堡政府则明确拒绝了美国引渡卡尼奥尔的要求，理由是该国法律并未规定“内幕交易”是犯罪。瑞士政府开始对引渡要求也不积极，后来在美国司法部的催促下才提供了斯派罗鲍勒斯的银行存款记录。斯派罗鲍勒斯则逃到希腊，但是多方压力下，他最终回到美国，并且作了有罪答辩。

雅克妻子的叔叔下台之后，哥伦比亚当局便批准了美国司法部的引渡要求，并且逮捕了雅克。但是一个月之后，雅克被哥伦比亚政府释放，而且去向不明。不久后，雅克出现在加拿大，他是陪妻子去多伦多看病的。加拿大警察在雅克更换加拿大护照时将其逮捕。

彼得检察官接到雅克在加拿大被捕的通知后，立刻召见了雅克的律师。经过几番谈判，雅克终于作出了有罪答辩。至此，这一历时 10 年的股市大案终于画上句号，并成为美国的第一个“内幕交易”判例。

解说和评论

1990 年 12 月 9 日，上海证券交易所挂牌，标志着中国股市开张。当时，股票市场带着神秘的吸引力进入中国人的生活。为了写小说，我也曾经到北京一家证券公司去学习观摩。那部小说于 1996 年由法律出版社出版，书名是《人生黑洞：股市幕后的罪恶》。后来，该书再版，改名为《性之罪》。这些年，曾经有一些朋友劝我炒股票，但是我一直没做，因为我知道，如果我去做股票，那我就没有心思做学问了。

中国有了股市，自然也就有了相应的违法犯罪，包括内幕交易。中国人习惯使用“老鼠仓”的说法，但是这两个概念并不完全等同。老鼠仓是在股票大涨前低价买进，然后在股价大涨后抛售牟利。老鼠仓的建立，可能是根据资产重组或公司并购等内幕信息，也可能是庄家利用公款对股票进行提价前私下的低位建仓。总之，这些都是违法犯罪的行为。

毫无疑问，证券市场对中国经济的发展起到了促进作用，但是也对人们的行为产生了不良影响。因为股市具有让人暴富的魔力，所以一些人就千方百计到股市去赚钱、圈钱甚至抢钱。他们已经失去了挣钱的耐心，失去了劳作的意愿。他们不再相信羊毛出在羊身上，而是相信羊毛出在猪身上，甚至是羊毛出在狗身上但要让猪掏钱。如今，这样的行为模式已经渗透到社会生活的许多方面，而且在网络数字经济时代越演越烈。正是在这个意义上，我称股市为“人生黑洞”，因为它可以扭曲成千上万股民的人生轨迹。

二十七、成功绑架第一案

伪造的指纹照片[1]

（美国）

1981 年 8 月 21 日，法庭科学专家麦克唐奈在家中接到一个长途电话——“赫伯特，我是罗纳德 · 麦什彼舍。”此人是美国著名的刑事辩护律师。

“罗纳德，你好吗？”

“很好。你猜不到我在什么地方给你打电话。”

“在蒙特利尔。”

1　本案内容详见［美］阿尔弗雷德 · 刘易斯：《血痕弹道指纹探奇》，何家弘译，群众出版社 1991 年版，第 210 ～ 245 页。

“你这家伙怎么知道的？”

“非常简单，我亲爱的麦什彼舍。那位长途台接线员讲的英语中带点法国口音。这是加拿大人的口音，因此，你一定在加拿大讲法语的地区。如果你待在一个小城镇，那你大概不会让我去的，因此你一定是在蒙特利尔或魁北克。据我所知，魁北克人讲英语更为生硬，因此你只能是在蒙特利尔。”

“妙极了！好，我告诉你我为什么要给你打电话。全美刑事辩护律师协会正在此召开年会。明天晚上是大型宴会。我们原来请的大会讲演人因故不能前来，你愿意来补上这个缺吗？”

麦克唐奈欣然同意了，因为他最近刚刚协助麦什彼舍律师打赢了一场重要的官司。那是一个让美国联邦调查局颜面扫地的大案。

震惊美国的绑架案

佩珀夫妇是明尼阿波利斯市最受人尊敬的居民之一。哈里·佩珀先生是佩珀 - 杰弗里公司的董事长。该公司由佩珀家族于 1895 年创建，目前是该市最大的投资公司之一，旗下还有一些颇有名气的子公司。当地人都知道佩珀家非常富有，但是只有少数人真正了解他家富有的程度。

佩珀家住在奥罗诺一个幽静的住宅区内。那是一栋灰白色的老式楼房，楼房前面是一大片草地和一个小湖。明尼阿波利斯市的有钱人多把家建在那众多的湖泊旁边。

然而，佩珀家的生活方式并不引人注目。他们只求舒适，不求奢华，似乎他们仅属于中产阶层的家庭。也许，他们根本就不是那种爱炫耀财富的人。佩珀夫人是西北医院理事会的主席，也是海尼滨县共和党俱乐部的主要成员。她是一个体态优美、相貌端庄、气质风度俱佳的女子。尽管她满头银发，但人们很难从外表判断出她的准确年龄，只能把她归入保养得很好的中年妇女之列。她喜欢文雅庄重的服装，以便恰到好处地表现她内在和外在的美。她的声音柔软妩媚，而且略有些沙哑，这大概是她嗜好香烟和马提尼酒的结果。她有三个儿子，最小的 18 岁，最大的 28 岁，但她看上去无论如何也不像有那么大年龄的孩子的母亲。

1972 年 7 月 27 日下午，弗吉尼亚·佩珀正在花园里修剪花枝。佩珀家的仆人今天休假。家里除了佩珀夫人外只有两个每星期四来打扫卫生的女工。附近教堂传来下午 1 点的钟声。正在这时，一个女工从楼里跑出来，惊慌失措地叫道："啊！男人！"

佩珀夫人寻声望去，只见那女工身后快步走过来两个身穿黑衣、头戴面罩的男人。他们端着手枪，命令两个女人随他们回到房子里去。走到楼门口时，佩珀夫人本能地往下拉了拉她上身穿的深色棉布运动衣，以便遮住她那薄薄的裤子。她感到有些冷。

当她们走进楼里时，另一个女工刚从楼上下来，企图向门口跑去，但是被一个男人抓了回来。男人把两个女工的嘴堵上后，绑在了餐厅的椅子上。

一个男人走到佩珀夫人面前。问道："你的保险柜在什么地方？"

"我们家里没有保险柜。如果你想找首饰，这房子里没有什么，只是楼上我的卧室里有三个小的。”

看来他们并不想找首饰，他们也不愿意为此浪费时间。另一个男人过来问道：“你丈夫在什么地方？”

“我丈夫在他的办公室里。”

问话者转向另一个男人说道；“傻基诺又弄错了！他说佩珀会在这里。”

佩珀夫人对此感到震惊。她丈夫确实有星期四不去上班的习惯，当然他不一定待在家里，他常去参加一些会议或者到纽约的华尔街去。但是，只有那些比较亲密的伙伴才知道他的这种工作习惯啊！

那个男人转过身来，用枪指着她说；“好，佩珀夫人，你和我们一起走。只要你老老实实的，我们绝不会伤害你。”

他给她带上手铐，然后推着她向门口走去。这时，另一个男人叫道：“字条！我们忘了那张字条了！”

“你来看着她，我去取字条。”这个男人跑出去后，其同伴一直在小声说着什么“一错再错”之类的话。

那个男人取来一张写有赎金要求的字条，放在桌子上，然后对那两个女工说：“如果你们自由了，不许用这房子里的电话，否则会对你们的主人不利！”

两个男人押着佩珀夫人走后，两个女工挪到一起，费了很大力气才解开了她们的绑绳。她们首先拔下了吸尘器插销，取出了烤箱中的食品，然后跑到邻居家去借用电话。邻居家没有人，她们只好跑了回来。一个女工说：“咱们是不是应该去找佩珀夫人的儿子？”

另一个女工答道：“这是个好主意。”

她们开着车去找佩珀夫人儿子的家，但是没有找到，并几乎迷了路。后来，她们还是找到了佩珀家的一个亲戚——约

翰 · 莫利森的家。她们在那里给哈里 · 佩珀和警察局打通了电话，报告了佩伯夫人被人绑架一事。

绑架者让佩珀夫人坐在一辆 1972 年出厂的绿色的切夫罗莱特 · 蒙特卡洛牌轿车的后排座上，并给她头上套了一个枕头套。车开后，她竭力凭感觉来记住汽车拐弯、停车及路面变化的情况。不过她这一努力很快就被迫中断了，因为绑架者让她录下一段讲给丈夫的话。如果佩珀先生想让他妻子安全回家的话，他就必须按照绑架者的指令交付 100 万美元的现金，而且都要没有记号的 20 美元一张的钞票。录音后，佩珀夫人蜷缩在后座上，继续记忆行车路线，以及两个绑架者对话中一切可能有用的细节。

这次行车犹如一个漫长的噩梦，而这梦中的各个记忆之间具有明显的连锁反应。汽车终于到达了目的地。佩伯夫人从车里钻了出来。此时，能够伸展一下她那已近僵硬的双腿似乎就是她对自由的最大需求了。绑架者取下她头上的枕头套，但立即又给她的眼睛蒙上了带子，然后带着她穿过高高的荒草，走进了树林。此时天已经黑了。

当她的眼罩被摘下来时，她发现自己站在一棵大树旁边。此时天上下起了小雨。绑架者把一个尼龙床单铺在地上，让她坐在上面。她庆幸自己今天穿了运动衣和长裤子，否则她会更冷。

一个男人离去了。另一个男人则留下来看守她。她的双手仍然被铐在一起。当那个男人要暂时离开一下时，他便用一根金属链把她锁在一棵树上，当他回来后便立即给她松开。

他们之间的谈话很客气，就像是两个共同遭受磨难的陌生人。她努力记住他所说的每一句话。他声音粗哑，语言错误很多，南方口音，可能是乡下人，还可能是黑人。

他从一个印有皮洛利·韦格利超级市场标记的棕色纸袋中取出面包、奶酪等食品给她吃。然后，他点着了一支薄荷味香烟，递给了她。在这些过程中，他都小心地避免接触到她的身体。他表现出一种过分拘谨的礼貌，似乎生怕其任何举动会有不尊重女性之嫌。

为了不引起他的疑心，她尽量不直接用目光看他，但是她常常用眼角的余光观察他。她发现他不时地用手搓着大腿，也许是为了增加热量，也许是为了缓解关节的疼痛。她抱怨说这里又湿又冷，于是他给了她一条裤子和一件圆领长袖运动衣。裤子是橄榄色的，但是太小，套在她的裤子外面有些短。运动衣上面印有圣奥拉夫中学的校徽。他给她打开了手铐，帮她穿上运动衣，然后又给她铐上了手铐。

她问道："我们这是在什么地方？"

他笑道："你真想知道吗？但我只能告诉你——我们仍然在明尼苏达。我们没有穿越州界。万一我们被抓住——请上帝原谅——我们也不会被指控为联邦罪。"

沉默片刻之后，他又主动说："如果我事先知道要绑架一个女子的话，我就不会参与这次行动了。他们原来告诉我是要绑架佩伯先生的。"

她说："你们居然知道了我丈夫星期四不去上班的习惯，真是不可思议！"

"啊，我们准备得很充分。我们可不想白费力气。我们事先查看了你家的地形，也了解了佩珀先生的活动规律。"

她对此极为反感，因为他们的生活几乎完全在他人的监视之下，而她和丈夫对此却一无所知。不过她并未把这个想法流露出来。她想尽可能多了解一些有关绑架者的情况，于是她顺着对方的话问道："你们？你是说你和你的同伴们？"

“我只认识和我一起来的那个人。我们经常到同一个酒吧去喝酒，后来就相识了，还一块做过买卖。其他的人我就不认识了。”

“你们是个集团吗？”

“你问的问题太多了！”他沉默了几分钟，又说道：“我不属于任何集团。我是个建筑工人，只是这一次，你知道，为了钱！”他点了点头，似乎是给他的话加了个句号。他们默默地坐了一段时间之后，他又点着了一支香烟，递给她，说：“你可以叫我亚拉巴马。”

“你家在南方？”

“大家都这么叫我，因为我总爱谈论亚拉巴马州的沃拉斯州长。”

他们的话题转到了天气和体育上，她发现篮球实际上是他唯一喜爱的运动。

他忽然说道：“我最近开始读书了。你经常看书吗？”

她简直有点不相信自己的耳朵了。

他补充道：“我是说，你最近看过什么好书吗？你知道，我最近看了一本关于犯罪心理学的书，很有意思。对了，你听说过圣克劳德罪犯改造所吗？那真是个可怕的地方！他们像对待牲口一样对待犯人，而且根本谈不上任何改造。”

“你曾经在那里待过？”

“当我们让你自由之后，警察会让你看一大堆前科犯的照片。不过，你不会在那些照片中看到我的。”

太阳已经从东方升起，树林里弥漫着灰白色的晨光。她很想知道他那张隐藏在黑色尼龙丝袜后面的脸的模样，但她又不敢正视他。她又要了一颗香烟。当他把烟递给她时，她很快地扫视了一下他的脸——大概有一秒钟。他的皮肤有些发黑，大概是黑人与白人的混血儿。他的左眼太特别了，眼膜上有一个白圈，还有一条红的条纹横贯其中。她以前从来没有看到过这种眼睛。她想再仔细看一看，但又不敢，怕被他察觉自己的意图。

星期五的白天漫漫地过去了。夜幕又一次笼罩在树林的上空。

他用金属链把她锁在一棵树上，说："我们过一会儿把你送到一个地方去。你丈夫和警察会在那儿找到你的。"然后他走了。

佩珀夫人独自坐在一片漆黑的树林中。获救的希望使她觉得时间过得更慢了。她盼着那个绑架者回来，她觉得他离去已经有好几个小时了。她忽然想到，他会不会在欺骗我？也许他们根本就没想把我放走！这一想法使她恐惧，使她近乎歇斯底里地挣扎起来，但是那根链子太坚固了！正在这时，她听到远处传来一阵脚步声，她尖声叫道："救人啊！请过来，我在这边！"

一个男人出现在树林里。她看不清他的相貌，只能看见那白衬衣的轮廓。来人问道："出了什么事！汤姆在哪？"

汤姆——这一定是亚拉巴马的真名了！她说："他走了。他已经走了很久了！"

"我马上就回来。"来人又走了。

她不明白他们在干什么。是在演戏吗？是在故意折磨她吗？终于，穿白衬衣的男人又回来了。

"一切顺利，都是按计划进行的。你丈夫送来了赎金，没有耍任何花招。你就要得救了。"

"什么时候？"

"很快。"

“在这儿？”

“对，既安全又完美！”

他又走了。过了一会，她看见两道汽车光由远而近，停在树林外面。车灯熄灭了，传来两声短促的汽车喇叭声。又过了一会，汽车灯又亮了，一个奇怪的声音叫道：“奶奶，奶奶，我们走了！”

汽车开走了，树林里又恢复了死一般的沉寂。这是她在这里度过的第二个不眠之夜。她感到又冷又饿。她知道自己必须坚持，否则她就真的完了。她用手指挖锁着她的树根部的土，希望能挖出些树根来充当食物。但她很快就发现这是徒劳的。她靠在了树干上。

夜里，起风了。昨天夜里她并未感到这树林里的风声有什么可怕，但此时，这风声使她产生一种难以名状的恐惧感。似乎有一种无形的危险正从四面八方向她袭来。开始，她还紧张地四处张望，但是她发现自己已经快被这环境逼疯了。她闭上了眼睛，她不敢想到死，她也不愿意想到死。她问着自己：“我到这里已经多久了？”她拼命回忆着……

那是星期四的下午，在花园里修剪花枝，教堂的钟敲了一下……然后是星期五，现在是星期六。日期？那天早上的报纸……报纸上的广告比新闻更有意思……那是 7 月 27 日，昨天是 7 月 28 日，今天是 7 月 29 日……

太阳终于又从东方升起了。虽然有一层薄云遮住了它，但是它仍然把光明和温暖送到了这个树林之中。

啊，上帝！这究竟是什么地方？为什么没有人路过这里呢？也许，永远不会有人到这里来了，而她将在这棵大树下默默地死去。不！不能等死，要奋斗！她竭尽全力地尖叫着，直到泪水噎住了她那干涩的喉咙。

她的声音在树林中消失了，她似乎也冷静下来了。她告诫自己要保存体力，并记住所发生的一切细节。那些被关在监狱里的人不就经常这样做吗？她一遍又一遍地回忆自己的行车路线，回忆绑架者所说的每一句话。她不能死，她要活下去。哈里不会让她死的。哈里爱她。哈里已经付了赎金。哈里会把她救回去的。她会回家的，“既安全又完美”，这就是那个家伙最后说的话。不！他最后说的话是：“奶奶，奶奶，我们走了！”

快到中午时，天气又热了起来。她感到口干舌燥，闷热难忍，但她又无法脱下那件可恶的运动衣。圣奥夫拉中学，那个家伙曾经在那所中学上学吗？学校的名字很不错，可是……现在几点了？要是能回过身去看看手腕上的手表就好了。那又有什么意义呢？她闭上了眼睛，她觉得自己的一切感觉都麻木了！

突然，她听到了一点声音，很远，好像是汽车的声音。是幻觉吗？不！声音越来越近了，她开始尖叫起来，拼尽全身的力气，没有一个字，只有刺耳的声音，野兽般的声音！终于，她看见了几个跑过来的警察。

“在这儿！在这儿！找到啦！佩珀夫人，你现在安全啦！我们是来接你回家的。”

7 月 29 日，星期六，下午一点钟，警察在德卢斯市北面的杰 · 库克州立公园内找到了被锁在一棵大树下的弗吉尼亚 · 佩珀。从被绑架之时起，佩珀夫人整整在地狱里度过了 48 个小时。这个案件震惊美国，成为记者和民众谈论的热点事件。

没有作案时间的嫌疑人

美国联邦调查局决定插手这起震惊美国的绑架案。他们认为，凭借先进的设备和技术，他们比地方警察机关侦破此案的可能性更大。根据法律规定，如果该绑架行为没有跨越州界，那么该案就属于明尼苏达州的司法管辖权之内；如果绑架行为过程中曾经跨越州界，那么该案就属于联邦执法机关管辖。虽然“亚拉巴马”曾对佩珀夫人说他们没有跨越州界，但是联邦调查局的人认为他在说谎。

从明尼阿波利斯到达杰·库克州立公园可以有几条行车路线，其中会有一条行车路线在威斯康星州境内穿行数英里。联邦调查局的人带着佩珀夫人按该路线进行辨认。显然佩珀夫人被绑架时在车内什么也看不见，但她还是宣称认出了几个路标。联邦调查局的人对此非常满意，他们没有让佩珀夫人去辨认其他几条路线，尽管那几条路上也可能有相似的路标，而且那几条路线对绑架者来说更为近便。他们不希望有其他的辨认结果，因为根据这一结果他们可以确立此案为联邦犯罪案，应该由他们负责侦查。

联邦调查局立案后，调查人员马上对各条线索进行了调查。那张索要赎金的字条是由打字机打印的，字迹特征不突出，文句通顺。字条上也没有发现手印。那手铐和金属链在许多商店中都有出售，因此很难指向任何嫌疑人。

调查人员勘查了树林中的现场，他们发现了一些烟头和一个库尔斯牌的空烟盒，上面都没有显现出手印。不过，他们还是把烟盒收入档案，以备日后起诉中使用。他们还在现场附近找到了一个皮洛利·韦格利超级市场购物袋。佩珀夫人辨认后确认它就是绑架者装食品的纸袋。纸袋上被撕掉了一小块。这大概是本案中最有价值的证据了。

在佩珀夫人获救的几天之后，警察在明尼阿波利斯市发现了一辆 1972 年出厂的绿色切夫罗莱特 · 蒙特卡洛牌轿车，特征与佩珀夫人对绑架者所用的车的描述完全一致。调查人员很快查到车主，但该车主声称其轿车在 7 月 25 日被人偷走了。调查人员在汽车内找到了一块棕色纸片，经比对确认它就是从皮洛利 · 韦格利购物袋上撕下来的那块。他们在汽车内和纸片上都显现出了指印，但是在联邦调查局和明尼苏达州警察局的罪犯指纹档案中都没有找到匹配者。不过，他们相信这纸片上的指印是绑架者在撕开购物袋时留下的，因而是一件极有价值的物证。

作为赎金的那些 20 美元的钞票上虽然没有做什么记号，但是其顺序号码已经被记录下来。调查人员把号码表寄往全国各地，他们希望能在市场上发现这些钱，并找到使用这些钱的人。

调查人员根据佩珀夫人的描述，将那个负责看押她的绑架者的特征归纳如下：人们称他为亚拉巴马，但他真名可能叫汤姆；他皮肤较黑，讲话有南方口音，可能是乡下人；他喜欢抽薄荷味香烟；他的职业是建筑工人；他唯一的体育爱好是篮球；他大概是中年人。

调查人员还请佩珀夫人与警察“画家”对亚拉巴马进行了模拟画像。“画家”让佩珀夫人看了各种各样的五官分解图片，选出她认为与亚拉巴马最为相似的那些组合在一起，构成一幅画像。根据佩珀夫人的记忆，亚拉巴马相貌中最突出的特征是左眼，即有白圈红道的眼睛。这很像是老年人那种浑浊且布满血丝的眼睛；也可能是某种眼疾留下的痕迹。此外还有一种可能性，即佩珀夫人误把尼龙丝袜上的图案当作眼睛上的斑纹了。

亚拉巴马曾声称佩珀夫人不会在警方的罪犯照片中找到他，但是调查人员认为这是“此地无银三百两”的说法。于是，他们给佩珀夫人拿来一大堆曾在圣克劳德罪犯改造所关押过的罪犯的照片。佩伯夫人花了好几个小时进行辨认，结果她看得头晕眼花也没能找出一个相似者。实际上，即使亚拉巴马的照片真的在那些照片之中，佩伯夫人也很难将其识别出来，除非亚拉巴马果真有上述眼疾特征，因为佩珀夫人从未看到其面罩后面的真实面目，她进行辨认的唯一依据就是那个眼疾特征。

在上述调查均告无效之后，调查人员便对明尼阿波利斯市有犯罪前科的人进行了普遍的审查。他们发现了三个嫌疑较大的人。这三个人都有较长的非暴力犯罪历史，目前合伙经营一家传统家具店。他们的名字是唐纳德 · 拉森、肯尼兹 · 卡拉汉和哈罗德 · 考姆斯。

唐纳德 · 拉森是一个相当典型的北欧日耳曼人。他身材高大，黄头发，蓝眼睛，而且目光中透露着调侃和幽默。他出身于明尼苏达一个农民家庭，但是他并未继承父辈那严格律己的路德教道德规范和勤奋刻苦的生活作风，而是把智慧和能量都用到了损害他人利益的行为上。1936 年，年仅 9 岁的唐纳德首次触犯刑律；1939 年，他因再次犯罪而被关进明尼苏达监狱，但这一次狱中生活的时间不太长；1959 年，他又因一级盗窃罪而被判处终身监禁，后因在狱中“表现良好”而于 1970 年被提前释放出狱。

唐纳德在狱中服刑期间，他妻子因无法忍受孤苦的生活而嫁给了他的一个好朋友。他得知此事后并不责怪她。出狱后，他决心改头换面重新做人。他生命中已有将近一半的时间浪费在了铁窗里面，他要去寻求一种更好的生活方式。

生活似乎并没有把他抛弃。出狱后不久他便结识了卢丝·鲍威尔，一位精力充沛的离婚女子。尽管他们的年龄相差14岁，但他们之间的爱情却是热烈和真诚的。1971年，他们结婚了。随后她便生了一个男孩。小马克成了唐纳德生活中的核心。他决心为儿子去创建一个幸福美满的家庭。

1972年初，唐纳德遇到了肯尼兹·卡拉汉和哈罗德·考姆斯。他们三人决定合伙经营木器家具生意。唐纳德虽然在监狱中学过一点粗木工活，但是对家具制作一窍不通。肯尼兹是个手艺高超的木匠，他很快就教唐纳德学会了基本的家具制作技术。唐纳德与哈罗德的关系一般，但是他与肯尼兹是莫逆之交。

唐纳德只上过8年学，而且学习成绩不太好。肯尼兹则不同，他不仅文学水平很高，而且很有点“万事通”，他甚至能驾驶自己的那架轻型飞机。

他们三人都愿意改邪归正，过安稳的生活。当然他们的生意也有些不正当之处，例如，他们除了经营木器家具外，还专门出售一些他人盗窃来的物品。对于三个前科犯来说，这已经是相当“守法”的生活了。总之，他们的生意还不错，虽然这不能使他们发财，但是也足以维持生活了。有时候，他们也梦想能发一笔横财，甚至谈论过诸如绑架某个富翁之类的事情。

调查人员对这三个人进行了调查，但是他们除了发现唐纳德曾在圣克劳德罪犯改造所服过刑和肯尼兹喜欢抽薄荷味香烟外，其他情况都与案件中的情况不符。他们的眼睛都很健康；说话都是北方城市人的口音；都是白种人；最为重要的是三个人的指纹与那纸片上的指印不同。此外，他们都有案件发生时不在犯罪现场的证明。于是，这三个人的作案嫌疑都被排除了，侦查工作陷入僵局。

欲言又止的知情人

联邦调查局的侦查工作在继续进行。调查人员根据绑架者给佩珀夫人御寒的那件运动衣找到了圣奥拉夫中学，但是这种运动衣是在市场上出售的。调查人员费了很大周折才找到了那家出售这种印有圣奥拉夫中学标记的运动衣，并查明那件运动衣就是在绑架前几天卖出的，但是店主对买主的情况已经记不清了。

赎金中那些 20 美元的钞票终于开始出现了，使用地点是宾夕法尼亚州的费城，共有 4000 美元。不过，收款人对使用这些钞票的人也提不出什么有价值的线索，而且大批钞票仍然没有露面。

调查人员在调查中发现明尼阿波利斯市一个名叫罗伯特·彼尔斯特罗姆的前科犯很有嫌疑。他是当地一个犯罪团伙的成员，该团伙经常在酒吧中聚会。他的个人特征与佩珀夫人的描述有些相似，当然他也没有那种独特的眼疾特征。不过，他的妻子琳达·彼尔斯特罗姆证明案件发生那天他们一起住在了威斯康星州普莱斯考特附近的一家汽车旅馆中。

调查人员去该旅馆进行了调查，旅馆服务人员只记得看见了彼尔斯特罗姆夫人，尽管在住宿登记簿上记载着是两个人同住。调查人员决定加强对罗伯特的调查，但是罗伯特在一次犯罪团伙的交战中被打死了。侦查工作又陷入僵局。

1974 年，琳达因参与一起抢劫案而被判刑关进监狱。她在狱中对同室犯人说她丈夫是那起震惊全国的佩珀夫人绑架案的绑架者之一，并说那个不在犯罪现场的证明是她编造的。同室犯人把她的话报告了监狱管理人员并转到了联邦调查局。

于是，调查人员来对她进行了询问。调查人员告诉她，如果她与警方合作的话，可以给她减刑，还可以给她一笔奖金。她同意合作，说道：“罗伯特他们一直想通过绑架一个有钱人来弄一大笔钱，后来选中了佩珀先生。”

调查人员问道：“你说的他们是指谁？”

“他们是……”琳达突然停止了自己的叙述，沉思片刻后说：“我最好先给我的律师打个电话。”

与律师通话是被询问人的合法权利，调查人员对此不能禁止。琳达在电话中向律师讲了自己要做的事情之后，律师说道：“我建议你最好闭上你的嘴，因为你的话有可能给自己安上同谋的罪名！”

放下电话之后，琳达拒绝继续讲述有关该绑架案的情况。调查人员软硬兼施，但终于未能使她开口。调查人员想根据她的话去寻找其他嫌疑人，但是罗伯特的交往关系极为复杂，而且她讲的太少了。

此时，社会公众对此案的兴趣已经不大了。侦查工作所花的经费大大超过了那笔赎金的数目，联邦调查局不能再无止境地为此案浪费人力和财力，他们决定把此案“挂起来”。不过，联邦调查局明尼苏达分部的一些调查人员对此案仍然耿耿于怀，而且案件侦查工作又出现了希望。

1974 年初，唐纳德三人结束了他们之间的合伙关系。哈罗德不想再染指家具业；肯尼兹本来就是个见异思迁的人；而唐纳德因查出自己有心脏病而决定去乡村务农。那家曾经兴旺了一阵子的木器家具店关门了。

唐纳德已经有好几十年没有干过农活了。他从银行贷款16000 美元，在明尼阿波利斯市北面约 80 英里处的一个农场联合体内买下了 80 英亩土地，开始了农场生活。他对这乡村生活非常满意，但是他妻子卢丝则常常发牢骚，直接或间接地抱怨说她无法在夫妻生活中得到满足。

离唐纳德家不远的地方住着一个名叫吉姆·法尔池的农场主。他是个行为放荡的青年。他从来不把自己的婚姻或他人的婚姻视为他寻欢作乐的障碍。卢丝是个风骚的女人，所以他们两人相识不久就打得火热。有一天，唐纳德外出回来撞见吉姆与卢丝幽会，他大发雷霆。吉姆和卢丝都认了错，并发誓日后绝不再干这种事。唐纳德原谅了他们。不过，吉姆的妻子听说此事后没有原谅丈夫，她立即抛下孩子们离家出走了。

当卢丝听说吉姆的妻子已离家出走时，她认为在他与吉姆之间已经没有任何障碍。她把自己的誓言扔在脑后，公开对唐纳德说："我要去和吉姆一起生活。"

唐纳德尽量心平气和地说："看在孩子们的份儿上，我请你别这样做。"除了唐纳德的儿子外，卢丝前一段婚姻生下的两个儿子也与他们生活在一起。

卢丝不无嘲弄地说道："你看不见吗？我必须去和吉姆一起生活，我别无选择！"

唐纳德看了她片刻，慢慢地说道："我真不知道什么最能伤害人，究竟是爱还是恨？"

1976 年 4 月 24 日，唐纳德去明尼阿波利斯市找一位心脏病专家看病，他身边携带着两支装有子弹的手枪。下午回到家后，一进门看见吉姆和卢丝正在搬他的那些电动木工工具。

那些工具是他与肯尼兹和哈罗德开家具店时购置的，价值数千美元。他非常气愤，先是抢走我的妻子，现在又来弄我的财产，他大声喝道：“你们想干什么？”

卢丝笑道：“我们要把这些工具搬到吉姆家去。你年老体弱，反正也用不着啦！而我们很需要它们，我们会好好保养他们的。”

吉姆在一旁也笑了起来。

唐纳德见状，猛地拔出手枪，疯狂地射击着。他不仅打死了吉姆和卢丝，而且打死了闻声赶来的卢丝的大儿子、吉姆的儿子以及他自己的儿子马克。

当枪膛里的子弹都打光时，他似乎才醒悟过来。犯罪感促使他迅速逃离了现场。他把枪和血衣都扔进了密西西比河，然后买了一些酒和毒药，住进了明尼阿波利斯市郊的一家汽车旅馆。他在喝下那些酒和毒药之前给亲友写了几封信。他在信中反复说道：“我根本没想去伤害任何人……我真希望有人也开枪打死我……”

在卢丝被埋葬那天，有人在该旅馆中发现了唐纳德，他当时已经不省人事了。人们把他送进了医院，而他竟奇迹般地活了过来。他清醒后说道：“当我看见我的儿子死了的时候，我自己也已经死了！”

唐纳德·拉森被送上了法庭，其辩护律师是当地颇有名气的罗纳德·麦什彼舍。律师在辩护中强调了被告人的杀人行为是在毫无预谋的情况下，在一种非正常的精神状态下实施的。他还请精神病学专家出庭提供了证言。

法庭辩论结束后，法官在给陪审团的指导意见中建议陪审团考虑激情杀人的因素。陪审团要求解释“激情”的含义。法官答道：“这是由于诸如狂躁、愤怒、恐惧或过分激动而导致的一种极端性精神状态。”

经过两天的评议，陪审团于 1976 年 11 月 3 日作出裁定：唐纳德 · 拉森对吉姆 · 法尔池之死犯有一级杀人罪；对卢丝 · 拉森之死和吉姆儿子之死犯有二级杀人罪；对卢丝儿子之死犯有三级杀人罪；至于他自己儿子之死，因他当时处于精神失常的状态下而被认定为无罪。随后，法官判处唐纳德 · 拉森终生监禁，而且于 1993 年之后才可以考虑假释。唐纳德患有心脏病，所以他能否活到 1993 年还是个问题。

拒绝合作的已决犯

在唐纳德 · 拉森案审判期间，他于 1963 年在监狱中照的一张照片被登在了当地的报纸上。照片登出后不久，一位年轻的小学教师来到了警察局。她说她四年前曾在当地一家加油站工作，那辆绑架佩伯夫人的汽车曾在绑架那天到该加油站加油，而唐纳德 · 拉森就是当时开车的司机。

佩珀夫人被绑架案是联邦调查局成立以来未能破获的最大一起绑架案。他们在该案的调查中花费已经超过了 1000 万美元，然而却一无所获，因此他们认为这是联邦调查局的一大耻辱，特别是那些在明尼苏达州分部工作的调查人员更认为如此。

联邦法律关于绑架案的追诉期限为五年，因此，佩珀夫人案的终止日期是 1977 年 7 月 27 日。如果没有这位女教师的出现，调查人员大概就会让该案无声无息地过去了，但是现在，调查人员心中那已经熄灭的希望之火又重新燃烧起来。诚然，他们深知这位小学教师的辨认结论很值得怀疑——14年前的照片加上4年前加油站的一次见面，但是，他们不愿意放过这一破案的机会。

唐纳德被关进斯蒂尔沃特监狱的两周之后，两名联邦调查局的调查人员来拜访了他。他们首先要求提取他的指纹，然后和他谈起了佩珀夫人案。

一位调查人员说："我们知道你在那起绑架案中是有罪的。现在，我们打算和你做个交易。这对你来说是非常合适的。这是一个很难得的机会。我们知道你在这起凶杀案中是受了冤枉的，你不应该被判这么重。如果你讲出那起绑架案的实情，我们可以把这个一级杀人罪减为二级杀人罪，一共就判你10年！"

唐纳德问："你们可以把这些话写下来吗？"

调查人员们拒绝了。

唐纳德笑道："我知道你们不过是想耍耍我，所以我告诉你们，我不干，我不想干！"

调查人员们走了，但没过几天他们又来了。他们非常和气、友好，愿意帮助唐纳德干一切事情。唐纳德从来没见过这么好的侦探，他甚至从来没有见过这么好的年轻人！他有些过意不去了，便问道："你们究竟要我做什么？"

"告诉我们那起绑架案的实情。"

"我没有干！"

"承认了对你有好处！"

"可是那些钱呢？我上哪儿去找那一大笔钱呢？"

"这好办，你就说你在拉斯维加斯都给输光了！"

"不会要我赔那笔钱吧？"

“不会的。跟你说实话，我们对那笔钱不感兴趣。我们在霍夫案上花了 100 万美元；在帕特雷希施 · 哈斯特案上花了 800 多万美元；而在这个案子上已经花了 1000 多万美元。我们的目的就是破案！”

“这倒不坏。只要我承认一切，就给我把凶杀罪改为过失杀人，而且只判 10 年。那些钱呢？我就说赌输了，还可以说花在拉斯维加斯的姑娘们身上了。因为我有钱，她们就找上了我，她们才不管我是不是个乡巴佬呢！不过，你们得把这些写下来，或者和我的律师谈谈。”

然而，调查人员们不愿意把这些写成文字。此时离追诉的截止期限只有一个多月了，他们决定再查一查肯尼兹 · 卡拉汉。

肯尼兹在离开明尼阿波利斯后，回到了其老家——威斯康星州的卡姆伯兰德。不过，他并未改行，又开了一家传统家具商店。他的生意不错，家境殷实，逐渐成为一名在当地颇受人尊敬的居民。他的家庭生活看起来也很幸福。

1977 年 6 月，特工人员来到了卡姆伯兰德。他们首先对肯尼兹的经济来源提出了疑问。他从何处得来的钱买了一栋相当不错的房子呢？他怎么能有钱经常度假旅行呢？看来，他肯定发了一笔“不义之财”。

6 月下旬，调查人员把肯尼兹传唤到明尼阿波利斯进行辨认。辨认者是佩珀夫人和那两名打扫卫生的女工，以及其他几个声称曾看见过绑架者的人。辨认对象根据混杂原则进行了安排，而且都戴上了面罩。

辨认开始时，先让辨认对象以一侧对着辨认者，然后转为另一侧，最后是正面。大多数辨认者，包括佩珀夫人在内都选择了第二名辨认对象，而他是明尼阿波利斯市的一名警察。无人选中肯尼兹。

随后又进行了声音辨认。佩伯夫人又一次选中了那名警察。只有一个女工选中了肯尼兹。

警察在绑架者使用的那辆汽车中曾经提取了一小把头发，他们认为是绑架者的。于是，调查人员提取了肯尼兹的头发样本，与物证毛发一起送到联邦调查局的犯罪实验室进行检验。专家鉴定后说二者是相似的，但他同时指出毛发特征会随时间发生变化，而汽车内提取的毛发已经是将近五年前的毛发了。

调查人员认为此案的侦查工作终于有了进展。而且，本案的重新升温使联邦调查局面临着严峻的考验。前一阶段的调查工作已经使他们声誉扫地，如果不能抓住这一破案时机，那他们将会受到社会舆论更为严厉的谴责。他们必须背水一战！

联邦调查局从芝加哥调来了一名反绑架专家来负责此案的侦破工作。他下车伊始，便声称唐纳德和肯尼兹是本案的罪犯。根据监狱中一个耳目提供的情报，他认为唐纳德把获得的赎金藏在了农场。他还推论说，唐纳德之所以杀死了卢丝和吉姆等人，不是因为他们要搬什么电动工具，而是因为他们要寻找那笔埋藏起来的巨款。

于是，调查人员前去搜查唐纳德的农场。他们仔细查看了那所房子的每一个角落。楼板被撬开了，墙壁被扒开了，地面被挖开了。人工不够用，推土机也开来了。然而，他们仍然没能找到那些钞票。

这位反绑架专家并不气馁。此路不通，另辟他径。那个食品袋纸片上的指印照片又被送到了联邦调查局指纹鉴定处，同时送检的还有最近在监狱中提取的唐纳德的指纹样本。该指纹鉴定专家以前曾两次否定了唐纳德指纹与物证指纹的同一，但是这一次他承认以前鉴定有误，他说那张纸片上的手印确实是唐纳德留下的。

虽然调查人员没能找到那笔赎金，但是他们有了更多的证据。他们认为，肯尼兹是这起绑架的策划者；唐纳德是其同谋；肯尼兹打的赎金字条上的字；他们二人共同绑架了佩珀夫人；唐纳德是开车的人，因为有一位正直的教师作证；肯尼兹是看押佩珀夫人的人，因为他喜欢抽库尔斯牌薄荷味香烟；唐纳德是取食品的人，因为那食品袋纸片上留有他的手印。这一切似乎足以证明唐纳德与肯尼兹是罪犯了。此外，还有一点对被告人不利，在案发将近五年之后，他们原来那些不在犯罪现场的证明已经无从核实了。

控方的污点证人

1977 年 7 月 10 日，明尼阿波利斯市成立了一个大陪审团来审查此案的证据，他们必须在 7 月 27 目前提出起诉，否则便过了法定追诉期。大陪审团的行动还是很快的，他们在 7 月 21 日便提出了起诉书。审判定于 9 月 7 日进行。

罗纳德 · 麦什彼舍是被指定的被告人辩护律师。开始他打算同时为两个被告人辩护。但后来他得知两名被告虽然同时接受审判，但公诉方对他们的指控是分开的。他觉得一个人进行辩护无法处理两名被告之间的利益冲突，因此便找朋友布鲁斯 · 哈蒂根为公认的辩护难度更大的被告人唐纳德进行辩护。布鲁斯是个城里人，很有纽约人的风度。虽然他和麦什彼舍一样善于法庭质证，但是他的态度格外和蔼可亲，让人觉得他是个可以信赖的人。

律师们清楚地知道公诉方所掌握的证据及其弱点。他们没有找到赎金；被告人都没有佩珀夫人所描述的那种眼疾特征；佩珀夫人及其他证人在形体辨认和声音辨认中都没有指认肯尼兹。公诉方宣称肯尼兹是那个和佩伯夫人在一起待了近 30 小时的人，可是他与佩珀夫人的描述几乎没有什么相似之处。没有人叫他亚拉巴马，也没有人叫他汤姆；他讲话是北方城市口音，而且用语很规范；他从来没有去过圣克劳德罪犯改造所；他不是建筑工人；他唯一喜爱的运动项目是钓鱼而不是篮球。

律师们要求查阅案卷。检察官没有给他们那份案卷摘选的副本，而是给了他们全部的原始案卷。也许检察官想用这些文件来挤占辩护方有限的时间，但这却为律师们全面了解案情提供了机会。

该案卷共分 66 个章目，共有 16000 多页。律师们分工认真地阅读了全部案卷。为此，他们要求推迟审判日期。

法院于 10 月 11 日开庭审理此案。第二天，佩珀夫人首先出庭作证。她着装典雅端庄但不乏魅力，给陪审团留下了深刻的印象。在检察官对她的询问结束之后，麦什彼舍向法庭指出她在审判前的辨认中指认的是一名警察；哈蒂根则使她承认了这两名被告人都没有她在绑架者脸上看到的那种眼疾特征。

随后为公诉方出庭作证的是曾与唐纳德和肯尼兹共同经营家具店的哈罗德·考姆斯。哈罗德声称在 1972 年 5 月或 6 月间，肯尼兹曾在商店里让他看过一副手铐，与绑架者用于佩珀夫人的那副手铐一样。麦什彼舍在质证时问他在 1972 年接受警方询问时为什么没有提及手铐一事。哈罗德说当时没想起来。麦什彼舍对陪审团说道：“案件发生后不久时没能想起来的事情，在 5 年之后却想起来了，这不能不使人感到奇怪！”

麦什彼舍还迫使哈罗德承认他在 1972 年 7 月 29 日上午 7 点 30 分时见到了肯尼兹，他们一起去帮哈罗德的女友搬家具。肯尼兹当时看上去“毫无倦意”。律师指出：“佩珀夫人证明肯尼兹在 7 月 28 日深夜离开了她。那么肯尼兹在驱车 200 英里后于 29 日早上就去搬家具而且毫无倦意，这也是令人怀疑的。”

公诉方的第三个证人是在斯蒂尔沃特监狱中服刑的犯人，其刑期为 45 年。他说他过去就与唐纳德和肯尼兹相识；在绑架案发生之前，他曾看见他们拿着那个手铐；唐纳德还曾向他询问过哈里·佩珀的情况。麦什彼舍在质证中迫使他承认，联邦调查局的人许诺以释放作为他出庭作证的报酬。

顺便说明，联邦调查局这一次还是很守信用的——此人的 45 年刑期后来被减为 3 年，而且是在一种名为“乡村俱乐部”的监管很松的场所服刑。出狱后由于他交回了一些原来盗窃的赃物，联邦调查局还奖励他 5000 美元，以便他开始一种新的生活。

第四个为公诉方出庭作证的人是个“六进宫”的性犯罪者和吸毒者。他在证人席上承认自己在出庭之前获准“兴奋”了一下。他声称肯尼兹曾在 1972 年春天和他谈过如何“发一笔大财”的事情。他还说在 1972 年 7 月初他曾看见唐纳德身穿一件印有圣奥拉夫中学标记的运动服。

哈蒂根律师对此惊呼道：“在闷热的 7 月，唐纳德却穿着那件厚厚的长袖运动服！”

法庭观众席上响起了一阵笑声。辩护方的两个证人出庭作证说这位“六进宫”的罪犯曾在狱中向他们吹嘘说“要上法庭上编个故事来使自己出狱”。后来，这位“六进宫”的罪犯果然得到减刑，并且假释出狱了。

哈蒂根律师对陪审团说：“这些证人都从联邦调查局得到了‘劳务报酬’。当然，这报酬不一定是金钱，而是比金钱更重要的自由！”

由于公诉方许多证人的可靠性或记忆的准确性都受到了质疑，辩护律师认为那个指纹鉴定结论大概是定案的主要依据了。哈蒂根拿着物证手印的照片和唐纳德的指纹样本去找当地的指纹专家罗纳德·韦尔保姆，但后者检验后肯定了二者的同一。这一结果使哈蒂根很扫兴，但他没有理由不相信这位专家的结论。

辩护律师在查阅本案卷宗时曾发现了调查人员与琳达·彼尔斯特罗姆在 1974 年的会谈记录。琳达当时曾说自己给丈夫罗伯特安排了一个不在犯罪现场的证明，但后来又闭口不谈了。

律师们在弗吉尼亚的阿尔德森监狱找到了琳达，向她讲明法定追诉期已过，她不会再被指控为那起绑架案的同谋犯了。后来，琳达终于同意为被告方出庭作证。她对律师们说：“我当时确实是给罗伯特安排了一个不在犯罪现场的证明，那是假的。他经常抽库尔斯牌香烟。他曾说过他认识一个叫亚拉巴马的人。我还听他们一伙人提到过佩珀的名字。他们一伙经常出入‘运动员酒吧’。”

麦什彼舍插言道：“运动员酒吧？那正是佩珀先生送赎金的地方啊！”

琳达接着说：“这我不知道，反正他们经常去运动员酒吧。对了，后来我还参加了他们的一个什么庆功酒会。”

辩护律师对琳达的证言很满意。由于此时法庭辩论已经结束了，他们便找到法官，要求允许让新的证人出庭作证。但是他们的要求被法官驳回了。

哈蒂根非常气愤，打算去找新闻界，将此事公诸报端。麦什彼舍劝道："暂且放一放。如果审判结果对被告人不利，那么这个新证人就是我们通向重新审判的门票。"

陪审团评议也很困难。第一次投票表决的结果是以 10 比 2 认定无罪。但是有一名陪审员坚持要求再次评议和投票。到评议的第五天时，陪审团改变了立场，认定被告人有罪。

判决宣布后，辩护律师带着琳达来见法官。琳达陈述了自己所知道的情况，然后麦什彼舍和哈蒂根要求以此为基础重新审判。然而，法官否定了这一动议，他认为"琳达的陈述对于被告方的论证不会有太大的价值。"

麦什彼舍和哈蒂根又找到了上诉法院。1979 年 1 月 27 日，上诉法院裁定原判无效，要求该法院"为保障正义的实施"而重新审判。新的审判定于 1979 年 10 月 15 日进行。

说谎的指纹证据

辩护律师为重新审判进行了大量的准备工作，但他们仍对两个问题甚感忧虑。

其一是琳达证言的可信性问题。她是个重罪犯人，而且曾就此案两次接受调查人员的询问。第一次在 1972 年，她说了假话。第二次在 1974 年，她只讲了几句就闭口不谈了。陪审员们会相信她的证言吗？

其二是那个指纹证据的问题，这也是最让辩护方感到头疼的问题。如果他们不能动摇这一鉴定结论的可靠性的话，他们的一切努力可能都会无济于事。此时已经是 9 月下旬了。

由于在两个月以前，麦克唐奈的指纹鉴定结论使另一起影响很大的案件中的被告人马乔里·考德韦尔获得了无罪判决，麦什彼舍又把希望寄托在这位法庭科学家身上。他给麦克唐奈打了电话。

听了麦什彼舍的话之后，麦克唐奈笑道：“你真是太天真了！我上次否定了指纹专家的一个同一认定结论，那只是偶然的事情。如果我再否定一个，那可就是奇迹了！”

“如果一个辩护律师不相信奇迹的话，那他早就该改行了！”

“你能把这句话再重复一遍吗？最好再加上小提琴伴奏！”

“我可没有时间听你的玩笑。实际上是布鲁斯·哈蒂根为唐纳德辩护，他希望你能复核一下那个指纹鉴定。”

“我至今还没有收到马乔里案的报酬呢！”

“我也没收到。那笔遗产让她的孩子们给冻结了。不过这一次请你放心，律师是法院指定的，所以明尼苏达州将保证你得到报酬。”

“好吧，你让他给我送来吧！”

哈蒂根对此并不乐观，不过他愿意去碰碰运气。10 月 5 日，他带着物证手印照片和唐纳德的指纹样本来到了考宁。

麦克唐奈查看了一下那个物证手印照片，说道：“这不是原始照片。”

“可是联邦调查局的人向我保证说它是原始照片啊！”

“联邦调查局的人对你怎么说，这我不感兴趣。但我告诉你，一个 35 毫米固定镜头的相机不可能拍出这种照片。我要看原始照片的底片。”

他们立即给联邦调查局明尼苏达分部的调查人员打了电话。他们讲了自己的要求，但对方说他不能把底片轻易寄给别人。麦克唐奈建议对方把底片寄到联邦调查局纽约分部，然后由纽约分部的人送到考宁来。对方同意研究一下。

过了一会，该调查人员打来电话说："很抱歉，我们不知道纽约分部的邮寄地址。"

麦克唐奈说，"这可真是天下奇闻了！没关系，我有好朋友在那里工作，我可以帮你查一下。"

"不用了，我们再查一查吧。"

"多谢！顺便说一下，请你把那包装纸片另一面的指印照片也一起寄来，可以吗？"

"另一面上没有指印！"

"什么？"

"另一面上没有指印！"

麦克唐奈挂上了电话，他脸上的表情显得有些困惑。哈蒂根不禁问道："这里有什么问题吗？"

"这是不可能的，你看！"麦克唐奈说着从桌子上拿起一张纸，用其拇指和食指捏住纸的一角，将其撕了下来。"你看见了吗？要撕下一片纸，你必须用两个或更多的手指捏住它，因此你必然在纸的两面都留下指印。这个指印是用化学药水浸泡显现的。而浸泡时那纸片两面的指印都会显现出来。不过，我们目前无法去找第二个指印了，因为纸上手印的存留时间是很短的。当时没有用照相方法固定下来，恐怕它就永远消失了。"

联邦调查局的调查人员拖了好几天才把底片送到麦克唐奈的实验室。此时已经是 10 月 11 日了，离开庭还有 4 天。麦克唐奈必须抓紧时间进行检验。

他首先到暗室里用底片制作了一张放大的照片，但这一张与哈蒂根带来的那张照片完全一样。这是一张带有指印的包装纸片的照片，指印旁边放了一小段比例尺，以表明指印的实际大小。

麦克唐奈比较了物证指印和唐纳德样本指印上的细节特征，发现二者之间只有 5 个特征符合点。他说：“五个特征符合点不足以得出肯定同一的结论。”

“你能为此出庭作证吗？”

“当然可以。”

“太好了！这对我们来说可是个非常大的帮助！”

“事情不仅如此，这个指印照片还被人给修改了。”

“你说什么？”

“从某种意义上来说，这也是一种伪造证据。如果这一切都是联邦调查局的人经手的话，那么……”麦克唐奈没有把话说完。

“你怎么知道有人修改了它呢？”

“你看这照片——比例尺和这五个符合点的部位非常清晰，而其他部位都很模糊，纸片的边也很模糊，这说明照相时焦距对偏了。对于在实验室条件下进行拍照来说——这照片显然是在实验室固定拍照的——这种情况是不可能出现的。因此，这是照相者故意制作的。为了排除那些可能导致否定同一结论的特征，照相者故意使照片的一部分清晰而另一部分不清晰。这也说明了这张底片实际上不是原始底片，而是二次翻拍的底片。”

“你愿意就此出庭作证吗？”这显然是律师最关心的问题。

麦克康奈没有立即回答。他不愿意与联邦调查局的专家们作对。那些人从事着非常艰难的工作，其中大多数人都是非常正派和值得尊敬的，只有少数人忘记了自己的真正职责。法庭科学家的主要职责之一是保护无辜者，在此也应适用无罪推定的原则。正是这少数人败坏了联邦调查局的声誉，也损害了那些寻求其保护的公民的权益。麦克唐奈可以回避这一问题，仅出庭作证说该指印不足以得出同一认定的结论。不过，他觉得自己不应该隐瞒物证本身所揭示的内容，不应该纵容那些“精心修改”证据的人。他叹了口气，说道：“我将出庭作证。如果你不着急回去的话，我可以让你看看他们是怎么做的。”

哈蒂根说：“这太好啦！说实话，如果不是过几天要开庭的话，我真愿意在这里住上一个月。考宁的 10 月太美啦，我恐怕在其他任何地方都找不到这么美的 10 月了！”

麦克唐奈向楼上喊道：“菲利丝，请你给我拿一个纸垃圾袋来，要空的。”

菲利丝看来听到了他们的对话，所以当她把纸袋送下来时说：“你不认为这是多此一举吗？”

“这是为了科学和正义，亲爱的。”

麦克唐奈从纸袋上撕下来一小片纸，放在桌子上，然后小心翼翼地用磁性粉末刷显现出纸片两面的手印。他对哈蒂根说：“你看，这纸片的两面都有指印。”

然后他在指印旁边放了一个比例尺，在固定的翻拍架上将其照了下来，并很快制作出底片和照片。他把照片递给哈蒂根，说道：“你看看有什么区别。”

哈蒂根仔细看了一会说：“这和那张物证照片基本一样，只是整个指印都很清晰。”

“不错，你这节课的成绩可以是优了。我再用这张照片制作一张复片，这一次让它的焦距不大准。”

麦克唐奈又做了一张照片，这一次照片上的纹线都是模糊的。他拿起一支铅笔，小心地描清楚了一些纹线，并修改了几条纹线，然后在这张照片上放了一个比例尺，进行了第三次拍照。这一次制作出来的照片与那张物证照片的效果完全一样。

哈蒂根看了之后说道：“他们根本就没给我原始照片作为

证据，对吗？”

“完全正确。一张原始底片很容易销毁，复制一张新底片也非常容易，而且普通人很难看出其中的破绽。”

“如果他们费了这么大劲来伪造照片，那他们为什么不干得更漂亮些呢？我是说，他们为什么只弄出五个特征符合点呢？”

“别忘了这位联邦调查局的专家曾两次否定了这指印是唐纳德留下的，而且这是记录在案的。如果他在法定追诉期终止之前突然否定了原来的结论，而且找出了 13 个特征符合点的话，那他一定会被人们视为白痴的！因此，这个指印必须是一个难度非常大的同一认定才能被人们相信。”

“但是它还是没能让你相信！”

麦克唐奈没有直接评论这句话，而是带有总结的口吻说道：“总之，作为一个指印来说，其特征不足以肯定同一，我想这是许多指纹专家都会同意的。作为一张照片，它是伪造的，也许并非每一个指纹专家都能看出这一点。说实话，我也是第一次看到这种伪造的照片。”

审判开始后，麦克唐奈出庭提供了很有说服力的证言；琳达也出庭提供了证言。12 月 6 日，陪审团仅用了三个小时进行评议，就裁定唐纳德·拉森和肯尼兹·卡拉汉无罪。

绑架佩珀夫人的罪犯最终也没有抓到，那一大笔赎金也没有找到。随着时间的流逝，人们已经把那笔赎金淡忘了。那些 20 美元的钞票可能已经进入过许多人的钱包，也可能有一些已经退出了流通领域。

佩珀夫人绑架案的追诉时效早已过期，联邦调查局的调查人员极不情愿地在该案卷宗上注上了“结案”二字。佩珀夫妇在此案中支付了 100 万美元的赎金，而纳税人则为此案支付了 1000 多万美元的“赎金”！在此案中，唯一的受害人就是佩珀夫人。她不仅在绑架者手中遭受了 48 个小时的折磨，而且在诉讼过程中又遭受了 7 年的折磨。当她最后离开法庭时，她如释重负地出了一口气，说道：“结案了！”

解说和评论

1981 年 8 月，麦克唐奈携夫人菲利丝来到加拿大的蒙特利尔，出席全美刑事辩护律师协会的年会。

博纳万图拉饭店是蒙特利尔市最豪华的饭店之一。它坐落在蒙特利尔旧城与新城的交界处，耸立在那一大片商业楼群中，犹如群山之首。饭店内设有游泳池、会议厅、舞厅和多个餐厅。那通向一间间各式客房的走廊似乎长得没有尽头。

这天晚上，饭店大宴会厅内挤满了来自北美各地的律师，他们有的西服革履，有的则穿着随便的牛仔裤和短袖衫。麦克唐奈在人群中寻找着麦什彼舍，不时有人热情地迎上来和他寒暄几句。其中有些人曾是他出庭作证的邀请者，还有些人则是他在法庭上的对手。

一位律师走过来对他说：“我已经 4 次打电话请你为我出庭作证了，而你一次都没有来。下一次你可一定不能再让我失望了！”

麦克唐奈答道：“那好办。不过，你下一次得找一个确实无罪的被告人。”

人们常常对律师为那些明显有罪的人辩护表示难以理解。

然而，这是整个司法系统的需要。如果他们不为这些有罪者辩护，司法系统的运转就会失调。他们不是法官，也不是鉴定人。他们的职责就是保护被告人的合法权利，就是要保证无罪推定原则的实施。这也正是他们与麦克唐奈等法庭科学家的不同之处。麦克唐奈仅关心物证的“陈述”，而辩护律师则最关心陪审团的裁决。

出席当晚宴会的都是辩护律师中的佼佼者。不知情的人往往会以为他们是一群华尔街的金融巨头。实际上，他们那精美的服饰和高雅的风度甚至会使银行家们自叹不如。他们的妻子也都是颇具魅力的，特别是她们那些质料高级、样式新颖的衣裙，犹如那艳丽的鸡尾酒一样在柔美的光线下飘逸流动。

菲利丝穿一身淡雅的丝裙，别有一番风韵。她身边是身材高大、相貌出众的麦克唐奈。麦克唐奈留着浓浓的胡须，穿一件红上衣，显得与众不同。也许，这正体现了他的专业爱好。如果说那些律师们善于演戏的话，那么麦克唐奈就堪称表演大师了。

麦什彼舍是该律师协会的副主席。酒会之后，他与麦克唐奈并肩坐在主席台上，他要把这位朋友介绍给所有到会的律师。诚然，在这些律师中不乏麦克唐奈的熟人，但还有许多人是只知其名、不知其人。

麦什彼舍介绍说：“麦克唐奈先生不仅是指纹鉴定和枪弹检验的专家，而且是血痕物证检验领域内的夏洛克·福尔摩斯……”

此时，坐在一旁的麦克唐奈回过身去，从他带来的提包里取出了一个大烟斗和一把放大镜，并把一顶福尔摩斯式礼帽戴在了头上。当他转回身时，大厅里响起了一片友好的笑声。他第一次被人称为福尔摩斯是在 15 年前的弗里案中。他并非刻意追求模仿那位小说中的著名侦探，但是随着时间的证明，人们越来越认可他的这个“头衔”了！当然，那些在法庭上与他对立的律师们希望他也只是个生活在文学作品中的人物。

麦克唐奈把那些扮演福尔摩斯的道具放在一边，站起身来，首先向与会者介绍了如何最有效地利用法庭科学家的服务，其宗旨就是要尊重事实。最后，他一本正经地说道：“请诸位原谅，在这间大厅里有几位先生还欠着我的报酬呢！当然我不会把他们的名字公布出来的。我在此想强调一点：虽然我非常愿意得到我的劳动报酬，但是我的服务却不是用金钱可以买到的！”

麦克唐奈确实当过演员。他是真正的本色演员，因为他参与的都是纪实类电影和电视剧，而且都饰演了一名法庭科学专家。他参演的影视作品包括《第二支枪》（The Second Gun）、《美国法医档案》（Forensic Files）和《美国司法》（American Justice）等。现在，许多人还以为他就是一名演员呢！

二十八、黑人暴乱第一案

洛杉矶大骚乱[1]

（美国）

2022 年 4 月 29 日，美国的洛杉矶举行集会，纪念洛杉矶大骚乱爆发 30 周年。洛杉矶市市长埃里克和当事人的女儿罗拉参加了纪念活动。当年的亲历者说，“洛杉矶如同经历了一场战争”。对于那场震惊世界的大骚乱，我也有一点亲身的感受。

1 本案内容详见何家弘：《从观察到思考——外国要案评析》，中国法制出版社 2008 年版，第 64 ~ 78 页。

殴打黑人的白人警察

1991 年 3 月 3 日夜晚，美国加利福尼亚州洛杉矶市一个名叫罗德尼 · 金的黑人青年在公路上超速开车，被巡逻警察发现。警察命令他停车，他是酒后驾车，就加速逃跑。巡警立刻通过无线电通讯装置报告警察局总部的指挥中心，后者迅速调集在该地区巡逻的警车前去围追堵截。

10 辆警车经过一番惊心动魄的追堵，终于将罗德尼抓获。当罗德尼走出自己的汽车时，4 名气急败坏的警察一拥而上，把他打倒在地，并用警棍轮流抽打。为首的两名警官名叫斯塔塞 · 库恩和劳伦斯 · 鲍威尔，在场旁观的其他警察也没有上前劝阻。短短的 81 秒钟，罗德尼共挨了 56 下重击，被打得遍体鳞伤，一条腿骨也被打断。

事有凑巧，现场附近一个居民是摄影爱好者。当时人们还没有智能手机，摄像机是时髦的家用电器。这个人听到警车声后，就在自家阳台上用摄像机把这 4 名白人警察殴打黑人青年的场面录了下来。第二天，他把录像带交给了洛杉矶电视台，在电视新闻中播放。虽然美国人对警察的野蛮执法时有耳闻，但是在电视中看到几名警察连续抽打一个倒在地上的黑人的画面，仍然令人非常震撼。如此难得的录像画面，自然深受电视媒体的青睐，于是很多电视台都进行了转播，成为舆论关注的焦点。

在公众舆论的强大压力下，美国总统布什及许多政府高级官员都纷纷对此行为进行谴责或表示遗憾。司法部部长迪克 · 桑伯夫说：“有责任心的执法人员都谴责执法部门中任何人的这种暴行。从事执法工作的人们必须首先尊重所有公民的民权和自由。”他还命令司法部的民权处“对洛杉矶地区过去6年的正式控告进行全面复查，以确定有无警察不端行为”，并要求司法部的全国司法研究所调查，在警察暴行与缺少培训及内部纪律措施之间有无联系。

在这种情况下，洛杉矶检察署很快采取行动，向位于洛杉矶的加利福尼亚州刑事法院提出了针对库恩等4名警察的指控，罪名是“使用致命武器和不必要的暴力殴打嫌疑人”。根据加利福尼亚州法律规定，如果这一罪名成立，法庭可以判处被告人的最高刑期是8年监禁。

3月26日，法官传唤4名被告人到庭接受初审。在法庭上，法官向被告人宣读了检察官的指控，并问4名被告人作何答辩。库恩和鲍威尔等4名警察都选择了“无罪答辩”。随后，法官批准了4名被告人的保释申请。

检察官采取了积极的行动，案件已进入法院审判阶段，社会公众对此事的关注热度也下降了，新闻媒体的报道也就减少了。这场警察打黑人的风波似乎已经过去了。在美国，警察打黑人的事件屡见不鲜，往往都是热闹一阵子，然后就渐渐被人们淡忘了。当然，审判的结果还会引人关注。

按照加利福尼亚州有关法律的规定，重罪案件要由大陪审团审查起诉。大陪审团一般由23名当地选民组成，但16名即可构成作出决议的法定人数，而决议有12人以上投票同意即可通过。由于库恩和鲍威尔等4名警察被指控的罪名属于重罪，所以洛杉矶市在案发后就组成一个大陪审团来调查此案。大陪审团的调查并非审判，其任务主要是审查公诉方的起诉有无合理根据，而且一般仅听取受害人及其他公诉方证人的陈述，并不要求被告方提出辩护意见和证据。本案的公诉方提供了警察打人的录像带和受害人的验伤证明等证据。经过几个月的调查，大陪审团作出了提起公诉的决定。

大陪审团向洛杉机法院提交正式起诉书之后，4 名被告的辩护律师就向法院提出了审前动议，要求法官驳回起诉，理由是该起诉缺少法律依据。法官审查之后，驳回了辩护方的审前动议。不过，辩护律师又提出了一个审前动议。

在律师的建议下，库恩和鲍威尔等 4 名被告人都提出了陪审团审判的要求。在此基础上，辩护方又向加利福尼亚州上诉法院提出了变更审判地点的动议。按照美国法律的规定，如果某案无法在某地法院获得公正审判，被告方就可以在审判开始前提出变更审判地点的动议。在本案中，辩护律师提出，4 名警察殴打金一事已经在洛杉矶市民众中形成了巨大的偏见，在这里选出的陪审团很难保证 4 名被告人得到公正的审判，因此要求变更审判地点。对此，检控方表示反对，因此要由加利福尼亚州上诉法院作出裁定。

锡米峡谷的白人审判

1992 年 3 月，上诉法院作出裁定：洛杉矶法院不能保证此案的公正审判，因此将审判地点移至锡米峡谷法院。锡米峡谷位于洛杉矶西北约 100 公里处。上诉法院的法官认为，那里比较偏僻也比较封闭，居民受大城市舆论的影响比较小，因此陪审员不会带有事前的偏见。不过，锡米峡谷与洛杉矶的社会环境和人口结构都有很大差异。

洛杉矶是美国第二大城市，黑人、南美移民和亚洲移民在人口中占有很大比例，而且很多黑人都生活在失业和贫困之中。据统计，洛杉矶 18 岁至 29 岁的黑人男子中有一半没有工作。另外，洛杉矶是美国犯罪率最高的城市之一，种族冲突也是当地政府最感头疼的问题之一。

锡米峡谷是以白人为主的小城市。在其人口中，白人占 66%，黑人仅占 2%，其他为拉丁裔和亚裔移民。那里的居民比较富有，城市环境很好，社会生活很安宁，没有严重的种族冲突和犯罪问题。1991 年，美国联邦调查局把该市评选为“美国最安全的五个城市”之一。不过，那里有着歧视黑人的传统。

20 世纪 50 年代，在这个以自然景观著称的山谷小城中，许多店门外都挂着“黑鬼与狗不得入内”的牌子。70 年代末，当地的文化保护组织把一个在 20 世纪初曾绞死一名黑人的地点命名为“黑鬼峡谷”，作为旅游景点。在那个小城市中还有不少崇拜“纳粹主义”和“白人至上”的居民。

1992 年 2 月，就在罗德尼案确定在锡米峡谷法院审判之前不久，当地学校组织了一场学生讲演比赛。一个 11 岁的男孩子身穿希特勒的制服，戴着纳粹党的“万字形”臂章，登台作了鼓吹法西斯精神的演讲。而且，他的演讲竟然获得了第二名！这也反映了当地的人文传统。

在陪审团审判中，陪审团负责认定事实，法官负责适用法律。这就是说，被告人是否有罪，主要由陪审团决定，而陪审团的人员构成往往能决定审判的结果。因此，控辩双方对陪审员的挑选都极为重视，使之成为双方律师进行“法庭大战”之前的“前哨战”。而且其激烈程度不亚于后面的“大决战”，只不过双方律师在“法庭大战”中是明争，在挑选陪审员时是“暗斗”。

在法庭挑选陪审员的过程中，双方律师可以行使两种否决权，一种叫“有理否决”，另一种叫“无理否决”。前者必须给出正当理由，后者则无须给出理由。各州法律都对“无理否决”设定了次数限制。在一般案件的审判中，双方律师各有 5 次至 10 次的无理否决权。这正是诉讼律师在挑选陪审员时的主要武器。

由于“无理否决”不必给出理由，所以双方律师在挑选过程中都千方百计了解每个候选人的社会职业、个人经历和种族血统等情况，以便尽可能地把那些会审判中向对方“倾斜”的候选人否决掉。在 4 名警察殴打罗德尼 · 金一案中，肤色显然是挑选陪审员的关键因素。在锡米峡谷的法庭上，4 名警察的辩护律师在“前哨战”中大获全胜，最终留在正选陪审团席的 6 男 6 女都是白人。

看到这个结果，前来旁听审判的黑人团体代表向法庭提出了抗议，因为这种陪审团组成已经决定了本案的审判结果。但是，法庭挑选陪审员的结果是不可改变的。于是，锡米峡谷法院对 4 名白人警察的审判已然没有悬念。正如洛杉矶专门代理种族纠纷诉讼的亚格曼律师所言，“在这个世界上，有谁能期望一群三 K 党徒会认定殴打一名美国黑人的警察有罪呢？”

在法庭上，检察官和辩护律师还是进行了真刀真枪的大战。检察官通过录像和证言，相当有说服力地证明库恩和鲍威尔等 4 名白人警察使用不必要的暴力手段殴打了嫌疑人罗德尼。辩护律师则通过警察的证言，证明罗德尼不仅酒后驾车和逃避执法，而且在被抓到之后还不服从警察的命令，抗拒执法。在最后辩论时，检察官强调了警察行为的恶劣和危害，辩护律师则强调了被害人有过错在先，警察情有可原。

1992 年 4 月 29 日，锡米峡谷法院的陪审团在庭审结束之后很快就作出了判决：库恩和鲍威尔等 4 名白人警察无罪！

这一判决公布之后，一直拭目以待的黑人民众非常愤怒。在判决宣布后不到一个小时，数百名黑人就聚集在洛杉矶警察局前，抗议警察歧视黑人、滥施暴力。随后，黑人聚居的洛杉矶中南部地区的抗议示威活动愈演愈烈，逐渐失控，数千名黑人和拉丁裔移民开始冲击警察局，抢劫商店，并动手殴打过往的白人，还纵火焚烧了许多汽车和建筑物。后来，这种大规模的暴力又蔓延到城市北部的好莱坞和比弗利山庄等富人区，攻击对象也由白人扩展到亚裔居民。

在几天的时间内，这场洛杉矶骚乱共造成 58 人死亡、2400 多人受伤、12000 多人被捕、5500 多栋建筑物被烧毁或严重毁坏，直接经济损失 8 亿多美元。其死亡人数已超过了 1967 年在底特律发生的种族冲突，而成为美国自 1863 年在纽约发生的“内战草案”骚乱以来流血最多的一次骚乱。1863 年的纽约骚乱造成了大约 1000 人死亡。

另外，这场洛杉矶骚乱还波及到纽约、旧金山、亚特兰大、拉斯维加斯、奥克兰等美国城市和加拿大的多伦多，并引起全世界人民的关注而成为一次“世界级骚乱事件”。

毫无疑问，这次骚乱的起因是 4 名白人警察野蛮殴打一个黑人青年，但是直接导致骚乱的原因是法院的不公正判决。假如法院判决 4 名白人警察有罪，这场骚乱大概也就不会发生了。然而，在种族歧视根深蒂固的美国社会中，这场大骚乱的爆发有其历史的必然。在美国联邦政府和加利福尼亚州政府的共同努力下，洛杉矶大骚乱终于被平息了，但是这个事件并没有结束。

黑人社会不能接受 4 名白人警察被判无罪的结果，要求法院重新审判。这给美国的司法机关提出了一个难题，因为再次审判会违反美国宪法规定的“一罪不二审”原则。

白人打黑人案的陪审团

“洛杉矶大骚乱”发生之后，迫于社会舆论的压力，加利福尼亚州联邦检察署在 1992 年 12 月决定再次对 4 名白人警察提起公诉。这一决定在美国的法律界引发了关于“一罪不二审”的争论。

美国宪法第五修正案规定：“任何人都不应因同一犯罪而两次遭受（审判的）磨难。”这一规定的目的是保证被告人不会因为同一个犯罪行为受到重复的起诉和审判，防止检察机关对被告人反复起诉，直到获得有罪的判决。为了规避这个宪法规定，联邦检察官把再次起诉的罪名定为“侵犯民权”，即 4 名白人警察的殴打行为侵犯了金作为少数族群成员的民权（civil right）。

当时我正在美国西北大学攻读法学博士学位，有机会参与了法学院学生对这一问题的讨论。支持起诉的学生认为：第二次起诉并没有违反“一罪不二审”原则，因为该原则中的“罪”应该理解为“罪名”。在那 4 名白人警察的案件中，第一次起诉的罪名是“使用致命武器和不必要的暴力殴打嫌疑人”，属于违反加州法律的犯罪；第二次起诉的罪名是“侵犯民权”，属于违反联邦法律的犯罪，因此第二次起诉不构成“一罪二审”。但是反对起诉的学生认为：“一罪不二审”原则中的“罪”，应该理解为“罪行”，而不是罪名。这一原则的要义是不能让被告人因为同一个罪行而接受两次审判的折磨。虽然这两次起诉的罪名不同，但是指控的犯罪事实相同，针对的是相同的“罪行”，因此，联邦检察官的第二次起诉实际上违反了“一罪不二审”的宪法原则。

洛杉矶的联邦地区法院没有驳回检察官的起诉，应该是认同了第一种观点，即第二次起诉没有违反“一罪不二审”的原则。当然，检察官和法官的考虑因素可能已经超出了法律的范畴。总之，库恩和鲍威尔等 4 名白人警察再次面临审判。由于锡米峡谷法院的 12 名白人陪审员在 1992 年的审判中起了“决定性”作用，所以这次挑选陪审团成员的过程就成为社会关注的“热点”。

1993 年 2 月初，洛杉矶的联邦地区法院门外天天都聚集很多示威者，其中多为黑人。黑人代表要求法院在挑选陪审员的过程中主持公道。他们认为在这次审判中，陪审团中应该有 6 名黑人，至少也应该有 3 名黑人，而且陪审团成员应该能代表洛杉矶市的中南地区和卡普顿地区，因为那里的警察暴力最为多见。

由于此案影响极大，负责审判的联邦地区法官约翰·戴维斯担心市民不愿担任陪审员，就向大约 6000 名当地选民发出了询问通知书，结果有 333 人表示可以担任本案的陪审员。这大概也是美国审判历史上陪审员候选人数最多的一次。

这 333 名候选人首先要回答一份长达 53 页、由 148 个问题组成的“问卷”。这些问题涉及候选人对本案的看法、对犯罪的看法、对 1992 年锡米峡谷陪审团及其裁定的看法、对“洛杉矶骚乱”及其原因的看法、对警察的看法、对刑事司法公正性的看法等，还涉及是否拥有枪支和摄像机、是否喜欢警察与犯罪的电视节目，最近看过的 6 部电影的名字等个人问题。经过这一初选，还剩下 73 名候选人。

1993 年 2 月 16 日，法庭开始进行陪审团的“庭选”。法官对来到法庭的候选人进行逐一询问，以确定其能否公正地参加本案的审判。由于检察官和辩护律师都多次使用了有理否决权和无理否决权，“庭选”竟然耗费了一周的时间。这大概也创下了美国法院审判历史的一个纪录。

2 月 22 日，法庭终于选定了 12 名正选陪审员。在这 8 男 4 女的陪审团中，有 9 个白人、2 个黑人和 1 个拉美裔人。此外，法官还选了 6 名替补陪审员。在审判过程中，替补陪审员也坐在陪审席上听审，但只有当首发陪审员因故不能继续参加审判时，他们才依次补上，并参加对案件的评议。在本案中，这 6 名替补陪审员旁听了审判，但是未能获得上场的机会。

在审判过程中，陪审员的姓名和身份都是保密的。他们住在一个保密的旅馆，每天由法警的专车接送到法院。他们不能会见亲友。他们所看的报纸和电视节目都是经法警审查的，以免社会舆论影响他们对案件裁判的公正性。尽管如此，他们仍然是媒体关注的焦点。

在审判过程中，新闻记者通过各种渠道搜集这些陪审员的身份信息，并且根据陪审员的眼神、表情、姿势和细小动作，分析其对案件的心理倾向。例如，某个陪审员在听辩护律师的发言时眼里含着泪水；某个陪审员在听公诉人陈述时身体后仰、双臂紧抱等。有记者汇总了这 12 位陪审员的个人情况，按照他们在法庭上的座位顺序披露如下。

1 号陪审员是 40 多岁的白人妇女，家住洛杉矶。她在一家小商店工作，有 3 个十几岁的孩子。她认为罗德尼 · 金是本案的受害人，但新闻界的报导有些过火。她说自己很难作出决定。

2 号陪审员是 60 多岁的白人男子。他在 20 世纪 40 年代曾服役于海军陆战队。他说自己在参加本陪审团工作之前对罗德尼 · 金一案一直没太关心。

3 号陪审员是 60 多岁的黑人男子。他以前曾担任过海军陆战队队员，并有一个侄子当警察。他说此前的判决不公正，但又说自己尚未了解全部案情。

4 号陪审员是 40 多岁的白人妇女，她在执法机关中有朋友，并与一位警察有过恋爱史。她对此前的判决感到震惊。

5 号陪审员是 40 多岁的白人男子。他的邻居是执法人员，他对此前的审判结果并不感到吃惊。他是经选举产生的陪审团团长。

6 号陪审员是 30 多岁的白人男子。他是一名海军工程技术人员，而且在一所星期日学校教书。他有一个大学同学当了巡警。他对此前的判决感到震惊。

7 号陪审员是 20 多岁的黑人妇女。她在联邦邮政局工作，是单身母亲。她说自己对此前的判决感到惊讶，但她不愿就锡米峡谷陪审团作出评论。

8 号陪审员是 50 多岁的白人妇女。她是洛杉矶的一名保险培训员。她对案件中有关罗德尼被殴打的录像感到震惊，她认为“那显然是把一个黑人制服后继续殴打”。

9 号陪审员是年近 40 的白人男子，留着很长的红头发和红胡子。他经营摩托车修理业务，而警察是他的常客。他说他想知道罗德尼挨打的原因。

10 号陪审员是 20 多岁的白人男子，曾担任过保安员。他说自己曾经用警棍打过一个手持酒瓶向他攻击的醉汉。他认为自己参与此案的审判纯属偶然。

11 号陪审员是 60 多岁的丹麦裔男子，曾在丹麦军队中服役。他现在是电焊工。他认为锡米峡谷陪审团“做了他们应该做的事情”。

12 号陪审员是 20 多岁的拉美后裔。他现在是售货员，但他曾想当巡警，因为他爱开汽车。他说自己对此案的情况所知甚少。

1993 年 4 月 17 日，这 12 名陪审员组成的陪审团作出判决：库恩和鲍威尔有罪，另外两名警察无罪。同年 8 月 5 日，戴维斯法官宣布库恩和鲍威尔的刑期各为 30 个月。这一判刑大大低于 1987 年公布的《联邦量刑指导原则》中对此种罪行的量刑标准。按照该指导原则，这种罪行的最低刑期为 70 个月，最高刑期为 10 年外加 25 万美元罚金。

戴维斯法官的这种“超低限”量刑，在美国的联邦法院系统中是史无前例的。他为自己的轻判给出的理由是：两名白人警察有良好的从警业绩，不会对社会构成危险。

有人分析，在该案的法庭审判过程中，戴维斯法官一直坐在高高的法官席上静观双方律师的表演，大概早有些不耐烦了。正如他在判刑时所说的，他本来就认为检察官的“第二次起诉有不公正之处”，而且他认为黑人青年罗德尼对该案的后果负有“一定责任”，他还明显地表达了对两名白人警察的同情。然而，由于他在审判过程中对这些问题没有决定权，而且他不能干涉陪审团的评议活动，所以他只好采用“超低限”量刑的方法来表达自己的观点。

虽然戴维斯法官的量刑引起了一些社会人士的批评，但是这个判决结果还是黑人社会可以接受的。而且，人们的关注已经转移到洛杉矶骚乱中另一个案件的审判。

黑人打白人案的陪审团

1992 年 4 月 29 日，白人卡车司机丹尼在洛杉矶骚乱的热门地点——佛罗伦萨大街和诺曼底大街的路口处遭到几名黑人的殴打，致使其多处头骨骨折、下颅骨折、眼部受重伤。由于电视台记者在直升飞机上“实况转播”了这一殴打过程，所以此事件也引起了美国社会的关注。

后来，警方根据录像抓到了殴打丹尼的主犯威廉和沃森。检察官很快就向加利福尼亚州刑事法院提起了公诉。于是，对这两名黑人青年的审判又成为社会关注的焦点。洛杉矶的一些黑人社团扬言，如果这两名黑人青年得到“不公正的判决”，他们就将采取“暴力行动”。洛杉矶市警察局也严阵以待，准备随时应付再次爆发的骚乱。

联邦地区法院对白人警察殴打黑人案的审判结束之后，洛杉矶法院就开始了这起黑人殴打白人案的审判。在本案的审判中，事实认定问题并不复杂，因为公诉方有电视台的录像作为证据。在那段录像中，人们可以清楚地看到，两名被告人就是带头殴打丹尼的人。但是，他们的行为应该定什么罪名呢？检察官作出了两项指控，一项是殴打他人的轻罪，一项是杀人未遂的重罪。这是要由陪审团选答的问题。

考虑到本案的复杂情况，洛杉矶法院的奥德柯克法官也在 12 名正选陪审员之外又选了 6 名替补陪审员。事实证明，法官的这一决定是非常英明的，因为那 6 名替补几乎是“供不应求”。

审判开始后不久，两名陪审员就因“健康原因”而退出审判。在法庭辩论结束之前，奥德柯克法官应辩护律师的要求又撤换了一名陪审员，因为这位 60 多岁的黑人男子在辩护律师尚未结束发言之前，就对旁人说他已决定要判两名被告人有罪。

1993 年 10 月 4 日，陪审团开始评议。这个 10 女 2 男的陪审团由 4 名黑人、4 名拉美裔人、1 名亚洲裔人和 3 名白人组成。因为陪审员们的意见很难统一，所以评议进展非常缓慢。一个星期过去，评议结果还没有出来，社会各界人士都在焦急等待。

此时，奥德柯克法官宣布应其他 11 名陪审员的要求而撤换一名陪审员，理由是这位 60 多岁的黑人妇女被指责“缺乏常识”和“阻碍评议”。替补上场的是一位 20 多岁的亚裔女子。这一决定给关注此案的黑人社团增加了不满情绪。

10 月 14 日，奥德柯克法官又更换了一名陪审员。这是一名白人男子。他因为“重大的个人原因”而要求退出陪审团。接替他的是一名黑人男子。与此同时，法官命令陪审团放弃已经达成的部分决议（内容未公布），重新评议。

10 月 15 日，辩护律师要求法官撤换另一名陪审员，理由是这位白人女子表现出“偏向公诉方”的态度。不过，这一要求被法官驳回了，因为此时只有一名替补陪审员了。

根据加利福尼亚州有关法律的规定，法官有权撤换那些缺乏正常理解能力的陪审员，但不能仅仅因为某陪审员不同意其他人的意见就将其撤换。本案中这种史无前例的撤换陪审员的作法引起各方面的批评。人们纷纷要求奥德柯克法官把撤换陪审员的具体理由公布于众。迫于各方压力，奥德柯克法官公布了他与陪审员和双方律师的谈话记录。这在美国法院的审判历史上大概也是史无前例的。

那位被同伴指责“缺乏常识”和“阻碍评议”的黑人妇女向奥德柯克法官承认自己对本案中某些问题拿不定主意，

但她也指责其他陪审员先入为主、过于草率，并且要把他们的意见强加给她。

据其他陪审员讲，那位因“重大的个人原因”而退出陪审团的白人男子一再抱怨别人“行动缓慢”和“智力低下”，并说“这样下去，一直到圣诞节也拿不出判决”。

辩护律师要求撤换的是一名 20 多岁的白人女子。其他陪审员说她“患了相思病”。因为在大家讨论时，她会突然站起来说，“咱们干脆就以‘悬而不决陪审团’的名义结束得了。那样我就可以回家去见我的男友了”。还有一次，她尖叫着跑下旅馆大厅，声称再也不能呆下去了。不过，这位女子要求法官允许她留在陪审团内，并且获得了法官的同意。

法官考虑到连续十多天的评议确实让陪审员们精神疲惫，就破例地批准陪审员们在那个周末回家休息，但是不得与任何人谈论本案的事情。

10 月 19 日下午，洛杉矶法院的陪审团终于就检察官针对两名黑人被告的指控作出判决：威廉和沃森在殴打他人的轻罪指控上被认定有罪，在杀人未遂的重罪指控上被认定无罪。

解说和评论

1993 年 10 月中旬，我结束了在美国的留学，启程回国。为了满足女儿游览迪士尼乐园的愿望，我和妻子带着女儿在加利福尼亚停留一周。我们租了一辆汽车，在旧金山玩了两天，然后准备开车去洛杉矶。

那几天，我一直在关注“黑人打白人案”的审判结果。据报道，洛杉矶警察局已经严阵以待，防止黑人社群对审判结果不满而再次上街闹事。如果洛杉矶发生骚乱，那我们的迪士尼之行就太危险了。但是，我们已经到了加州，不去迪士尼，女儿是不会答应的。我跟妻子商定，按计划行动，一旦有意外情况，我们就打道回府。

10月19日清晨，我们开车沿着海岸线上的一号公路向南走。那里风景很美，我们走一段路，就找一个观景台，停车休息，眺望浩瀚无际的太平洋。我们在一个休息区吃了午餐，我还特意去阅报栏看了报纸，但是还没有看到关于“黑人打白人案”的新闻。

黄昏时，我们到达了洛杉矶西边的圣·巴巴拉市。我们住到一个中国朋友的家里，一起在海滩吃了一顿烧烤。回到住所之后，我终于在电视节目中看到了这个案件的报道。

19日下午，洛杉矶法院的陪审团终于就检察官针对两名黑人被告的指控作出判决：威廉和沃森在殴打他人的轻罪指控上被认定有罪，在杀人未遂的重罪指控上被认定无罪。判决公布后，洛杉矶相当平静，警方已经撤销了预防骚乱的警戒。

20日上午，我们开车进入洛杉矶市区，按计划游览了好莱坞影城和迪士尼乐园。这给我的留学生活画上了一个比较圆满的句号。

洛杉矶大骚乱已经过去30年了，但是美国的种族歧视和暴力执法问题并没有得到改善。2020年5月，白人警察“跪杀”黑人弗洛伊德，随即在美国多地爆发了大规模的抗议活动，“黑人的命也是命”的口号传遍世界。在美国，针对黑人等少数族裔的警察暴力和种族歧视是一个社会顽疾，而且目前还没有找到有效的药方。

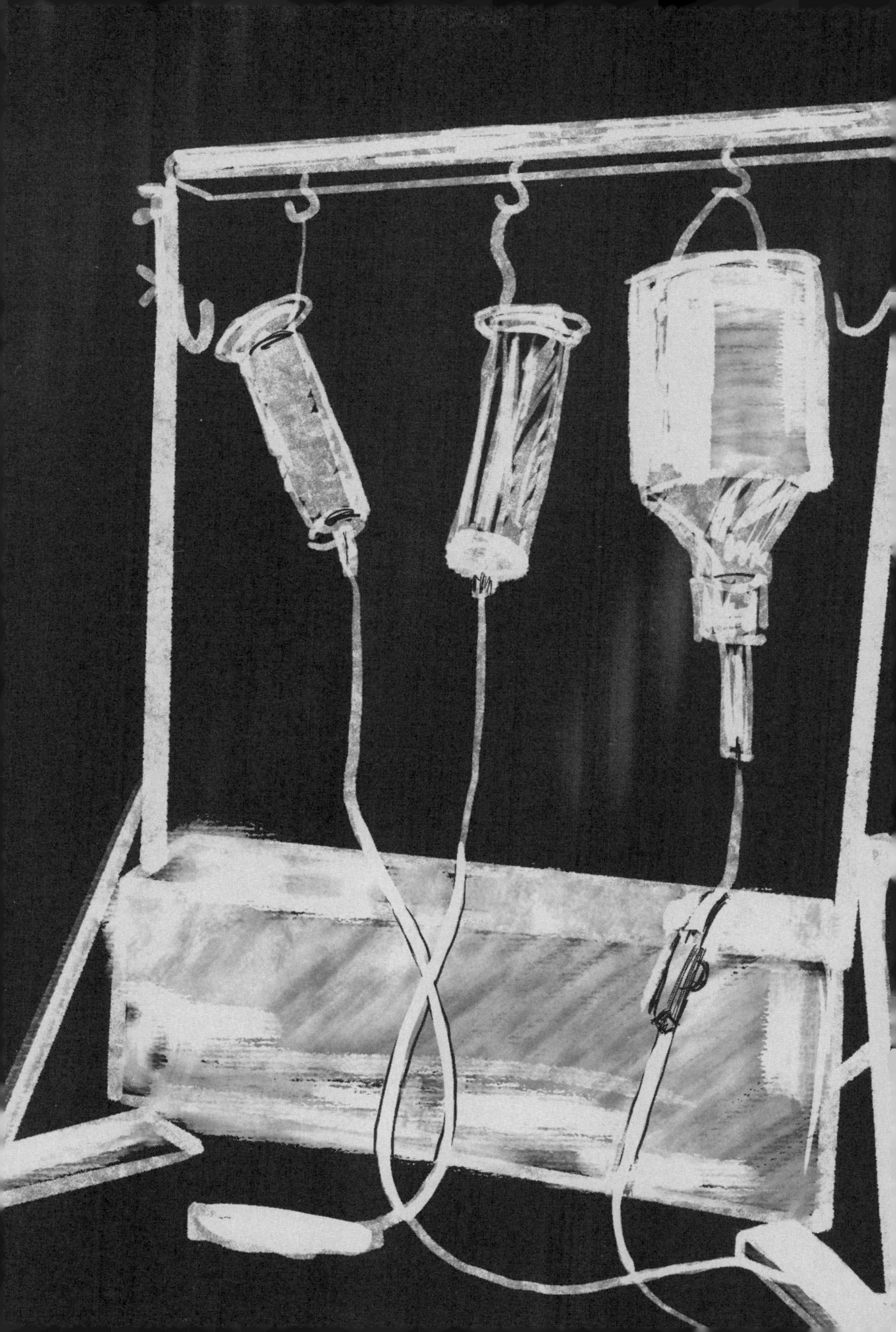

二十九、助人自杀第一案

自杀机器的发明者[1]

（美国）

传统的道德观念认为，自杀是一种违反自然规律或违反上帝旨意的行为。但是，伴随个人权利意识的增长，越来越多的人认为自杀也是一种个人权利。因为一个人活着是为了自己，而不是为了他人，所以当他认为活着是一种难以忍受的痛苦时，就有权结束自己的生命，也有权选择结束生命的方式。

1 本案内容详见何家弘:《从观察到思考——外国要案评析》，中国法制出版社 2008 年版，第 91 ~ 98 页。

挑战社会的“自杀机器”

1990 年 6 月，美国各主要报纸都以头版位置报道了一则新闻——54 岁的英语教师阿德金斯使用杰克 · 科沃基恩医生发明的“自杀机器”，于 6 月 4 日结束了自己的生命。阿德金斯长期受阿尔茨海默病的折磨，生活毫无乐趣。她是英语教师，但已无法看书写字；她喜爱弹钢琴，但却无法指挥自己的手指；她有家庭，但与家人的关系不好。1989 年秋，阿德金斯在一切药物治疗均告失败后，产生了自杀的念头。她在底特律的一家报纸上看到科沃基恩医生发明了“自杀机器”的报道，就与该医生联系。

1990 年 6 月 1 日，阿德金斯来到密歇根州的罗伊尔奥克市。她丈夫和朋友随后也来了。阿德金斯与科沃基恩详细讨论了自杀的问题，然后签署了一份自杀合同。6 月 4 日，阿德金斯来到科沃基恩的诊所。她安然地躺在病床上。医生给她接上心脏监视器和输液装置，然后她自己打开输液开关。先是噻吩液注入她的身体，使她失去知觉；接着是氯化钾液流入她的血管；5 分钟后，她的心脏停止了跳动。科沃基恩立刻通知法医来进行尸体检验，并告知正在附近一家旅馆等候消息的死者丈夫和朋友。后者拿到阿德金斯的死亡证书后就坐飞机返回了波特兰市。

科沃基恩于 1928 年出生在密歇根州底特律市的郊区。作为一名亚美尼亚移民的后裔，他在幼年时经常听到亲人在动荡的“祖国”罹难的消息，给他的内心留下死亡的阴影。长大后，他目睹母亲在病痛的折磨中慢慢死去，这使他对死亡的痛苦有了深刻的体验。1952 年，他从密歇根大学医学院毕业。

在医院实习期间，他看到一位身患癌症的中年妇女临终时瘦得皮包骨，皮肤毫无血色，于是他开始关注“安乐死”的问题，并逐渐形成自己的观点。不过，在几十年的医生职业生涯中，他并没有去实践自己的想法。

退休之后，科沃基恩医生决定采取行动去帮助那些遭受病痛折磨的人走向死亡。1989 年，他从跳蚤市场买来一些零部件，自己制造了一个“自杀机器”。其实，这个“自杀机器”非常简单，就像一架可以由病人自己操纵的输液器。据说，科沃基恩制造这台“自杀机器”的成本还不到 30 美元。然后，他在电视和报纸上发布广告，宣称可以为重病患者提供临终服务，让病人“有尊严地、人道地、无痛地”离开人世。阿德金斯是使用这台“自杀机器”的第一人。

科沃基恩医生对闻讯赶来的记者们说：“这是我第一次使用这个设备，而且是免费的。1989 年秋天以来，已有许多人来询问这种设备的情况。我之所以选中阿德金斯，是因为她头脑清楚，具有完全的判断能力。她来到这里之后，我们讨论了很久。她完全明白这次行为的结果。她自愿结束自己的生命并签署了有关的文件。她最后还向我表示感谢，并希望我将她的死亡公布于世。”然而，这种公开助人自杀的作法对道德和法律都提出了挑战。

不无争议的“临终关怀”

在科沃基恩医生的“自杀机器”问世之前，芝加哥的一个全国民意调查委员会曾经就自杀权利问题进行过两次问卷调查。在 1977 年的调查中，39%的答卷人认为患不治之症的人有权结束自己的生命。在 1989 年的调查中，持这种观点的人上升到 49%。与此相应，诸如《自杀手册》和《最后的解脱》之类的教人自杀的书也在美国畅销起来。

美国也有很多人反对自杀。例如，一个主要由医生、教师和自杀者家属组成的“全美自杀学会”就反对自杀。他们认为，大多数自杀都不是理智的选择，大多数打算自杀的人经过心理帮助都是可以转变的。

如果说一个人是否有权自杀主要是道德问题，那么一个人能否帮助他人自杀就是法律问题。在这个问题上，人们更难达成共识。阿德金斯自杀案发生后，很多美国人都对这位女教师的行为表示同情和理解，但是指责科沃基恩医生的行为。不过，《纽约时报》在该案发生后对 573 名成年人进行了电话调查，结果是支持科沃基恩医生的人占 53%，反对的人占 42%，没有选答的人占 5%。

其实，美国社会在一定程度上对帮助危重病人自杀的行为持宽容和默认的态度。一般来说，老人在家中死亡要由医生确认死亡原因，但是医生对重症病人的死因检查很宽松，即使发现中毒症状也不会声张，大概是出于对病人家属的理解和同情。

随着社会医疗事业的发展，老年病人很少在家中由亲属照料，因此大约 80% 的老年人都死在医院。据媒体披露，医生给危重病人多开巴比妥类药物的现象并非罕见。一位专门治疗艾滋病患者的医生承认，他曾告诉其病人，如果他们想自杀，他就可以提供无痛死亡的药物。1989 年，这位医生发现自己也染上了艾滋病，便毫不犹豫地吃下了自己配制的“自杀药”。

然而，这种事实上的宽容，不能等同于法律的宽容。

美国有些州的法律明确规定助人自杀是犯罪。例如，华盛顿州的法律规定故意助人自杀是重罪，可以判处 5 年监禁。但是该法 1975 年生效以来，当地的检察官一直没有使用这一罪名，换言之，还没有一个人因助人自杀被送上法庭。与此同时，该州的一些社会团体还致力于通过一项使医生助人自杀合法化的议案。1990 年，华盛顿州就该议案举行全民公投，但结果未能通过。

1993 年 6 月，华盛顿州成立了一个名为“临终关怀”的慈善组织。该组织在西雅图市设立了一个办事处，向有意自杀者提供咨询服务并帮助安排自杀。这是一个非盈利组织，由志愿来工作的医生、律师和神父组成。该组织的章程规定，他们只能帮助那些临终患者，不能帮助那些因精神、情绪、经济或家庭关系等原因而选择自杀的人。申请自杀的临终患者要经该组织的医生进行鉴定，在确认属于不治之症后才与病人及家人讨论自杀的方式等问题。如达成自杀协议，该组织就要求医生为患者开巴比妥类药物。如患者要求，该组织可以派人在最后时刻陪伴。该组织成立后不到三个月的时间就收到 200 多份申请，但是只帮助 8 个人安排了自杀。该组织的执行主任、华盛顿州参议员默罗说：“我们要帮助那些决定去死的人以体面的方式结束自己的生命并得到社会的支待。”

“临终关怀”活动遭到很多批评。华盛顿州参议员史密斯就说：“在有的社会中，当人们年老且有病时，它就告诉他们离去，因为供养他们的花费太高。我担心咱们的社会正在向那个方向发展。”西雅图一个名为“人类生命”的反堕胎组织的范德霍夫主席则直截了当地说：“根本就没有助人自杀这种事。助人自杀就是杀人！他们所说的助人自杀实际上是无痛杀人！”

褒贬不一的“公然抗法”

当科沃基恩医生开始助人自杀时，密歇根州并没有禁止助人自杀的法律。虽然该州有两个涉及助人自杀问题的判例，但是那两个判决是互相矛盾的。1920 年，密歇根州最高法院在一起案件中裁定助人自杀为杀人罪。该案的被告人把毒药放在半身不遂的妻子伸手能够拿到的地方，然后妻子服毒自杀了。法官以杀人罪判处被告人终身监禁。1983 年，密歇根州上诉法院在一起案件中裁定助人自杀无罪。该案的被告人与朋友的妻子有不正当关系，其朋友因事业失败而心灰意冷。他帮助朋友买了一支手枪，该朋友就用那支手枪自杀了。法官认为帮助他人自杀不构成杀人罪，因为自杀本身就不是杀人罪。

正因为密歇根州在助人自杀问题上没有明确的法律规定，所以法官对阿德金斯自杀案甚感棘手。1990 年 6 月 8 日，奥克兰县巡回法院的吉尔伯特法官在庭审之后没有作出处罚，仅命令科沃基恩不得继续使用那架“自杀机器”。然而，科沃基恩并不想停止自己的业务。他要求法官允许他在特殊情况下使用“自杀机器”。他宣称要成立一个特别委员会，以便制定有关审查自杀申请的规则并负责调查每个自杀申请人的情况。他还表示要建立一个专门医院来提供这种服务。他说：“密歇根州的法律中没有助人自杀为违法的规定，因此，本案将是对这个国家的法律道德准则的考验。”但是，法官没有批准他的请求。

科沃基恩医生在偃旗息鼓一年多之后，于 1991 年 10 月先后向 58 岁的华尔兹和 43 岁的米勒提供了自杀服务。因为他违反了法官的禁令，密歇根州政府吊销了他的行医执照。不过，他还有加利福尼亚州颁发的行医执照。

1992 年 5 月 15 日，科沃基恩医生又出现在 54 岁的威廉姆斯的自杀现场，但他声称自己并未动手操作那架“自杀机器”。密歇根州检察官考虑再三，终于决定对科沃基恩的前三次助人自杀行为提起公诉，不过该起诉很快就被法官驳回了，理由是缺乏法律依据。

此后，科沃基恩又帮助 52 岁的霍斯和 46 岁的安德鲁耶夫实施了自杀，而且把“自杀机器”改进为毒气型。他给自杀者戴上一个面罩，然后由自杀者打开导管上的开关，将有毒气体引入面罩致死。

1992 年 11 月 24 日，就在科沃基恩帮助安德鲁耶夫自杀的第二天，密歇根州众议院以 72 比 29 的投票结果通过一项议案，规定助人自杀为重罪，可以判处 4 年监禁。一周后，该州参议院也通过该议案。1993 年 2 月，恩格勒州长在该议案上签字，使之成为生效的法律。

然而，科沃基恩并未屈服。他说：“这其实是一项针对一个人的法律。这让人感觉我们好像仍然生活在黑暗时代。”他无视这已经生效的法律，仍然开展助人自杀的业务。1993 年 4 月 27 日，加利福尼亚州也吊销了他的行医执照，但他仍未停止助人自杀的活动。8 月 4 日，科沃基恩帮助 30 岁的卢·格里克氏症患者海德自杀。这已是他第 17 次助人自杀！

根据已经生效的法律，密歇根州韦恩县的检察官把科沃基恩起诉到法院。9 月 9 日，韦恩县地区法院就该案举行了审前听证会。科沃基恩在听证会上承认自己的助人自杀行为，但是提出密歇根州的这项新法律违反了美国联邦宪法。利普斯科姆法官驳回了被告方的动议，并裁定科沃基恩违反了该州法律，命令他于法庭确定的日期出庭接受审判。听证会后，科沃基恩被保释。

就在保释的几个小时之后，科沃基恩又出现在第 18 位自杀者的病床旁边。当警察来到现场时，73 岁的退休工人奥塞夫已停止呼吸。他戴着面罩，一根管子连接着面罩和床边的一个金属罐。

科沃基恩的律师菲格在案发后对记者说，奥塞夫先生选择在科沃基恩医生出席法院听证会的当天结束自己的生命，纯属巧合，科沃基恩医生不能因为自己出庭而让已决定自杀的骨癌病人再多忍受一天的折磨。菲格律师向听众出示了奥塞夫夫妇及儿子送给科沃基恩医生的用鲜花装饰的感谢卡。卡片上写道:“这世界因为有像你这样体贴关心他人的人而变得更加美好。谢谢你！真诚的感谢！”

韦恩县检察官奥海尔指责科沃基恩公然对抗法律。9 月 14 日，检察官向法院提出两项指控，并要求将保释金提高到 25 万美元。但是，曼宁法官裁定保释金为 1 万美元。科沃基恩对记者说:“只要我还有行动自由，我就不会停止去帮助那些要结束自己生命的临终病人。如果我被监禁，我将绝食，直至死亡！”

1994 年 2 月 15 日，韦恩县法院公开审判科沃基恩帮助海德自杀案。根据辩护律师的建议，科沃基恩选择了陪审团审判。事实证明被告方的选择是正确的。经过并不复杂的法庭调查和辩论，陪审团最终裁定被告人无罪。

不屈不挠的“死亡医生”

受到无罪判决的鼓舞，科沃基恩医生继续助人自杀。虽然他又有三次被检察官起诉到法院，但是最终都被法院判决无罪。到 1998 年，他已经帮助大约 130 个重病患者实行了安乐死，但是他还想作出更大的挑战。他经常把自己比作马丁·路德·金或是圣雄甘地。他说："死亡不是犯罪。我们既然能帮助他人来到世界，为什么不能帮助他们离开这个世界？"

1998 年 9 月，科沃基恩医生亲自为 52 岁的肌萎缩性侧索硬化症患者尤克实施安乐死，并将记录全过程的录像带寄给了美国哥伦比亚广播公司的《60 分钟》电视节目。

两个月后，美国各地的观众目睹了尤克的死亡，并听到了科沃基恩医生对司法当局的挑战："我就是要逼着你们有所行动。"美国公众对这个问题的反应非常热烈，而且有严重分歧。有人支持科沃基恩医生的作法，有人则坚决反对，甚至说他是"魔鬼"，是"靠杀人挣钱的刽子手"。他因此有了一个外号——"死亡医生"。

这一次，科沃基恩亲自动手帮助尤克打开了自杀机器的开关，因此韦恩县检察官以一级谋杀罪把他送上法庭。1999 年 6 月，法院判定他犯有二级谋杀罪，判处 25 年监禁，而且在 10 年内不得假释。不过，科沃基恩在狱中仅仅服刑 8 年。2007 年 6 月，79 岁的科沃基恩因患有肝炎和糖尿病等多种疾病而获得假释，条件是他保证出狱后不再从事助人自杀的活动。

出狱后，科沃基恩确实没有再助人自杀，但是他一直为争取公民的"死亡权利"而奔走。他不仅写书，而且协助美国 HBO 电视台把他的故事拍成电影《死亡医生》（You Don't Know Jack）。他甚至还去竞选密歇根州的众议员，后来失败了。

2010 年 12 月，《死亡医生》的演员阿尔·帕西诺获得了第 68 届美国金球奖电视电影及迷你剧的最佳男主角奖。

2011年6月3日，科沃基恩因病去世，享年83岁。遗憾的是，他临终前过度虚弱，无法为自己实施安乐死。最终，他只要求医生为他播放一段巴赫的乐曲——《基督躺倒在死亡的枷锁上》。

2011年10月28日，“死亡医生”的那架自杀机器在纽约拍卖，售价30万美元。

解说和评论

恐惧死亡原本是人类的本能。但是在有些情况下，死亡却成为解脱痛苦的唯一方式，于是，有人就选择了自杀。人们可以批评自杀者，但是不能禁止自杀的行为。于是，社会中就有了自杀的需求，而助人自杀也就有了市场。科沃基恩医生已然故去，但是还会有人继承他的事业，甚至开发出商业价值。

2018年，澳大利亚的尼奇克医生发明了一款新型“自杀机器”（Sarco）。该机器的外形像个太空舱，底座里放有一罐氮气。当选择死亡的人躺入舱内并关闭盖子后，按下一个按钮，氮气就会迅速充满胶囊舱，人在眩晕和愉悦中失去意识，走向死亡。

据报道，这款自杀机器已经在瑞士获准上市，售价可能高达5万欧元。不过，经过发明者的授权，人们可以使用3D打印技术自行制作这款机器，成本大约为1000欧元。这款自杀机器的问世在世界上引起了很大的争议。有多少国家会批准其进入市场，人们拭目以待。

三十、教派抗法第一案

“大卫教派”惨案[1]

（美国）

1993 年 4 月 19 日上午 10 点，我提前从美国西北大学的计算机中心赶回家中，因为我听说电视台正在实况转播美国联邦调查局对得克萨斯州韦科市郊的“大卫教派”营地的最后进攻。我对此事感兴趣的原因有两个：第一，“大卫教派”与联邦执法人员已经武装对峙了 51 天，一个小小的宗教组织居然能与美国政府公开对抗如此之久，这本身就是一件具有轰动效应的事件，更何况美国各种新闻媒体又把它“炒”得如火如荼；第二，我正在研究美国的刑事司法制度，而联邦调查局是美国最重要的执法机关和犯罪侦查机关，所以这次实况转播对我来说真是一次难得的机会。于是，我放下紧张的论文写作，像许多人一样坐到电视机前。

1　本案内容详见何家弘：《从观察到思考——外国要案评析》，中国法制出版社 2008 年版，第 1 ~ 18 页。

腾空升起的巨大火球

得克萨斯州韦科市郊的“大卫教派”营地是一片很大的建筑群，共有八九栋相互连接的二层或三层楼房；中间有一个很高的方形瞭望塔；左后方还有一个水塔。由于电视台记者是在距现场数公里远的汽车上用望远镜头拍摄，所以画面不是很清晰，而且不时地上下跳动。不过，我仍然可以看出那些建筑物的形状。此时，前面的楼房里弥漫着灰白色的烟雾，几辆坦克和装甲车在楼房外面来回穿梭。我的心情很不轻松，因为这不是电影中的画面，而是一场真实的“战争”。

记者不停地介绍着现场的情况，并经常抽空回顾当天上午的“战况”——凌晨 5 点 50 分，联邦调查局的调查人员给“大卫教派”成员打电话让他们投降，否则就要向楼内释放催泪瓦斯。“大卫教派”拒绝投降，一位教徒索性把电话机从窗口扔了出来，以示抵抗到底的决心。6 点零 4 分，一辆坦克开始用特制的钢臂撞击楼房的墙壁，待撞开洞之后便向楼里释放非可燃性催泪瓦斯弹。教派成员向外射击，但联邦调查局的调查人员没有还手，只是不停地喊话，让教派成员出来。其后，双方一直僵持着。联邦调查局的坦克继续在楼房上捅出新洞并释放催泪瓦斯，楼房内外的烟雾越来越浓。

12 点刚过，在那片楼群的东翼和西翼的浓烟中相继闪出火光。由于那些楼房都是木结构的，所以在风的催动下，营地很快就变成一片火海。我影影绰绰地看见几个人从浓烟与烈火中踉踉跄跄地跑了出来。联邦调查局的现场指挥官立即调集救火人员。由于他们事先没想到会出现火情，所以现场附近只准备了急救车和医护人员，没准备救火车和消防人员。

他们只好向附近的韦科市和贝尔米德市消防部门求助。此时，现场附近的联邦调查局人员心急如焚，连电视台记者的声音都变了调。

突然，一个巨大的火球从营地上腾空而起，紧接着传来爆炸声。那个方形瞭望塔在火光中坍塌了。面对这突如其来的变化，联邦调查局的指挥人员目瞪口呆，电视台的记者也很长时间未做任何解说。我想，包括美国总统克林顿在内的坐在电视屏幕前的美国人大概也都被这巨大的火光惊呆了！

12 点 38 分！自营地上第一次出现火光的半个小时之后，消防车终于赶到了现场。然而，营地几乎变成一片废墟，只有那高高的水塔仍孤零零地耸立在残火余烟之中。

我默默地坐在电视机前，望着那不断重复播放的腾空而起的火球。虽然我是局外人，但我的心情仍很沉重，因为我知道那营地中除了教派领袖戴维 · 考雷什外，还有 94 名追随者，包括 25 名儿童！

在美国，除了那些正统的宗教组织之外，还有成千上万个规模较小的宗教派别，而且这些小教派多有狂热性，因而被称为“宗教狂热组织”。考雷什领导的“大卫教派”就是一个这样的宗教组织。

《启示录》的七层蜡封

大卫是以色列古国的第二代国王，于公元前 1000 年左右建立了统一的以色列王国。大卫不仅是犹太人心中的救世主，而且是基督教和伊斯兰教中的重要人物。例如，基督教圣经《新约全书》称耶稣是大卫的后裔，这说明基督教与犹太教之间本来就存在一定的继承关系；而伊斯兰教的圣训也给大卫（达乌德）格外重要的地位，所以考雷什被人称为“半个犹太国王和半个波斯国王”。

“大卫教派”起源于美国的“基督复临安息日会”。所谓“基督复临”，是说耶稣基督将会重返世界，审判恶人并奖赏活着的和死去的忠实信徒，并建立千年王国。这种信仰来源于古代希伯来人和后世基督教关于弥赛亚的先知预言。犹太人期待着上帝派来的弥赛亚，而基督教则认为耶稣就是这位弥赛亚。基督复临派的创始人之一美国人米勒曾预言基督将在1844 年 3 月 21 日复临。这个预言落空之后，米勒又说基督将在 1844 年 10 月 22 日复临。当这个日子也平静地过去之后，米勒的追随者们仍努力为他辩解，并于 1855 年成立新的教派“基督复临安息日会”。这个教派以每周的星期六为圣日，而一般基督教会以星期日为圣日。这一教派自 20 世纪 60 年代中期以来发展很快，在美国就有成员约 70 万人。

考雷什于 1959 年出生于得克萨斯州。他的单身母亲名叫邦尼·哈尔德曼。他上学时成绩不好，所以高中没毕业就辍学了。不过，他对《圣经》很有悟性，不仅能成段背诵，而且能说出其页数。此外，他喜爱摇滚乐和啤酒。加入“大卫教派”之后，他对《圣经》的天赋很受教会领袖的赏识。据说，他曾连续 17 个小时向教民宣讲《圣经》。他崇尚武力。他的讲经天赋使他在教会中的地位迅速上升，并最后在 1987 年的一次枪战中获得了对教派的控制权。

该教派的成员多为白人，但也有黑人和黄种人。与大多数教会相同，该教派也由成员的存款、工资、退休金和社会保险金来维持开支。成员们的生活是单调的。除了听考雷什讲经和自学《圣经》外，男人们从事营区的建筑维修工作或者在考雷什的专业音乐创作室工作——考雷什创作了约 150 首关于宗教信仰的摇滚乐曲，女人们则做饭、打扫卫生和教育孩子。

在营区里，成年男女分开居住，孩子们则和母亲居住在一起。考雷什不允许手下的“善男信女”私下交往，但他却可以与任何女信徒发生关系。女孩子们自 12 岁起便要离开母亲单独居住，而考雷什对她们进行传教的内容之一就是与她们发生关系。这些女孩子都是自愿与考雷什发生关系的，因为在她们的心目中，考雷什是神圣的领袖，能与他在一起实在是她们的荣幸和骄傲。考雷什的妻子名叫雷切尔。她在 1984 年与考雷什结婚时年仅 14 岁，而她的母亲以前也是考雷什的伴侣。考雷什通过几名忠实的助手严密地控制着教会成员的一言一行，而教会成员都认为他是基督转世，因而对他崇拜得五体投地。

《圣经 · 新约》的最后一卷名为《启示录》，据说是耶稣的得意门徒约翰所写。《启示录》中使用大量的异象、象征和寓言来预示未来的事件和世界的末日。根据某些教派对《圣经》的解释，《启示录》写在“羊皮书”上，由 7 层蜡封着，里面包含着上帝为整个世界安排的一切内容，要打开这 7 层蜡封必须进行缜密的解译，而这种解译行为就是世界末日的前奏。据说，当前 4 层蜡封被打开时会相继出现四个骑着马的武士。不同颜色的马代表不同的含义——白色为征服；红色为战争和血流；黑色为饥荒；绿色为瘟疫和死亡。当第五层蜡封被打开时会出现死者的灵魂，他们是最后审判日的见证。当第六层蜡封被打开时会有大地震，太阳变黑，月亮变红，山和天空将消逝。当第七层蜡封被打开时整个世界会变得万籁俱寂，然后是天使的声音来宣告上帝的胜利。

据《圣经》上说，打开这七层蜡封的人或者是“狮子”或者是“羔羊”，而使徒约翰则认为打开蜡封的应该是“羔羊”。考雷什声称自己是上帝的“羔羊”，因而有资格和能力来揭开这七层蜡封。于是他全力撰写一部书稿，以便解译揭开这七层蜡封的方法。他声称自己已经解开了五层蜡封，而他和他的信徒将在打开第六层蜡封时死亡。无人知晓他是否真的在解译那神秘的蜡封，但是他的后一句话却不幸地言中了！

抗击美国政府 51 天

1993 年 2 月，美国联邦烟酒火器管理局（以下简称烟火局）得到情报说韦科附近的“大卫教派”的营地内屯集了大量军火，便决定对营地进行搜查。2 月 28 日，大约 100 名烟火局的工作人员偷袭“大卫教派”营地，但教派成员早有防范，结果发生了激烈的枪战。

在 45 分钟的战斗之后，烟火局人员未能攻进营地，并有 4 人死亡和数人受伤。“大卫教派”方面也有 6 人死亡，包括一名 2 岁的女孩，还有一些人受伤，包括教派领袖考雷什。

事后人们得知，一名摄影记者走漏了风声。这个记者在 28 日早晨开车去韦科采访烟火局的袭击行动。他迷了路，遇到一位热心的邮递员。记者在问清道路之后好心地对那位邮递员说：“这里要发生一场大枪战，是针对那边那个宗教狂热组织的。你最好离开此地！”他哪里知道，这位邮递员恰好是考雷什妻子的兄弟迈考尔·琼斯。后者立刻把这个消息报告给了考雷什。

烟火局的这次偷袭行动和人员伤亡的后果在社会中引起巨大的反响，很多人批评该局的行动安排不当。于是联邦调查局开始介入此事，负责此次行动的指挥官名叫杰夫·贾马。

3 月 1 日，联邦调查局的调查人员乘坐装甲车包围该营地，命令教派成员投降，但是考雷什坚持武装对峙。经过谈判，考雷什放出营地内的 10 名儿童。然后，他对电台记者说，这次枪战是“不必要的”。他正集中精力撰写一部书稿。这部书稿能够解译揭开《启示录》7 层蜡封的方法。他的书稿完成之后，这一切就会结束。这是他最后一次直接对公众讲话。

3 月 2 日，考雷什又放出 2 名妇女和 6 名儿童，并对联邦调查局的调查人员许诺，如果他的一个长达 58 分钟的传教录音能向公众播放，他就投降。联邦调查局接受了他的条件。他的讲话录音在电台和电视台中相继播放。不过，他并没有像许诺的那样从营地走出来。

3 月 3 日，烟火局举行了枪击事件发生之后的首次新闻发布会。在会上，烟火局的指挥官为他们的行动进行了辩解，并且很婉转地表达了对联邦调查局的不满。顺便说，烟火局隶属于财政部，而联邦调查局隶属于司法部，两个机关的执法职能有交叉，但是缺少合作。烟火局认为，联邦调查局动用装甲车的决定属于过度反应，可能会刺激教派领袖。他们说，考雷什已经答应在收到“上帝的进一步指示”之后就带人走出营地。这个事件可能很快就会结束了。

就在当天，考雷什又放出了 1 名儿童。在其后的两天，每天又有 1 名儿童被放出营地。

3 月 9 日，当武装对峙持续到第 10 天时，营地的主楼上挂出一幅标语:“上帝帮助我们！我们需要新闻界！”针对公众的担心和猜测，考雷什告诉记者，他们没有自杀的意图。3月12日，又有2名教派成员走出了营地。

3月15日，考雷什的高级助手斯蒂芬·施奈德和律师韦思·马丁开始与联邦调查局的代表和麦克莱南县司法行政官杰克·哈韦尔谈判。3月18日，联邦调查局开始用大喇叭向教派成员播放谈判录音。3月19日，又有2名教派成员走出营地。

3月20日，考雷什要求政府保证让他在等待审判时继续向其信徒传教。联邦调查局负责此次行动的杰夫·贾马很快就签属了一封回信，同意考雷什的要求。但是考雷什在接到那封回信后便将其揉成一团扔到墙角。3月21日，又有7名教派成员走出营地，包括一位急需住院的心脏病人。

3月22日，联邦调查局开始对教派成员开展心理战。大喇叭广播，强光灯照射，并请一些宗教界人士来向教派成员讲话。夜晚，他们还向营地播放动物被杀死之前的惨叫声。不过，这些似乎更加强了教派人员在考雷什领导下的团结，他们按时诵读《圣经》并按时锻炼身体。

3月24日，考雷什中断了谈判。四天之后，考雷什在电话中又与联邦调查局的谈判人员通了话，恢复谈判，但是谈判在3月的最后一天破裂。

4月3日，联邦调查局的人员表示有希望在“逾越节”之后结束这场武装对峙，但是考雷什并没有进行合作。4月7日，联邦调查局的副局长弗洛伊德·克拉克和局长助理拉理·波茨悄悄来到韦科，听取贾马及其助手关于结束对峙的意见和方案。贾马建议用坦克撞入营地并释放无毒催泪瓦斯。

4月9日，考雷什给联邦调查局写了一封长达四页的信。

他在信中说，“上帝将毁灭他的敌人”，并预言将发生地震而且一座大水坝将决口。联邦调查局害怕考雷什在营地外面的信徒会去炸毁韦科附近的一座水坝，遂请当地警方加强防范。与此同时，联邦调查局的官员在研究最后的行动方案。

4 月 12 日，上任才一个月的联邦检察长暨司法部部长杰妮特 · 雷诺来到华盛顿联邦调查局大楼五层的指挥中心，与联邦调查局局长威廉 · 塞欣斯等高级官员共商韦科事件的对策。会上，雷诺听取了关于“坦克加瓦斯”方案的报告，并问了一些技术性问题。

两天后，她又召集了一个会议，与会者除了司法部的官员外，还有军方的代表和一名催泪瓦斯专家。在将近两个小时的会上，她详细询问了各种具体问题。这次行动计划使用的是 CS 瓦斯，比普通催泪瓦斯的威力更大。它对人体的作用包括眼睛酸痒、流眼泪、咳嗽、打喷嚏、呼吸困难等，但是不会对人体造成永久性损伤，也不会引起火灾，而且它还具有防止集体自杀的功能。

“逾越节”在 4 月 13 日结束之后，考雷什在 14 日送出话来，等他写完那部解译揭开《启示录》7 层蜡封之方法的书稿后，他就会率领信徒走出营地。不过，联邦调查局已经失去了等待的耐心。

4 月 16 日，调查人员说他们不会无限期地等待下去，并开始清除营地周围的瓦砾，准备最后的行动。

4 月 17 日，雷诺又召集了一次会议，专门讨论了营地中儿童的安全问题。那天晚上，她拿定了主意。次日清晨，她给克林顿总统打了电话，谈了 15 分钟。克林顿问她：“你是否仔细考虑过了？你认为这是最佳方案吗？”雷诺说：“是的，先生。这是我的职责，而且我认为这是一个最佳方案！”特别行动的命令从华盛顿传到了韦科。

4 月 19 日凌晨 4 点，170 名联邦调查局调查人员集结在距“大卫教派”营地不远的地方待命。指挥官贾马的前线指探所设在距营地约一英里远的地方。具体负责施放瓦斯行动的是联邦调查局人质营救队的队长迪克 · 罗杰斯。他坐在一辆 A-1 阿布拉姆斯指挥坦克上。其队员则分坐在 M-60 坦克和装甲运兵车中。有两辆坦克前面装上了铁臂，以便击穿墙壁和释放瓦斯。在距营地约 100 码远的两座房子里面还部署了一些狙击手。此时万事俱备，“只多东风”——因为风太大会很快把瓦斯吹出营区而发挥不了驱出教派成员的作用。

快 6 点时，风小了些，联邦调查局的联络官拜伦 · 萨奇给营地里打电话，要求与考雷什或者其高级助手斯蒂芬 · 施奈德通话。施奈德接过了电话。萨奇说：“我们将向营地的楼里释放瓦斯。这不是进攻，请不要开枪。我们就是想让你们出来。”

施奈德立刻命令教徒们都戴上防毒面具，并且把电话机扔出楼外，表明抗击到底的决心。营地楼房一层的门窗都从里面用钢琴、家具和整箱整袋的食品堵死了。一些教徒在警戒，一些教徒在诵经。考雷什一直在写他的书稿。

从 6 点零 4 分至 11 点 50 分，联邦调查局的坦克一共向营地楼房内释放了 18 瓶 CS 瓦斯。12 点零 5 分，联邦调查局的直升飞机首先发现了浓烟中的火光。随后，一些教派成员从火与烟中跑了出来。男教徒阿夫拉姆从着火的房顶摔到地上，被调查人员救走。女教徒里德尔从火海中逃了出来，马上又想返身跑回去，但是被调查人员拉住了。在半个小时的烈火考验中，共有 9 名教徒逃了出来，其余的 86 人都葬身火海，包括考雷什本人。

进攻失火还是教派纵火

历时 51 天的武装对峙在血与火的交织中结束了，同时也留下了一些亟待回答的问题。毫无疑问，这是一个震惊世界的悲剧。那么，谁是造成这个悲剧的罪魁祸首？是考雷什，是狂热的宗教，还是美国政府？那场大火究竟是怎么发生的？是教派人员造成的，还是联邦调查局的调查人员造成的？

在“大卫教派”与美国政府武装对峙的过程中，很多人向联邦调查局提供了各种各样的分析报告，其中不乏预言家。例如，弗兰克·莱希是韦科的独立宗教研究员，对考雷什的宗教思想和言论很有研究。4 月 8 日，他向联邦调查局提交了一份报告。他在报告中预言：“这对峙将在 4 月 18 日星期天后结束。它一定是个残酷的结局。考雷什和他的一些信徒将会死亡。联邦执法人员将有一些进攻行为。尽管那最后的悲剧是由教派内部引起的，但它一定是由执法人员的某些行为诱发的。”

事后，联邦调查局的指挥官贾马承认曾收到这份报告，但他说那只是数百份报告中的一份，因此没有受到重视。不过，联邦调查局的人对这份报告中的一句话最感兴趣，即“那最后的悲剧是由教派内部引起的”，因为他们此时正竭尽全力让社会公众相信那场大火是考雷什和追随者放的，换言之，考雷什等 86 人是集体自杀。

然而，幸存的大卫教派成员不同意这种说法。他们坚持说大火是由于坦克撞击楼房而使油灯摔碎后引起的。这就是说，联邦调查局的攻击行为直接引发了火灾，而大多数教徒因为戴着防毒面具而很难在浓烟中看清道路，结果被活活烧死在烈火之中。这两种说法大相径庭，人们只好耐心地等待现场勘查的结论。

此时的“大卫教派”营地已成为一片废墟。到处是残壁断垣，到处是烧焦的尸体和物体。只有那水塔还孤零零地站立着，似乎在俯视地面上插着的一面面橘黄色小旗，它们标示着尸体被发现的位置。

联邦司法部组织了 36 名专家来参与现场勘查，以确定起火原因。这些专家中既有爆炸或火案现场勘查专家，也有法庭科学专家，包括华裔神探李昌钰。因为这些专家来自不同的执法机构，缺乏相互协作的经验，所以现场勘查的效率比较低。此外，现场瓦砾中还残存着一些未燃烧的弹药。4 月 22 日上午，现场发生了一起爆炸，一些瓦砾被崩起三米多高。虽然无人受伤，但周围的工作人员都吓坏了。于是现场勘查工作更加谨慎，也更加缓慢。

4 月 23 日，负责尸体检验的塔兰特县法医检验官尼扎姆·皮尔瓦尼对新闻记者说，他们已经在现场上找到 46 具尸体；他们详细记录了尸体发现的位置，以及尸体的牙齿特征和个人饰物等特征；多数死者都是俯卧，具有窒息死亡的征象；由于楼房已坍塌，所以很多死者的准确死亡时间和地点难以确定。他说在已发现的尸体身上没有找到枪伤的证据。他认为其他尸体可能完全被烧化了。

联邦调查局现场勘查人员的报告与皮尔瓦尼的报告有些不同。他们说现场三具烧焦的尸体上有新鲜的枪弹伤。他们认为这三个人是在企图逃离现场时被其他教徒开枪打死的。

4 月 26 日，专家们提交了关于起火原因的调查报告。他们认为，这是大楼内有人纵火，主要理由有三个：第一，这场火是从大楼内两个地点几乎同时燃起的，而坦克撞击只能造成一个起火点；第二，如果是坦克撞击引起的燃烧，那么起火应紧接在撞击之后，但实况录像表明在起火与撞击之间有几分钟的时间间隔；第三，在起火点找到的金属油灯的储油盒上，有人为打碎的痕迹。

司法部的官员们对这种说法非常满意。他们还补充说，纵火者肯定是教派的核心人物，其他教徒很可能对此一无所知，不明不白地成为殉葬者。

这一结论把造成悲剧的责任推给了“大卫教派”的领袖，但是并不能完全为执法机关摆脱责任。美国公众对政府处理此事的作法提出了质疑，一些学者还对联邦政府的分散型执法体制提出了批评。首先，烟火局的人员显然缺乏指挥和实施这种大规模半军事化行动的经验，但是由于体制的分隔，他们在决定袭击“大卫教派”基地时未能求得联邦调查局和地方警察机构的帮助和支持。其次，在长达 51 天的对峙以及最后的“坦克加瓦斯”行动中，联邦调查局也未能与当地的执法机关进行有效的合作，营地起火后没有消防车及时救火就是一个例证。一些共和党的国会议员也借机对民主党政府的执政能力进行攻击。在社会舆论的压力下，克林顿政府表示要对此事进行全面的调查和追责。

与此同时，那些逃出营地、幸免遇难的教徒们面临着犯罪的指控。有人被指控犯杀人罪；有人被指控犯非法拥有武器罪；有人被指控犯武力抗拒联邦执法罪。不过，那些案件的审判已经不是社会公众关注的焦点。

人们似乎更关心那些已经死去的人，而且有人开始利用此事赚钱。例如，好莱坞的电影制片人奔赴韦科，开始拍片；韦科的商人则在街头推销印有考雷什头像或“大卫教派”字样的 T 恤衫。

经过几个月的调查，烟火局的主管机关财政部于 9 月 30

日公布了调查报告，承认了烟火局在此次行动中的错误和责任。该局局长斯蒂芬·希金斯及五名高级官员被解职。联邦调查局的主管机关司法部于 10 月 4 日公市了调查报告。该报告批评了联邦调查局的中下级官员，但声称包括司法部部长在内的高级官员在决策过程中没有过错。

为了回应社会的批评，克林顿政府表示要推动联邦执法机关的合并，因为这场悲剧反映出分散型执法体制的弊端。他们首先提出了联邦调查局与烟火局的合并方案，但是遭到强烈的反对。后来，他们又提出了联邦调查局与联邦缉毒署的合并方案。他们认为这项合并计划比较容易推行，因为这两个机关都隶属与联邦司法部。为此，戈尔副总统还专门在国会进行演讲，但是这项改革方案最终也没能推行。据说，联邦缉毒署的工作人员也都反对这项合并计划，因为他们与联邦调查局的文化传统有很大差异。例如，联邦调查局的工作人员习惯穿西装革履，而联邦缉毒署的工作人员习惯穿牛仔裤和 T 恤衫。

解说和评论

“大卫教派”的惨案已然过去，但是这个事件引起的社会震荡并未结束。两年以后，美国又发生了一个震惊世界的大案，让人们再次关注“大卫教派”的惨案。

1995 年 4 月 19 日，就在“大卫教派”惨案发生两周年的纪念日，美国俄克拉荷马州的俄克拉荷马城发生了一起震惊世界的爆炸事件。

在美国的很多大城市里，人们都可以看到联邦大厦。这些大楼是联邦政府的财产，也是联邦政府各个部门在该地区的办公地点。俄克拉荷马城的爆炸就发生在城市中心的联邦大厦。该爆炸威力巨大，大楼的一面外墙被炸飞，破碎的砖石和玻璃落得满街都是。爆炸造成的震动在 45 公里以外都能感觉到。爆炸造成的死亡人数达 166 人，超过了两年前纽约市国际贸易中心爆炸案的死亡人数。

经过现场勘查，联邦调查局和联邦烟酒火器管理局的侦查人员确信爆炸是由停放在大楼门外的一辆卡车上的炸弹造成的。炸药的重量估计多达数千磅。现场勘查人员在离现场数百米远的地方找到了被炸飞的卡车车轮，然后根据车轴上冲压的车身号码查到了车的来源——堪萨斯州的一家汽车出租公司。

根据该汽车出租公司的租车记录和工作人员的回忆，这辆卡车是在 4 月 17 日被两名白人男子租走的，租车人名叫约翰·多伊。经调查，这两位租车人使用的是伪造的驾驶执照。工作人员回忆说，这两个嫌疑人都是中等身材，棕色头发，其中一个人的左臂上还有纹身标志。

联邦调查局的“模拟画像”专家根据租车公司工作人员对两名嫌疑犯相貌的描述，用电子计算机绘制了两名嫌疑犯的头像，在电视中播放，并在有关场所张贴，让知情者或发现者向警方报告。联邦检察长即司法部部长雷诺宣布：美国政府悬赏 200 万美元缉拿该爆炸案的凶手。当时，人们尚不知道该爆炸案的一名主犯已经被关押在警察局的拘留所中。

4 月 19 日，就在该爆炸发生之后两个小时左右，在俄克拉荷马城以北约 100 公里处的公路上巡逻的警察发现了一辆超速行驶的汽车。警车便追上去将其拦截在路边。在检查过程中，警察发现该车没有牌照，而且在车中还有一把强杀伤力手枪。于是，警察便将其拘留了。

第二天，警察得知了俄克拉荷马城发生的爆炸案并看到了联邦调查局通缉的嫌疑犯画像，认为他们拘留的那个人很像嫌疑犯中的一个，便通知了联邦调查局。经审查，此人确系俄克拉荷马城爆炸案的嫌疑犯之一。

这个嫌疑人名叫蒂莫西·麦克维，当年 27 岁。他是个退伍军人，而且是密歇根州一个右翼民兵组织的成员。他自称为“疯狂的爆破者”，并把美国政府当成死敌。他曾说:“不管是死是活，让我夺取政府吧！”据说，两年前发生的韦科惨案对他影响极大。他认为联邦政府应为 86 名“大卫教派”成员的死亡负责。因此，他特别选择了韦科惨案两周年纪念日，去炸毁一座联邦政府大厦。

4 月 21 日下午，联邦调查局调查人员用直升飞机把麦克维押到俄克拉荷马城接受审讯。当麦克维被带下飞机时，围观的人群不断愤怒地高呼“杀人犯”。但是麦克维的脸上毫无表情。

联邦调查人员根据麦克维与密执安民兵组织的关系，又逮捕了另一名嫌疑犯特里·尼科尔斯。

2001 年 6 月 11 日，美国电视直播了俄克拉荷马城大爆炸案的主犯麦克维的死刑执行过程。死刑是采取注射毒液的方式进行的。这也是美国联邦司法系统自 1976 年恢复死刑以来第一次执行死刑。